Hans-Joachim Borngräber

Die Schweißarbeit

Lehrbuch für alle Gebrauchshunderassen

VENATUS Verlag-GmbH

Dieses Buch widme ich meiner Frau Ingrid, die mir und meinen – unseren – Schweißhunden immer ein verläßlicher und aufopferungsvoller Partner auch in schwersten Stunden war und hoffentlich noch lange bleiben wird.

Jägerlehrhof Jagdschloß Springe

im Oktober 1998

Hans-Joachim Borngräber

Die Schweißarbeit

am Beispiel des Bayerischen Gebirgsschweißhundes

Lehrbuch für alle Gebrauchshunderassen

VENATUS Verlag-GmbH

Impressum:

Die im Buch genannten Methoden und Anleitungen sind von Autor und Verlag sorgfältig erarbeitet und geprüft worden. Da sie ohne Einfluß und Kontrolle des Autors oder Verlages angewendet werden, müssen wir – Autor, Verlag und dessen Beauftragte – jegliche Haftung und Gewährleistung für Personen-, Sach- und Vermögensschäden ausschließen. Die Anwendung geschieht auf eigene Gefahr!

Wir produzieren grundsätzlich in Deutschland. Das Geld, das uns zufriedene Kunden bezahlen, soll wieder in die deutsche Wirtschaft investiert werden, um die Kaufkraft und Arbeitsplätze unserer Kunden zu erhalten.

Wir sind Mitglied im VDB Verband der Büchsenmacher und Waffenfachhändler und im Forum Waffenrecht. Helfen Sie mit, das Freiheitsrecht der Jagdausübung und des legalen privaten Waffenbesitzes zu verteidigen, denn Jäger und Sportschützen sind nicht kriminell!

Die Deutsche Bibliothek – CIP-Einheitsaufnahme

Borngräber, Hans-Joachim:

Die Schweißarbeit am Beispiel des Bayerischen Gebirgsschweißhundes /
Hans-Joachim Borngräber. – Braunschweig :

Venatus, 1998

ISBN 3-932848-03-9

Köterei 15, 38108 Braunschweig
Telefon: 05 31 - 37 75 12 – Telefax: 05 31 - 37 75 38
venatus@t-online.de

Bildnachweis: Umschlagfoto: Carsten Bothe. Die übrigen Bilder stammen vom Autor oder von Carsten Bothe

Lektorat: Carsten Bothe – Zeichnungen: Birte Keil, Hamburg –
Satz / Layout / Druck: Maul-Druck, Braunschweig
Buchbinderei: Langelüddecke, Braunschweig
Schrift: Garamond Berthold – Papier: Galaxy 135 g/m²

Inhaltsverzeichnis

Vorwort des Verlegers

Carsten Bothe

Es kommt nicht oft vor, daß man einen Menschen trifft wie Hans-Joachim Borngräber: Praktiker durch und durch, dabei aber auch ein Didaktiker, der sein Wissen an den Mann bringen kann. Mit solch einem Menschen ist es eine Freude zusammenzuarbeiten, auch wenn es manchmal nicht leicht ist.

Schweißarbeit ist Profisache, aber leider gibt es immer weniger Revierinhaber, die es sich leisten können, einen Profi dafür anzustellen. Also soll das Buch den passionierten Hundeführern helfen, ihre Hunde so auszubilden, daß sie einfache Nachsuchen selber erfolgreich durchführen können. Und was mir noch wichtiger ist: Sie sollen erkennen, wann die Aufgabe für Hund und Führer zu schwierig wird, und wann sie die Finger davon zu lassen haben.

Ich habe mir mehrfach bei Lehrgängen die Arbeit von Borngräber angesehen, und bin restlos von den Methoden überzeugt. Auch wenn man damit bei einigen Hundeprüfungen nicht zum Ziel kommt, so findet man doch in der Praxis das Stück. Und darauf kommt es ja schließlich an. Wer Hundesport betreiben will, der sollte mit einem Schäferhund arbeiten. Ein Jagdhund gehört ins Revier mit reichlich Arbeit. Außerdem muß ein Hund gründlich ausgebildet sein. Es ist einfach nicht fair, den Hund in eine Situation zu bringen, die er nicht meistern kann, und die ihn Gesundheit und Leben kosten kann. Hier sollte sich der Führer fragen, ob er nicht aus falsch verstandenem Ehrgeiz oder Selbstüberschätzung heraus seinen Hund „verheizt".

Vieles in diesem Buch wird erstmals der Öffentlichkeit zugänglich gemacht. Es wird sicherlich nicht unwidersprochen bleiben, aber aalglatte Bücher waren noch nie mein Fall. Sollten Sie einen Kritikpunkt finden, schreiben Sie mir ruhig, ich höre Ihnen gerne zu und leite die Briefe umgehend an den Autor weiter. Der Fortschritt lebt von der Auseinandersetzung, wie schon der alte Satz sagt: „Der Krieg ist der Vater aller Dinge". In diesem Sinne freue ich mich auf die Reaktion der Leser und wünsche Ihnen bei der Hundeausbildung eine glückliche Hand und ein kräftiges Weidmannsheil auf allen Wegen!

Braunschweig, zum Aufgang der Bockjagd 1998

Carsten Bothe

Zum Geleit: Prof. Dr. Pohlmeyer

Prof. Dr. Dr. habil. Klaus Pohlmeyer, Stellvertretender Präsident der Landesjägerschaft Niedersachsen, Institut für Wildtierforschung an der Tierärztlichen Hochschule Hannover.

Abnehmende Niederwildstrecken und ständig steigende Schalenwildstrecken charakterisieren derzeitig das jagdliche Geschehen in Deutschland. So konnten selbst die schon hohen Rehwildstrecken in den vergangenen 20 Jahren um etwa 25 % angehoben werden, die Strecken von Dam- und Schwarzwild haben sich im selben Zeitraum um mehr als 130 % erhöht. Diese notwendigen hohen Strecken resultieren aus starken, zum Teil immer noch überhöhten Schalenwildpopulationen und erfordern ein jagdliches Umdenken sowie eine Änderung des traditionellen Jagdbetriebes.

Sicher werden Trophäenträger nach wie vor ganz überwiegend auf der Einzeljagd erlegt, und sicher ist die Zahl der bei stimmungsvollen Mondansitzen geschossenen Sauen erheblich, die Masse des weiblichen Wildes und des Jungwildes jedoch wird heute auf Gemeinschaftsjagden erlegt. Hier sind die gekonnt durchgeführten Ansitzanrührjagden als tierschutzkonforme und wildbiologisch richtige Bewegungsjagden mit herausragenden Strecken und hohem jagdlichen Erleben herauszustellen.

Trotz Anpassung und Optimierung der jagdlichen Ausrüstung an die veränderten Jagdverhältnisse vornehmlich im optisch-technischen Bereich, trotz Training und Weiterbildung unterlaufen auch dem besonnensten Schützen Fehler in Form schlechter Treffer, die dann unter allen Umständen korrigiert werden müssen. Dann müssen Nachsuchenspezialisten her, mit deren Hilfe das angeschweißte Wild schnell und sicher zur Strecke gebracht wird. Diese unabdingbar zu erfüllende Norm der Waidgerechtigkeit setzt einen firmen Hund und einen einsatzbereiten, erfahrenen Hundeführer, eben ein Spezialistenteam voraus. Zu Spezialisten werden diese Nothelfer nur durch einen solide, grundfeste Ausbildung sowie Übung und nochmals Übung, um draußen im Revier im Ernstfall auch bestehen zu können.

Darum bin ich Hans-Joachim Borngräber sehr dankbar, daß er mit dem vorliegenden Buch alle Interessierten an seinem überreichen Erfahrungsschatz von mehreren tausend Nachsuchen mit seinen Bayerischen Gebirgsschweißhunden teilhaben läßt. Borngräber, mit dessen Namen immer die Einarbeitung des Schweißhundes auf der Übungsfährte mit dem Fährtenschuh verbunden sein wird, zeigt in diesem Buch in überzeugender Weise auf, wie Hund und Führer durch gerechte Ausbildung zu einem Gespann zusammenwachsen können und belegt einmal mehr, zu welch großartigen Leistungen ein harmonisierendes Team fähig ist.

Ob Anfänger oder „Alter Hase“, jeder der dieses Sachbuch in die Hand nimmt, wird die vielen Anregungen bei der Ausbildung seines Hundes dankbar aufnehmen und den Erfolg an den gelungenen Arbeiten in der Praxis messen können. Jeder kann hier von einem Profi profitieren und dafür haben wir dem Verlag, vor allem aber dem Autor zu danken, der sich mit seinem Buch ein weiteres mal mehr um die Schweißarbeit in Deutschland in hohem Maße verdient gemacht hat. Allen Lesern ein kräftiges Waidmannsheil und Suchenglück auf allen Fährten.

Hannover, zur Hirschbrunft 1998

Prof. Dr. K. Pohlmeyer

Zum Geleit: Andreas Mayer, 1. Vorsitzender des Klub Bayerischer Gebirgs-schweißhunde 1912 e.V.

Andreas Mayer, 1. Vorsitzender des Klub Bayerischer Gebirgsschweißhunde 1912 e.V.

Vor vielen Jahren bekam ich die „Meisterarbeit“ über die Haltung und Führung des Bayerischen Gebirgsschweißhundes von Hans-Joachim Borngräber auf Umwegen zur Kenntnis. Nur wenige kennen diese, denn er hat sie gehütet wie einen Augapfel. Schon damals war ich von der für junge Führer auf verständliche Weise beschriebenen, in logische Abschnitte aufgeteilten, Heranbildung des Bayerischen Gebirgsschweißhundes angetan. Es bedurfte einiger Anstöße, das Werk der Öffentlichkeit, insbesondere aber den interessierten Schweißhundeführern, zur Verfügung zu stellen. Darum freut es mich umso mehr, jetzt das um mehrere Abschnitte erweiterte Werk in den Händen zu halten. Immer wieder wird nach Spezialliteratur über den Bayerischen Gebirgsschweißhund bei uns gefragt.

Schweißarbeit lernt man nicht aus einem Abrichtebuch! Vollendete Schweißarbeit stellt die ideale Verknüpfung der vom jagenden Wolf erhaltenen Anlagen unserer Hunde mit dem Verstand des menschlichen Führers dar. Mensch und Hund müssen sich während der Ausbildung gegenseitig in ihren Fähigkeiten kennenlernen. Dazu bedarf es vieler Einzelübungen, welche später in der Praxis von großem Nutzen sind.

Erst wenn diese Einzelübungen beherrscht werden, kann man mit dem jungen Hund – und am besten mit einem erfahrenen zweiten Hunde in Reserve – die ersten schwierigen Wundfährten beginnen. Aus einem Schweißhundebuch muß sich der Hundeführer vor allem über die richtige Reihenfolge der Ausbildungsabschnitte im klaren werden. Auch wenn immer mehr Jäger sich heute einen „Schweißhund" kaufen, so meine ich doch: Echte Schweißhundeführer dienen der Jagd! Nicht die Jagd mit dem Schweißhund ist das Ziel, sondern die Hilfe für die – aus welchem Gründe auch immer – leidende Kreatur.

Wer sich unter diesem Gesichtspunkt einen Schweißhund als jagdlichen Begleiter wählt, der muß sich im klaren sein, daß der Hund nicht nur Freude bereitet. Der Einsatz bei Kälte, Regen, Wind und hartem Gelände verlangt Überwindung, beherzte Entscheidungen und

Liebe zum Wild und zur Natur. Ausdauer und Hartnäckigkeit müssen sowohl Hund wie auch – oder vor allem – der Führer mitbringen.

Deshalb wünsche ich dem Buch eine breite Leserschaft! Es wäre vor allem jedoch denjenigen schon vor dem Kauf eines Welpen zu empfehlen, welche meinen, Schweißarbeit sei ein Ersatz für entgangene andere jagdliche Erlebnisse.

Gerade die derzeit zunehmende Verbreitung der Bayerischen Gebirgsschweißhunde verlangt eine Vertiefung der Kenntnisse der Jäger über die Wege, wann ein Schweißhund zu seiner wahren Leistung kommt. Mit Sicherheit wird es nicht die Masse der Hunde machen, sondern die Einsicht der Jäger, lieber mit wenigen, aber spezialisierten und von Idealismus geprägten Hundeführern diesen schwierigen Bereich unserer jagdlichen Aufgabe zu meistern.

Als derzeitiger 1. Vorsitzender im Klub für Bayerische Gebirgsschweißhunde 1912 e.V. wünsche ich dem Autor und dem Verleger einen vollen Erfolg dieses Werkes.

Ruhpolding, den 10. August 1998

Andreas Mayer

Vorwort des Verfassers

Hans-Joachim Borngräber.

Ich schreibe dieses Buch, weil mich der Ausspruch eines erfahrenen Schweißhundeführers sehr nachdenklich gemacht hat: „Jochen, Du gibst Deine Erfahrungen in Vorträgen, Lehrgängen, Lehrvorführungen und Seminaren weiter, das ist sehr lobenswert, aber Du wirfst Perlen vor die Säue!" Im Geheimen stand für mich fest, daß ich in irgend etwas besser machen mußte, gerade in diesem Teil des Jagdbetriebes: der Nachsuche auf Schalenwild.

Als Berufsjäger konnte ich sehr viel Erfahrung im In- und Ausland sammeln, gerade auf diesem Sektor der Hundeausbildung mit dem Ziel, leidendes Wild so schnell wie möglich zu bekommen. Jahrelang habe ich beobachtet, gesammelt, probiert und geduldig mit Hunden gearbeitet, um einen Weg zu finden, der den wollenden Hundeführer, der mit Leib und Seele sich der Roten Arbeit verschrieben hat, aber auch den Neuling auf diesem Sektor oder den nur neugierigen Hundeführer zum Erfolg führt.

Diese einfache, da praxisnahe, Methode beschreibe ich in diesem Buch. Es darf einfach nicht sein, daß heute noch Hundeprüfungen und Ausbildungen laufen mit dem Ziel, krankes Wild zu bekommen, in dem der elementarste Teil – die Fährte – fehlt.

In diesem Buch beschreibe ich in leicht verständlicher Weise, wie man seinen jungen Hund ausbilden und ältere Hunde in ihrer Leistung verbessern kann. Zugrunde liegen diesem Buch nur meine langjährigen Erfahrungen im Bereich der Nachsuchenarbeit. Es ist von mir gewollt, daß keine andere Literatur dazu verwendet wurde, damit trage ich die alleinige Verantwortung für das Geschriebene.

Möge dieses Buch den Hundeführern ein Leitfaden sein, ihren Hund praxisnah in allen Bereichen der Nachsuche auszubilden, umsetzen muß es aber jeder selbst mit seinem Hund. Gleichzeitig soll es einen Einblick geben in die Vielseitigkeit der Nachsuchenarbeit.

Mit dem Rüdemannsruf
Ho-Rüd-Ho!

wünsche ich allen Hundeführern viel Nachsuchenglück zum Wohle des uns anvertrauten Wildes.

Hans-Joachim Borngräber,
Jägerlehrhof Jagdschloß Springe

im Oktober 1998

Erstes Buch:

Der Jäger

Wildtieranatomie

Anatomie der Wildtiere scheint sich im allgemeinen darauf zu beschränken zu wissen, wo man die Filets aus dem Stück schneidet. Für die Normaljäger ist das sicherlich für den Alltag ausreichend, der Nachsuchenführer muß aber weit mehr wissen über die Lage der Organe und deren Funktion. Kann er doch daraus Schlüsse über die Arbeit nach dem Schuß und die Verfassung des nachzusuchenden Stückes ziehen. Das große Manko bei der Jägerausbildung ist, daß die Anatomie der Stücke nicht in der richtigen Lage unterrichtet wird. Entweder wird eine Zeichnung des stehenden Wildes in Seitenansicht gezeigt, oder man lehrt Anatomie nebenbei beim Aufbrechen. Das führt aber dazu, daß bei

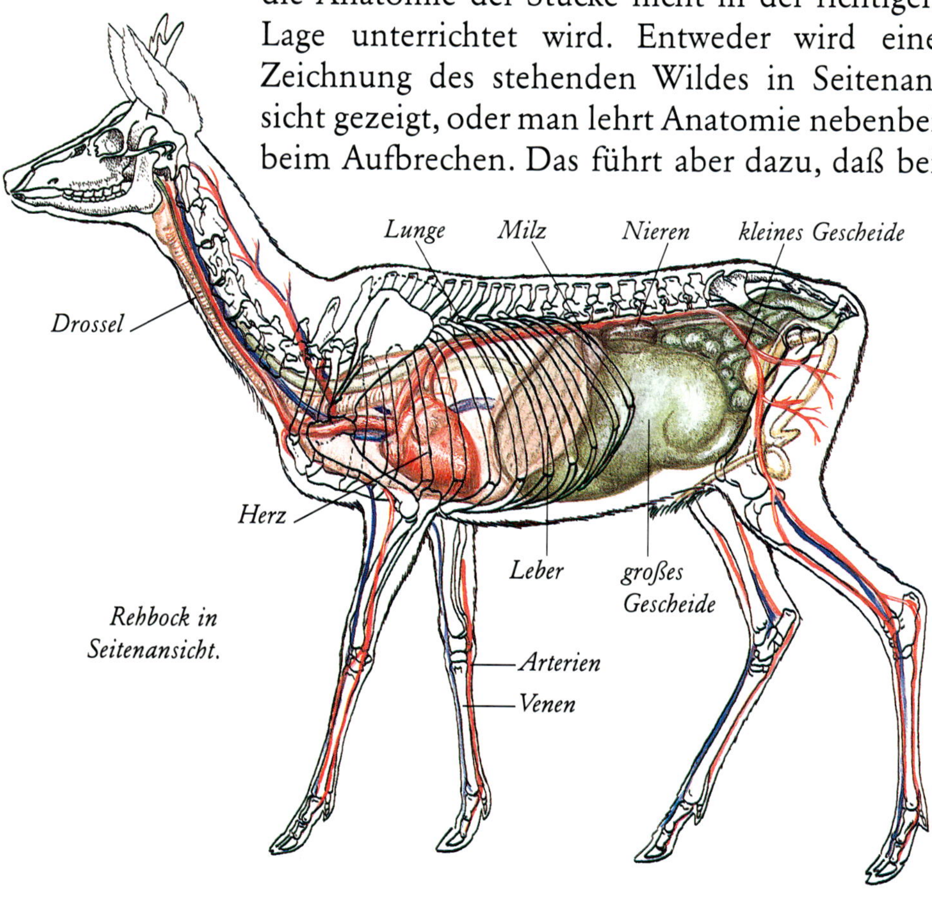

Rehbock in Seitenansicht.

der bildlichen Darstellung der dreidimensionale Eindruck fehlt, und andererseits beim Aufbrechen die Organe eine andere Lage einnehmen als am lebenden Stück.

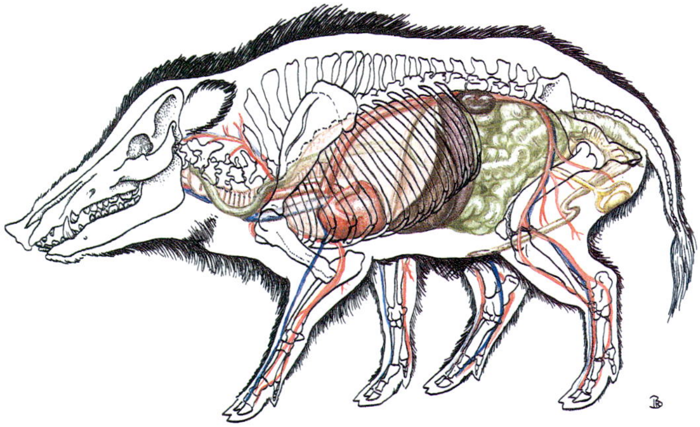

Sau in Seitenansicht.

Noch weniger wissen die Jäger über die Lage der Organe beim Schuß spitz von vorn oder auf ein schräg stehendes Stück. Die in nordischen Ländern als „Elch-Uhr" bezeichnete Skizze ist hier für heimisches Rotwild verändert worden. Ein Schuß spitz von vorn ist nicht deshalb unweidmännisch, weil er am Stück jede Menge Wildbret entwerten kann. Wenn das Stück auch nur leicht schräg steht, dringt das Geschoß nicht mehr in die Brusthöhle ein, sondern durchschlägt das Blatt, und produziert keine tödliche Wirkung. Genau das gleiche gilt bei dem Schuß auf ein schräg stehendes Stück. Beim Schuß auf das Blatt – die Zehn der DJV-Scheibe – wird das Geschoß nicht unbedingt die Brusthöhle durchschlagen, sondern tritt am Stich wieder aus. Das Tier wird nur angeschweißt und muß nachgesucht werden.

„Elch-Uhr"

„Elch-Uhr“

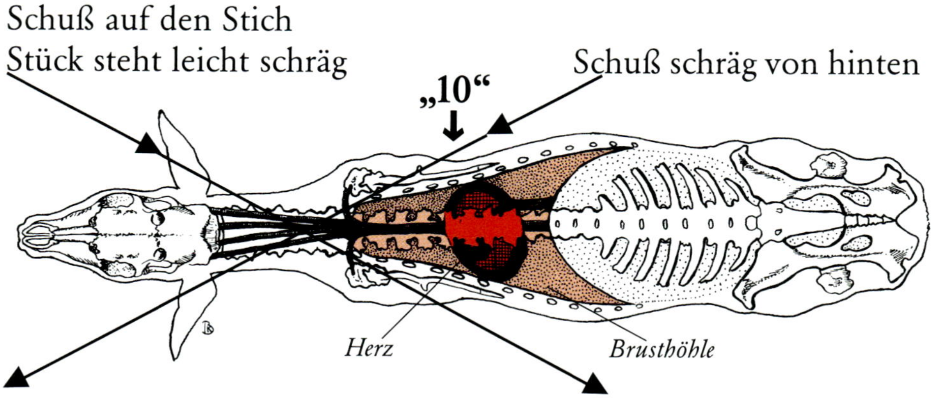

Eine immer wieder falsch beantwortete Frage ist die nach dem genauen Sitz des Herzens. Das Herz ist bei allen Säugetieren im Herzbeutel direkt am Brustbein angewachsen. Mit anderen Worten: die Herzspitze ist an dem tiefsten Punkt des Wildkörpers im Bereich der Rippen/des Brustbeins. Auch hier gaukelt die DJV-Scheibe etwas anderes vor. Nun ist es nicht so, daß ein Schuß, der einer Zehn auf der Scheibe entspricht, nicht tödlich wäre. Im Gegenteil, das Geschoß wird mit Sicherheit die großen Arterien und Venen am Herzen treffen. Nur: ein richtiger Herzschuß ist das nicht.

Bei wehrhaftem afrikanischen Großwild wird in den verschiedenen Reiseführern immer wieder dazu aufgefordert, den Schuß relativ tief am Wildkörper zu plazieren, gerade weil Antilopen sehr hoch überbaut sind.

Um einen Einblick in die Anatomie der verschiedenen Wildarten zu bekommen, muß man sich schon der Mühe unterziehen, diese Stücke unter Anleitung eines erfahrenen Anatomen zu präparieren. Dieses Verfahren dient der Ausbildung und nicht der Fleischgewinnung, die Schnitte liegen daher ganz anders als vom Aufbrechen her gewohnt. Man geht dabei von einer Seite an die Organe heran.

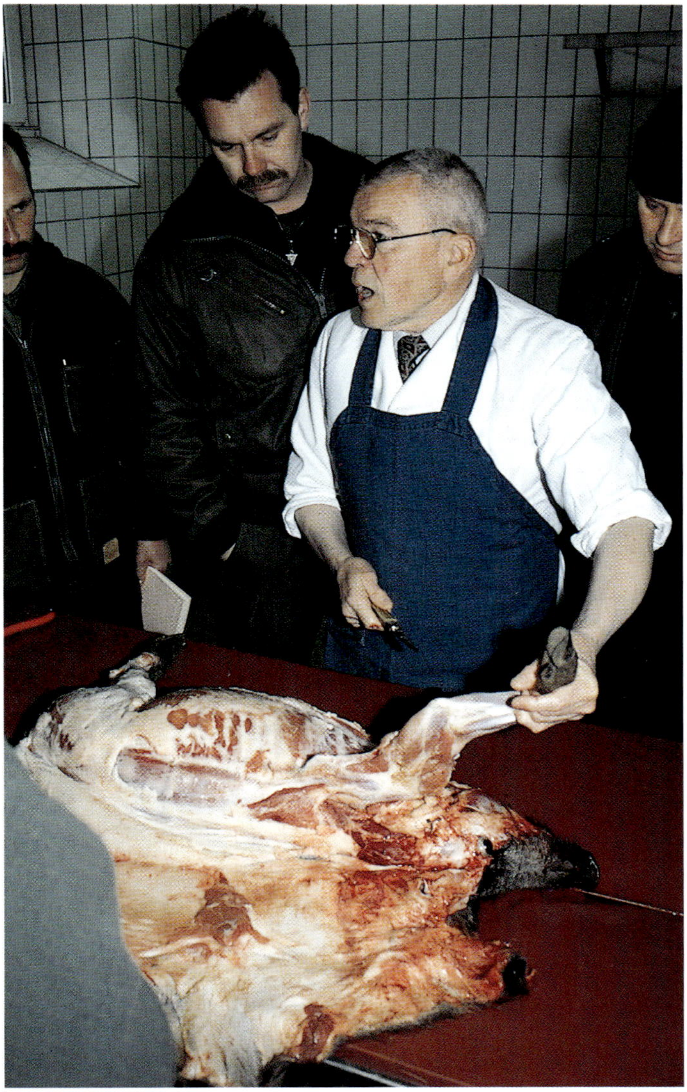

Nur die Präparation unter fachkundiger Anleitung eines Anatomen oder Tierarztes schafft den notwendigen Überblick. Noch besser ist es, die Stücke in einem Gestell aufgehängt – quasi in natürlicher Lage – zu präparieren. Solch ein Aufwand wird normalerweise nur bei Anschuß-seminaren getrieben, aber er lohnt sich auch für „normale" Jäger.

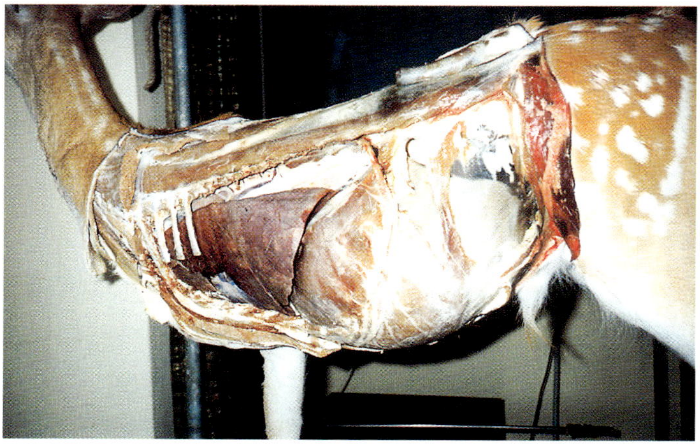

Zwei Stück Damwild sind im Rahmen eines Seminars am Jägerlehrhof in Springe präpariert.

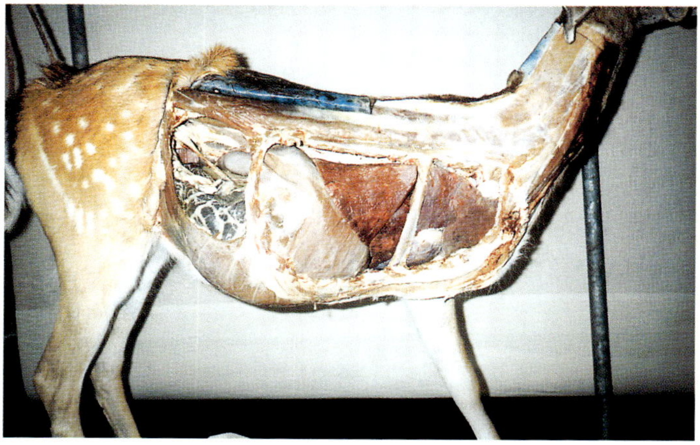

Noch besser als aus einer Zeichnung lernt man die Lage der Knochen durch das Betrachten eines aufgestellten Skeletts. Hier ein starker Keiler.

Der Anschuß

Was ist der Anschuß?

Der Anschuß ist die Stelle, an der das Stück Wild gestanden hat, als es vom Geschoß getroffen wurde. Den Anschuß erkennt man daran, daß das Stück durch das Zusammenrucken im Schuß mit den Schalen Eingriffe und Ausrisse produziert hat. Es ist wichtig, den Anschuß genau zu erkennen und zu untersuchen, denn an dieser Stelle, dem charakteristischen Schalenabdruck, wird mit der Nachsuche begonnen und der Hund angesetzt. Durch die eindeutige Zuordnung des Anschusses wird der Hund auf die richtige Fährte eingestellt. Er kann die Individualwitterung und die Bodenverwundung zusammen aufnehmen und arbeitet in der Folge nur die Fährte dieses einen kranken Stückes.

Der Schweißfleck ist der Ausschuß!

Der Schweißfleck, der bisher immer als Anschuß bezeichnet wird, ist eigentlich der Ausschuß; das vom Geschoß mitgerissene Gewebematerial. Als Anschuß verstehen wir in der Folge hier im Buch nur den individuellen Schalenabdruck, der durch das Zusammenrucken des Wildes im Schuß produziert wird.

Um den Anschuß richtig zu verstehen, hier ein kurzer Exkurs: Was passiert eigentlich beim Schuß auf ein Stück Wild? Das Stück steht beispielsweise ruhig auf einer Lichtung im Wald.

Einschußseite. Der Jäger zielt und löst den Schuß aus. Das Geschoß ist zwei- bis dreimal schneller als der Mündungsknall, es erreicht somit das Wild vor dem Knall. Es trifft das Wild auf der Einschußseite und schneidet dort die Haare um den Einschuß ab. Durch einen Scharfrand wird das noch gefördert. Diese Schnitthaare fallen zu Boden und zeigen, daß das Stück einen Einschuß hat. Durch den Einschuß und den damit verbundenen Reiz ruckt das Stück zusammen und greift mit den Schalen in den Boden, so entstehen die Eingriffe. Reißt das Stück mit den Schalen die Erde nach hinten aus den Trittsiegeln, entstehen Ausrisse.

Ausschußseite. Das Geschoß bewegt sich weiterhin durch den Wildkörper und verformt sich dabei mehr oder weniger stark. Auf der Ausschußseite reißt es ein größeres Loch, weil es Gewebeteile vor sich herschiebt. Flüssigkeiten lassen sich nicht zusammendrücken, so wird das wasserhaltige Gewebe eben weggeschoben. Je platter der Geschoßkopf ist, desto mehr Gewebe wird bewegt. Tritt das Geschoß auf der Ausschußseite aus dem Stück aus, schiebt es das Gewebe und den darin enthaltenen Schweiß weit in das Hintergelände. An der Decke der Ausschußseite werden ganze Stücken abgerissen oder ganze Teile so zerstört, daß die losen Haare – dann allerdings mit den Haarwurzeln – zu Boden fallen. Diese Rißhaare liegen meist in einiger Entfernung hinter dem Wildkörper, je nach Flugbahnwinkel des Geschosses auf den Wildkörper. Darin unterscheiden sie sich von den Haaren, die ein Tier verliert, welches sich gerade im Haarwechsel befindet und vom Schützen gefehlt wurde. Auch dieses Stück kann „vor Schreck" zusammenrucken und Haare verlieren.

Das Geschoß kann sich bei seinem Weg durch den Wildkörper zerlegen und nicht mehr als ein kompaktes Teil den Wildkörper durchschlagen, sondern in mehreren Teilen, was auch mehrere Ausschüsse produziert. Das ist aber die Ausnahme. Das Geschoß hat nach dem Durchtritt durch das Stück immer noch reichlich Energie, mit der es die Gewebeteile weit in das Hinterland befördert. Wie weit, das hängt von vielen Faktoren ab. Das Geschoß kann noch einige hundert Meter weit fliegen, wenn die Umstände günstig dafür sind. Hat der Jäger von einem Hochsitz sehr steil auf das Stück geschossen, kann das Geschoß schon wenige Meter hinter dem Stück in den Boden einschlagen.

Das Geschoß fliegt weiter.

In solchen Situationen – aus Sicherheitsgründen in besiedelten Gebieten gewollt – liegen Anschuß und Schweiß sowie der Geschoßeinschlag nicht weit auseinander. Bei einem flachen Schuß, womöglich auch noch hangaufwärts, fliegt das Geschoß nach Durchschlagen des Wildkörpers noch ein ganzes Stück weiter. Hier finden sich Gewebeteile, Schweiß und Geschoßteile etliche Meter hinter dem Stück.

Schweiß liegt oft viele Meter hinter dem Stück.

Wenn das getroffene Stück das Haupt im Schuß gesenkt hatte, dann kann sich bei der Flucht mit etwas erhobenem Haupt die Decke oder

Schwarte vor den Ein- und Ausschuß schieben. Das Stück blutet dann entweder nach innen in den Bauchraum oder die Brusthöhle, oder zwischen Wildbret und Decke. Die verletzten Blutgefäße der Decke bluten zwar nach außen in die Haare, dieser Schweiß benötigt aber geraume Zeit, um von der Decke bis auf den Boden zu tropfen. Der erste Schweißtropfen in der Fluchtfährte kann somit unter Umständen einige Zeit auf sich warten lassen. Ein Hund, der nur von Schweißtropfen zu Schweißtropfen suchen kann, wird eine solche Fährte nicht voranbringen können. Ebenso kann Feist, Weißes oder eine Darmschlinge den Ein- oder Ausschuß verschließen, so daß kaum Schweiß nach Außen dringt.

Es kann dauern, bis Schweiß in der Fährte liegt.

Wie sieht der Anschuß aus?

Glaubt man den Hundeprüfungen, und zwar allen, dann ist der Ort mit dem meisten Schweiß auch der Anschuß. Es gibt in der Praxis aber nur eine Situation, bei der Anschuß und Schweiß auf dem Boden übereinstimmen: nämlich dann, wenn dem Stück senkrecht von oben durch den Rücken geschossen wird. Nur in diesem Fall liegen Schweiß und Schalenabdruck an der selben Stelle. Bei jeder anderen Flugbahn des Geschosses – natürlich nur bei Durchschuß mit Ausschuß – verändert sich die Schweißposition auf dem Boden relativ zum Standort des Wildes.

Der Anschuß ist der Schlüssel zur Fährte.

Wir brauchen also die Fährte, und nur mit der Fährtenwitterung durch die Bodenverwundung dieses einen Stückes ist es unserem Hund möglich, die Fährte durch viele andere Verleitungen sogar der eigenen Wildart auszuarbeiten. Diese Nasenleistung ist für Hundeführer immer wieder faszinierend und versetzt einen ins Staunen, wenn man nach kilometerlanger Suche ohne einen Tropfen Schweiß, vielen Stunden Stehzeit und schlechtem Wetter am Stück steht. Die Erfahrung hat gezeigt, daß nur ständiges Arbeiten mit unseren Hunden solche Leistungen möglich macht. Ein nur ein- bis zweimaliges Arbeiten im Monat wird nie zu guten Leistungen auf der Fährte führen, auch wenn der Hund noch so gut veranlagt ist.

Um Anschüsse richtig ansprechen zu können, bedarf es einer genauen Kenntnis der Anatomie des beschossenen Stückes. Jedes Stück Wild hat einen anderen Knochenbau, speziell der Verlauf der Wirbelsäule und die Form und Länge der Dornfortsätze sind verschieden. Der Anatomie des Wildes ist daher ein eigenes Kapitel in diesem Buch gewidmet.

Markieren des Anschusses

Ein Kuriosum ist immer wieder das Verbrechen des Anschusses mit den brauchtumsgerechten Holzarten. Dem Schweißhundführer ist es egal, was am Anschuß steckt, entscheidend ist, daß der Schütze dem Hundeführer genau die Stelle zeigen kann, wo das Stück gestanden hat, als es die Kugel bekam. Den Schweiß oder die Gewebeteile bezeichnen wir „Profis" als Ausschuß.

Verbrechen Sie den Anschuß so, daß Sie ihn auch wiederfinden!

Gerecht verbrochene Anschüsse.

Anschußbruch
Hirsch nach links

Anschußbruch
Kahlwild nach links

Anschußbruch
Fluchtrichtung unbekannt

Das Ansprechen der Pirschzeichen

Das Ansprechen der gefundenen Pirschzeichen erfordert eine Menge Übung und Erfahrung. Bei Anschußseminaren, wie sie beispielsweise am Jägerlehrhof in Springe angeboten werden, wird diesem Thema besondere Aufmerksamkeit gewidmet. Von einem frisch erlegten Stück Wild werden Gewebeteile entnommen und den Lehrgangsteilnehmern präsentiert. Nur so kann man in aller Ruhe lernen. Neben den frischen Pirschzeichen stehen Dutzende präparierter Modelle zur Verfügung.

Lehrgangsteilnehmer untersuchen Pirschzeichen: Was ist es – sehen, fühlen, schmecken, riechen.

Am und in der näheren Umgebung des Anschusses gibt es folgende Pirschzeichen:

Eingriffe.

Eingriffe entstehen, wenn sich das getroffene Stück Schalenwild vom Boden abdrückt. Je nach Bodenbeschaffenheit – trocken oder naß – sind die Eingriffe flach oder tief.

Ausrisse.

Ausrisse entstehen, wenn nach dem Abdrücken vom Boden die Schalen Teile weicher Erde, zusammengedrücktes Gras oder Moos mitnehmen und gleich wieder verlieren. Ebenso werden diese Teile auch durch die Schalen nach hinten geschleudert und liegen neben oder in der Fährte.

Rißhaare.

Rißhaare entstehen, wenn das Geschoß den Wildkörper durchschlägt. Sie können trichterförmig bis zu 30 Meter hinter dem beschossenen Wild liegen. An Rißhaaren haften immer Wurzel-Teile, Wildbret oder Deckenfetzen. Sie zeigen, daß das Wild einen Ausschuß hat.

So werden die frischen Gewebeteile als Pirschzeichen zu Übungszwecken aufbereitet (Teil der Drossel).

Schnitthaare.

Schnitthaare liegen meist genau am Anschuß oder im Verlauf der Fährte, vermehrt bei Winterhaar. Sommerhaar ist weniger ergiebig. Manchmal sehr schwer zu finden, werden sie durch das saubere Verweisen des Hundes gezeigt. Schnitthaare haben im Gegensatz zu Rißhaaren keine Haarwurzeln, sie sind durch das Geschoß abgeschnitten.

Schweiß.

Der **Schweiß** zeigt dem Hundeführer, daß das Stück getroffen ist.

Im Wildkörper gibt es drei Blutkreisläufe:

- Herz-Lungen-Kreislauf
- Großer Kreislauf
- Pfortader-Kreislauf

Für den Hundeführer sind der erste und der zweite Kreislauf von Bedeutung, weil er viel Blut unter hohem Druck enthält und in der Körperregion liegt, auf die beim Wild gezielt und geschossen wird.

Im großen Kreislauf (vom Herzen in den Körper und zum Kopf) befinden sich zwei Teile. Der eine transportiert arterielles Blut von hellroter Farbe und mit Sauerstoff angereichert unter hohem Druck zu den Organen. Der andere Teil transportiert venöses Blut von dunkler Farbe und ohne Sauerstoff aus dem Körper zurück zum Herzen. Beide Schweiß-Arten sind nach einer gewissen Zeit außerhalb des Körpers nicht mehr genau voneinander zu unterscheiden. Die hellrote Farbe beruht auf dem Sauerstoffgehalt des Blutes, und wenn sauerstoffarmes, venöses Blut an der Luft liegt, bevorzugt bei hoher Luftfeuchtigkeit, dann nimmt es aus der Luft den Sauerstoff auf und die hellrote Farbe an. Einen Unterschied macht hier der hellrote Lungenschweiß nach einem Schuß: Durch Zerreiben zwischen den Fingern spürt man beim Lungenschweiß Substanz (Lungenbläschen).

Herz-Lungen-Kreislauf.

Der zweite Kreislauf ist der Herz-Lungen-Kreislauf. Sauerstoffarmes Blut muß aber nicht nur in den Venen vorliegen. Die Arterien, die aus dem Herzen in die Lungen gehen, führen auch sauerstoffarmes Blut. Wenn allerdings diese Arterien beim Schuß getroffen werden, liegt das Stück im Feuer oder kurz danach.

Seien Sie aber vorsichtig mit voreiligen Schlüssen: eine große Schweißmenge sagt noch lange nicht aus, daß das Stück leicht zu bekommen ist. Meistens ist dabei eine Schlagader z. B. am Lauf verletzt. Diese schließt sich aber nach kurzer Zeit, und es liegt kein Schweiß mehr in der

Fährte. Dann werden Hunde, die nur auf einer gespritzten oder getupften Schweißfährte gearbeitet wurden, Schwierigkeiten bekommen und nicht zum Stück finden.

Verdauungstrakt. Wir unterscheiden den **Verdauungstrakt** des Wiederkäuers, auch Pansen genannt, und den Verdauungstrakt des Allesfressers, beim Schwarzwild Weidsack genannt.

Der Pansen gliedert sich in folgende Segmente:
Schlund-, Vorhof- oder Schleudermagen,
dorsaler Pansensack (dorsal = rückenseitig) und
ventraler Pansensack (ventral = bauchseitig),
der Netzmagen sowie der Blättermagen;
den Abschluß bildet der Labmagen.

Bei Durchschüssen des Pansens oder einzelner Teile davon wird jeweils Panseninhalt durch das Geschoß mit aus dem Ausschuß gerissen. Auch kann Substanz durch die vom Geschoß verursachte „pulsierende Kaverne" aus dem Ein- und Ausschuß herausgepumpt werden.

Der Hundeführer muß erkennen können, aus welchem Teilbereich des Pansentraktes breiige oder feste Substanz (Pflanzenteile) stammen. Falsche Schlüsse hierbei können für eine erfolgreiche Nachsuche oft schwere Folgen haben. Entweder wird das Stück nicht gefunden, oder die Hetze wird für den Hund unnötig schwer. Bei Pansen- sowie Weidsacktreffern sollten Sie mit der Arbeit lieber etwas länger warten. Das Stück wird kränker und bleibt im Wundbett oder ist sehr steif in seinen Fluchten. Bei zu frühzeitigem Ansuchen wird das Stück meist flüchtig und geht große Strecken, bis es sich wieder niederlegt. Rehwild flüchtet über lange Strecken bis zum totalen Zusammenbruch.

Milztreffer zeigen sich in der dunkelbraunen, bläulich schimmernden, körnigen Substanz. Die Milz – sie liegt dem Weidsack auf – ist ein Blutspeicher, und demzufolge produziert ein Milzschuß eine große Menge Schweiß. Solche Stücke sind nicht leicht zu bekommen, auch wenn der viele Schweiß es dem Unerfahrenen vorgaukelt. Der Schweiß stammt nicht aus dem lebenswichtigen Blutkreislauf, das Stück wird nicht sehr schnell verbluten. Besonders schwer werden diese Suchen, wenn das Stück aus dem Wundbett geworfen wird. Solche Stücke sind nur über sehr lange Suchen und von absolut schnellen und scharfen Hunden zu bekommen.

Milztreffer.

Wildbretteile finden sich bei Treffern des Wildkörpers mit starker Bemuskelung – Keulen, Blätter, Bug, Nacken. Hier handelt es sich oft um Streifschüsse, bei denen Sie dann zusätzlich große Mengen Riß- und Schnitthaar finden. Auch diese Stücke sind zu bekommen, vorausgesetzt Sie haben Hunde, die eine Fährte ohne Schweiß arbeiten können und sehr schnell und wildscharf sind. Besser sind hier allemal zwei Hunde, um beim Stellen das Stück besser zu binden.

Wildbretteile.

Gescheidestücke in der Nähe des Anschusses und in der Fährte verleiten Unerfahrene oft zu

Gescheidestücke.

voreiligen Schlüssen. Gerade diese Suchen zählen zu den schwersten, gerade dann, wenn sich das Stück in einem Familienverband oder der Schwarzwild-Rotte befindet. Das kranke Stück zieht kilometerweit mit der Rotte/dem Rudel mit. Mit etwas Glück sondert es sich ab, und es ist dann leichter zu bekommen. In den meisten Fällen jedoch liegt das kranke Stück mit im Tageseinstand oder im Kessel. Wer einmal miterlebt hat, wie ein Kessel auseinanderfliegt, wenn Hund und Führer erscheinen, wird verstehen, wie schwer es der Hund hat, hier schnell das kranke Stück zu erkennen und zu stellen. Sehr oft kommt man beim Schwarzwild nach langer und schwerer Suche an das von Artgenossen schon angeschnittene Stück.

Stücke mit einem Schuß durch das Gescheide können noch tagelang leben. Ein besonderer Faktor dabei ist die herrschende Witterung. Ich habe festgestellt, daß im Winter und bei Frost die Stücke länger leben als bei großer Hitze. Nur erfahrene Hunde und Führer können zu solch einer Arbeit eingesetzt werden.

Zahnteile.

Zahnteile der Prämoloren, der Molaren, der Ober- wie Unterkieferäste links und rechts sowie Leckerteile und Siebbeinstücke, bei Schwarzwild auch Teile der Waffen des Keilers oder Haken der Bachen am Anschuß lassen immer eine sehr schwere Nachsuche folgen. Durch die besonderen Jagdarten auf Schwarzwild (Drückjagden) und die Schußabgabe auf flüchtiges Wild kommen Schüsse durch das Gebrech häufiger vor als bei anderen Wildarten. Die Schützen verschätzen sich beim Vorhalten und schießen mit der Büchse (800 m/s) mit dem gleichen Vorhaltemaß wie mit der Flinte (400 m/s). Bei anderem Schalenwild kommen die Äserschüsse meist daher, daß „Kunstschützen“ versuchen, den Kahlwildabschuß mit Kopfschüssen zu erfüllen, um so kein Wildbret zu entwerten.

Gebrechschüsse.

Stücke mit Gebrechschuß ziehen in der ersten Zeit ruhelos umher und legen beachtliche Strekken zurück. Gleichzeitig vermeiden sie dichtes Unterholz. Gerade Schwarzwild meidet den sonst sicheren Unterschlupf immer wieder und weicht in offenes Gelände aus. Kommt man in die Nähe des Wundbettes, greifen solche Stücke sehr schnell an.

Man unterscheidet bei Gebrechschüssen folgende Treffer:

- Treffer Wurf-Scheibe und vordere Schneidezähne
- Treffer im Bereich Waffen und Prämolaren
- Treffer im Bereich 1. + 2. Molar
- Treffer im Bereich 3. Molar und Lecker-Einschuß oder -Ausschuß
- Treffer im Bereich des Siebbeines (Nasenpartie oberhalb der Zahnreihen).

Bei Treffern im Bereich des 3. Molaren mit Zungenabschuß sind die Arbeiten meistens von Erfolg gekrönt, da diese Stücke stark schweißen und den Schweiß beim Einatmen in die Lunge bekommen, wo er schon in den Bronchien gerinnt und so Teile der Lunge funktionsunfähig macht. Die Beweglichkeit der Stücke wird dadurch sehr eingeschränkt.

Gebrechschüsse sind nur mit viel Zeit und bestem Nachsuchenmaterial (Hund und Führer) zu bekommen.

Geschoßteile.

Bei richtigem Absuchen der Anschuß-Umgebung werden wir auf oder im Boden auch **Geschoßteile** finden können. Mit einem Vergrößerungsglas können wir feststellen, ob diese Geschoßteile durch den Wildkörper gegangen sind. Beim Durchschlagen des Wildkörpers deformiert sich das Geschoß, gerade wenn es noch auf einen Knochen getroffen ist, und schließt in seine Verformung Wildbret und Deckenfetzen mit Haaren und Borstenteilen ein. Sie sind ein sicheres Zeichen dafür, daß das Stück einen Ausschuß hat. Das Geschoß hat nur mit seinem vorderen Teil Kontakt mit dem Wild, am Heckteil wird man daher kaum Schweiß oder Deckenfetzen finden können.

Gut eingearbeitete Hunde sowie der Führer selber können immer wieder **Durchschüsse von Ästen** oder kleineren Stämmen oder Treffer auf starken Bäumen feststellen. Auch hier kann man anhand der Einschlüsse im Geschoßmaterial mit der Lupe feststellen, ob das Stück getroffen wurde oder nicht. Hunde verweisen diese Durchschüsse gern und bewinden sie ausgiebig. Hin und wieder kommt es vor, daß das Geschoß auf seinem Weg zum Wild Bäume oder Äste durchschlägt oder an diesen aneckt. Stand das Wild dicht hinter einem Stamm, und dieser wurde vom Geschoß getroffen, muß es nicht unbedingt so weit aus der Bahn gekommen sein, daß das Stück unverletzt geblieben ist. Ich habe selbst einige Suchen gemacht, bei denen die Stücke von Holzsplittern oder Geschoßteilen getroffen wurden. Nach langer und schwieriger Suche, da die Stücke keinen Ausschuß hatten, kamen wir zum verendeten oder noch lebenden Stück. Im gesamten Fährtenverlauf zeigt sich sehr wenig Schweiß. Um die Kontrollsuche nicht fälschlicherweise zu früh abzubrechen, müssen Sie Ihren Hund sehr gut kennen und ihm vertrauen – auch über Kilometer hinweg.

Knochenmark.

Knochenmark findet sich beim Treffen hohler Knochen. Knochenmark verändert sich im Aussehen. Bei Wärme sieht es auf Blättern aus wie farbloses Maschinenöl, bei Kälte ist es weiß und fest. Auch kann beim Knochenmark poröse Knochensubstanz dabei sein, die immer etwas schweißig aussieht. Zum Knochenmark haben wir aber immer als Hilfsanzeiger starkwandige Knochensplitter der markhaltigen Röhrenknochen.

Leber.

Man unterscheidet die **Leber** der Wiederkäuer von der mehrlappigen Leber des Schwarzwildes. Teile der Leber in der Nähe des Anschusses sind dunkelbraun und körnig. Es ist ein Unterschied, ob eine Leber am Rand getroffen ist oder z. B. bei Schwarzwild in der Mitte des Pfortaderkreislaufes. Randtreffer können ausgeheilt werden, wogegen Treffer ins Zentrum meist zum Verenden führen, aber nicht schlagartig. Bei unsachgemäßer Annäherung an das Wundbett können diese Stücke noch weite Strecken zurücklegen und schwere Nachsuchen verursachen, gerade dann, wenn kein Ausschuß vorhanden ist. Leberschweiß und Leberstücke kann man an dem typischen Geschmack erkennen.

Knochensplitter. Der Hundeführer wird sehr oft **Knochensplitter** finden. Anhand dieser Knochenteile und ihrer je nach Herkunft charakteristischen Form – flach, rund, eckig, dünn oder dick – kann er die Herkunft sehr genau bestimmen.

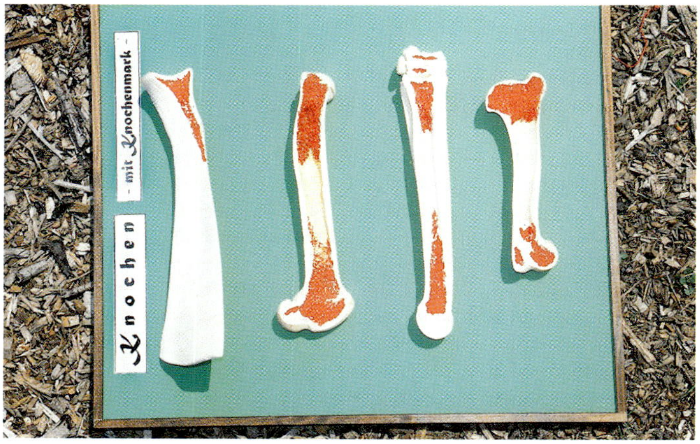

Knochen quer gesägt mit Mark oder Röhrenknochen.

Um Knochensplitter richtig zuordnen zu können, muß man schon ein gehöriges Maß an Erfahrung und Talent mitbringen. Richtig angesprochen, helfen Knochensplitter, den Sitz der Kugel zu bestimmen und die Nachsuche zu planen. Ausnahmsweise werden **Trophäenteile** (Geweih oder Schläuche) gefunden. Meist kommen diese Treffer durch widrige Umstände bei der Schußgabe zustande. Auch diese Stücke müssen nachgesucht und zur Strecke gebracht werden. Die massive Krafteinwirkung auf das Geweih entspricht den von Auffahrunfällen bekannten Peitscheneffekt bzw. dem Schleudertrauma. Hierbei wird die Wirbelsäule stark gestaucht, gedreht oder verrissen. Gleichzeitig werden die Knochen und die Nervenstränge in Mitleidenschaft gezogen. Das Gehirn ist im Schädel in einer Flüssigkeit gelagert und „klatscht“ innen mit großer Wucht an die Schädelknochen. Dabei kann das Gehirn Schaden erleiden, gequetscht werden oder bluten.

Trophäenteile.

Man sollte grundsätzlich die Fährte des so beschossenen Stückes eine längere Zeit arbeiten, um festzustellen, ob es sich niedergelegt hat oder gesund weitergezogen ist oder einen benommenen Eindruck macht. Bei solchen Stücken sollte immer eine Kontrollsuche über eine Strecke von 1000 Metern durchgeführt werden.

Geweihtreffer immer nachsuchen!

In Gegenden, in denen das Schwarzwild mit Flintenlaufgeschossen bei Drückjagden beschossen wird, kommt es immer wieder vor, daß weibliche Stücke im Bereich des **kleinen Gescheides** und somit durch die Tracht getroffen werden. Durch die stumpfe Geschoßform drückt es die Embryonen durch den Ausschuß, oder sie werden im Verlauf der Flucht verloren. Diese Suchen sind immer dadurch gekennzeichnet, daß sich die Fährte durch viele Dickungen mit schwersten Wiedergängen zieht, bis man erlösend für Wild und Gespann den Fangschuß anbringen kann.

Kleines Gescheide.

In den meisten Fällen sind die Stücke nicht mehr in der Lage, lange Strecken zu flüchten.

Absplitterungen im Bereich des Schalenrandes.

Auf hartem Untergrund kann es zu **Absplitterungen im Bereich des Schalenrandes** kommen, wenn das Stück im Schuß zusammenruckt und Eingriffe und Ausrisse erzeugt. Um diese Zeichen zu finden, müssen Hund und Führer im Verweisen gut ausgebildet sein. Zu dieser Art von Pirschzeichen müssen immer noch andere Pirschzeichen das Bild vom getroffenen Stück ergänzen, denn nur die Details im Ganzen ergeben die richtige Diagnose. Beispielsweise kann Wild bei einem sehr knappen Unter- oder Überschießen heftig reagieren und sich auf hartem Untergrund so stark abdrücken, daß Schalenverletzungen vorkommen.

Wichtige Punkte um den Anschuß

Mit der Arbeit sollten Sie nicht eher als sechs Stunden nach dem Schuß beginnen. Ziel ist es, die Individualwitterung verfliegen zu lassen. Besser ist es, noch später anzufangen.

Der Schütze sollte den Hundeführer kurz und genau einweisen:

- *Wie ist geschossen worden, aufgelegt, freihändig, angestrichen?*
- *Um welche Zeit wurde das Stück beschossen (Tag oder Nacht)?*
- *Das Geschoß sowie das Kaliber geben Aufschluß über die Verletzungsstärke „Ein- und Ausschuß".*

- *Die Wildart ist genau zu beschreiben, ob männlich oder weiblich, ob in Bewegung oder stehend, Haupt erhoben oder gesenkt.*
- *Wie hat das Stück Wild gezeichnet nach dem Schuß. (Beachten Sie die Dunkelheit!)*
- *Den Schützenplatz zeigen lassen, z. B. die Kanzel oder Stelle bei der Pirsch.*
- *Ein immer wieder durch Schützen verheimlichter Punkt ist es, daß schon mit anderen Hunden gearbeitet wurde. Für den Suchenführer z. B. mit einem Kopfhund sind das wichtige Angaben, sie können – wenn sie nicht bekannt sind – zu falschen Schlüssen führen, die sogar eine Nachsuche zum Scheitern bringen.*
- *Wie und von wem wurde der Anschuß verbrochen, wie viele Personen standen schon auf dem Anschuß oder haben „geholfen"? Das Beste ist immer, wenn der Nachsuchenführer als erster an den Anschuß kommt.*

Merke: Alle Pirschzeichen verbleiben am Anschuß.

Immer wieder erlebe ich, daß Knochensplitter, Borsten oder Deckenfetzen aus der Hosentasche oder dem Anorak herausgeholt werden, um sie zu zeigen. Hier wäre es falsch, den Schützen zurechtzuweisen. Besser ist es, Sie erklären ihm, daß es falsch ist und er beim nächsten Mal Pirschzeichen nur verbricht und nicht anfaßt oder gar einsammelt, um so die Arbeit des Hundes zu erleichtern.

Geschoßbahn. Die **Geschoßbahn** ist für den Nachsuchenführer wichtig, um die Situation bei der Schußabgabe zu rekonstruieren. Die Geschoßbahn hat drei Punkte: Den Anfang (Standort des Schützen), den Platz, an dem das Geschoß das Stück getroffen hat, und das Ende der Flugbahn (Einschlag im Boden, Baum etc.). Mit zwei Punkten kann man den fehlenden dritten Punkt relativ genau ermitteln, auch wenn man sich die Flugbahn bei den relativ kurzen jagdlichen Schußentfernungen als Gerade und nicht als ballistische Kurve denkt.

Das Geschoß kann je nach Flugbahn beim Auftreffen auf den Boden

- direkt in den Boden einschlagen und dort steckenbleiben. Es bildet sich ein Einschußkrater.
- auf dem Boden abgellen (abgelenkt werden und mit einer anderen Richtung weiterfliegen). Das hinterläßt auf dem Boden einen kurzen Aufriß.
- sehr flach auf dem Boden aufkommen, dann kann ein langer Aufriß des Bodens durch das Geschoß die Folge sein.

Natürlich kann das Geschoß auch in einen Baum o. ä. einschlagen und dort steckenbleiben.

Wenn der Hund bei der Vorsuche den Geschoßeinschlag im Boden findet, kann er auf zwei Arten reagieren. Bei einem Nicht-Treffer wird er den Einschlag aufgrund der Bodenverwundung zwar zur Kenntnis nehmen, sich aber nach kurzer Zeit wieder von der Geschoßbahn abwenden.

Bei einem Treffer des Wildkörpers wird der Hund viel interessierter und länger dieses Pirschzeichen bewinden, weil zusätzlich zur Bodenverwundung noch Witterung der Wildbretteile am Geschoß vorhanden sind. Ein genaues Untersuchen der Geschoßbahn mit der Lupe wird uns immer Haar, Wildbretteilchen, Weiß, Talg, Pansen, Weidsack oder Borsten und Unterwolle finden lassen.

Rekonstruktion der Geschoßflugbahn.

Mit Hilfe dieses Wissens kann der Nachsuchenführer die Standorte des Wildes, des Schützen, und die Geschoßflugbahn rekonstruieren. Meist ist der Standort des Schützen bekannt, zumindest, wenn dieser von einem Hochsitz geschossen hat. Dann kann man von dort aus mit der entladenen Waffe auf den Einschlag des Geschosses fluchten. Mit einem Bergstock, an dem man sich eine Markierung angebracht hat für die Bodenfreiheit und die Widerristhöhe des Wildes, kann man den Anschuß suchen. Man

Das Ermitteln des genauen Anschusses nach Beschießen eines Einzel-Stückes

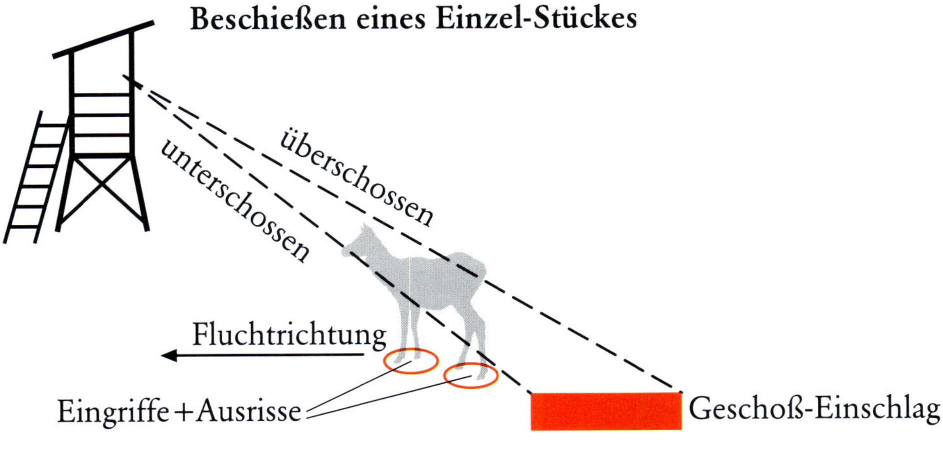

Zurückfluchten der Flugbahn vom Einschlag

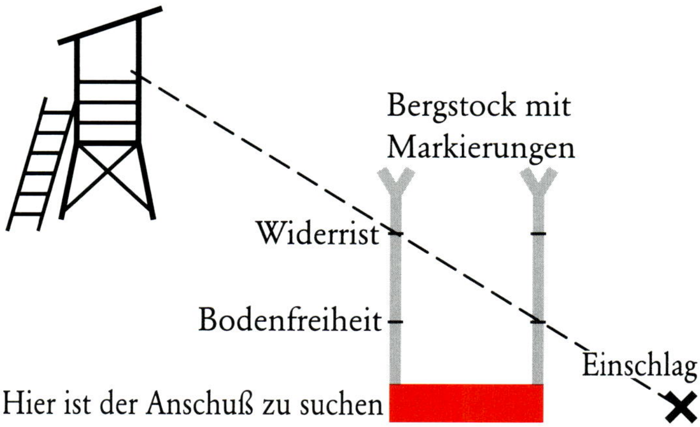

In diesem Beispiel haben wir den Geschoßeinschlag gefunden. Der Schütze sitzt auf der Kanzel und zielt mit ungeladenem Gewehr auf den kenntlichen Einschuß. Der Hundeführer geht nun mit dem Bergstock in die Zielbahn des Schützen. Am Stock hat er sich eine Markierung für Widerrist und Bodenfreiheit geschaffen.

folgt der Fluchtlinie, bis das Wild gerade unterschossen wäre, und zur anderen Seite bis das Wild gerade überschossen wäre. Zwischen diesen beiden Stellen muß der Anschuß liegen, vorausgesetzt man hat keinen Laufschuß.

Suche des Geschoßeinschlages.

Andererseits kann man den Geschoßeinschlag finden, indem man den Schützen mit der entladenen Waffe auf dem Hochsitz die untere Markierung am Bergstock (auf den Anschuß gestellt) anvisieren läßt. Die von ihm beschriebene Stelle am Boden wird markiert, danach visiert er die obere Markierung am Bergstock an, und weist den Nachsuchenführer ebenfalls zu der Stelle, an der er den Boden sieht. Irgendwo dazwischen muß der Geschoßeinschlag liegen. Hat man den Einschlag gefunden, wird von dort aus über den Bergstock zum Hochsitz gefluchtet, und am Bergstock erkennt man, auf welcher Höhe das Geschoß das Stück Wild getroffen hat. Den Geschoßeinschlag verweist der Hund, wenn er Wildbretteile, Haare oder Schweiß wittert.

Um den Stock für diese Technik der Rekonstruktion des Jagdverlaufes richtig markieren zu können, benötigt man die Körpermaße des Wildes.

Körpergröße bei	Höhe des Widerristes	Bodenfreiheit
Rehwild	ca. 65 cm	35 cm
Rothirsch	120 cm	65–70 cm
Keiler	bis 110 cm	35 cm
Damschaufler	bis 110 cm	50 cm
Muffelwidder	bis 70 cm	35 cm
Gamswild	ca. 70–80 cm	35–40 cm

Finden des richtigen Anschusses beim Beschießen eines Stückes in der Rotte, wenn es nicht am Anschuß liegt.

In den meisten Fällen wird der Fährtenabdruck durch überwechselndes Wild zertreten. Mit Vorsuche und Umschlagen wird uns der durchgeführte Hund die Fährte oder Schweiß verweisen.

Die Fährte

Starke Keilerfährte mit Schweiß im Schnee.

Fährtenarbeit: die wichtigste Station der Ausbildung.

Bei der Einarbeitung Ihres Hundes ist die Fährte die wichtigste Station seiner Ausbildung. Bei jungen Hunden ist es ganz wichtig, daß sie die Fährten besonders von Schwarz- und Rotwild erfassen und beurteilen können. Sie müssen dem Hund schrittweise nahebringen, ihr zu folgen, um zur Beute zu gelangen. Ein zu forsches Vorgehen bei diesem Teil der Ausbildung wird immer damit enden, daß der Hund zu schnell, mit hoher Nase oder lustlos arbeitet. All diese Fehler können Sie weitestgehend vermeiden, wenn Ihnen selbst als erstes die Natur der Fährte klar ist. Nur was man selber verstanden hat, kann man richtig weitergeben.

Heutzutage lehrt man in Jungjägerkursen beispielsweise noch, daß eine Rehwildfährte von Schweißhunden nicht gearbeitet wird. Sie sei angeblich durch das Zwischenzehensäckchen zu leicht für den Hund und verderbe ihn für Hochwild. Rehwildfährten sind im Gegenteil das Schwierigste, was an Fährtenarbeit zu leisten ist, von der Hetze ganz zu schweigen. Grund dafür ist die Tatsache, daß der Schweißhund nach der Bodenverwundung arbeitet und ein 20 kg schweres Reh mit seinen zierlichen Schalen weniger Bodenverwundung hinterläßt als ein Stück Rotwild mit teilweise deutlich über 100 kg. Um die Sache mit den Duftdrüsen an den Schalen des Wildes ein für alle Mal aus der Welt zu schaffen, möchte ich anführen, daß gerade Schwarzwild an der Hinterseite der Vorderläufe mehr Drüsen hat als das Rehwild. Durch dieses wesentlich größere sogenannte Carpalorgan müßte Schwarzwild für den Hund noch leichter zu arbeiten sein.

Der Hund erkennt die Bodenverwundung und nicht die Duftdrüsen des Wildes.

Wenn wir uns über Fährtenarbeit unterhalten, müssen wir als erstes einmal genau festlegen, wer eigentlich Fährten hinterläßt.

Hier unterscheiden wir zwischen vier Gruppen:

1. Spuren der *Sohlengänger* (Waschbär, Braunbär, auch der Mensch gehört dazu)
2. Fährten der *Spitzengänger* (Schalenwild)
3. Spuren der *Zehengänger* (Fuchs, Hund usw.)
4. Die *Geläufe der Vögel* (Fasan, Rebhuhn usw.)

Schalenwild ist die zweite Gruppe, auf die wir unseren jungen Hund einarbeiten. Glauben wir den Hundevereinen, gibt es überhaupt keine Fährte, denn bei den Prüfungen wird ja nur

Fährten.

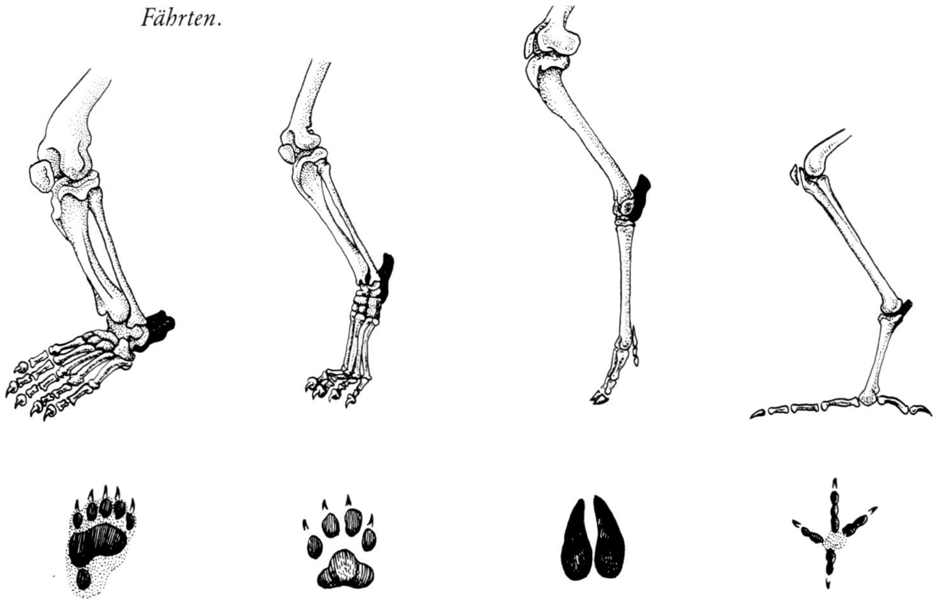

Schweiß gespritzt oder getupft. Man könnte fast in Versuchung geraten zu glauben, daß Schalenwild fliegen kann. In meiner langjährigen Praxis stellte sich das Verhalten eines Stück Schalenwildes nach dem Schuß immer so dar: entweder es ist richtig getroffen, dann fällt es um, oder es ist schlecht getroffen, dann läuft es davon und hinterläßt eine Fährte.

Prüfungsfährten sind bisher praxisfern.

Betrachten wir Verkehrsunfälle mit Wild, dann haben wir vielleicht überhaupt keinen Schweiß, sondern nur den Schalenabdruck, auf den wir später den ausgebildeten Hund ansetzen, um an das Wild heranzukommen und es zu erlegen. Nicht immer liegt in der Fährte soviel Schweiß, wie auf Prüfungen vorgeführt wird. Das Geschoß kann beispielsweise im Wildkörper steckenbleiben oder das Gescheide oder die

Schwarte bzw. Decke verschließen Ein- und Ausschuß. Dann liegt gar kein Schweiß mehr in der Fährte, und es wird schwierig für Hunde, die nur auf Schweiß und nicht auf den Schalenabdruck gearbeitet wurden.

Schalenwild kann nicht fliegen!

Für uns als Schweißhundeführer gibt es nur eine Möglichkeit, um an das kranke Wild heranzukommen, das ist die Fährte, der unser Hund in schwierigem Gelände und nach langer Stehzeit nachhängen muß.

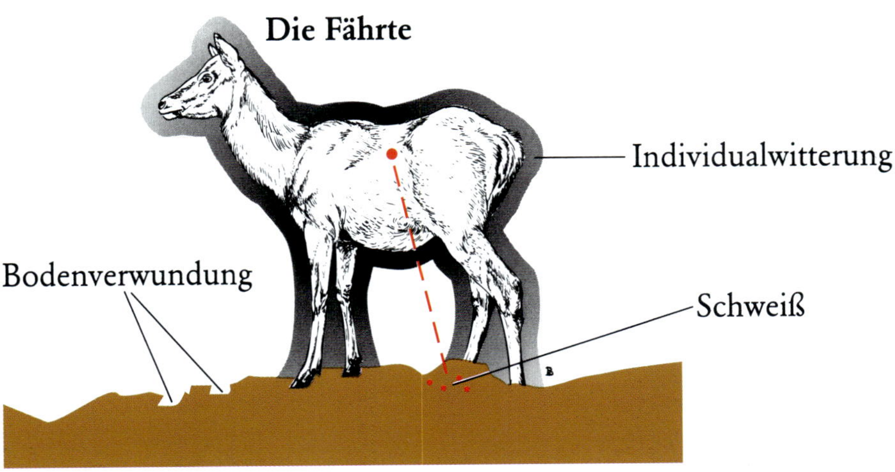

Die Fährte besteht aus drei Teilen:
1. *Individualwitterung*
2. *Schweiß*
3. *Bodenverwundung* durch die Trittsiegel

Die Individualwitterung

Die Individualwitterung eines jeden Stückes hängt von verschiedenen Komponenten ab: Atmung, bakterienbeladene Schuppen des Körpers (beim Mensch etwa 500-1000 pro Schritt), Verdauungstraktwitterung, Duftdrüsen. Ebenso verstärkt der Haarwechsel im Sommer und Winter die Individualwitterung. Die Witterung ist spezifisch, jedes Stück Wild hat seine eigene Individualwitterung, und der Hund kann die einzelnen Tiere daran unterscheiden.

Immer erst die Individualwitterung verfliegen lassen!

Steht die Individualwitterung noch in der Luft, dann arbeiten die Hunde mit hoher Nase. Um die Individualwitterung verfliegen zu lassen, benötigen wir eine Stehzeit von mindestens einigen Stunden.

Merke:
Die Stehzeit einer Fährte sollte vier bis sechs Stunden betragen, mehr ist besser!

Der Schweiß

Der Schweiß spielt für die Hundeausbildung eine untergeordnete Rolle. Er zeigt, daß das beschossene Stück zumindest einen Einschuß aufweist. Des weiteren zeigt er auf, an welcher Stelle das Stück getroffen ist und welche Organe zerstört sind. Anhand der Schweißmenge, der Tropfenform, der Häufigkeit des Austritts auf den Boden sowie das Abstreifen an Gras oder Astwerk kann der Hundeführer eine Frühdiagnose stellen bezüglich der Länge und Schwere der zu erwartenden Arbeit. Voraussetzung ist aber eine gute Ausbildung der Führer, denn es ist ein Unterschied, ob man ein schweißendes Stück Rehwild nachsucht oder einen starken, schweißenden Keiler.

Der Schweiß: unwichtiger, als manche meinen!

Ein richtig ausgebildeter Hund braucht den Schweiß nicht, um der Fährte zu folgen. Er wird aber dennoch ausgebildet, den Schweiß zu verweisen, damit der Führer einen Anhaltspunkt hat, ob er auf der Fährte ist oder nicht. Der verwiesene Schweißtropfen in der Fährte dient der Verständigung zwischen Hund und Führer. Der Hund signalisiert: „Schau her, hier ist Schweiß, ich bin noch richtig!“. So wird dem Führer bestätigt, daß der Hund die Fährte hält, denn er kann sie nicht riechen wie der Hund. Er kann nur den Schweiß sehen, den ihm der Hund zeigt.

Der Hund kann den Schweiß riechen und dem Führer zeigen.

Die Bodenverwundung auf der Fährte durch die Trittsiegel

Die Bodenverwundung kommt durch das Eintreten der Schalen in den Boden zustande. Die Schalen verändern dessen Gefüge; Boden und Bewuchs werden gequetscht, zerstört. Dadurch verändern sie ihren Duft. Auch können von den

Schalen kleine Stücke abgerieben werden, wie es besonders auf Asphaltstraßen der Fall ist. Es bleiben aber auch an den Schalen des Wildes Teile aus dem Erdreich zurück, die mit den Schalen beim nächsten Schritt wieder in das neue Trittsiegel getreten werden. Das Stück nimmt also immer etwas Witterung aus einem Schalenabdruck in den nächsten mit. Aufgrund dieser Tatsache können Hunde die Richtung der Fährte bestimmen und ihr in beiden Richtungen folgen. Auch erkennen sie genau, ob ein Wiedergang von der Fährte weg oder zu ihr hin führt.

Wir müssen unseren jungen Hund an der Bodenverwundung ausbilden. Versuche haben gezeigt, daß die Hundenase sogar kleinste Unterschiede bei der Bodenverwundung wahrnehmen kann.

Der Hund läßt sich nicht täuschen.

Ein Beispiel: Eine 90 kg schwere Person tritt auf einer offenen, kurzgemähten Wiese mit dem Fährtenschuh eine gerade Fährte. Nach etwa 50 Metern bleibt die Person in der Fährte stehen, zieht die Fährtenschuhe aus und entfernt sich. Eine Person mit 60 kg Gewicht zieht die Fährtenschuhe an und setzt die Fährte ebenfalls 50 Meter fort, zieht die Fährtenschuhe aus und begibt sich zur ersten Person. Nach acht Stunden wird ein erfahrener Schweißhund zur Fährte gelegt. Zügig arbeitet der Hund die 50 Meter bis zum Personenwechsel. Hier bleibt er kurz stehen und versucht nun über Bögeln die 90-kg-Fährte wieder aufzunehmen. Obwohl mit den gleichen Schalen weitergearbeitet wurde, weigert sich der Hund diese Arbeit fortzusetzen. Dies zeigt, daß ein Hund – wenn er richtig und schrittweise auf der Fährte eingearbeitet wurde –, nur der Ansatzfährte nachhängt, um zum Erfolg zu kommen.

Geschichtliches

Schon früher machten sich Berufsjäger und Forstleute Gedanken, wie eine naturnahe Fährte zu gestalten ist. Man legte Fährten mit Fährtenrädern. Um die menschliche Witterung zu vermeiden, stieg man sogar auf hohe Stelzen, um nur eine Wildfährte oder Krankfährte zu legen (Oberforstmeister Merren 1896). Heute nehmen wir als Ersatzmittel den Fährtenschuh.

Das Fährtenrad.

Um Fährten richtig legen zu können, muß man sich mit den Lebensgewohnheiten einer Wildart vertraut machen, und zwar im Ruhezustand und in Streßsituationen (gehetzt, krankgeschossen oder verunfallt).

Jede Wildart reagiert anders auf diese Situationen. Eine Pauschalisierung, wie wir sie auf Prüfungsfährten finden, gibt es nicht. Eine Fährte 300 Meter geradeaus, ein rechter Haken, 100 Meter geradeaus, ein Haken, ein Wundbett und dann wieder geradeaus bis an das Stück: das ist in der Praxis die Ausnahme. Eine Fluchtfährte paßt sich meistens dem Gelände an oder ist stark verschachtelt. Denken Sie nur an aufgemüdetes Wild mit starken Schmerzen, beispielsweise Nierentreffer. Man braucht einige Zeit, um die Fährte zu entwirren, besonders dann, wenn noch anderes Wild darübergewechselt ist und Verleitungen gelegt hat.

Besonderheiten verschiedener Wildarten

Nehmen wir beispielsweise unsere kleinste Schalenwildart, das Rehwild. Dieses territoriale Wild, besonders die Böcke, bleibt auch bei schwersten Verletzungen in seinem erkämpften Einstandsgebiet. Wird es hingegen aufgemüdet, geht es in panischer Flucht über die selbst auferlegten Grenzen heraus aus seinem Territorium. Bei einer Laufverletzung, bei der das kranke Stück ins Wundbett zieht, hoch aufmerksam seine Umgebung beobachtet, um bei der kleinsten Gefahr das Wundbett zu verlassen, kann das Stück eine Kranzfährte ziehen, die auch dem besten Hund und Führer alles abverlangt. Hier sind Wiedergänge, Bogen, Haken oder weite Sprünge ohne Schweiß in der Fährte vorhanden.

Rehwild bleibt in seinem Revier.

Um einen jungen Hund schrittweise auf und in die Fährte einzuarbeiten, muß sich der Führer zuerst die Teilabschnitte einer Fährte vornehmen. Fährten gliedern sich je nach Wildart in viele Einzelteile und bestimmte Schwerpunkte, diese müssen wir mit unserem jungen Hund erarbeiten, er muß sie begreifen – „erriechen“. Dann erst können wir den nächsten Schritt gehen. Immer wieder sehe ich auf Führerlehrgängen, daß junge Hunde sowie Führer total überfordert werden. Schon mit der Länge einer Fährte und deren Verlauf fällt oder steht das Interesse des Hundes. Wir arbeiten Hund und

In der Ausbildung immer Schritt für Schritt!

Führer ein nach dem Motto: „Vom Leichten zum Schweren, vom Bekannten zum Unbekannten“.

Hund und Führer lernen bei der Ausbildung immer nur einen Teil einer Fährte neu dazu. Dieser Teil wird immer so lange wiederholt, bis Hund und Führer ihn perfekt beherrschen. Dann baut man einen neuen Teil in das Bekannte ein. So hat der Hund immer ein Erfolgserlebnis und einen Punkt, an dem er anknüpfen kann.

Übungsfährten können beispielsweise durch ihre Form, Länge, Verleitungen, Stehzeiten, Wasserwitterungen, Bodenbedeckungen, Bodenarten oder Wiedergänge erschwert werden. Der Phantasie sind in dieser Hinsicht keine Grenzen gesetzt, man muß sich nur mit der Materie beschäftigen, denn in der rauhen Nachsuchenpraxis wird es meistens noch härter kommen. Was ein junger Hund nicht gelernt hat, wird er im fortgeschrittenen Alter nur noch schwer begreifen. Und auch nur das, was er gelernt hat, wird er auf einer echten Nachsuche zeigen können.

Bieten Sie dem jungen Hund möglichst viele verschiedene Situationen.

Didaktisch richtig ist es, wenn Sie die einzelnen Stationen der Fährte mit dem jungen Hund auf freiem geraden Gelände, beispielsweise einer Wiese oder einem lichten Bestand mit wenig Unterbau üben. Erst wenn die Unterabschnitte perfekt sitzen, setzen Sie diese zusammen und üben in schwererem Gelände oder steigern die Schwierigkeiten auf andere Weise.

Schreiben Sie sich die Übungen auf!

Für die Ausbildung an den Einzelabschnitten sollte der Hund das „Platz!“ oder „Sitz!“ am Schweißriemen bereits beherrschen, denn ständiges Kommandieren vor den Übungen macht den Hund nicht gerade freudig und aufnahmefähig. Für jede Stationsausbildung sollte man sich einen kleinen Plan entwerfen und diesen auch in einem Oktavheft festhalten. Die meisten Führer wissen schon nach kurzer Zeit nicht mehr, was sie mit dem Hund bisher geübt haben. In dieser Phase läßt man sich Zeit bei den Übungen, und arbeitet mit dem Hund nie unter Druck und Streß.

Die einfache Gerade

Diese einfach aussehende Stationsausbildung kann so schwer gestaltet werden – durch Variation der Schweißmenge, Stehzeit oder durch noch nicht geübte Arbeiten –, daß sogar erfahrene Hunde Schwierigkeiten bekommen können.

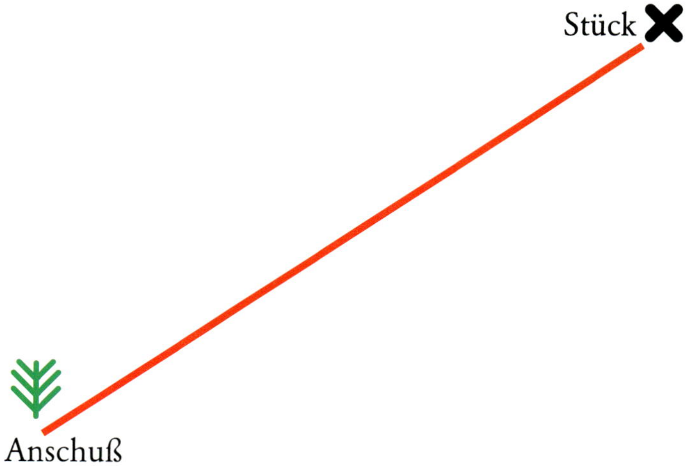

Der Bogen

Der Bogen dient der Vorbereitung für den scharfen Haken.

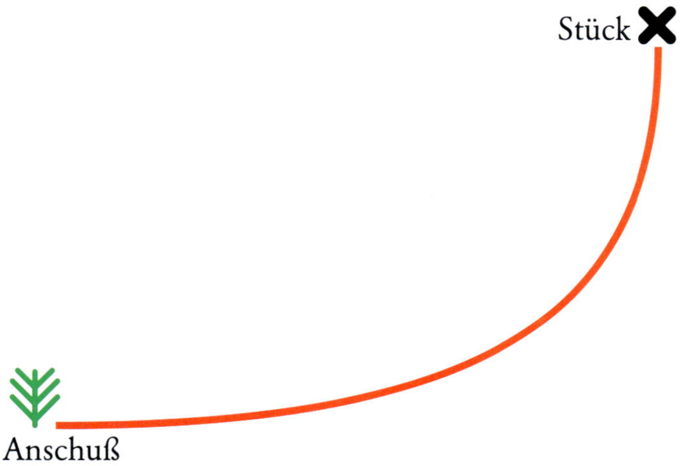

Der Haken

Diese Fährtenform finden wir bei fast allen Wildarten. In der Ausbildung kann man den Hund so fährtensauber arbeiten lassen, daß er keinen Schritt über die Haken-Ecken hinausarbeitet. Ich habe in den Lehrveranstaltungen immer wieder auf diese konsequente Einarbeit hingewiesen. Hat ein Hund den Haken bei einer Nachsuche im Mais, Raps oder in der Fichtendickung überschossen, hilft ihm bögeln nicht weiter, um die Fährte wiederzufinden, viele Nachsuchen waren hier schon zu Ende. Gerade in solchen Situationen zeigt sich der gut eingearbeitete Hund, und alle Mühen der Einarbeit haben sich gelohnt. Der Unterschied zwischen einem mannshohen Rapsschlag und einem lichten Altholzbestand

Der Haken darf dem Hund keine Schwierigkeiten bereiten!

mit wenig Unterwuchs ist offensichtlich. Der Schweißriemen wird nicht durch den Bewuchs beim Bögeln behindert und der Hund nicht ermüdet.

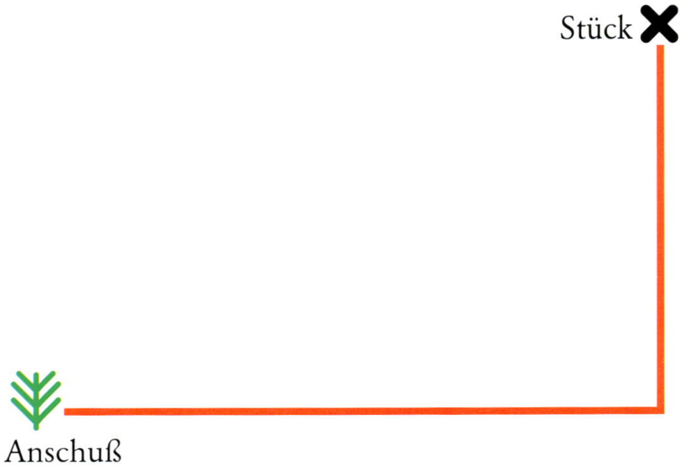

Lernen Sie die Trägheit des Hundes durch Üben zu überlisten.

Haben Sie diese drei Grundformen mit allen sich bietenden Erschwernissen durchgearbeitet, dann setzen Sie die Einzelteile zu einem Ganzen zusammen, und Sie haben eine gute und fordernde Fährte für Ihren Hund. Besondere Stationen sollten Sie immer wieder üben, beispielsweise das Überqueren von Wegen und Straßen, das streckenweise Arbeiten auf einem Weg oder der Abgang von Wegen. Sie glauben gar nicht, wie schnell sich ein Hund an das Geradeauslaufen auf einem ebenen Weg gewöhnen kann, und er den Abgang der Fährte zurück in den Bestand überläuft. Hier müssen Sie sauber und konsequent arbeiten.

Ebenfalls müssen Sie mit dem Hund üben: streckenweises Arbeiten in Bachläufen oder Suhlen, Wechsel von Einständen, Waldrändern und besonders Verleitungen.

Eigenarten der individuellen Fährte

Wenn wir uns mit der Fährte beschäftigen, müssen wir auch die Eigenarten des Abdruckes kennen, die jedes Stück Wild hat. Beispielhaft folgt die Darstellung der Rotwildfährte. Gerade dem jungen Hund muß bei der Fährtenarbeit unsere Aufmerksamkeit gelten. Sehr schnell kann der Hund von einer schwachen Hirschfährte auf eine starke Alttierfährte überwechseln. Wenn sich der Führer nicht genau die Ansatzfährte eingeprägt hat, wird er den Hund nicht kontrollieren können, der Erfolg bleibt aus.

Lernen Sie Fährtenlesen!

Bei Rotwild kennen wir etwa 106 hirschgerechte Zeichen, die Hälfte davon nur von der Fährte. Für einen Schweißhundführer sollten diese Fährtenzeichen ein Teil seiner Ausbildung sein, denn nur mit diesem Wissen um die Fährte können wir später unserem Hund helfen und ihn korrigieren.

Hier einige Beispiele für die hirschgerechten Zeichen bei einem Hirsch:

- Die Stümpfe sind bei jüngeren Hirschen spitzer als bei alten Stücken.
- Der Zwang oder das Fädlein, dieses stehengebliebene Erdreich zwischen den Schalen, zeigt sich bei älteren Hirschen stärker als bei jungen.

- Die Schalenbreite kann hilfreich sein zum Erkennen und Unterscheiden, wenn sich die Fährten von mehreren Stücken kreuzen. Das ist aber leider nur bei gut geeignetem Boden mit der richtigen Feuchtigkeit zu sehen.
- Die Schalenlänge und das Ballenzeichen zeigen, ob man immer noch demselben Hirsch nachhängt. Auch zeigt das Ballenzeichen die Stärke des Hirsches an.
- Die Breite zwischen Ballen und Geäft zeichnet sich bei weichem, tiefem Boden klar ab und ist für den Führer die Bestätigung, daß er der Ansatzfährte folgt.
- Das Geäft oder Oberrücken, die beiden Hornzapfen, drücken sich gerade bei der Flucht stark in den Boden ein.

Bei der Fährtenarbeit müssen Sie folgendes erkennen:

Lernen Sie das Verhalten Ihres Hundes kennen!

Sie müssen erkennen, wie sich Ihr Hund auf der Fährte verhält. Jeder Hund reagiert anders, und zeigt es dementsprechend durch seine Körperhaltung.

Ebenso wichtig ist zu wissen, wie sich Ihr Hund verhält, wenn er von der Fährte abgekommen ist, also auf einer Verleitung abgeht.

Auch hier zeigt der Hund ein spezielles Bewegungsmuster, dies muß der Hundeführer genau kennen, sonst kann er seinen Hund nicht korrigieren. Da diese Verhaltensmuster nur sehr fein sind und nicht leicht zu erkennen, ist es schlecht, nur ein- oder zweimal pro Woche oder gar im Monat mit dem Hund zu arbeiten. Nur ständiges Üben mit dem Hund wird dazu führen, daß der Führer die Körpersprache des Hundes richtig deuten und ihn unterstützen kann. Es reicht eben nicht, daß der Hund die Arbeit kann, bei der Nachsuche handelt es sich um ein Nachsuchengespann aus Hund und Führer, die miteinander kommunizieren. Da der Hund nicht sprechen kann, muß der Führer die Körpersprache des Hundes verstehen lernen. Das geht nur durch ständiges und häufiges Üben.

Lernen Sie die Körpersprache des Hundes zu verstehen!

Haben Sie einen jungen Hund, der – von der Fährte abgekommen – sich nach kurzer Zeit bis etwa fünf Meter selber korrigiert und zu seiner Arbeit zurückfindet, dann haben Sie ein Juwel am Schweißriemen, und Sie müssen es nur noch richtig einfassen. Hunde sind unterschiedlich, und einige Hunde korrigieren sich selbst, wenn sie eine Verleitung angenommen haben. Andere Hunde müssen durch den Führer unterstützt werden. Glücklicherweise zeigen die meisten Hunde dieses durch ihr Verhalten.

Korrigiert sich der Hund auf einer Verleitung selbst?

Schwierig wird es, wenn der Hund einer Verleitung bis ins Unendliche folgen will, hier müssen Sie die Übungsfährte und die selbst gelegten Verleitungen genau kennen und behutsam, aber mit Konsequenz, arbeiten. Das geschieht durch Zurücknehmen zur Fährte, frisch ansetzen oder ein scharfes Kommando „Zur Fährte!“. Hat der Hund dann richtig gearbeitet, wird er ausgiebig gelobt.

Grundfalsch wäre es, und hier unterscheidet sich die Ausbildung des Gebrauchshundes von der des Schweißhundes, den Hund am Riemen bzw. der Halsung scharf zurückzuziehen. Der Hund darf auf keinen Fall einen Ruck im Schweißriemen als Strafe empfinden. Er würde dann bei der Arbeit irritiert, wenn der Schweißriemen hängenbleibt und der Hund in den festen Riemen läuft. Er glaubt dann, er sei falsch und fängt an zu faseln. In dieser Situation kann die saubere Arbeit des Hundes schon zu Ende sein.

Strafen Sie niemals den Hund durch Reißen am Schweißriemen!

Pirschzeichen und Geschoßwirkungen auf Schalenwild

Zu den schwersten Arbeiten eines Nachsuchenführers zählen zweifelsfrei die Gebrechschüsse und Äserschüsse.

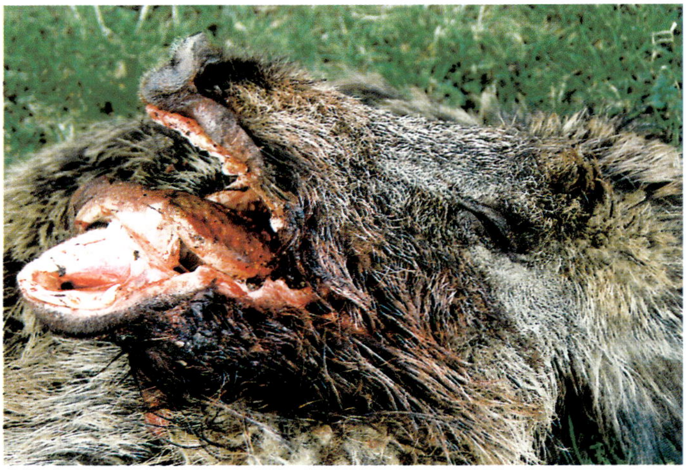

Gebrechschuß auf einen Frischling, den der Hund bei der Hetze aus einer Rotte heraussuchen und stellen mußte.

Wir unterscheiden hier drei Grundarten:

1. der Gebrechschuß im vorderen Bereich des Wurfes und der Schneidezähne,
2. der Gebrechschuß im Bereich der Prämolaren,
3. der Gebrechschuß im Bereich der Molaren, wobei hierbei immer noch die Zunge (Lecker) mit beeinträchtigt wird und somit manchmal das Stück schneller zur Strecke kommen kann. Es muß viel Schweiß abschlucken, der bei einer Hetze zum Teil in die Lunge gerät. Hierdurch wird das Stück langsamer und stellt sich schneller.

Die beiden Gebrechschußzeichen 1. und 2. lassen immer auf eine lange und schwere Nachsuche schließen.

Gebrechschüsse verursachen oft lange Nachsuchen.

Merke:
Bei diesen Pirschzeichen Gebrechschuß im Bereich der Schneidezähne und/oder der Prämolaren sind nur die besten Gespanne sofort anzufordern, eine Suche mit einem nicht firmen Hund wird nie zum Erfolg führen!

Hier drei Pirschzeichen von Gebrechschüssen, die wir gearbeitet haben. Nur durch schwerste Hetzen und von zwei geschnallten Hunden kamen diese Stücke zur Strecke.

Zahnteile und Geschoßmantel.

Starker Keiler steil von oben beschossen, ca. 8 km Riemenarbeit mit Hetze. Fangschuß in einem Maisschlag.

Siebbeinteile.

Überläuferkeiler im Siebbeinbereich durchschossen. Nachsuche über zwölf Reviere hinweg, im Tageseinstand gestellt und durch Fangschuß erlöst.

Knochenteile, Schnitthaar und Schwartenfetzen.

Ein fünfjähriger Keiler wurde von vorn beschossen mit dem Kaliber 9,3 x 62 TUG. Nachsuche 11 km mit sehr schwerer Hetze. Nur durch Dazuschnallen eines weiteren Hundes konnte der Keiler gefunden und durch einen Fangschuß erlöst werden.

Aus Mangel an Erfahrung können sich viele Führer nicht vorstellen, wie sich ein Geschoß im Wildkörper zerlegt, und welche Auswirkungen es hat.

Bachenschädel mit „Volltreffer".

Dieses Bild zeigt einen Überläuferbachenschädel, der durch die Wirkung des Kalibers 7x64 in 18 Teile zerborsten ist. Das Stück lag im Feuer.

Überläuferkeiler mit Gebrechschuß.

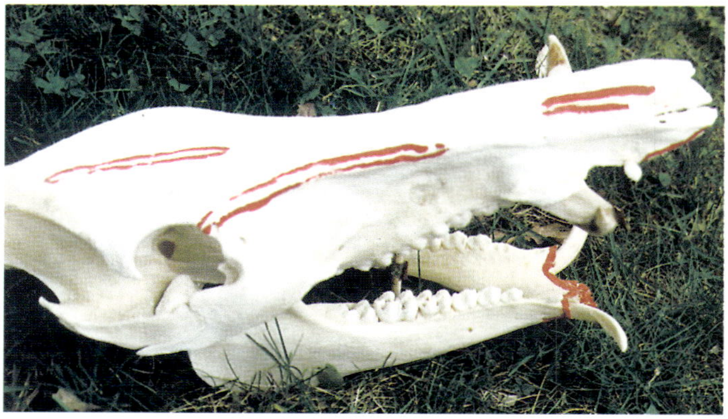

Dieses Bild zeigt einen Überläuferkeiler mit Gebrechschuß der vorderen Schneidezähne im Unterkiefer. Durch den heftigen Aufprall des Geschosses 8 x 57 IS wurden sogar im Oberschädel Schädelnähte gesprengt (hier rot markiert). Es folgte eine sehr lange Nachsuche, da sich das Stück in Gesellschaft von zwei anderen Überläufern befand.

Gebrechschuß durch den Oberkiefer im Bereich des Siebbeines.

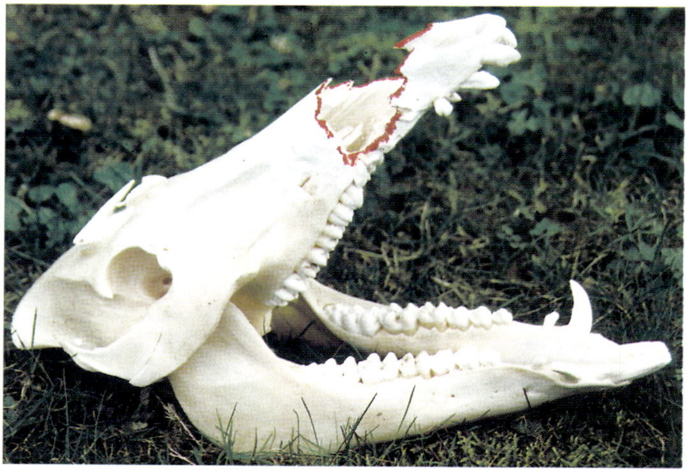

Dieses Bild zeigt einen Gebrechschuß durch den Oberkiefer (Siebbein) einer dreijährigen Bache. Erschwerend kam hinzu, daß dieses Stück sechs Frischlinge führte und beim Stellen die Hunde auf das Schwerste attackierte.

Geschoßsplitter im Licht eines starken Keilers.

Dieses Bild zeigt die Folgen eines Paketschusses. Der beschossene Überläufer lag nach etwa 1000 Metern mit Weidwundschuß verendet im Wundbett. Eine Schweißfährte führte aber über dieses hinaus. Nach einer Riemenarbeit von rund fünf Kilometern wurde ein starker Keiler vor uns hoch, dieser bewegte sich schwer in der Flucht.

Nach Hetze und Fangschuß stellte ich fest, daß ihm ein Licht fehlte (Geschoßsplitter rot gekennzeichnet) und sich auf dem Kasten im Bereich des Weidsackes eine schweißige Stelle befand, hervorgerufen von einem Geschoßsplitter im Weidsack.

Verheilter Gebrechschuß.

Dieses Bild zeigt eine alte, verwachsene Schußverletzung eines Überläufers. Ein so schwerer Treffer hinterläßt immer aussagefähige Pirschzeichen.

Dem starken Keiler wurde der Pürzel abgeschossen.

Dieses Bild zeigt einen alten, starken Keiler. In der Nähe des Anschusses lag der lange Pürzel des Keilers, und eine starke Schweißfährte führte in den Bestand. Nach ca. vier Kilometern Riemenarbeit wurde der Keiler vor uns hoch, durch die schnellen Hunde wurde das Stück nach etwa 500 Metern gestellt, so daß der Fangschuß angetragen werden konnte. Das Geschoß 8 x 68 S hatte neben dem Pürzel noch das Geschröt durchschlagen.

Ausgeheilter Laufschuß beim Rehwild.

Ausgeheilter Schuß am Oberarm beim Rehwild.

Diese Bilder zeigen Schußverletzungen von Rehwild mit kleinerem Kaliber, die ausgeheilt sind.

Knochensplitter vom Laufschuß.

Hier handelt es sich um Röhrenknochen eines Alttieres (Vorderlaufschuß), wie sie sich in der Nähe des Anschusses zeigten. Dieses Stück führte ein Kalb. Durch den Einsatz von Stöberhunden hatte es sich kurzfristig vom Kalb getrennt, was wahrscheinlich zu der Fehleinschätzung führte, daß es sich um ein nicht führendes Stück handelt. Eine schwere Hetze war die Folge.

Tropfbett mit Röhrenknochensplitter.

Dieses Bild zeigt ein frisches Tropfbett mit Röhrenknochen, wie es im Verlauf einer Nachsuche auf einen Rotspießer vorkam. Nach dem Verschließen der Schlagader war kilometerweit kein Tropfen Schweiß mehr zu finden. Als Bestätigung dienten nur noch die Fährte der drei gesunden Schalen und das sichere Verweisen des Hundes.

Geweih-Ende eines Damschauflers.

Hier wurde beim Ansitz einem guten Damschaufler ein Ende des Geweihs abgeschossen. Nach langer Riemenarbeit, in deren Verlauf verständlicherweise kein Tropfen Schweiß vorkam, stand der Hirsch in lichtem Bestand und konnte sich nur noch schwer vorwärts bewegen. Hier müssen durch die Auftreffwucht des Geschosses 9,3 x 64 TUG die Nervenbahnen und/oder das Gehirn schwer geschädigt worden sein. Solche Stücke sind selbstverständlich nachzusuchen und zu erlegen.

Schrotkorn an einem Fuchsschädel.

Welche Wirkung ein „einfaches" Schrotkorn haben kann, zeigt dieser Fuchsschädel. Anläßlich einer Drückjagd wurde dieser starke Fuchsrüde mit Schrot beschossen. Der Fuchs überschlug sich und lief dann schwankend über ein freies Feld. Mein sofort geschnallter Schweißhund faßte ihn und würgte ihn ab. Die Untersuchung ergab nur dieses einzelne Schrotkorn am Unterkiefer.

Der Schweiß und seine Bedeutung für die Nachsuche

Der Schweiß
- *Stehzeit*
- *Abbau (innen oder außen)*
- *Form des Schweißes auf dem Boden (tropfen oder abstreifen)*
- *Menge des Schweißes*
- *aus welchem Kreislauf? venös = dunkel, arteriell = hell*
- *Organ-Schweiß*
  1. *Lungenschweiß*
  2. *Leberschweiß*
  3. *Milzschweiß*
  4. *Pansen-, Weidsackschweiß*
  5. *Herz*
  6. *Nieren*
- *Wildbretschweiß*
- *Schweiß vom großen und kleinen Gescheide*

Allgemeines zum Schweiß

In der Jägersprache wird das Blut jagdbarer Tiere als Schweiß bezeichnet. Für uns Nachsuchenführer hat der Schweiß mannigfache Bedeutung, so z. B.
- ist das Stück getroffen?
- hat es einen Einschuß?
- hat es einen Ausschuß?
- welche Körperteile wurden getroffen?

- welche Organe sind in Mitleidenschaft gezogen worden?
- wie stark tritt er aus der Schußverletzung aus?
- Welche Formen hat er auf dem Boden?
- Wie alt ist er (Stehzeit)?
- Welche klimatischen Momente wirken auf den Schweiß ein?

All dies zeigt dem erfahrenen und verantwortungsvollen Schweißhundführer, ob er mit seinem Hund diese Arbeit durchführen kann, oder ob gleich ein besser ausgebildeter Hund bereitgestellt werden sollte. Will der Hundeführer verantwortungsvoll am Wild arbeiten, sollte er eventuelle Lücken im Bereich Ansprechen des Schweißes durch Lehrgänge, Seminare und viel Praxis schließen.

Was zeigt der Schweiß dem Hundeführer?

Ein- und Ausschuß.

Wenn dem Hundeführer durch den Schützen bekannt ist, von welcher Seite er das Stück beschossen hat, kann er feststellen, ob das Stück getroffen oder gefehlt wurde. Durch eine Vorsuche seines Hundes, der ihm den Schweiß verweist, wird klar, daß das Stück den Schuß auf dem Körper hat. Auf der beschossenen Seite wird sich in den meisten Fällen erst nach einigen Fluchten Schweiß finden. Auf der Seite des Einschusses finden sich auch die Schnitthaare.

Wo liegen Schnitt- und Rißhaare?

Auf der Ausschußseite wird, je nach Auftreffwinkel auf den Wildkörper und Größe des Geschosses, der Schweiß näher oder weiter am beschossenen Stück liegen. Außerdem finden sich hier die Rißhaare.

Anhand der Menge des auf dem Boden liegenden Schweißes läßt sich diagnostizieren, ob das Stück ausschweißt und kränker wird oder ob sich der Einschuß oder der Ausschuß durch Decke, Schwarte oder Gescheide verschlossen hat. Dann läuft der Schweiß nur noch in den Wildkörper, und das Stück zieht weiter als bei offenem Ein- und Ausschuß.

Das Stück schweißt nicht ganz aus!

Es gibt im Wildkörper den großen und kleinen Kreislauf. Diese trennen sich in einmal arterielle Bahnen (Schlagadern) und zweitens in venöse Bahnen. Bei einem Geschoßtreffer auf eine Schlagader wird immer hellroter Schweiß austreten und zu finden sein (verspritzt und in großen Mengen). Bei dem Treffer einer Vene ist die Farbe des Schweißes dunkelrot, und wirkt auf den Betrachter wie hingegossen.

Farbe des Schweißes.

Durch das auf-den-Boden-Fallen des flüssigen Schweißes in Tropfenform kann man erkennen, in welche Richtung das Stück geflüchtet ist. Fällt ein Tropen Schweiß senkrecht z. B. auf einen Stein, spritzt der Tropfen in alle Richtungen auseinander. Flüchtet das Tier aber, und der Tropfen kommt nicht senkrecht, sondern schräg auf, dann ist der Schweißtropfen nicht rund, sondern der strichförmig ausgezogene Rand des Tropfens zeigt in die Fluchtrichtung.

Laufrichtung und Tropfenform.

Die Schweißspritzer zeigen die Fluchtrichtung (Pfeil).

Das Tropfbett

Verhofft das schweißende Stück, dann bildet sich ein Tropfbett.

Wild, das beschossen ist, bleibt früher oder später, je nach Bejagungsart (Einzelabschuß, Drückjagd, Hetze durch Hunde) irgendwann einmal stehen. Hier läuft oder tropft dann der Schweiß in großen oder kleinen Mengen, je nach Verletzung, auf den Boden: es entsteht ein Tropfbett.

Auch können in einem Tropfbett Knochensplitter sowie Organ- und Wildbretteile liegen.

Stücke, die im unteren Bereich des Wildkörpers getroffen sind, verlieren den Schweiß meistens in die Fährte. Stücke, die aber im Bereich der Wirbelsäule getroffen wurden, verlieren ihren Schweiß meistens in die Bauchhöhle, so daß nun ganz wenig Schweiß draußen am Wildkörper abläuft. Dieser liegt dann zwangsläufig neben der Fährte.

Tropfen in- oder außerhalb der Fährte.

Unterschiede beim Ablaufen des Schweißes am Wildkörper ergeben sich auch bei der Behaarung (Sommer-Winter) oder bei der Wildart (Schwarzwild-Rotwild). Bei Sommerbehaarung läuft der Schweiß schneller ab als bei Winterhaar, hier versickert er manchmal und fällt dann wieder, wenn er sich gesammelt hat, in mehreren großen Tropfen. Bei Schwarzwild mit seiner Winterbehaarung sammelt sich Schweiß oftmals in der Unterwolle und bleibt dort längere Zeit hängen.

Schweiß wird erst von der Körperbehaarung aufgenommen.

Finden Sie auf beiden Seiten der Fluchtfährte Schweiß, zeigt das dem Hundeführer, daß beim Stück Ein- und Ausschuß offen sind. An der Menge des austretenden Schweißes kann man erkennen, in welchem Bereich die Verletzungen liegen. Bei Verletzungen im unteren Bereich liegt Schweiß schon gleich von Anfang an in der Fährte. Bei Treffern im oberen Bereich des Körpers findet man erst später Schweiß in der Fährte. Das ist der Badewannen-Effekt: erst wenn sie voll ist, läuft sie über. Das gleiche gilt

Schweiß auf beiden Seiten der Fährte.

beim Wildkörper, der erst einmal voll Schweiß laufen muß, bis etwas aus dem Ein- oder Ausschuß heraustritt.

Verspritzen neben der Fährte.

Liegt Schweiß verspritzt in und neben der Fährte, haben wir es meist mit einem Laufschuß zu tun. Befindet sich aber der Schweiß mit Speichel vermischt weit neben die Fährte gespritzt oder geschleudert, handelt es sich um einen Gebrechschuß. Schweiß kann auch bei einem einwandfreien Kammerschuß (Lunge) weit auf der Seite des Ausschusses liegen, dies sieht man manchmal bei Stücken, die in der Brunft – da sie dann härter sind – oder in voller Flucht beschossen wurden.

Abgestreifter Schweiß.

Bei der Flucht streift das Wild den aus dem Wildkörper tretende Schweiß oft an Gras, Ästen, Bäumen, Gestein usw. ab. An der Höhe des abgestreiften Schweißes beispielsweise an Gras kann man die Höhe der Verletzung am Wildkörper erkennen. Ebenso sieht man, ob das Stück Ein- und Ausschuß hat (beidseitiges Abstreifen).

Was wirkt auf den Schweiß ein?

Stehzeit des Schweißes.

Unter Stehzeit verstehen wir die Zeit, die der Schweiß außerhalb des Wildkörpers auf dem Boden lag, bevor wir mit der Schweißarbeit beginnen konnten. In dieser Zeit verändert sich der Schweiß in mannigfacher Form. Diese Veränderung kann soweit gehen, daß auch der erfahrenste Hund den Schweiß nicht mehr aufnehmen kann, obwohl wir ihn noch sehen. Tests haben ergeben, daß der Hund den Schweiß bei einer Stehzeit von fünf Tagen nicht mehr aufnehmen kann, die Fährte konnte jedoch noch gearbeitet werden.

Abbau des Schweißes außen und innen.

Ist der Schweiß auf den Boden getropft, beginnt gleich ein Zersetzungsprozeß (innen und außen am Tropfen). Der Schweiß besteht aus Blutwasser, roten und weißen Blutkörperchen sowie Blutplättchen. Das Blutwasser verdunstet oder versickert im Untergrund (Holz, Sand), die anderen Teile zersetzen sich langsam, da ihnen die Flüssigkeit entzogen wurde. Gleichzeitig geschieht aber der Abbau des Schweißes auch von außen her, und zwar durch Schnecken, Fliegen, Ameisen, Beutegreifer z. B. Füchse und Vögel, so daß nach geraumer Zeit streckenweise kein Schweiß mehr vorhanden ist, obwohl das Stück getroffen wurde.

Sonne.

Die Einwirkung der Sonnenstrahlung (Hitze) entzieht dem Schweiß Wasser und läßt ihn dadurch austrocknen. Dies erschwert die Leistung der Hunde.

Regen.

Der Regen hat zwei Seiten, die auf den Schweiß einwirken. Die erfreuliche ist, daß Regen in geringen Mengen den Schweiß verflüssigt und dadurch aufschließt, man sagt: „der Regen macht den Schweiß jungfräulich“. So ist er für die Hundenase leichter aufzunehmen (zu riechen). Die negative Seite ist, daß Regen in großen Mengen Schweiß vollständig wegspülen kann, und es auch sehr guten Hunden nicht mehr möglich ist,

Schweiß oder wenigstens die Stelle, an der er abgetropft oder abgestreift war, zu verweisen. Versuche bei uns am Jägerlehrhof haben mannigfach gezeigt, was für die Hundenase noch machbar ist, und was nicht mehr geht. Äußerungen von Führern, daß sie auch bei strömendem Regen oder danach gearbeitet hätten, zeigen nur, daß die Führer die Fährte vergessen, an der sich die Hundenase orientiert.

Tau.

Tau ist feuchter Niederschlag, der sich gewöhnlich bei niedrigen Temperaturen (nicht mit Rauhreif zu verwechseln, hier herrschen Minusgrade) meist im Herbst an Gräsern, Ästen, Blättern usw. festlegt. Weshalb wirkt er nun auf den Schweiß ein? Nehmen wir an, wir haben ein Stück Wild im Herbst auf einer Wildwiese mit halblangem Gras beschossen, und das Stück ist flüchtig abgegangen. Nach geraumer Zeit untersuchen wir den Anschuß, finden am Gras Schweiß, und verbrechen diesen für die Nachsuche am nächsten Morgen. Jetzt kann es passieren, daß Sie diesen Schweiß, den Sie selber am Abend vorher noch gesehen haben, nicht mehr finden, oder nur noch sehr verflüssigt am unteren Ende des Grasstengels, also am Boden. Was ist passiert? In der Nacht hat sich der Tau auf den Schweiß gelegt, ihn aufgeweicht, verflüssigt und hat ihn abtropfen lassen, so daß er sich nicht mehr an der Stelle befand, an der Sie ihn gesehen haben. Hunde, die gut verweisen, zeigen oft an Stengeln noch die Ränder des Schweißtropfens, der hier schon eingetrocknet war.

Tau weicht den Schweiß auf.

Wind.

Viele Hundeführer unterschätzen die Wirkungen des Windes auf den Schweiß. Nicht nur, daß der Wind z. B. den Tropfen Schweiß austrocknet, kann er ihn auch von einem glatten Untergrund (harziger Ast) abtragen. Ebenso verweht er im Herbst eine nur getropfte oder gespritzte Fährte völlig – sehr interessant bei Buchenlaub. Wehe dem Hund, der es nicht gelernt hat, der Fährte zu folgen, er kommt nie an das Stück. Auch gefrorenen Schweiß auf Blättern, Grashalmen und Steinen kann der Wind abreiben und verwehen (verlasten).

Schnee.

Für die meisten ist Schnee weiß, und daher ist der Schweiß leicht zu sehen und für den Hund gut zu arbeiten (siehe Kapitel Schnee). Gerade das Gegenteil ist meist der Fall. Schnee ist immer kalt, der Schneeflockenstern mit seinem inneren Schneekristall hat eine große Eigenkälte, und kann Schweiß sofort gefrieren lassen. Dies hat zur Folge, daß die Hundenase diesen Schweiß nicht mehr wahrnehmen kann. Dies geschieht um so schneller, je kälter die Außentemperatur ist. Bei warmem Föhnwetter kann der auf Schnee abgetropfte Schweiß jungfräulicher werden gerade so wie bei leichtem Regen, da das Schneekorn schmilzt und dadurch den Schweiß verflüssigt. Schweiß, der so verflüssigt ist, versickert im Schnee, hinterläßt aber einen gelben Fleck, den der Hund verweist.

Verschiedene Bodenarten.

Bodenarten können sich unterschiedlich auf den Schweiß auswirken, entscheidend sind ihre Körnung und ihre Bindemittel. Nehmen wir den

Sand. Sand ist immer körnig (grob oder fein), auf ihm versickert Schweiß sehr schnell. Lehm dagegen ist feinstkörnig und hat fettiges Gesteinsmaterial zum Binden, auf ihm hält sich Schweiß sehr gut sichtbar. Auf Steinen ist Schweiß sehr lange sichtbar, auch wenn er schon ausgetrocknet ist. Humusreiche Böden, wie bei einer Fährte über einen Sturzacker, lassen den Schweiß nicht ideal erkennen, hier ist aber der Schalenabdruck besser zu sehen. Schweiß auf Moorflächen wird sehr schnell aufgesogen und ist fast nicht mehr zu erkennen. Nur mit Hilfe eines feuchten Papier-Taschentuches, mit dem man über eine solche Stelle streicht, macht man den eingesaugten Schweiß wieder sichtbar.

Gefallenes Laub. Auf Laub ist Schweiß, gerade im Herbst, wenn die Blätter gelb gefärbt sind, sehr leicht zu erkennen und lange zu bestätigen. Eine Ausnahme machen hier zwei Laubarten: die Buche und die Lärche. Bei der Buche kann Schweiß, z.B. dunkler Leberschweiß und dann noch in kleinen Tröpfchen, sehr schwer für das menschliche Auge zu bestätigen sein, gerade dann, wenn das Buchenlaub dunkel ist. Schweiß auf Lärchchen-Blättern (Nadeln) versickert sehr schnell dazwischen und kann, obwohl der Boden gelb bedeckt ist, nur schwer zu erkennen sein. Auf den Blätter der Eichenarten sieht man Schweiß sehr deutlich. Eines haben aber alle Blätter, auf denen Schweiß sichtbar liegt, gemeinsam: wenn der Wind dazwischenfährt und sie verlastet, wird es schwierig, Schweiß zu bestätigen.

Auf Gras ist Schweiß sehr leicht zu erkennen, ob in abgestreifter oder verspritzer Form. Einige Besonderheiten hat aber Gras doch, und diese können beim Nichterkennen zu Irritationen führen. Bei langem, stehendem Gras kann ein Schweißtropfen sehr gut zu erkennen sein, gerade dann, wenn er am Stengel herabläuft. Auch bei liegendem, ausgewachsenem Gras ist Schweiß leicht zu sehen. Schwieriger ist es da schon bei kurzem, nicht zu eng stehenden Grashalmen (Magerrasen). Hier wird der Schweißtropfen oder Spritzer gleich auf den Boden durchfallen, und ist für das Auge nicht mehr sichtbar. Heu, also getrocknetes Gras, ist meistens warm, abgetropfter Schweiß wird sehr schnell eintrocknen und ist dann auf den dunkelbraunen Stengeln manchmal nicht zu sehen.

Gras in seiner Länge.

Auf dem Boden liegende Nadeln sind meistens dunkelbraun. Schweiß, der auf diesen Untergrund getropft wird, ist schon nach geraumer Zeit nicht mehr zu sehen. Hier hilft ebenfalls das weiße Papier-Taschentuch, um Schweiß sichtbar zu machen, beispielsweise bei einem alten Wundbett auf Nadelstreu. Dort können Sie mit Hilfe des feuchten Taschentuches, mit dem Sie die Lagestelle abtupfen, Schweiß sichtbar machen.

Nadeln von Nadelbäumen.

Welche Schweißarten kennen wir?

Um richtig zu diagnostizieren, aus welchem Körperteil der Schweiß austritt und welche Organe zerstört sind, sollte man einige Grundkenntnisse besitzen.

> *Merke:*
> *Schweiß wird immer so beurteilt:*
> *sehen – riechen – fühlen – schmecken.*

Lungenschweiß. Der Lungenschweiß wird sehr oft mit dem arteriellen Schweiß verwechselt (Abschuß einer Arterie), dieser ist zwar genauso hellrot wie Lungenschweiß, und schäumt durch den hohen Sauerstoffgehalt auch so auf, hat aber keinerlei Substanz in sich, wohingegen hellroter Lungenschweiß immer Substanz in sich hat. Das Geschoß reißt Lungenbläschen mit aus dem Ausschuß heraus. Diese liegen dann in Verbindung mit dem Schweiß z. B. auf dem Boden. Zu erkennen ist diese Schweißart daher ganz leicht, wenn man den Schweiß zwischen Daumen und Zeigefinger reibt, hier fühlt und sieht man die Lungenbläschen.

Leberschweiß. Die Leber ist ein Organ, in dem viel Schweiß vorhanden ist (sehr gut durchblutet). Eine Zerstörung durch ein Geschoß ergibt dunkelroten, breiigen Schweiß. Leberschweiß bei Schwarzwild kann bitter schmecken, gerade dann, wenn die Gallenblase mit getroffen wurde. Ebenso liegt im dunklen Schweiß körnig-breiige Lebersubstanz vor.

Milzschweiß. Die Milz ist ein Organ, das im Wildkörper einen Schweißspeicher darstellt, also sehr viel Schweiß enthält. Milzschweiß ist immer dunkelbraun, hat aber im Gegensatz zum Leberschweiß eine grobkörnige, bläuliche Struktur. Aus diesem Grund ist sie leicht zu erkennen und zu fühlen.

Pansen- und Weidsackschweiß.

Diese beiden Arten von Schweiß werden immer nur in Verbindung mit anderem Schweiß zu sehen sein. Da Pansen wie Weidsack teilweise von anderen Organen eingeschlossen sind, wird eine Zerstörung eines Organs immer andere in Mitleidenschaft ziehen (Leber, Milz, Gescheide, Decke oder Schwarte). In diesem Schweiß kommt immer Pansen- oder Weidsackinhalt vor, ebenso kann er stark nach Pansen oder Weidsack riechen. Auch Teile der aufgenommenen Nahrung (Äsung oder Fraß) können im Schweiß vorhanden sein.

Herzschweiß.

Ein Herzschuß muß nicht immer sofort tödlich sein. Wird ein Herz im unteren Bereich zerschossen (dicke Spitze des Herzmuskels) kann dieses Stück z. B. in der Brunft weiterziehen, obwohl wir am Anschuß (Ausschuß) die gesamte Herzspitze im dunkelroten Schweiß liegen haben.

Nierenschweiß.

Bei einem Nierentreffer wird neben dem dunkelroten Schweiß immer – gerade am Anfang der Fährte – Nierenmark oder Teile des Nierenkörpers zu finden sein. Auch riecht dieser Schweiß in reiner Form etwas säuerlich.

Schweiß vom großen und kleinen Gescheide.

Dieser Schweiß erscheint immer unterschiedlich, je nach der Stelle, aus der gerade der Schweiß austritt. Diese Schweißarten kommen immer in Verbindung mit anderen Einlagerungen vor, beispielsweise breiiger oder fester Losung sowie Darmschlingen oder Fetzen davon. Ganz klar wird man sich erst nach einigem Nachhängen auf der Fährte.

Wildbretschweiß. Wildbretschweiß wird meistens als dunkler Schweiß bezeichnet, dies ist aber nicht immer so. Wenn eine Arterie mit beschädigt wurde, kann auch ein starker Keulenschuß helleren Schweiß produzieren. Wildbretschweiß hat aber eine unverwechselbare Eigenschaft: er enthält Wildbretstücke – auch als Fasern oder kleinste Fetzen – und Sehnenteile. Diese können gleich am Anfang einer Fährte liegen, oder erst im Verlauf der Fluchtfährte aus dem Wildkörper vom Schweiß herausgespült werden.

Gebrech- oder Äserschweiß. Diese beiden schweren Schußverletzungen zeigen immer dunkelroten Schweiß, der aber grundsätzlich mit Speichel, Siebbeinteilen, Zahnfragmenten sowie mit Zungen- oder Leckerteilen durchsetzt ist. Er kann in oder weit neben der Fährte liegen oder tropfen. Am Anfang der Fährte fast wie mit der Gießkanne geschüttet, wird er je nach Länge der Fährte immer seltener, bis nur noch einige dunkelrote Speichelfäden am Boden oder an Ästen und Gräsern hängen.

Schweißmenge der einzelnen Wildarten und ihre Bedeutung für die Nachsuche

Für jeden Schweißhundführer ist es wichtig zu wissen, wieviel Schweiß (sprich Blut) das Stück Wild, das er nachsucht, in etwa im Körper hat. Aus der Menge des auf den Boden getropften oder verspritzten Schweißes kann sich der versierte Hundeführer ein detailliertes Bild vom Zustand des gesuchten Wildes machen. Die altüberlieferte Mär „... viel Schweiß in der Fährte ...“, „... wie mit der Gießkanne gegossen ...“ und „... wir haben das Stück gleich ...“, erfüllt sich in den meisten Fällen nicht. Gerade bei Schnee und feuchtem Untergrund wird dem unerfahrenen Schützen und Führer eine Menge vorgegaukelt, die zwangsläufig zu einer falschen Diagnose führen muß.

Wieviel Schweiß hat ein Stück eigentlich?

Hier nun ein paar Anhaltspunkte, zugrundegelegt ist eine Schweißmenge von 71 ml pro Kilogramm Lebendgewicht. Das ergibt für die einzelnen Wildarten folgende Mengen an Schweiß (Blut).

Schweißmenge einzelner Wildarten. Beachten Sie, daß es sich um Lebendgewichte handelt und nicht um die üblicherweise genannten Gewichte der aufgebrochenen Stücke:

Rehwild	*z. B.*	*16 kg*	*= 1,136 l*
Rotwild	*z. B.*	*100 kg*	*= 7,100 l*
Schwarzwild	*z. B.*	*80 kg*	*= 5,680 l*
Damwild	*z. B.*	*70 kg*	*= 4,970 l*
Muffelwild	*z. B.*	*50 kg*	*= 3,550 l*

Das Stück schweißt nicht ganz aus!

Diese Menge Schweiß verliert ein krankgeschossenes und nachgesuchtes Stück Wild nie im Ganzen, sondern nur zum Teil. Einerseits, weil sich die Wunde schließt, und andererseits, weil bereits nach dem Verlust von einem Teil des Schweißes das Stück bewußtlos wird. Ein Blutverlust von 50 % der vorhandenen Menge wird von Tieren noch toleriert, aber ab 2/3 der Blutmenge wird das Stück bewußtlos.

Die Schweißmenge täuscht gewaltig!

Um sich ein Bild darüber zu machen, welche Schweißmenge auf dem Boden liegt, nehmen Sie versuchshalber einen Viertelliter Rinderblut und verspritzen Sie ihn mit einem Spritzstock auf einer Strecke von 1000 Meter bei jedem zweiten Schritt. Sie werden staunen, daß Sie am Ende der Strecke von dem Viertelliter noch einiges übrig haben. Die Fährte erweckt den Anschein, als ob das Stück ausgeschweißt wäre.

Wie verändert sich die Schweißmenge bei der Suche?

Nach dieser Erkenntnis (= Schweiß im Wildkörper des nachzusuchenden Stückes und Viertelliter auf 1000 Meter) können Sie sich im Verlauf der Suche ein Bild machen über den Zustand des Stückes. Handelt es sich um ein schwerkrankes Stück, welches langsam ausschweißt und sich bald ins Wundbett begeben wird? Wird die Schweißmenge weniger, deutet dies darauf hin, daß sich Ein- und Ausschuß verschlossen haben und eine längere Nachsuche bevorsteht. Diese Nachsuche ist dann für einen Hund, der nicht auf der Fährte gearbeitet ist, nicht mehr durchzuführen. Er hat keinen Schweiß mehr, an dem er sich nach vorne buchstabieren kann.

Schnitthaarbuch

Jeder Nachsuchenführer sollte sich eine Schnitthaarsammlung anlegen, um das am Anschuß gefundene Schnitt- oder Rißhaar eindeutig zuordnen zu können. Aufgrund der vielen Anregungen und Anfragen aktiver Schweißhundeführer wurde in der Venatus Verlags-GmbH eine universelle Schnitthaarsammlung konzipiert, die es jedem Führer ermöglicht, seine Schnitthaarsammlung sauber und dauerhaft unterzubringen.

Ein Muß für jeden Schweißhundführer!

Grundlage einer Schnitthaarsammlung ist eine Decke oder Schwarte eines Tieres mit bekanntem Alter, Gewicht und Geschlecht. Aus der frischen Decke werden an den wichtigen Stellen die Haare büschelweise mit Wurzel gerupft oder mit dem Messer so aus der Oberhaut geschnitten, daß die Wurzeln der Haare unbeschädigt bleiben. Die Wurzeln sind wichtig, um bei den Haaren die Spitze und die Basis unterscheiden zu können.

Denken Sie daran, daß sich beim Schalenwild männliche und weibliche Tiere teilweise in der Größe beträchtlich unterscheiden. Bei Schwarzwild, das zeitlebens wächst, sollten Sie auch verschiedene Alters- und Gewichtsklassen sammeln. Die bis zu 16 Haarproben werden in die Klarsichttaschen des Schnitthaarbuches gelegt, auf den Karten markieren Sie die Stelle am Wildkörper, an der Sie das Haar gerupft haben.

Der Schnitthaarsammlung liegen zwei Sorten Karten mit Wildmotiven bei: Schwarzwild und ein verallgemeinerter Cervide, der für alle Wildarten außer Schwarzwild gedacht ist. Damit kann sich jeder Führer ein Schnitthaarbuch seiner üblicherweise nachgesuchten Wildarten zusammenstellen, das wetterfest ist und in jede Hemdentasche paßt. Auch kann man alte Schnitthaarbücher, die beispielsweise aus Oktavheften hergestellt wurden, in diese neue Schnitthaarsammlung umsortieren.

Das Schnitthaarbuch muß wetterfest sein.

VENATUS-Schnitthaarsammlung.

Hier rupft man die Haare von einer Damhirschdecke.

Techniken und Fachausdrücke bei der Nachsuche

Ansetzen/anlegen

Der Hund wird am Anschuß angesetzt und erhält Zeit, die Witterung in sich aufzunehmen.

Der Hund untersucht den Anschuß mit der Nase: er wird angesetzt.

Vorgreifen

Der Führer arbeitet einen Teil der Fährte nicht, weil deren Verlauf offensichtlich ist. Er setzt den Hund gleich an einer Stelle an, die weit vor dem eigenen Standort liegt: „Er greift vor".

Zurückgreifen

Der Führer kommt mit seinem Hund an irgendeiner Stelle nicht mehr weiter. Er trägt den Hund ab und greift zurück, indem er den Hund an einer von ihm markierten Stelle in der Fährte, beispielsweise Schweiß oder Fährtenabdruck, wieder ansetzt.

Umschlagen

Der Führer kommt mit seinem Hund an eine schwere Dickung, er wird den Hund abtragen und mittels Vorsuche die Dickung umschlagen, um den Auswechsel zu finden. Hat er die Dikkung umschlagen und keinen Auswechsel gefunden, steckt das gesuchte Stück vermutlich in der Dickung.

Vorsuchen

Der Hund wird am kurzen Schweißriemen mit dem Kommando „Such vorhin!“ und „Zeige mir!“ an eine Stelle gebracht, an der man beispielsweise die Fährte vermutet. Zeigt der Hund das Gewünschte, wird diese Stelle markiert.

Vorsuche am kurzen Riemen.

Abstellen

Der Schweißhundführer, und nur er, stellt einige ausgesuchte Schützen um eine Dickung, bevor er in dieser weitersucht. Die Schützen sollen das auswechselnde Stück erlegen; aber nur, wenn kein Hund hinter dem Stück ist.

Abstellschützen

Werden nur vom Schweißhundführer angefordert, er läßt sie durch einen Ortskundigen anstellen, und nur er läßt sie auch wieder abholen. Der Hundeführer ist bei der Suche der Jagdleiter und muß über alles, was mit der Suche zusammenhängt, informiert sein. Die Abstellschützen sollten erfahrene Jäger sein, die schnell und sicher ansprechen können und beherzt schießen, wenn das richtigen Stück in Anblick kommt. Aber nur, wenn keine Hunde hinter dem Stück kommen!

Verbrechen

Markieren mit einem Bruch. Der Anschuß wird verbrochen, also die Stelle, an der das Stück Wild stand, als es die Kugel bekam. Der Führer verbricht mittels eines farbigen Bändchens einen Schalenabdruck, Schweiß, Deckenfetzen, Knochensplitter, Schleifspuren sowie Riß- und Schnitthaare. Auch zertretene und ab- oder durchgebrochene Äste werden verbrochen. Kommt man im Verlauf der Fährtenarbeit nicht mehr weiter, kann man auf diese Stelle zurückgreifen und dort wieder neu anfangen, wo man sicher noch richtig war.

Das Verbrechen mit einem farbigen Kreppband ist zwar nicht brauchtumsgerecht, aber allemal praktischer.

„Halt in der Fährte!"

Der Hund hält in der Fährte an, der Schweißriemen hängt durch, weil der Hund nicht vorwärts drängt.

Dieses Kommando gibt der Hundeführer seinem Hund, wenn er z. B. Schweiß in der Fährte verbrechen will. Der Hund muß auf dieses Kommando in der Fährte stehen bleiben. Wichtig dabei ist, daß der Hund dieses Kommando nicht als Strafe empfindet. Entsprechend ist der Ton-

fall. Das Kommando darf den Hund nicht frustrieren, es kann auch gegeben werden, wenn Hund oder Führer verschnaufen müssen.

Einwechsel prüfen

Der Hundeführer prüft selber an einem von seinem Hund gezeigten Wechsel, ob am Gras oder Astwerk Schweiß abgestreift ist, oder ob Schalenabdrücke vorhanden sind.

Auswechsel prüfen

Der Führer kommt beim Umschlagen einer Dikkung an einen Wechsel, den ihm sein Hund verweist. Er wird selber versuchen, mit den Augen Schweiß oder Fährtenabdrücke zu finden, um den Hund zu bestätigen.

Wiedergang arbeiten

Wir kennen zwei Arten von Wiedergängen. Beim ersten wechselt das Wild auf der eigenen Fährte zurück, um sich dann unter Wind ins Wundbett zu begeben. Sinn des Wiederganges ist, daß die Witterung des Verfolgers am Wundbett vorbeistreichen kann und das Wild warnt.

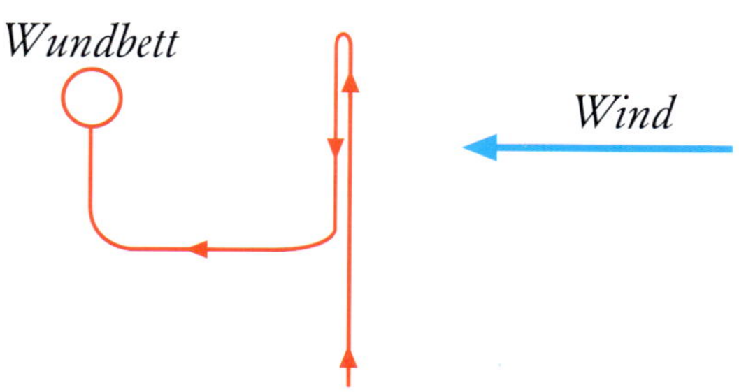

Wiedergang.

Beim zweiten macht das Stück einen Bogen, kreuzt die Fährte und zieht unter Wind weiter.

Wiedergang.

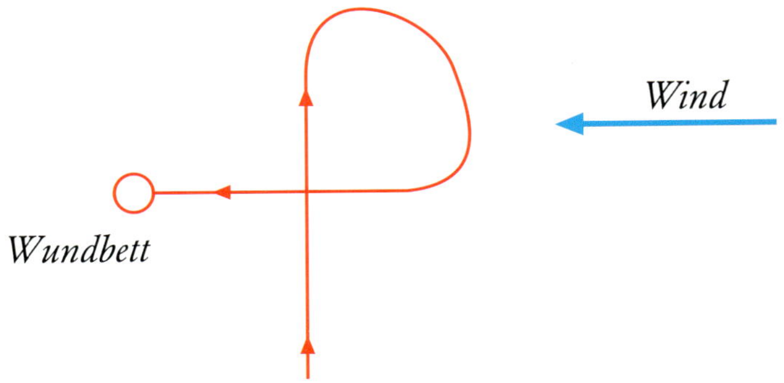

Für beide Wiedergänge muß der Hund sauber durchgearbeitet sein, sonst wird er hier immer mit starkem Bögeln versuchen, die Fährte wieder aufzunehmen. Dies ist aber gerade in dichtem Gehölz, Raps, Mais oder Schlehen fast nicht möglich: der lange Schweißriemen stört. Nur Hunde mit absoluter Fährtensicherheit werden diese Stellen meistern können.

Pausen während der Arbeit einlegen

Der Hundeführer muß Pausen einlegen, gerade bei langen Arbeiten, die erschwert werden durch Hitze, Regen, Schneetreiben, starken Wind, Frost, Schnee, steiles Gelände, Windbrüche, Raps-, Maisschläge oder fast undurchdringliche Dickungen. Der Hund kann dann mit Wasser versorgt werden und darf sich ausruhen. Ebenso sind Pausen für den Führer eine Erholung. Bei der Schweißarbeit ist die Riemenarbeit nur der erste und einfache Teil. Der Hund braucht seine Kraft bei der Hetze und beim Stellen. Dafür müssen wir den Hund vorbereiten und dürfen ihn nicht schon vorher verausgaben.

Kaltes Wundbett

Lagerstelle eines kranken Stück Wildes, die es schon geraume Zeit verlassen hat. Hunde verweisen diese sehr aufmerksam, sie zeigen aber bei weitem nicht die Passion wie bei warmen Wundbetten. Der erfahrene Führer wird am Benehmen seines Hundes die Unterschiede warmes/kaltes Wundbett klar feststellen können. Ein kaltes Wundbett wird in der Regel verbrochen.

Der Hund verweist ein kaltes Wundbett.

Warmes Wundbett

Ein Wundbett, welches das kranke, nachgesuchte Stück gerade verlassen hat. Hier wird der Hund meistens sehr heftig und zeigt damit an, daß er geschnallt werden will. Manchmal kann man die Körperwärme des Wildes am Boden mit der Hand fühlen.

Schnallen des Hundes

Der Hund kommt mit seinem Führer an das warme Wundbett. Durch sein Benehmen zeigt der Hund an, daß er dem Wild folgen will. Nur wenn einwandfrei feststeht, daß es sich um das beschossene Stück Wild handelt, wird der Hund geschnallt, indem man ihm die lockere Halsung über den Kopf streift und ihn zusätzlich anrüdet.

Die Hetze

Die Hetze ist ein Teil der Nachsuche. Der Hund muß allein der Wundfährte folgen. Besonders wünschenswert ist es, fährtenlaute Hunde zu haben, um die Folge des Hundes akustisch verfolgen zu können. Stumme Hunde sind sehr schwer zu lokalisieren, die meisten Hunde geben aber wieder Laut, wenn sie das kranke Stück sehen.

Angehen der Bail

Stellt der Hund das kranke Stück, kann der Führer am Laut seines Hundes erkennen, ob das Stück steht oder ob es noch in Bewegung ist. Erst bei absolutem Stillstand der Hetze wird die Bail – auch Ball genannt – grundsätzlich unter Wind angegangen.

Fangschuß

Den Fangschuß gibt bei einer Nachsuche grundsätzlich nur der Hundeführer, denn nur er kennt seinen stellenden Hund und dessen Bewegungen am Stück ganz genau.

Totverbellen

Kommt ein Hund durch freie Suche an ein verendetes Stück Wild, soll er Totverbellen. Für die Praxis sind solche Hunde nur bedingt einzusetzen, da man bei Wind, bergigem Gelände oder großen Entfernungen den Laut nicht hören kann. Außerdem kommen wir grundsätzlich mit dem Hund am langen Riemen an das verendete Stück.

Bringselverweisen

Ein verendetes Stück Wild zeigt der Hund dadurch dem Führer an, daß er ein ihm umgeschnalltes Bringsel in den Fang nimmt und so dem Führer zeigt, daß er gefunden hat. Für die Praxis nur bedingt einzusetzen, da Hunde nach schweren Belastungen das Bringsel nicht in den Fang nehmen, da sie durch diesen atmen müssen.

Totverweisen stumm oder lautgebend

Wir brauchen das Verweisen gerade bei schwerem Gelände sowie bei absolut dichten Verhauen, wenn der Hund nur allein an das Stück kommen kann. Er soll dem Führer, der ihm nicht so schnell folgen kann, zeigen, daß er gefunden hat. Dies zeigen Hunde stumm an, indem sie freudig zum Führer kommen und auf das Anrufen „Wo ist verwundt?" sofort kehrt machen und wieder zum gefundenen Stück eilen. Dies wiederholt sich so lange, bis der folgende Führer am Stück ist. Das Gleiche geschieht beim Lautverweiser. Dieser Hund zeigt in gleicher Manier an, daß er gefunden hat, jedoch gibt er zusätzlich Laut.

Abliebeln des Hundes

Hat der Hund das Stück gefunden, wird er ordentlich abgeliebelt. Man sollte sich nicht scheuen, seinen Hund in die Arme zu nehmen, zu drücken und zu knuddeln. Dieses Abliebeln entspannt Hund und Führer nach der anstrengenden Suche. Gleichwohl verbindet es das Gespann Hund und Führer noch intensiver.

Abliebeln des Hundes nach einer langen Suche.

Abtragen

Früher hat der gerechte Schweißhundführer seinen Hund abgetragen, indem er ihn mit einem Arm von vorn unter die Brust und dem anderen Arm hinter den Hinterläufen hochgehoben und von der Fährte weggetragen hat.

Brauchtumsgerechtes, aber anstrengendes Abtragen. Besser ist es, den Hund nur am Brustkern hochzuheben und aus der Fährte zu drehen.

Ich hebe meine Hunde nur vorne mit der Hand hoch, fasse sie dabei am Brustkern und drehe sie nach links oder rechts aus der Fährtenrichtung. Beide Hinterläufe bleiben dabei am Boden. Der Hund, der es so gelernt hat, weiß, daß für ihn jetzt die Arbeit zu Ende ist und etwas Neues kommt.

Genossenmachen des Hundes

Nach vollbrachter Arbeit reicht man dem Hund ein Stück von der gefundenen Beute und macht ihn so genossen. Dabei spielt es keine Rolle, was man dem Hund gibt. Der erfahrene Hundeführer weiß genau, was sein Hund nach einer schweren Arbeit braucht: beispielsweise eine Handvoll Schweiß, ein Stück Herz oder Pansen. Bei Rehwildpansen geben Sie nur kleine Stücke, wegen der eiweißreichen Äsung des Rehwildes erbricht der Hund nach zuviel ungereinigtem Pansen. Wichtig ist, daß der Hund etwas von der miteinander gefundenen Beute bekommt. Bei Schwarzwild sollte man wegen der Aujeszkyschen Krankheit vorsichtig sein.

Genossenmachen des Hundes nach einer erfolgreichen Suche.

„Anhalsen!“

Auf dieses Kommando hin steckt der Hund seinen Kopf in die Halsung, die der Führer hält. Die Halsung muß dazu weit genug sein, sie wird einmal angepaßt und die Schnalle wird nicht mehr benutzt, um den Hund anzuhalsen.

Anhalsen: der Hund schiebt seinen Kopf durch die geschlossene Schweißhalsung.

„Zur Fährte!“

Dieses Kommando wird dem Hund gegeben, wenn der Führer erkennt, daß sich der Hund auf einer Verleitung befindet. Der Hund sollte sofort reagieren und die Krankfährte wieder annehmen.

Anschuß untersuchen

Der Führer kontrolliert die Eingriffe, Ausrisse und Pirschzeichen in der Umgebung des Anschusses, die Hunde sehen ihm dabei interessiert zu.

Anschuß untersuchen.

Am langen Riemen

Der Hundeführer gibt dem Hund den ganz langen Riemen, wenn er über freies Gelände – Wiese, lichtes Stangenholz – geht. Am langen Riemen kann der Hund freier suchen. Es beruhigt den Hund, wenn der Führer nicht so dicht hinter ihm läuft und ihn durch seine Anwesenheit stört.

Am langen Riemen.

Ausrüstung für die Schweißhundeausbildung

- Rucksack und Lodenumhang
- Schweißriemen, Halsung und Warnhalsung
- Feldleine
- Bergstock
- Fährtenschuh
- Schweiß
- Schweißbehälter
- Tupf- und Spritzstock, Schweißeimerchen
- Decken, Schwarten und Wildkörper
- Schalen
- Knochensplitter sowie Deckenfetzen
- Bänder zum Markieren
- Material zum Legen von Schleppen
- Bewegungsangel
- Wurfkette

Nehmen Sie die Ausrüstung, die Ihnen liegt.

Art und Umfang der benötigten Ausrüstung für die Ausbildung des Schweißhundes liegt immer im Ermessen des Hundeführers und seiner Erfahrung und Zielsetzung. Ich habe im Laufe der Jahre immer wieder neue Ausrüstungsgegenstände dazubeschafft und dafür mir nicht liegende Geräte aus der Ausbildung verbannt. Die Grundausstattung sollte in etwa so wie hier beschrieben aussehen, denn der Hund soll für die Fährtenarbeit vorbereitet und ausgebildet werden. Das Ziel ist der fertige Schweißhund, der jede Arbeit, die ihm angeboten wird, meistern und arbeiten kann und sollte.

Rucksack und Lodenumhang

Rucksack und Lodenumhang sind immer dabei.

Schon der junge Hund sieht mich immer wieder, wenn wir ins Revier gehen, mit Rucksack und Lodenumhang. Für ihn wird es wie ein Ritual, daß Rucksack und Lodenumhang mit dabei sind, wenn wir ausrücken. Da ich bei der Ausbildung gern einen älteren Hund dabei habe, der mit der Führerleine oder dem aufgedockten Schweißriemen am Rucksack befestigt ist, lernt der junge Hund schnell, daß beim Ablegen des Rucksackes und des Umhangs der Hund sich setzt oder Platz macht. Erstaunlich ist, wie schnell junge Hunde dies ohne große Mühe begreifen. Schon der Welpe wird bei mir am Hundeplatz mit dem Rucksack vertraut gemacht, indem er einfach auf den Platz des Hundes gelegt wird. Da schon einige Hunde ihre Witterung und Beißstellen darin verewigt haben, ist es für den jungen Hund etwas Gewohntes, Vertrautes, und das ist gerade das, was wir später brauchen.

Rucksack mit Umhang ist gleich Führer, hier muß er Sitz oder Platz machen, bis der Führer ihn abholt. Besonders kann sich dieses Erlernte bei überjagenden Hunden auszahlen, indem man einfach Rucksack und Umhang am Ausgangspunkt ablegt. Wenn man nach Stunden wieder nachschaut, findet man meistens den Hund dort wieder – wenn er es so gelernt hat.

Ablegen am Rucksack.

Schweißriemen, Halsung und Warnhalsung

Diese Utensilien sind bei der Ausrüstung des Schweißhundführers bereits beschrieben, denn diese Dinge werden sowohl bei der Führung als auch bei der Ausbildung eingesetzt und unterscheiden sich daher nicht.

Sie sollten aber bei der Ausbildung immer das Alter des Hundes beachten. Nehmen Sie daher nicht zu schwere Halsungen oder Schweißriemen, sie können den jungen Hund irritieren oder verunsichern. Dann kann er seine Arbeit nicht perfekt ausführen, auch wenn er es wollte. Halten Sie also verschiedene Schweißriemen sowie Halsungen bereit, die – angepaßt an das Wachstum des jungen Hundes – gewechselt werden. Verfahren Sie nicht nach dem Motto: „der wächst schon rein". Hier würden Sie einen methodischen Fehler machen, der sich gerade bei sensiblen Hunden negativ auswirken könnte.

Die Riemen müssen zum Hund passen.

Feldleine

Die Feldleine ist eine Rund- oder Flachleine aus Perlon, die es in verschiedenen Stärken und Farben gibt. Die Halsung wird mit einem Karabinerhaken befestigt. Die Feldleine wählt man je nach Hundegröße, Temperament und Stärke aus. Bei kleinen, jungen Hunden 5 mm, bei kräftigeren Hunden bis 10 mm Stärke. Auch die Länge ist unterschiedlich; beim Eingewöhnen des Hundes an die Leine (Leinenführigkeit) binden Sie dem Welpen an die Halsung, die er ja schon kennt, eine fünf Meter lange Feldleine, und machen mit ihm Reviergänge. Der Hund hat sich sehr schnell an die schleppende Leine gewöhnt. Nach einer gewissen Zeit nehmen Sie die Leine auf und verkürzen sie mit der Hand. Meistens reagiert der Hund gar nicht mehr darauf. In dieser Spielform bringen Sie Ihrem Hund die Leinenführigkeit bei. Die Feldleine von 10,

20 und 30 Metern Länge verwende ich zum Beispiel für das Ablegen oder Suchen auf freiem Feld oder auf der Wiese. Hierdurch habe ich den Hund immer unter Kontrolle und kann bei Nichtgefallen einer Übung sofort eingreifen, denn es gibt nichts Schlimmeres als daß einem der Hund aus der Hand gerät.

Bergstock

Die Geh-Hilfe der Bergjäger findet bei der Junghundeausbildung ihre Verwendung darin, daß man mit ihr etwas weiterreichen kann als mit der bloßen Hand. Sie glauben gar nicht, wie schnell gerade der junge Hund lernt, wie weit Sie mit der Hand langen können. Sie sind geradezu erstaunt und überrascht, wenn der leichte Jagdhieb mit dem Bergstock dann plötzlich zwei Meter weiter geht. Auch zum Training bei Fuß ist der Bergstock eine Hilfe und bremst den nach vorn ziehenden Hund. Wenn der Hund zu weit nach vorne prescht, pendelt man mit dem Bergstock vor sich selbst hin- und her, genau an dem Nasenschwamm des Hundes vorbei. Das zwingt ihn wieder an die richtige Laufposition.

Der Bergstock – hilfreich auch im Flachland.

Fährtenschuh

Einer der wichtigsten Ausbildungsgegenstände überhaupt für die Ausbildung unserer jungen sowie alten Hunde ist der Fährtenschuh. Er sollte einfach und praktisch sein (der Arbeit mit dem Fährtenschuh wird im Buch ein besonderes Kapitel gewidmet). Entscheidend ist, daß jede

Schale des später zu suchenden Wildes problemlos eingespannt werden kann, und daß diese auch bei schwerem Gelände nicht verloren geht.

Schweiß

In den fast 30 Jahren, in denen ich Hunde auf Schweiß ausbilde, habe ich mit dem Sammeln von Schweiß keinerlei Probleme gehabt. Die schaurigen Märchen über Zusätze, die den Schweiß verflüssigen sollen oder länger haltbar machen, kann ich nur mit Schmunzeln quittieren. Wenn man selber genug Wild jeder Art zu jagen hat, wird es keine großen Umstände machen, den Schweiß zu sammeln und einzufrieren. Auch über die Lagerzeit kann ich nur sagen, daß ich Schweiß schon über zwei Jahre eingefroren gelagert habe, und er war immer noch zu verwenden, stank also nicht.

Hat aber ein Führer nicht die Möglichkeit, genügend Schweiß zu sammeln, so genügt es, sich selber eine Schweißmischung herzustellen, die dem Wildschweiß nahekommt. Fünf Liter Rinderblut mit einem Liter Wildschweiß gemischt ergeben sechs Liter praktikablen Wildschweiß-Ersatz.

Warum dem Schweiß Panseninhalt oder Darminhalt beigefügt werden soll, wie in einigen Bücher nachzulesen ist, vermag ich nicht nachzuvollziehen. Ich gebe immer einige Deckenfetzen, Knochensplitter, Borsten oder eine Handvoll Haare bei, damit der Hund etwas verweisen kann. Die Knochensplitter produziert man selbst, indem man einen Knochen aus dem Wildkörper mit dem Hammer zerschlägt.

Schweißbehälter

Zwei bis drei kleine Schweißbehälter aus Plastik (Gefrierdosen) mit einem Fassungsvermögen von einem Viertelliter sollte man immer im Rucksack haben, um Schweiß aufzufangen. Habe ich den Schweiß in der Dose, verschließe ich sie mit dem Klemmdeckel und schüttele sie etwa eine Minute, das verhindert ein Gerinnen des Schweißes. Ein Etikett auf dem Deckel mit Datum und Wildart und ab geht es in die Gefriertruhe oder den Gefrierschrank. Fein säuberlich gestapelt hat so jeder Hundeführer alle Schweißarten vorrätig, um nicht erst am Übungstag jagen zu müssen.

Haben Sie immer einen Schweißbehälter im Rucksack!

Schweißeimer, Tupf- oder Spritzstock

Um den aufgetauten Schweiß besser tragen zu können, nehme ich einen kleinen Senfeimer mit einem Henkel dran, der dazu gehörende Deckel verschließt den Eimer während des Transportes im Fahrzeug. Der Tupf- oder Spritzstock ist nichts Hochtechnisches, sondern ein einfacher Haselnußstock, der ich vorn mit dem Messer etwas spalte, dort hinein klemme ich einen etwa 5 cm langen Streifen Schaumstoff. Stock und Schaumstoffstreifen tauche ich in mein Eimerchen mit Schweiß und kann so die Fährte tupfen oder spritzen in großen oder kleinen Abständen, je nach Ausbildung des Hundes. Es dürfte aber klar sein, daß wir die Fährtenschuhe beim Legen einer Fährte tragen.

Decken, Schwarten und Wildkörper

Um am Ende der Fährte immer etwas Interessantes liegen zu haben, das zur Fährte gehört, hat sich in der Praxis folgendes als sehr nützlich erwiesen:

Nicht jeder Hundeführer hat immer ein frisches Stück Wild zur Hand, wenn er mit seinem Hund üben will oder muß. Die alte gegerbte Sauschwarte oder eine getrocknete Rehdecke gehörten noch nie zur Ausbildung, um den Hund auf Schweiß einzuarbeiten. Die Schwarte oder Decke am Ende der Fährte muß frisch sein und zu dem Schweiß und den Schalen passen, also vom selben Stück stammen.

Ein Streifen Schwarte genügt dem Hund.

Wer die Möglichkeit hat, ganze Wildkörper einzufrieren, kann sich glücklich schätzen, wer aber diese Kapazität nicht hat, braucht auch nicht zu verzweifeln. Ich nehme z. B. die frische Schwarte eines Stückes Schwarzwild und zerschneide sie in Streifen von 10 bis 15 cm Breite (nur eine Vorgabe) und eine Länge von ca. 50 bis 60 cm. Diese Streifen rolle ich nun auf, umwickele diese Rolle mit einer etwa zwei Meter langen Schnur, und friere diese Rolle ein. Am Tage der Übung werden Schweiß, Schalen und Schwartenrolle aufgetaut und die Fährte gelegt. Ihr Hund wird es Ihnen durch Freude und Passion an der Arbeit zeigen, wenn Sie ihm so das Ende einer Fährte interessanter machen.

Schalen der einzelnen Wildarten

Bekanntlich hat jedes Stück Wild vier Schalen, die wir hinter dem Oberrücken (Geäfter) absägen und paarweise einfrieren. Die Einfriertechnik hat gezeigt, daß Schalen austrocknen, wenn sie zu lange eingefroren sind. Aus diesem Grunde lege ich die abgesägten Schalen erst einmal für eine Stunde in Wasser, damit sie sich vollsaugen können. Danach stecke ich sie paarweise in kleine Gefrierbeutel und friere sie ein. Vor dem Einlegen in den Fährtenschuh werden sie wieder aufgetaut, um sich so besser dem Fährtenschuh anzupassen.

Schalen vor dem Einfrieren wässern!

Knochensplitter und Deckenfetzen

Ein Hundeführer, der seinen Hund für die Schweißarbeit vorbereitet und ausbildet, kann gar nicht genug Knochensplitter und Deckenfetzen haben. Dieser werden ebenfalls in kleinen Gefrierbeuteln der jeweiligen Wildart zugeordnet und bei Bedarf aufgetaut und in der Fährte zum Verweisen ausgebracht, denn ein mit Schweiß betropfter Bierdeckel wird lange nicht so gut verwiesen, wie ein Stück Decke auf einem Ast oder ein Knochensplitter.

Bänder zum Markieren

Ich höre jetzt schon die vor Weidgerechtigkeit Triefenden raunen, murmeln oder sogar schreien: „Jetzt bringt er auch noch Papier in den schönen Wald, früher verbrach man alles mit gerechten Brüchen!" Diese alten Kämpen haben alle noch keine Suchen über mehrere Kilometer durchgeführt, und den letzten Schweißtropfen mit einem Tannenbruch zu verbrechen, ist in einem Tannenwald ein Verbrechen. Der Schweißhundführer wird ihn in den seltensten Fällen auf Anhieb wiederfinden, wenn er zurückgreifen muß. Da ist mir ein von einem Ast flatterndes farbiges Bändchen allemal lieber, zumal es auch nach einer gewissen Zeit verrottet.

Papierbänder sind praktischer als Brüche!

Auch für die Übungsfährten verwende ich farbige Bänder, sie sind deswegen so gut, weil man sie leicht wiederfindet. Es gibt nichts Schlimmeres für einen Führer, als wenn er seine eigene Fährte nicht mehr richtig findet. Dies kann für einen jungen Hund schlimme Folgen haben, wenn er richtig ist und der Führer, weil er die Fährte nicht ausgezeichnet hat, falsch korrigiert und ihn sogar noch straft.

Für Markierungsbändchen nimmt man eine Rolle Krepp-Papier und schneidet von der Rolle Streifen ab wie von einer Salami. Die kleinen Rollen sind dann ideal für die Jackentasche.

Material zum Legen von Schleppen

Die meisten Führer kennen das Legen von Schleppen so, daß sie einen Wildkörper an einer Schnur hinter sich herziehen und den Hund diese Schleppe mit der Bodenverwundung vom Schuh des Legers und der Wildwitterung arbeiten. Ich lege meine Schleppen so, daß überhaupt keine Witterung von mir in der Schleppe ist. Das Schleppstück (z. B. Pansen als Futterschleppe) wird an einer drei Meter langen Stange befestigt und so seitlich über den Boden geschleppt. Bei dieser Schleppe hat der Hund garantiert nur die Witterung des Schleppstückes. Auch hier ist es wichtig, daß die Schleppspur genau gekennzeichnet ist, um den jungen Hund zu korrigieren.

Pansen als Futterschleppe.

Um den älteren Schweißhund zu üben, hänge ich das Haupt eines Stück Wildes oder den Streifen einer Decke oder Schwarte mit einer festen Schnur an den Abschleppbügel meines Fahrzeuges und ziehe den Schleppgegenstand kilometerweit über nicht befestigte Wege. Nach einer Stehzeit von rund sechs Stunden lasse ich die Schleppe auch von fertigen Hunden arbeiten. Dies kann man bei jedem Wetter, schnell oder langsam durcharbeiten. Eine hervorragende Methode, um Hund und Führer zu trainieren, und für den Hund eine Abwechslung.

Bewegungsangel oder Reizangel

Besteht aus einem Stock, einer etwa 250 cm langen Schnur und einem Deckenfetzen. Die Bewegungsangel wird in diesem Buch noch genauer beschrieben. Alle meine Hunde haben bis ins hohe Alter gerne an der Bewegungsangel gearbeitet. Voraussetzung ist, daß man frühzeitig mit dem jungen Hund übt und daß er Freude daran findet. Sehr schnell können Sie einem Hund die Lust auf Bewegung vermiesen, und dann wird es schwer für den Führer, diesen Fehler wieder zu korrigieren.

Wurfkette oder Schlüsselbund

Man wirft die Kette nach dem Hund.

Von Hundeführern aus dem Gebrauchshundelager habe ich den Trick übernommen, einen Hund, der nicht gleich hört, mit einer Kette oder einem Schlüsselbund zu bewerfen. Eine etwa 20 cm lange Kette mittlerer Stärke läßt sich in jeder Jackentasche unterbringen und ist im gegebenen Augenblick schnell zur Hand und geworfen. Dabei ist es nicht immer wichtig, daß der Hund getroffen wird, schon das scheppernde Geräusch, wenn die Kette auf den Boden aufprallt, macht den Hund schnell wieder aufmerksam für das Kommando. Der Autoschlüssel tut's auch, aber Vorsicht beim Werfen, schnell ist ein Schlüssel verbogen. Zum Klappern ist er aber allemal gut und das genügt meistens, wenn der Hund die Geräusche kennt. Auch beim Ablegen unter der Kanzel kann so ein klappernder Himmelsregen tiefen Eindruck beim Hund hinterlassen.

Zweites Buch:

Der Hund

Beschreibung meiner Hunde

Aparth vom Ruhrtal, Fazi vom Forstenrieder Park, Kora von der Heide (v. l.).

Aparth v. Ruhrtal * 04. 06. 1978 † 16. 12. 1991
1442 Einsätze, davon 217 schwere Arbeiten in Afrika, Vorprüfung II. Preis Verein Hirschmann, Hauptprüfung I. Preis Verein Hirschmann mit der Note 8888.

Poldi, ein kraftvoller BGS-Rüde.

Fazi vom Forstenrieder Park, genannt „Poldi"
* 29.05.1985 † 30.12.1997
1168 Einsätze, davon 628 erfolgreiche Einsätze in Bulgarien, Rumänien, Dänemark, Frankreich, Afrika, Kamschatka.

Poldi am starken Schaufler.

Kora von der Heide.

Kora v. d. Heide * 29.06.1988
bis jetzt 786 Einsätze
Vorprüfung II. Preis
Hauptprüfung I. Preis

Ihre besondere Stärke ist die bedingungslose Hetze und das Stellen. Zwei Einsätze auf internationalen Prüfungen. Bisher hat Kora über 10.000 kg Wildbret vor dem Verludern bewahrt.

Die neue Mannschaft am Jägerlehrhof

Jennifer vom Jägerborn (links) mit ihrer Tochter Kati

Jennifer vom Jägerborn, gew. 09. 07. 94 (links) mit ihrer Tochter Kati, gew. 10. 10. 97 (rechts) bilden die neue Mannschaft am Jägerlehrhof. Sie werden den Leistungsstand des Zwingers weitertragen.

Der BGS-Zwinger vom Jägerborn als Beispiel für artgerechte Haltung und leistungsorientierte Zucht

Gesetzliche Grundlagen für die Haltung von Hunden

Wollen wir nicht gegen das Tierschutzgesetz verstoßen, sollten wir uns an die Bestimmungen des §1 HVO 901 (Hundeverordnung) halten. Diese geben über die Art der Haltung Auskunft:
- die Anbindehaltung
- die Zwingerhaltung
- die Haltung auf Freianlagen
- die Haltung in Lagerhallen und Schuppen.

Für unsere Hunde ergeben sich klar und deutlich nur zwei Haltungsarten:
- die Wohnungshaltung und
- die Zwingerhaltung.

Zur letzteren gibt der Gesetzgeber ebenfalls klare Anweisungen. Für einen Hund über 20 kg sind 6 m^2 zu bemessen, wobei die 6 m^2 ohne Hütte und Schutzraum gerechnet werden. Auch der Schutzraum ist gesetzlich geregelt. Der Raum soll aus wärmedämmendem Material bestehen. Gleichwohl soll sich der Hund nicht am verarbeiteten Material verletzen können. Der Schutzraum soll den Hund in erster Linie vor Witterungseinflüssen schützen. Das Wohlbefinden des Hundes muß gewährleistet sein, ebenfalls muß der Hund durch seine Körperwärme den Liegeraum warmhalten können, ohne allzuviel Kondition zu verlieren.

Die Größe des Zwingers ist gesetzlich geregelt!

Die Zwingeranlage

Die Haltung eines BGS sollte naturnah sowie familienbezogen sein und je nach Alter, Ausbildungsstand und Einsatz wechseln. Alle meine Hunde werden und wurden zur Hälfte im Zwinger und in der Wohnung gehalten, und zeigen durch diese gemischte Unterbringung ein ausgeglichenes Wesen. Sie waren wetterhart, und was das Wichtigste ist, sie hatten ihre Ruhe nach harten Einsätzen. Daß es eine Selbstverständlichkeit ist, Hunde – besonders bei naßkaltem Wetter – abends in die Wohnung zu holen, sollte man beherzigen, denn die feuchte Witterung macht den Hunden sehr zu schaffen, wie ich immer wieder feststellen mußte. Trockene Kälte können Hunde wesentlich besser vertragen.

Gute Haltung = gutes Wesen.

Von einer reinen Haltung in der Wohnung rate ich ab, denn die Verweichlichung – gerade bei den sensiblen BGS – ist augenfällig, und wird in der rauhen Nachsuchenpraxis immer Nachteile haben, gerade dann, wenn schlechtes Wetter, Regen und Schnee die Nachsuche zur Strapaze werden lassen. Wehe dem Hund, der nach schwerer Hetze und gefährlicher Bail nicht über genügend Unterwolle in seinem Haarkleid verfügt und naß bis auf die Haut den langen Weg zum Auto oder zur Unterkunft zurücklegen muß. Diese Situationen kommen gerade in Revieren mit Schwarzwild immer wieder vor, und wir setzen die Lebenserwartung und die Leistungsfähigkeit unserer Hunde durch falsche und übertriebene Hundeliebe aufs Spiel und somit herab.

Haltung in Wohnung und Zwinger bildet gutes Haarkleid.

Bei all meinen Hunden habe ich (auch bei den jüngeren) immer wieder beobachten können, daß sie nach einer gewissen Zeit im Haus unruhig wurden und verlangten in den Zwinger gelassen zu werden. Ausnahmen machten nur Hunde, die nach hartem Einsatz in ihrem Hundekorb fest schliefen. Hier habe ich ein Zimmer im Haus, das nicht so beheizt wird wie die anderen, und dort hat der Hund seine Ruhe. Nach dem Aufwachen wollten aber auch sie wieder in den Zwinger.

Mögliche Zwingerformen

Große Zwingeranlage für 14 Hunde in Afrika.

Zwingeranlage in Bulgarien im Revier Tschernie Lom.

Durch den Bau etlicher Zwingeranlagen in Afrika, Bulgarien, Rumänien und Deutschland habe ich eine zweckmäßige Zwingeranlage für unsere Hunde entwickelt (siehe Skizze der Anlage vom Jägerborn).

BGS-Zwinger vom Jägerborn

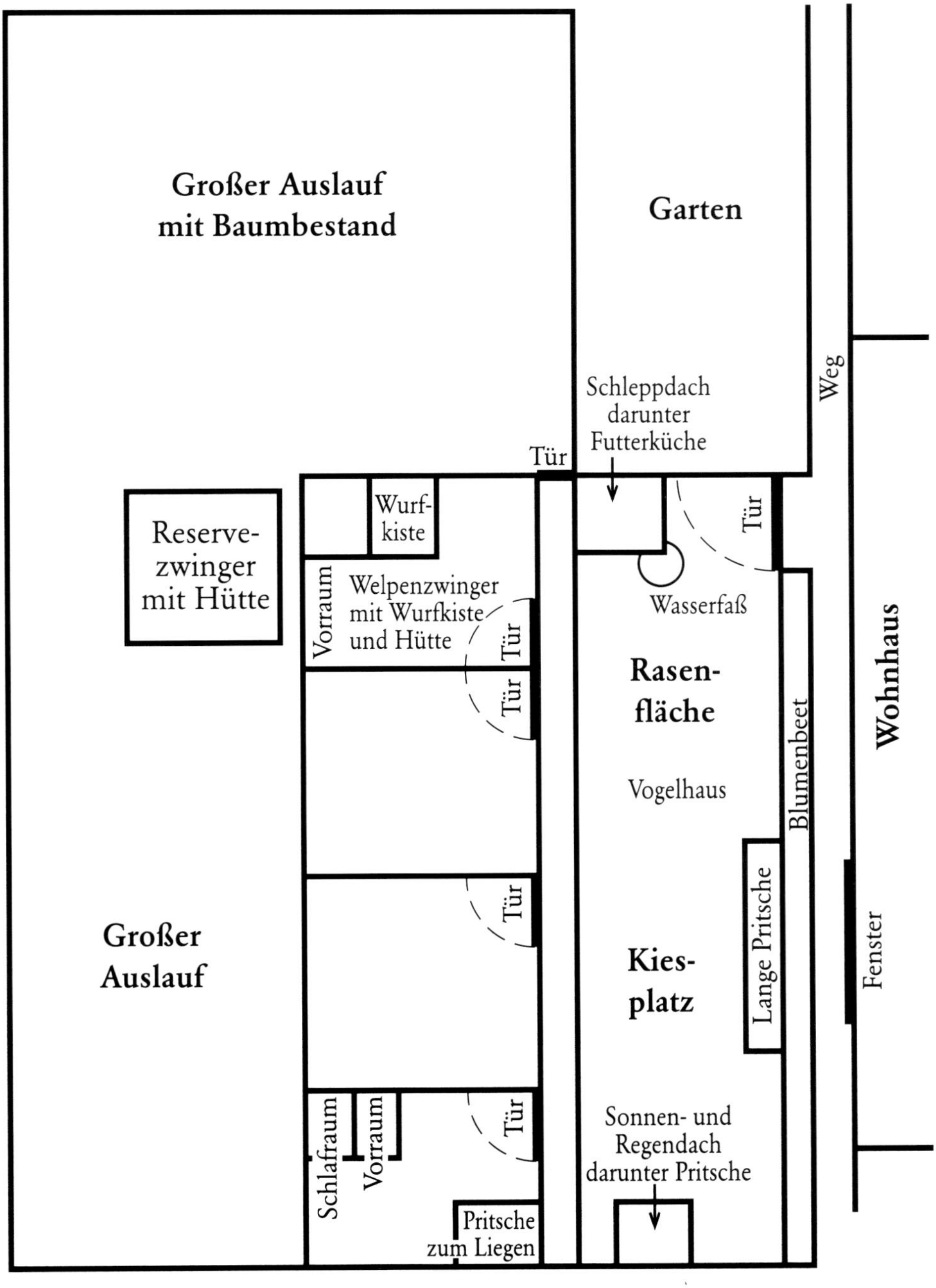

Zwinger „vom Jäger-born“ in der Aufbauphase.

Die Hundezwinger sind in dem Bereich der Hundehütten überdacht, ebenfalls der vor den einzelnen Boxen liegende Laufgang.

Vor den einzelnen Zwingern.

An der Vorderseite der Zwinger habe ich einige Aufhängevorrichtungen für die zahlreichen Halsungen, Schweißriemen und Hundereinigungsgeräte angebracht.

Ein Brett mit Haken schafft Ordnung und Übersicht bei Halsungen und Schweißriemen.

Jeder Hund hat seinen eigenen Zwinger. Dies ist sehr praktisch, gerade dann, wenn man einzelne Hunde für die Arbeit sowie für das Training abholen will. Die Bodenplatte der Anlage ist aus rauhem Beton und fällt leicht nach hinten ab, um beim Reinigen den Ablauf des Wassers zu gewährleisten. Aus diesem Grund liegt die ganze Anlage etwas höher. Um im Herbst nicht immer das Laub in den Zwingern zu haben, habe ich unten Bretter angebracht, die beweglich sind und beim Reinigen hochgeklappt werden können.

Einige Bretterwände als Sichtschutz schaffen Ruhe.

Die gesamte Rückseite sowie die beiden Seitenwände sind mit Brettern zugehängt. Diese Maßnahme ist erforderlich, um den Hunden die Sicht nach außen zu nehmen, da sie bei jeder Person auf dem Gelände sofort anschlagen. Eine Ausnahme macht der Welpenzwinger, der Rundumsicht gewährleistet und den Hunden Einblick in den großen sowie kleinen Auslauf gewährt. Auf der Rückseite der Anlage befindet sich ein Reserve-Zwinger, der von der Anlage getrennt ist. Er dient dazu, Hunde, die zur Ausbildung bei uns sind, richtig unterzubringen. Die gesamte Anlage kann vom daneben liegenden Wohnhaus eingesehen und mit einem Scheinwerfer bei Nacht oder beim Arbeiten in den Wintermonaten beleuchtet werden.

Für die wöchentliche Reinigung der Zwinger ist ein Wasseranschluß sowie ein Brauchwasserbehälter vorhanden.

Der Bau der Anlage kann auch schrittweise geschehen.

Die Gesamtkosten für diese Anlage beliefen sich auf ca. 18.000 Mark, wobei die Arbeitszeit nicht eingerechnet ist. Um die Anlage immer vorzeigbar zu halten, wird sie alle zwei Jahre neu gestrichen und nach und nach ausgebaut. Im großen sowie im kleinen Auslauf sind Nistkästen an den Zwingern und Schattenbäumen angebracht, ebenso eine Vogelfütterung, die von den Hunden toleriert wird.

Die Hütte

Hütte für einen starken BGS-Rüden.

Bei den Hütten haben wir uns auf das hervorragende Sortiment der Eiderheimschen Werkstätten eingelassen. Diese Hütten erfüllen alle Anforderungen für eine absolut tierschutzgerechte Haltung des Hundes.

Nach meinen Erfahrungen und Beobachtungen sind die meisten Hundehütten viel zu groß, und der Boden ist nicht richtig isoliert. Der Hund kann also mit seiner Körperwärme den Schlafraum nicht erwärmen. Das hat zur Folge, daß der Hund beim Schlafen Energie produzieren muß, um warm zu bleiben. Aus diesem Grund habe ich den Einschlupf sowie den Durchschlupf vom Vorraum zum Schlafraum des Hundes mit einem festen Stück Teppichboden verhängt, um Zugluft sowie das Entweichen der gesammelten Warmluft zu vermeiden. In den Sommermonaten wird dieses Stück herausgenommen. Meistens schlafen meine Hunde in diesen Monaten auf ihren Pritschen. Für die wöchentliche Reinigung kann der Deckel (Dach) problemlos hochgeklappt werden. Das Dach, der Boden, die Seitenwände sowie Vorder- und Rückseite sind doppelt und somit gut isoliert. Ein Vorteil dieser Hütten ist, daß sie sehr schnell durch das Lösen von vier Schrauben zerlegt werden können. Der Platz der Hütte ist in allen Zwingern so gewählt, daß kein starker Wind auf den Einschlupf steht.

Mit Teppichboden wird die Hütte winterfest.

Die Pritschen

Die Liege- sowie Beobachtungspritschen sind in allen Zwingern sowie im kleinen Auslauf aufgestellt. Sie stehen an zwei Stellen unter einem Schutzdach gegen Regen sowie Sonneneinstrahlung.

Die Herstellung ist einfach. Auf vier Kanthölzer, 20 x 20 cm und 40 cm hoch, wird ein Bretterboden mit den Maßen 150–200 cm genagelt. Als Abdeckung nehme ich alten Teppichboden, er ist rutschhemmend, wenn die Hunde bei nassem Holz auf die Pritsche springen. Die Beobachtungspritsche hat die Maße 180 x 400 cm, die Höhe 40 cm bleibt gleich. Diese Pritsche steht auf der Längsseite des Zwingers, von ihr aus können die Hunde fast jede Bewegung des Führers auf dem Grundstück mit Blicken verfolgen. Ebenso kann ich beim Vorbeilaufen den einen oder anderen Hund durch den Maschendraht streicheln, was immer gerne angenommen wird. Es dient auch zur Kontaktpflege zwischen Hund und Führer. Andere Personen haben hier keinen Zutritt, besonders sollten Sie hier auf Kinder achten! Die Ruhepritschen sind so konzipiert, daß nur ein Hund sich der Länge nach ausstrecken kann.

Die Hunde nutzen erhöhte Pritschen wegen der besseren Übersicht.

BGS auf der Liege-Pritsche.

Es ist erstaunlich, welche Plätze sich ein Hund während eines Tages im Zwinger aussucht. Dies geht vom Sitzen auf der Beobachtungspritsche über das Schlafen auf der kleinen Pritsche bis hin zum Liegen auf dem Boden, um dann im Zwinger auf der Pritsche (dort habe ich in allen Zwingern eine Decke liegen) weiterzuschlafen. Auf dieser Pritsche schlafen gerade die jungen Hunde gern den ganzen Sommer im Freien, und erst wenn es richtig naßkalt wird, ziehen sie sich in den Schlafraum der Hütte zurück. Den großen Vorteil einer Liegepritsche sehe ich darin, daß der Hund nicht auf der Erde oder dem kalten Beton liegt. Gleichzeitig sitzt er erhöht und kann so besser seine Umgebung beobachten. Dieses kommt seinem natürlichen Sicherheitsbedürfnis entgegen und ist somit ein Teil der artgerechten Haltung.

Die Pritschen steigern Wohlbefinden und Gesundheit.

Futterzubereitung und Wasser

Da meine Hunde ausnahmslos jeden Tag trainiert werden, brauchen sie ein hochwertiges Futter, das sich jeder Führer aber selber zusammenstellen kann. Lassen Sie sich im Zweifelsfalle von einem Tierarzt beraten, um Fehler zu vermeiden, die zu Lasten der Hundegesundheit gehen würden. Bei unseren Hunden handelt es sich um „Hochleistungssportler", die nicht mit normaler Kost für Schoßhunde auskommen.

Für Nachsuchenhunde nur hochwertiges Futter.

Meine Futterzusammenstellung sieht wie folgt aus: fünf mal in der Woche bekommen die Hunde Fleisch, Pansen, Blättermagen oder Aufbrüche (aber nicht vom Schwarzwild). Die Fleischmenge richtet sich nach der geleisteten Arbeit des Tages, sie liegt bei 500 bis 1000 g pro Hund. Die Aufbrüche werden meistens roh verfüttert, ihnen gebe ich gerade bei jungen Hunden ganz klein zerschnittene Kopfdecke eines Rindes bei, um den Darm zu säubern. Über das Trockenfutter, das sie in der Woche einmal trokken und einmal aufgeschwemmt bekommen, gebe ich Sonnenblumenöl sowie etwas Lebertran und Vitamintropfen (Multibionta).

Futterzubereitung für vier Hunde, hier gibt es gekochtes Rinder-Euter.

In den zwei Monaten von Mitte Februar bis Mitte April (Ruhezeit für meine Hunde, da keine Jagdzeit) lege ich in der Woche – an wechselnden Tagen – einen futterfreien Tag ein. Alle meine Hunde werden einzeln in ihrem Zwinger gefüttert. Eine Kollektivfütterung mache ich nur bei den Welpen bis zur zehnten Woche. Von da an werden bei mir diese Welpen auch schon separat gefüttert.

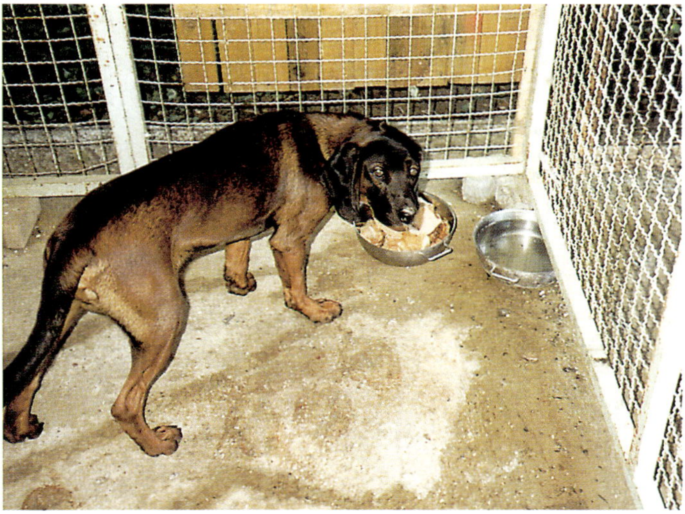

BGS am Futternapf, daneben der nächste Zwinger.

Hunde ab einem Alter von einem Jahr werden grundsätzlich nur einmal am Tag gefüttert, und zwar, wenn es anfängt dunkel zu werden. Zusätzlich bekommen die Hunde frisches Wasser in ihren Zwinger gestellt. Ich füttere erst abends, weil wir meistens, solange es hell ist, im Einsatz sind oder noch gerufen werden können, und ein vollgeluderter Hund arbeitet nicht gerne.

Futterküche mit Schneidbrett, Futterschalen und Hartholzklotz.

Um das Hundefutter optimal zubereiten zu können, habe ich in der Zwingeranlage eine kleine Futterküche eingerichtet. Sie besteht aus drei Containern und einem Hartholzklotz (Eiche). In den Containern stehen Abfallkübel sowie die Eimer für das Frischfleisch.

Ein Schneidbrett und eine Leiste zum Aufhängen von Messern und Geräten komplettieren das Ganze. An den Seitenpfosten sind Haken für Wild angebracht. Zum Abwaschen der Schneidefläche steht fließendes Wasser zur Verfügung. Im Jagdbetrieb fallen immer Stücke an, die nicht mehr dem menschlichen Verzehr zugeführt werden können. Diese Stücke lege ich zu Ausbildungszwecken, gerade dann, wenn Welpen da sind, in den kleinen Auslauf und lasse die jungen Hunde ihre ersten Erfahrungen mit Wild machen.

Ein Frischling ist angeliefert worden und soll gekocht verfüttert werden, die jungen BGS untersuchen ihn vorher.

Aus diesen Stücken werden die besten Teile – aber stets gekocht! – für die Hunde verwendet. Für das Kochen steht ein Starkstromanschluß zur Verfügung. Wer Hundefutter im großen Stil zubereiten muß wird es schätzen, im Freien abkochen zu können. Nicht jede Hausfrau duldet es, wenn der Hundeführer den Pansen in der Essküche zubereitet. Um immer genügend Frischfleisch vorrätig zu haben, habe ich noch einige Kühltruhen, in denen alles portionsweise eingefroren wird.

Alle meine Hunde bekommen zum Trockenfutter als Beigabe Milch, Quark, Eier und vor allen Dingen Gemüse und Obst. Mit der Verfütterung von Gemüse und Obst sollten Sie schon frühzeitig im Welpenalter beginnen. Dann nehmen die Hunde es noch gerne auf. Versuchen Sie später ältere Hunde daran zu gewöhnen, mäkeln sie oder lassen es liegen. Hier hilft auch kein Hungertag (im Klartext: er hat es nicht frühzeitig gelernt). Reis mit einer kräftigen Fleischbrühe reiche ich ihnen bei arbeitsfreien Tagen oder wenn sie krank sind.

Futtervorlieben werden schon im Welpenalter anerzogen.

Die Futterzusammensetzung eines BGS sieht bei Ruhe etwa folgendermaßen aus, hierbei ist die Trockensubstanz des Futters zugrundegelegt:

26 % Eiweiß
8 % Fett
5 % Mineralstoffe
61 % Kohlenhydrate

Bei Hunden, die Hochleistungen bringen müssen, kann die Futtermenge durchaus das doppelte der normalen Menge betragen.

Da ich täglich mit meinen Hunden zusammen bin, sehe ich sofort, wenn irgend etwas mit einem Hund nicht stimmt, z. B.: müde Bewegungen, Futter im Napf lassen, trockener oder heißer Nasenschwamm, ausgewürgtes Futter, sich absondern von anderen. Auch ein stumpfes Fell oder starken Gewichtsverlust bemerke ich sofort und kann schnell reagieren. Auch das Lösen der einzelnen Hunde wird im großen Zwingerauslauf aufmerksam beobachtet. Nimmt der Hund vermehrt Gras auf, sollten Sie ihn genau beobachten. Er kann beispielsweise Knochenteile im Magen haben, die er durch langes und scharfes Gras im Magen zu umwickeln sucht, um sie so ausscheiden oder auswürgen zu können. Gerne nehmen Hunde im Frühjahr Gras auf, um Engpässe in der Fütterung zu überbrücken.

Beobachten Sie Ihre Hunde!

Heißes und gefrorenes Futter sollte man einem Hund nicht verabreichen, da es zu Verdauungsstörungen führen kann.

Kleiner und großer Auslauf

Den Zwingern mit ihren Hütten und Pritschen sind zwei Ausläufe angeschlossen. Bei mir werden die Hunde je nach Jahreszeit und Wetter beim Hellwerden aus ihren einzelnen Zwingern, in denen sie während der Nacht ruhen, in den großen Auslauf gelassen. Dort können sie sich lösen und auslaufen, hier sind alle Hunde zusammen, und jeden Tag kann man beobachten, wie die Rangordnung wieder hergestellt wird und jeder weiß, an welchen Platz er gehört. Im großen Auslauf bleiben die Hunde rund eine Stunde und kommen dann in den kleinen Auslauf vor den Zwingern.

Ein Wurf BGS mit Mutter und Großmutter im großen Auslauf.

Bevor sie sich aber entweder auf ihre Zwingerpritschen legen oder auf die Pritschen im kleinen Auslauf, wird jeder Hund von mir mit einer festen Bürste gebürstet. Dies ist zum einen für das Haarkleid sehr gut, und zum anderen wird die soziale Bindung zum Führer erneuert und gefestigt; der Hund fühlt sich rundherum wohl. Es ist immer wieder jeden Tag erstaunlich, wie gerade ältere Hunde auf dieses Bürsten warten und es auch fordern.

Der kleine Auslauf, in dem die Hunde während des Tages frei herumlaufen können, ist zwei Meter hoch umzäunt. Damit sich die Hunde nicht unter dem Draht durchgraben, ist dieser auch am Boden befestigt. Gerade, wenn man mehrere Hunde hält und man für die Tagearbeit nur zwei mitnimmt, kommen die anderen auf die tollsten Ideen. Beispielsweise graben sie sich unter dem Zwingerdraht durch und versuchen den Führer im Revier zu finden.

Im kleinen Auslauf befinden sich die bereits angesprochenen Pritschen, die zum Teil überdacht und so vor Sonne und Regen geschützt sind. Die große Pritsche an der Längsseite des Zwingers wird meistens genutzt, um den Führer und das Geschehen um das Haus herum zu beobachten. Ebenso wird jede Gelegenheit wahrgenommen, um mit dem Führer oder Familienangehörigen in Körperkontakt zu treten und sich so einige Streicheleinheiten zu holen.

Der kleine Auslauf hat verschiedene Bodenarten.

Der kleine Auslauf bietet den Hunden zwei Arten von Bodenbedeckung: einen Grasboden sowie eine grobe Kiesschicht. Es ist erstaunlich, wie unterschiedlich die Hunde diese nutzen. Beispielsweise wird bei Hitze das lange Gras bevorzugt. Dabei meiden sie es, wenn es zu lang geworden ist. Am liebsten liegen die Hunde in frischem, saftigen Gras, das nicht länger ist als etwa 30 cm. Aus diesem Grunde wird das Gras gemäht und aus der Wassertonne gegossen.

Die Kiesschicht wird, wie ich beobachtet habe, auf zwei verschiedene Arten genutzt: Bei sehr starker Hitze liegen die Hunde auf dem sehr heißen Kies, es kommt einem vor, als bräuchten sie diese starke Hitze von unten und oben. Das Sonnenbad dauert zwischen zwei und drei Stunden, manchmal auch länger. Einige Hunde (gerade die älteren) graben sich ein Loch und liegen mit dem Hinterteil in der Vertiefung und mit dem Oberkörper auf dem Kies in den Sonnenstrahlen.

Bei der anderen Variante nehmen die Hunde in den Abendstunden gerne die Kiesfläche an. Da diese durch das Haus beschattet wird, genießen sie wahrscheinlich die Wärme, die der Kies abgibt. Auch der Betonvorlauf vor den Zwingern wird dafür genutzt.

Warmer Kies am Abend.

Die grobe Kiesschicht dient auch der Massage der Sohlenballen und der Muskulatur beim Laufen, gleichzeitig ist sie nach einem Regen schnell wieder trocken.

Durch ein großes Fenster kann die gesamte Anlage übersehen werden, was gerade bei Unruhe unter den Hunden sehr wichtig ist. So können die Hunde auch beobachtet werden im bezug auf Ausbildung, Krankheit sowie Unverträglichkeiten oder Rangordnungsverschiebungen. Hier ist manchmal ein schnelles Eingreifen durch ein Kommando aus dem Fenster sehr hilfreich.

Die große Wiese

Durch eine Pforte im großen Auslauf kommt man sofort auf eine große Wiese, auf der jeder Hund von uns die Grundausbildung absolviert. Dabei können unsere Hunde ständig andere Hunde bei ihren Übungen sehen, was ebenso zu der Hundeausbildung gehört.

Mit einem Wurf BGS auf der großen Wiese.

Schweißlehrgang vor dem großen Auslauf, im Hintergrund die Mauer vom Saupark.

Im Anschluß an diese Fläche liegt der Saupark, in dem unsere Hunde ständig von Jugend an ihre Übungsarbeiten mit den verschiedensten Schwierigkeitsgraden erlernen, und ständig mit Wild und dessen Witterung in Kontakt kommen.

Der Tierarzt

Bei der Arbeit mit mehreren Hunden und bei 100–150 Einsätzen im Jahr bleibt es gar nicht aus, daß sich ein Hund verletzt. In diesen Fällen sollte man zu seinem Tierarzt blindes Vertrauen haben können. Einige Menschen sagen: „mein Tierarzt ist besser als mein Hausarzt", und damit haben sie nicht mal so unrecht. Wer mit Hunden so zusammenlebt wie ich, der ist bei einer schweren Verletzung eines Hundes fast selbst körperlich krank. Aus diesem Grunde sollte der Tierarzt selber Jäger sein und über ein gerüttelt Maß an Erfahrung mit Jagdhunden und ihren Führern haben (was nicht immer leicht ist!). Ebenso sollte er zu den unmöglichsten Zeiten parat sein, denn gerade zu diesen Zeiten (Feiertage!) passiert meistens etwas.

Suchen Sie Ihren Tierarzt gewissenhaft aus!

Sehr vorteilhaft ist es, wenn die Praxis in der Nähe liegt und man den Vorteil genießt, auch bei vollem Wartezimmer vorgezogen zu werden. Da dies nicht immer gegeben ist, sollte der Hundeführer auf jeden Fall für Verletzungen seiner Hunde gewappnet sein.

Eine Erste-Hilfe-Tasche ist bei mir extra für die Hunde immer im Fahrzeug, im Nachsuchenanzug ist ein kleines Erste-Hilfe-Paket untergebracht und sofort einsatzbereit. Was nützt aber die beste Ausrüstung, wenn man nicht damit umgehen kann? Aus diesem Grunde sollte jeder Schweißhundeführer Lehrgänge über Erste-Hilfe-Maßnahmen bei Tieren besuchen. Bei unseren Hundeführerlehrgängen am Jägerhof gehören sie dazu. Wissen in diesem Bereich sollte bei jedem Hundeführer vorhanden sein.

Merke:
Erste-Hilfe-Paket bei jeder Nachsuche dabei, im Fahrzeug und am Führer.

Da unser Tierarzt gleichzeitig am Forstamt die Wildstrecken überwachen muß, ist zu jeder Zeit auch eine Kontrolle und Nachimpfung der Hunde gewährleistet.

Der Tierarzt impft einen Rüden vor dem Flug nach Rumänien.

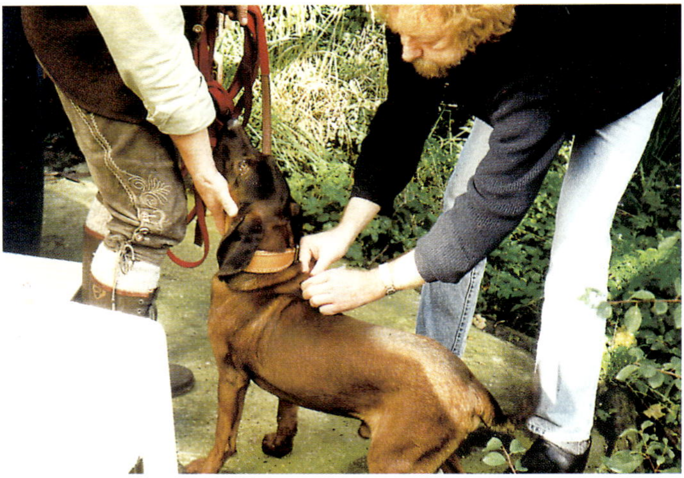

Welpenverkauf

Jeder, der schon einmal einen Wurf junger Hunde bis zur zehnten Woche aufgezogen hat – erst da gebe ich meine Hunde ab – weiß, welche bitteren Minuten es sind, wenn der kleine Kerl plötzlich das Haus verläßt. Um dies etwas erträglicher zu machen, haben meine Frau und ich uns so etwas wie einen Plan erstellt. Als erstes suchen wir uns die Führer mit ihren Familien aus, dies ist gerade bei Schweißhunden sehr wichtig, ist die Familie doch die Kernzelle, in der Ruhe herrschen sollte, und in der sich der Hund nach schwerer Arbeit draußen im Revier erholen kann.

Bei den Führern sind der Beruf, die Möglichkeiten zur Jagd und das Einsatzgebiet des Hundes wichtig. Ebenso spielt das Alter und die Gesundheit des Führers eine Rolle. Der Platz für den Hund (Zwinger- oder Wohnungshaltung) wird ebenfalls mit ins Kalkül gezogen. Auch die Erfahrung des neuen Führers in bezug auf Hundeausbildung werden betrachtet und mit meiner Frau besprochen. Haben wir uns ein Bild über die neuen Besitzer gemacht, werden sie einzeln zu uns gebeten, um sich einen Hund auszusuchen, dies geschieht erst in der siebten Woche.

Die neuen Herren für die Welpen werden sorgfältig ausgewählt.

Forstinspektor Buchholz sichtet den Wurf vom Jägerborn.

In diesem Alter zeigen die Hunde schon etwas, man kann sie im Garten gut vorstellen, und die neuen Führer können so schon erste Kontakte aufnehmen und ihre Wünsche äußern. An diesem Tag kommen alle Führer – einer nach dem anderen –, und die Welpen sind danach fest zugeteilt.

Die folgenden drei Wochen werden von mir genutzt, um mit dem ganzen Wurf ins angrenzende Revier zu gehen, und mit ihnen – nebst Hündin – einige Übungen durchzuführen. Beispielsweise erstes Kennenlernen von Wild, Durchlaufen von kleinen Dickungen, Durchqueren von Brennesselhorsten oder Schwarzwild-Fütterungen. Es ist erstaunlich, was man bei jedem einzelnen Hund erkennen kann.

Reviergang mit Welpen und Hündin: Dabei ist Raufen angesagt!

In den letzten drei Wochen vor Abgabe der Welpen dürfen uns (aus Erfahrung heraus!) die neuen Hundeführer nicht mehr besuchen. Das mag zwar hart erscheinen, hat aber für beide Seiten Vorteile.

Ist der Tag des Abholens gekommen, werden die Kaufverträge und Impfpässe bereitgelegt.

Zur genauen Zeit werden die Welpen nacheinander nun abgeholt, es werden noch ein paar Fotos mit dem neuen Besitzer gemacht, und dann ist der kleine Kerl in einer neuen Welt. Wir geben den Führern immer noch ein Stück der Schlafdecke mit, auf dem der ganze Wurf geschlafen hat. Es hilft dem Hund sehr, sich an die neue Heimat (Höhle) zu gewöhnen, wenn er immer noch die Witterung des Wurfes und der Mutter in sich aufnehmen kann.

Berufsjäger Borek mit seinem Welpen.

Ein paar Worte noch zum Kaufvertrag, den jeder Käufer von mir erhält und unterzeichnet. In diesem Vertrag sollte alles Wesentliche enthalten sein, auch unbequeme Punkte, um spätere Reklamationen auszuschließen.

Frau Jennsen mit ihrem Welpen.

Wichtig ist das Rückkaufsrecht.

Ein ganz besonderer Punkt des Kaufvertrages ist bei mir das Rückkaufsrecht bei Verkauf des Hundes, ebenso der Absatz mit der Ausbildung und der Besichtigung des Hundes in seiner neuen Umgebung. (Zur Veranschaulichung ist ein Musterkaufvertrag beigefügt).

Ist der letzte kleine Hund mit seinem neuen Führer weg, tritt eine gähnende Leere in unserem Haus ein, und man braucht ein paar Tage, um das Erlebte der vergangenen zehn Wochen zu verarbeiten. Auch die Tränen, die sich auch bei noch so starker Beherrschung über die Wangen ziehen, müssen trocknen, denn es haben ja Lebewesen, die einer Familie ans Herz gewachsen sind, das Haus verlassen.

Kaufvertrag für einen BGS-Welpen

aus dem Zwinger „von Jägerborn“ Jägerlehrhof Jagdschloß Springe

Herrn/Frau

Name . . . . Vorname . . . .

Straße . . . . PLZ / Ort . . . .

verkauft an

Herrn/Frau

Name . . . . Vorname . . . .

Straße . . . . PLZ / Ort . . . .

Rasse . . . .

Tätowierungsnummer . . . .

geworfen am . . . . Geschlecht . . . .

- O Der Impfpaß wurde übergeben.
- O Der Verkäufer erklärt, daß der Hund laut Bescheinigung im Impfpaß geimpft wurde und frei von sichtbaren Mängeln ist.
- O Für versteckte Mängel wird keine Haftung übernommen. Der Verkäufer ist bereit, den Käufer bei auftretenden Problemen mit dem Hund zu beraten.
- O Die neuen Eigentümer verpflichten sich, an einem Schweißlehrgang am Jägerlehrhof Jagdschloß Springe im Jahre .... teilzunehmen.
- O Dem Züchter wird nach Absprache mit dem Eigentümer eingeräumt, den Hund zu besichtigen und gegebenenfalls Weisungen für die Ausbildung zu erteilen.
- O Dem Eigentümer sollte daran gelegen sein, einen hohen Leistungsstand mit seinem Hund zu erreichen, z. B. Prüfungen abzulegen.
- O Der neue Eigentümer ist über die Problematik in Verbindung mit dem BGS-Verband (Adresse: Club für Bayerische Gebirgsschweißhunde 1912 e.V., Vors.: A. Mayer, Waldbahnstr. 3a, 83324 Ruhpolding, Tel.: 0 86 63 / 24 02), unterrichtet worden („nicht gewollter Wurf“).

Die Übergabe des Hundes erfolgt am . . . .

Der Kaufpreis beträgt DM . . . . (in Worten) . . . . DM

Der Kaufpreis wird bei der Übergabe des Hundes fällig.

Bei einem eventuellen Weiterverkauf des Hundes steht dem Verkäufer ein Vorkaufsrecht zu, das er binnen einer Frist von . . . . Wochen ausüben kann; und er muß benachrichtigt werden.

Der Kaufpreis beträgt in diesem Fall: DM . . . .

Datum . . . .

. . . .

Der Käufer (Unterschrift) Der Verkäufer (Unterschrift)

Die letzten Welpen
gehen aus dem Haus.

Was beeinflußt die Nasenleistung und Arbeit des Schweißhundes?

Immer wieder können wir bei der Nachsuche feststellen, daß unser Hund, der gerade tags zuvor bestens gearbeitet hat, plötzlich Schwierigkeiten hat voranzukommen. Das kann sogar so weit gehen, daß der Hund eine angefangene Arbeit verweigert, sich hinsetzt und nur noch gelangweilt oder verstört umherschaut. Den Hund hier jetzt unter Druck zu setzen, wäre in den meisten Fällen nicht der richtige Weg, und würde dem Hund mehr schaden als helfen. Bei Spezialisten für Nachsuchen handelt es sich nicht um Gebrauchshunde, denen man mit einem Zwangsapport die Arbeit beibringt. Der Hund muß Freude an der Arbeit haben, nur dann bringt er sie auch voran. Sollte die Arbeit einmal nicht wie gewohnt vorangehen, dann müssen Sie als Führer die Situation analysieren: Liegt das Problem daran, daß die Hundenase aufgrund äußerer Umstände versagt, oder hat der Hund ein Ausbildungsdefizit?

Woran liegt es, daß der Hund nicht richtig arbeitet?

Bei einem Ausbildungsdefizit – beispielsweise hat der Hund auf dem vorhandenen Bodenbelag noch nicht gearbeitet – muß ein firmer Hund die Arbeit übernehmen und zu Ende bringen. Sind aber äußere Umstände – beispielsweise außergewöhnliche Trockenheit – der Grund für das Versagen der Hundenase, hilft man dem Hund, indem man ihm Möglichkeiten zur Regeneration gibt. Der Führer sollte den Hund in Situationen, in denen er helfend eingreifen kann, auch unterstützen.

Auch hier zeigt sich wieder einmal, daß ein zweiter, nachgeführter Hund von Vorteil ist. Davon abgesehen sollte jeder, der Nachsuchen richtig betreiben will, drei Hunde haben: Einen alten erfahrenen, einen mittelalten und einen jungen Hund in der Ausbildung. Wie schnell ist bei dem heutigen Straßenverkehr ein wertvoller Hund zu Schaden gekommen. Der Führer, der nur diesen einen Hund hat, wird einige Jahre nicht mehr nachsuchen können und seine ganze Arbeit in den Jägerkreisen wird dadurch zunichte gemacht. Niemand wird warten, bis er in einem oder zwei Jahren wieder einen einsatzfähigen Hund führt.

Mehrere Hunde bieten Vorteile.

Was kann den Hund alles beeinflussen?

Die Hundenase kann auf zwei verschiedene Arten beeinflußt werden. Zum einen rein „mechanisch“, also durch Hitze, Trockenheit, Kälte, Feuchtigkeit, Staub, überdeckende Gerüche etc. Zum anderen kann der Hund, durch äußere Einflüsse unkonzentriert, die Nase nicht mehr richtig benutzen. Ein Beispiel dafür ist das Frühjahr, wenn der Hund noch nicht verhaart ist. Bei den ersten heißen Tagen im Mai fängt der Hund schon nach kürzester Zeit an zu hecheln und wird dadurch unkonzentriert. Gerade beim Hecheln zieht er die Luft durch den Fang ein und nicht mehr durch die Nase.

Schwitzt der Hund, ist die Konzentration gering.

Die Nachsuche kann weiterhin durch folgende Umstände erschwert werden:

Schnee ist in einem eigenen Kapitel beschrieben, er ist auch für Nachsuchenführer im Flachland von Bedeutung. **Schnee.**

Kälte kann dem suchenden Hund sehr zu schaffen machen, wenn er mit tiefer Nase über kaltem Boden oder Schnee arbeitet. Schon nach kürzester Zeit verkleben dem Hund die Nasenschleimhäute, er wird unruhig und schüttelt den Kopf. Hier hilft nur noch eine kurze Pause, in der Sie den Windfang mit der Hand reiben und aufwärmen. **Kälte.**

Bei großer **Hitze** werden Hunde, die kein Hitzetraining haben, schon nach kurzer Zeit versagen und nicht mehr weiter arbeiten können. Schon eine Wiese mit hohem Gras kann für Hunde ohne Übung ein nicht zu überwindendes Hindernis werden. Sie müssen ihrem Hund bei Hitze immer wieder den Nasenschwamm anfeuchten. Der Wasserverlust ist bei Hunden sehr hoch, dem muß Rechnung getragen werden. Durch das Hecheln bei Hitze kühlt der Hund den Körper, gleichzeitig gibt er große Mengen Wasser mit der Atemluft ab. Geben Sie daher Ihrem Hund bei jeder sich bietenden Möglichkeit Wasser. **Hitze.**

So erfreulich es ist, wenn eine Fährte im feuchten Untergrund steht oder wenn es etwas hineinregnet, so kann es **Dauerregen** fast unmöglich machen, die Fährte zu halten. **Regen.**

Tau. **Tau** ist ebenfalls ein Erschwernis, Sie können dem aber entgegenwirken, indem Sie erst später mit der Arbeit beginnen.

Hohes Gelände. **Hohes Gelände** (Gebirge) kann ebenfalls die Hundenase beeinflussen. Gerade dann, wenn der Hund aus flacheren Gegenden kommt, braucht er erst eine Eingewöhnungszeit an die dünne und trockene Luft, um richtig eingesetzt werden zu können.

Steiles Gelände. Auch **steiles Gelände** spielt eine Rolle. Für den Hund – wie für den Menschen – aus dem Flachland ist es etwas ungewohntes und anstrengendes, einen Schritt über anstatt vor den anderen zu setzen. Beginnt der Hund dann zu hecheln, ist es meistens schon aus mit der Nasenleistung, und der Hund wird oberflächlich arbeiten. Gönnen Sie Ihrem Hund dann einen Pause.

Bodenarten. Der Einfluß der **Bodenarten** wird oft unterschätzt. Führer sind geradezu erschrocken, wenn ihr Hund auf Sandboden keine Leistung bringt. In der Einarbeitungszeit muß der Hund viel Gelegenheit haben, auf verschiedenen Bodenarten zu arbeiten. Auch müssen Sie den Übergang von einer Bodenart zu einer anderen mit Ihrem Hund üben. Beispielsweise aus dem Wald ins Feld und auf einen frisch gepflügten Sturzacker, dann über eine Straße auf einen Parkplatz mit Schotter.

Bodenbedeckungen. Das Gleiche gilt auch für **Bodenbedeckungen.** Diese verändern sich auch noch im Wechsel der

Jahreszeiten (Laubfall). Junghunde, die es nicht gelernt haben, vom Welpenalter an in Brennesseln zu arbeiten, werden darin kläglich versagen. Die Brombeere kann die Arbeit eines Hundes gänzlich zum Erliegen bringen, man muß es nur einmal selber erlebt haben, wenn es in einem solchen Verhau nicht mehr weitergeht und Hund und Führer festliegen. Hier hilft nur noch: herauskriechen und umschlagen, um die Fährte wiederzufinden.

Straßen.

Straßen werden von krankem Wild immer wieder nicht nur überquert, sondern sie benutzen sie auch als gut begehbare Wechsel oder Wege. Es ist erstaunlich, wie sich Hunde auf dem Straßenbelag zurechtfinden und die Fährte über lange Strecken sogar halten können. Bilden Sie Ihre Hunde in Stationsausbildungen an der Bodenbedeckung „Straße" aus. Gerade bei Nachsuchen auf angefahrenes Wild wird die Suche zwangsläufig auf der Straße beginnen.

Ende der Arbeit im trockenen Maisfeld.

Spritzmittel.

Spritzmittel sind für die Hundenase und den Hund selbst eine starke Beeinträchtigung. Erfragen Sie daher bei einer Suche durch große Rübenschläge im Vorgespräch, wann zum letzten Mal gespritzt worden ist. Ein Umschlagen dieser Schläge ist dann meistens das Beste für ihren Hund. Führen Sie bei solchen Suchen immer Wasser mit, um dem Hund den Fang und die Nase waschen zu können.

Besondere Härten für die Nasenleistung und den Hund:

Getreide.

Getreidearten, gerade wenn sie ausgereift sind und die Stengel hart werden. Die Hunde können sich verletzen und Schaden nehmen. Mais und Raps können die Orientierung mit der Nase sehr beeinträchtigen. Fällt beispielsweise Regen auf den Schlag und verdunstet dann wieder, bildet sich zwischen den Pflanzen ein Mikroklima mit sehr hoher Luftfeuchtigkeit. Der Dunst

In einem riesigen Rapsfeld: „Da geht einem das Herz auf bei dieser Größe des Schlages!"

erschwert die Nasenarbeit. Auch der Blütenstaub vom Raps kann die Arbeit stark beeinflussen, denn er verklebt die Nase.

Fichten- und Sitka-Dickungen bei großer Hitze, vielleicht noch mit der ersten Läuterung, gehören mit zu den schwersten Situationen, die Sie sich vorstellen können. Hier hilft nur eins: die Ruhe bewahren, langsam und ohne Hast arbeiten, immer wieder den Hund unterstützen und Pausen einlegen, wenn der Hund unkonzentriert wirkt.

Dickungen.

Das Stück hatte sich in einem Brombeerverhau eingeschoben und saß dort im Wundbett. Der Fangschuß konnte nur im Liegen angetragen werden.

Wasserläufe und kleine oder größere Wasserflächen können ebenfalls zügiges Weiterarbeiten erschweren. Gerade Rotwild und Schwarzwild nehmen sehr gerne das Wasser an, und hier, in diesem Element, wird es der Hundenase sehr schwer gemacht, die Arbeit sauber fortzusetzen.

Wasser.

Suhlen, Brunftplätze, Brunftrudel: All diese Einflüsse muß ein Führer erkennen, um gegebenenfalls den Hund zu unterstützen oder andere Methoden der Nachsuche einzusetzen und die Arbeit zu Ende zu bringen.

Was beeinflußt die Nasenleistung und Arbeit des Schweißhundes?

Erschwernisse:

- *Schnee (aufbauend oder abbauend)*
- *Kälte (Rauhreif-Anraum)*
- *Hitze (Hitze-Perioden)*
- *Wasser (Regendauer, Intensität)*
- *Bodenformen (hoch, steil)*
- *Bodenarten (Sand, Stein, Lehm)*
- *Bodenbedeckung (Moos, Nadeln, Blätter, Straße)*
- *Spritzmittel (Pflanzenschutzmittel/Wuchsmittel/Kopfdüngungen)*

Besondere Härten:

- *Getreidearten*
- *Brennesseln*
- *Mais*
- *Brombeeren*
- *Raps*
- *Fichten-, Sitka-Dickungen (besonders bei großer Hitze)*
- *Schlehen*
- *Wasserläufe und Wasserflächen*
- *Suhlen, Brunftplätze, Brunftrudel*

Kommandos für das Führen von Schweißhunden auf der Fährte

- „Anhalsen!"
- „Platz!" oder „Sitz!"
- „Such vorhin und zeige mir!"
- „Halt, laß sehn" – „So ist's recht mein Hund!"
- „Such verwund!"
- „Zur Fährte!"
- „Such!"
- „Halt!"

Die Kommandosprache – aber auch die Stimme allgemein – ist ein wertvoller Besitz des Hundeführers. Trotzdem müssen viele Führer erst üben, mit ihrem Hund zu sprechen – eigentlich erstaunlich.

Variieren Sie die Stimme.

Mit der Stimme kann der erfahrene Führer fast alles bei seinen Hunden erreichen. Durch die Lautstärke der Kommandos, der Länge, Kürze, Schärfe oder Härte leiten Sie den Hund. Leider können manche Führer nur zwischen „laut" und „sehr laut" unterscheiden. Bei langen Arbeiten am Schweißriemen gibt es nichts Schlimmeres als in Ruhe zu verharren und nichts zu sagen. Nach kurzer Zeit wird auch der nervenstarke Hund unruhig, weil er nicht weiß, was der Führer am Ende des Riemens will und ob er noch richtig ist. Ein freudiges „Such!" oder „Brav, mein Hund!" im ruhigen Tonfall wirkt Wunder. Ein ständiges Plappern ist aber ebenso schädlich. Es gilt also den goldenen Mittelweg zu finden. Nur die Erfahrung und das Beobachten der Wirkung der Stimme auf den Hund bringen den Erfolg. Ebenso falsch ist es den Hund immer scharf anzureden, wir machen ihn dadurch harthörig und er reagiert bald nicht mehr.

„Anhalsen!"

Dieses Kommando wird gegeben, wenn der Hund an die Halsung genommen werden soll. Der Hund kommt heran, sitzt oder steht und schiebt seinen Kopf selber in die geschlossene Halsung. Bei mir sind aus Erfahrung die Halsungen so weit, daß sich ein Hund jederzeit aus ihr befreien kann. Sehr schnell hat gerade der junge Hund begriffen, daß es etwas zu erleben gibt, wenn ihm die Schweißhalsung übergestreift wird. In der Folge wird er auf das Kommando „Anhalsen!" freudig zu seinem Führer kommen.

Der Hund schiebt auf das Kommando „Anhalsen!" seinen Kopf durch die geschlossene Halsung.

„Platz!“ oder „Sitz!“

Diese beiden Befehle werden dem Hund gegeben, wenn er sich abseits des Anschusses ruhig aufhalten soll. Hier ist dem Kommando „Sitz!“ der Vorzug zu geben, denn in dieser Sitzposition kann er seinen Führer, der den Anschuß untersucht, viel besser beobachten als bei „Platz!“, wobei er flach am Boden liegen muß. „Sitz!“ oder „Platz!“ verwende ich auch bei einer kurzen Pause, bei der ich den Hund nicht von der Fährte abtrage, sondern ihn in der Fährte sitzen oder Platz machen lasse. Dies kann auch zur Beruhigung auf der Fährte dienen, gerade bei hochpassionierten Hunden. Das Kommando „Down!“ bei Vorstehhunden ist dem „Platz!“ etwa gleich zu setzen.

„Such vorhin und zeige mir!“

Diesen Befehl bekommt der Hund bei einer Suche an zwei Stellen:

Beim Beginn der Suche: Der Hund ist abgelegt und beobachtet seinen Führer beim Untersuchen des Anschusses. Hat dieser die Untersuchung abgeschlossen, begibt er sich zu seinem Hund, der ihn freudig erwartet. Er faßt den Riemen kurz, etwa zwei bis drei Meter. Der Hund sollte immer noch sitzen – eine reine Übungssache. Auf das Kommando „Such vorhin und zeige mir!“ wird er mit tiefer Nase zum Anschuß arbeiten und hier verweisen.

Vorsuche am kurzen Riemen.

Beim Umschlagen: Man kommt im Verlauf der Suche an eine Dickung, in die das Stück Wild eingewechselt ist. Der Komplex ist sehr dicht und man würde durch das Hineinbrechen in die Dickung ein locker im Wundbett sitzendes Stück herauswerfen. Hier breche ich am Dickungsrand die Suche ab (Verbrechen des Einwechsels mit einem farbigen Bändchen!) und trage den Hund ab; für ihn ist ein Abschnitt der Suche zu Ende. Nun nehme ich den Hund am kurzen Riemen und auf das Kommando „Such vorhin und zeige mir!" umschlage ich mit dem Hund die Dickung. Der geübte Hund wird entweder wieder zum Einwechsel kommen, oder Ihnen den Auswechsel zeigen und die Fährte weiterarbeiten.

Verweisen des Auswechsels.

„Halt, laß sehn!" – „So ist's recht mein Hund!"

Zeigt mir mein Hund in einer Fährte etwas Auffälliges mit seiner Nase, wird er mit dem Kommando „Halt, laß sehn!" angerufen. Der Hund wird stehenbleiben und der Führer greift am strammen Schweißriemen zu seinem Hund vor, ohne ihm Spiel am Riemen zu geben – so kann der Hund nicht weitersuchen. Nur erfahrene Hunde bleiben ruhig am Verweiserpunkt. Ist es eine Sache, die mir in meiner Nachsuche weiterhilft, also ein Schalenabdruck, Schweiß in jeglicher Form, Deckenfetzen, Haarbüschel usw., wird der Hund mit dem Kommando „So ist's recht!" gelobt. Es ist nicht verkehrt, dabei den Hund – gerade einen jungen Hund – zu streicheln. Erst dann geht die Suche weiter mit „Such verwund!" oder nur „Such!".

Wenn der Hund verweist.

„Such verwund!“

Dieses Kommando erhält der Hund bei mir, wenn er mir am Anschuß verwiesen hat und nun arbeiten soll. Sie können ruhig darauf vertrauen, daß Ihr Hund in den meisten Fällen die Fährte anfallen und arbeiten wird – vorausgesetzt Sie haben ihn richtig angesetzt. Eine ihm mit gestreckter Hand angedeutete Richtung halte ich für praxisfern. Der Hund soll mit der tiefen Nase suchen und nicht mit den Augen. Lassen Sie ihren Hund arbeiten; vielleicht nochmals „Such verwund!“ etwas schärfer gesprochen, und er wird die Fährte anfallen.

„Zur Fährte!“

Dieses scharfe und keinen Widerspruch duldende Kommando wird gegeben, wenn sich der übende oder suchende Hund auf einer Verleitung amüsieren will. In Konsequenz sollte auch der Schweißriemen etwas schärfer angezogen werden, um ihn auf die richtige Aufgabe (Fährte) wieder zurückzuführen. Ein „So ist brav, mein Hund!“, wenn er die Fährte wieder angefallen hat, sollte die Belohnung sein.

Ist der Hund noch richtig?

Erfahrene Führer geben dieses Kommando während einer Suche, bei der lange Zeit kein Schweiß gefunden wurde. Auf dieses Kommando hin wird der Hund stehen bleiben, wenn er noch auf der Fährte ist. So erkennt der Führer, daß der Hund noch richtig arbeitet. Hat der Hund die Fährte verloren, wird er auf das Kommando „Zur Fährte!“

anfangen zu faseln. Dann wird der Hund abgetragen und neu angesetzt. Diese Methode ist von alten Schweißhundeführern entwickelt worden und keine Erfindung der Neuzeit.

„Such!"

„Such!", und der Hund spürt den Führer.

Wenn der Verlauf einer Fährte über freies Feld oder leichten Altholzbestand geht, verfallen viele Führer dazu, nichts mehr zu sagen. Sie lassen ihren Hund sauerlaufen. Hier ein langezogenes oder etwas schärferes „Such!" wirkt oft Wunder. Es dient dem ständigen Kontakthalten mit dem Hund. Dieser weiß dadurch, daß der Führer noch da ist und weiter mit ihm ans Stück will.

„Halt!"

Halt in der Fährte, und der Hund hat Pause.

Bei diesem Kommando, das in einer Suche sehr oft vorkommt, muß der Hund ruhig in der Fährte stehenbleiben. Der Führer kann oder muß sogar den Schweißriemen aus der Hand legen können, ohne daß der Hund mit dem langen Riemen weiter voranprescht. Es ist lästig und bringt Unruhe in die Suche, wenn ein kräftig ziehender Hund Sie daran hindert, einen Tropfen Schweiß genauer in Augenschein zu nehmen oder zu verbrechen. Es ist eine reine Übungssache in der Einarbeitungszeit dem Hund beizubringen, in der Fährte ruhig zu stehen und dieses nicht als Strafe zu empfinden. Diese Ausbildung muß sehr früh geschehen, später wird es sehr schwierig werden, den Hund zur Ruhe zu bringen.

Ausbildung des Junghundes am Beispiel von Bayerischen Gebirgsschweißhunden

- Welpenkauf
- Meutebildung und Gewöhnen des jungen Hundes an die Familie
- Erkennen der Hundenase beim jungen Hund
- Leinenführigkeit, bei Fuß mit und ohne Leine
- Anhalsen
- Sitz – Platz – Hereinkommen
- Ablegen am Rucksack
- Ablegen und Verteidigen am Rucksack und am Wild
- Verhalten bei Schußabgabe, Schußruhe
- Verteidigen am Stück – Wildschärfe
- Verhalten am Stück
- Pirschgang
- Suchen des Führers
- Ablegen und Ansetzen am Anschuß
- Arbeiten auf der Fährte bis zum Stück, Halt in der Fährte
- Erkennen des Verweisens
- Arbeiten von Schleppen
- Gewöhnen an alles Wild, was später gesucht werden soll
- Verweisen und Totverbellen von Wild
- Training der Hunde für den Einsatz nach großen Jagden
- Training der Hunde am Fahrzeug und der Bewegungsangel
- Gewöhnen der Hunde an Wasser und Schnee

Welpenkauf

Welpenkauf ist Vertrauenssache!

In meiner langjährigen Arbeit habe ich erfahren müssen, daß Welpenkauf Vertrauenssache ist. Sie sollten dem Zuchtverband Vertrauen schenken, und den Ihnen zugewiesenen Zwinger mit dem für Sie bestimmten Welpen aufsuchen. Auf die Notwendigkeit der Rassezucht und die damit zusammenhängenden Formalitäten und Gepflogenheiten gerade bei der Zucht der Bayerischen Gebirgsschweißhunde wird in dem Kapitel über die Zucht ausführlich eingegangen. Die Formalitäten bzgl. einer Klubmitgliedschaft sind in dem Anhang dargestellt, so daß an dieser Stelle darauf verzichtet werden kann.

Beim Kauf eines Gebrauchshundes ist es weniger das Problem, überhaupt an einen Welpen zu kommen, meist werden genug gezüchtet. Aber auch hier sollten Sie – gerade als Erstlingsführer – einen Menschen mit ausreichend Hundeverstand zu Rate ziehen.

Informieren Sie sich über den Zwingerbesitzer bzw. den Züchter. Die Zuchtleitung der Hundevereine hilft dabei gerne weiter. Auch geben Besitzer von Hunden aus dem Zwinger gerne Auskunft. Aber erkundigen Sie sich auch direkt vor Ort bei dem Züchter. Bei den mir bekannten BGS-Zwingern sind die Besitzer und deren Familien allesamt rechtschaffene und absolut hundebezogene Leute. Sie finden sich schnell mit ihrem Wurf zusammen und leiden bei dem kleinsten Zipperlein ihrer Schutzbefohlenen mit. Sie können sich aber auch gewaltig darüber freuen, wenn die Kleinen ihre Augen öffnen oder die ersten tapsigen Schritte unternehmen. Hier ist die Welt noch in Ordnung, und man braucht keine Sorge zu haben, daß dem Welpen, den man sich ausgesucht hat, etwas passiert.

Wie verhält sich der Welpe im Wurf?

Bei der Auswahl eines speziellen Welpen lasse ich mich von meinem Gefühl lenken. Nie habe ich auf Schönheit geachtet, sondern auf kleine Eigenheiten. Wie verhält sich der Welpe? Sitzt er allein in der Wurfkiste und beobachtet er die anderen? Holt er sich schnell einen Brocken aus der Futterschüssel und verteidigt er ihn gegen die anderen, oder erkämpft er sich einen Platz an der Futterschüssel und behauptet diesen? Sie können aber auch beobachten, ob der Welpe abseits liegt und ruhig schläft, während die anderen lustig raufen. Zusätzlich sollten Sie kräftig in die Hände klatschen und beobachten, ob die Welpen nicht zu stark reagieren. Nach diesen Beobachtungen suche ich mir den Welpen aus.

Schönheit vergeht.

Gelegentlich kommt es vor, daß der Züchter mir mit dem Argument, der eine oder andere Welpe „wäre doch viel schöner“, einen bestimmten Welpen ans Herz zu legen versucht. Die Schönheit eines Welpen kann sich aber nach dem ersten Haarwechsel schon gelegt haben, und man ist dann etwas enttäuscht.

Haben Sie sich Ihren Hund ausgesucht, und der Züchter verspricht Ihnen, daß Sie auch diesen Welpen bekommen, dann sollten Sie getrost

Jennifer vom Jägerborn mit ihrem Wurf

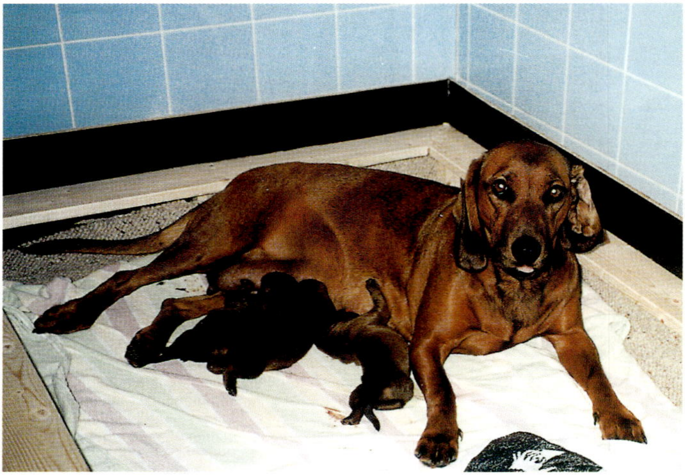

nach Hause fahren. Auf keinen Fall sollten Sie jeden Tag oder einmal in der Woche bei dem Züchter auf der Matte stehen, um den Wurf anzusehen. Lassen Sie die Leute in Ruhe, denn sie haben genug Streß mit den Welpen. Wer selber einmal einen Wurf Hunde großgezogen hat weiß den Feierabend oder ein Mittagsschläfchen zu schätzen.

Abholen des Welpen.

Ist der Termin zum Abholen gekommen, vereinbaren Sie eine genaue Uhrzeit mit dem Züchter. Nach dem Bezahlen erhalten Sie Papiere, Impfbescheinigungen und den Welpen. Lassen Sie sich ein Stück Decke aus der Wurfkiste mitgeben, damit der kleine Hund noch geruchlichen Kontakt zu seiner Mutter und den Wurfgeschwistern hat.

Achten Sie darauf, daß der Hund nicht gefüttert wurde, fragen Sie ruhig danach, auch wenn erfahrene Hundezüchter dem Welpen vor dem Verkauf nichts zu fressen geben.

Ich hole meine neuen Welpen nicht alleine ab, sondern nehme meine Frau mit. Sie hat im Auto das Stück Decke aus der Wurfkiste mit dem Welpen auf dem Schoß. Meistens schlafen die Welpen, bis wir zu Hause sind, selten habe ich erlebt, daß einer unruhig war.

Zu Hause sofort in den Auslauf.

Sind wir zu Hause angekommen, wird der Hund sofort in den Garten oder in den Auslauf entlassen, er wird sich in den meisten Fällen lösen und nässen. Diese Stelle merken Sie sich, um beim nächsten Mal den Hund an den gleichen Ort zu setzen. Sie werden staunen, wie schnell Sie den kleinen Kerl stubenrein haben.

Die ersten Nächte im Haus.

Bei uns schläft der Hund die ersten drei Nächte neben meinem Bett in einem weichen Sessel, in den ich seine neue Decke und das Stück aus der Wurfkiste lege. In den ersten Nächten kann ich so das neue Familienmitglied beobachten und merke, wann er unruhig wird und raus will. Es ist eine harte Zeit für den Führer, aber auch eine sehr schöne, die leider viel zu schnell vergeht.

Nach den Tagen des Eingewöhnens, des Staunens und Erkundens werden schon die Weichen für einen geregelten Tagesablauf gestellt. Ich lasse meine Hunde in dieser Zeit schon für einige Stunden in der Zwingeranlage, damit sie diese kennenlernen können. Es ist leichter, wenn Sie einen alten Hund zusätzlich halten, denn der junge Hund lernt sehr schnell von dem alten. Leider lernt er nicht nur die guten Sachen, sondern auch die schlechten Angewohnheiten, aber

Sie sind ja immer vor Ort, um korrigierend einzugreifen.

Lassen Sie ruhig ihre Kinder mit dem Welpen herumtollen, er sieht sie als seinen neuen „Wurf“ an, und es tut ihm gut.

Nach dem Füttern nach draußen.

Im ersten Jahr, und gerade in den ersten Monaten sollten Sie darauf achten, daß der junge Hund sein Futter dreimal am Tag erhält. Nach dem Füttern bringen Sie den Hund immer gleich nach draußen, damit er nässen und sich lösen kann. Hunde, die nach dem Füttern in der Wohnung sich selber überlassen bleiben, lösen sich in der Wohnung auf dem Teppich. Beobachten Sie den Welpen beim Fressen, und stellen Sie den Futternapf gleich weg, wenn er aufhört zu fressen. Frisches Wasser bleibt für ihn den ganzen Tag erreichbar.

Meutebildung und Gewöhnen des jungen Hundes an die Familie

Hat der Hund die Phasen des Neugeborenen, die Übergangsphase der zweiten und dritten Woche sowie die Prägungsphase bis zur achten Woche gut überstanden, kommt für ihn nun die Trennung von seiner Hundefamilie. Er kommt zu seinem künftigen Meuteführer.

Dieser Abschnitt, die sogenannte Sozialisierungsphase, war für mich und meine Hunde immer von großer Bedeutung. In dieser Zeit und der darauf folgenden Rangordnungsphase wird bei meinen Hunden der Grundstein für die spätere Arbeit gelegt: das Vertrauen.

Durch ausgiebiges Spielen mit dem Hund wird diesem klar gemacht, wer der Chef im Ring ist, und das kann und darf nur der Führer sein, denn es kann nur einer führen.

In diesem Zeitraum muß sich der junge Hund auch an die Familie gewöhnen. Ich unterscheide zwischen der Ausbildung im Revier und der Ausbildung in der Stube.

Im Revier konsequent, in der Stube locker.

Während es im Revier konsequent zugeht und kontinuierlich die Anforderungen gesteigert werden, ist der Teil in der Stube locker und entspannt. Im Haus werden dem Hund keine Kommandos gegeben, das hat den Vorteil, daß man deren Ausführung nicht zu überwachen braucht. Gerade bei einem jungen Hund ist es wichtig, daß er – im Revier – sich auf das Kommando „Platz!" ruhig ablegt und so lange dort bleibt, bis er abgeholt wird. Im Haus erhält der Hund statt dessen das Kommando „Auf den Hundeplatz!", woraufhin er sich auf seine Decke legt. Er soll sich dort ruhig verhalten, aber wenn er nach einiger Zeit wieder aufsteht, bricht kein Donnerwetter auf ihn herein.

In dieser Zeit lernt der Hund schon das schärfte Kommando kennen: „Pfui!". Sie können damit schon einen so kleinen Hund lenken, aber denken Sie daran, es nicht zu übertreiben.

Erkennen der Hundenase beim jungen Hund

Das Riechorgan des Hundes ist riesig verglichen mit dem des Menschen.

Gerade bei unseren Hunden, die später die schwierigsten Arbeiten in jedem Gelände und oft nach vielen Stunden voranbringen, spielt die Nase eine entscheidende Rolle. Diese Nase richtig zu beurteilen und zu trainieren, verlangt vom Führer gewisse Kenntnisse. Wissenschaftler haben nachgewiesen, daß das Riechorgan des Menschen ca. 5 Kubikzentimeter, das eines großen Hundes 150 Kubikzentimeter groß ist. Hiermit zeigt sich klar auf, daß durch die größere Fläche des Riechfeldes ein Hund wesentlich mehr Gerüche unterscheiden und wahrnehmen kann als der Mensch. Es ist immer wieder faszinierend, die Leistung der Nase bei einem BGS zu erkennen, wie er sie gebraucht, und wie zielsicher er durch die schwersten Verleitungen und schier unmöglichen Witterungsbedingungen die Ansatzfährte wiederaufnehmen und dadurch weiterbringen kann. Folgendes Beispiel soll für viele gelten:

Für meinen Rüden „Fazi (Poldi) v. Forstenrieder Park“ – der Hund war im 1. Behang – wurde eine Übungsfährte über eine Länge von ca. 3 km und einer Stehzeit von 43 Stunden für eine Schausuche (Teckelverein Helmstedt) mit Rotwildschweiß und Fährtenschuh gelegt. Unter den vielen schwierigen Einlagen war eine Suhle, die der „angenommene Hirsch“ umschlagen hatte, um dann in gleicher Richtung weiterzuziehen. Am Anfang wie am Ende des Bogens um die Suhle war ein etwas größerer Schweißtropfen auf dem

Boden ausgebracht. Der Hund arbeitete ruhig die Fährte und verwies deutlich den Schweißtropfen 1. Da die Fährte schon eine gewisse Zeit geradeaus führte, arbeitete der Hund ca. 20 Meter weiter, bis er plötzlich auf Schweißtropfen 2 stieß, den er ebenfalls klar verwies. Und nun kam für die Zuschauer und mich das Verblüffende: statt auf der Fährte weiterzuarbeiten drehte er sich ohne eine Beeinflussung von mir um, arbeitete zu Schweißtropfen 1 zurück, umschlug in der richtigen Folge die Suhle und hing der Fährte weiter nach. Für mich war das eine großartige Leistung der Nase, denn durch diese hatte der Hund festgestellt, daß ihm ein Stück der Fährte fehlte – der Bogen um die Suhle herum.

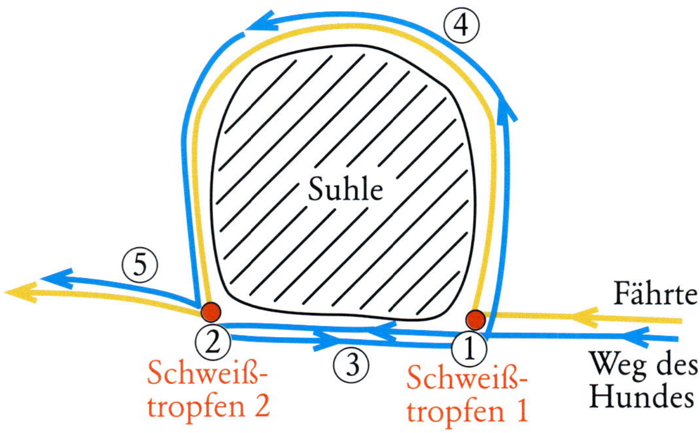

Weg des Hundes
① Verweisen von Schweißtropfen 1
② Verweisen von Schweißtropfen 2, Hund bemerkt Irrtum und kehrt um
③ Wiederaufnahme der Ansatzfährte
④ Umschlagen der Suhle auf der Fährte
⑤ Hund arbeitet weiter

Durch viele Reviergänge wird der Hund mit seinem späteren Arbeitsfeld bekanntgemacht, und gerade hierbei macht der Führer mit seinem Hund und dessen Nase die besten Erfahrungen. Man wird staunen, was so ein kleiner Wicht alles findet und schon spielend verweist. Von der Feder bis zur weggeworfenen Bierflasche wird alles gezeigt. Ich lobe hierbei schon ganz gezielt, ohne aber übertrieben zu sein, weil die Feinarbeit des Verweisens für unseren Gebrauch erst später kommt. Für mich ist auch schon in dieser Phase zu erkennen, welche Wildarten (Wildfährten) der Hund gerne arbeitet und welche er nicht so gerne mag. Dies ist später wichtig zu wissen, da ja unsere Hunde alle Fährten gleichermaßen arbeiten sollen.

Verweisen beim Reviergang.

Futterschleppen.

Kleine Futterschleppen, die ich aber nicht zu oft lege, zeigen auch, ob der Hund finden will und dabei seine Nase gebrauchen kann. Durch all diese Beobachtungen, wobei ich die gravierenden gleich in ein nur für diesen Hund angelegtes Arbeitsbuch eintrage, erkenne ich, welche Nase der Hund hat und wo später mehr geübt werden muß, um vielleicht noch Verstecktes zu erkennen.

Leinenführigkeit, bei Fuß mit und ohne Leine

Die höchste Schwierigkeit beim Führen eines BGS ist das frei bei Fuß zu gehen, aber auch das Angeleintsein und ruhig neben seinem Führer gehen muß der Hund erlernen. Da meine Hunde schon sehr früh die Halsung und den Schweißriemen kennengelernt haben, gibt es hier keine Probleme. Schwieriger gestaltet sich hier schon das ruhige bei Fuß gehen. Bei diesem Ausbildungsabschnitt lernt der Hund erstmalig, in Verbindung mit dem Schweißriemen, bewußt den Rucksack kennen. Bei Reviergängen wird der Hund nun des öfteren angeleint. Dies geschieht immer, wenn der Hund zum Herrn zurückkommt, mit dem Kommando „Anhalsen!“. Dabei wird ihm die Halsung übergestreift und natürlich gelobt, was ihm sichtlich gefällt. Beim Weitergehen wird der junge Hund jetzt nach vorne stürmen und durch die Halsung den ersten Ruck verspüren. In diesem Moment, auf den ich warte, kommt gleich das Kommando „Bei Fuß!“, und der Hund wird am Schweißriemen, der am Rucksack befestigt ist, zurückgezogen bis in Höhe des linken Fußes. Da ich mit der linken Hand den Hund halte, lobe ich ihn mit den Worten „So ist brav, mein Hund, bei Fuß!“, und gehe weiter, dabei den Schweißriemen noch festhaltend. Nach einer gewissen Zeit, nach der der Hund ruhig geworden ist, geht er jetzt schon manchmal ein paar Meter unbewußt bei Fuß, dabei wird er auch gelobt: „Brav, mein Hund!“. Nach einigen solchen Einlagen darf der Hund auch mal wieder frei laufen.

„Anhalsen!“

„Bei Fuß!“

Bei all meinen täglichen Übungen ist am Übungsende immer eine Entspannungs- oder Spielphase drin. Hierbei entspannt sich der Junghund und wird für die neue Aufgabe bereit sein. Der nächste Schritt ist jetzt für den Hund, eine ganze Pirsch vom Anfang bis zum Ende am Riemen durchzustehen. Der Hund wird auf das Kommando „Anhalsen!“ – bei mir stecken die Hunde den Kopf von selber in die Halsung – angeleint, und ab geht es ins Revier. Ich wäre enttäuscht, würde mein junger Hund nicht versu-

Nach der Arbeit kommt das Vergnügen.

chen vorzulaufen. Er möchte mit seiner Nase arbeiten und weiß nicht, daß ich es in diesen Momenten nicht gebrauchen kann.

Der Bergstock hilft.

Um ihn jetzt nicht immer durch harten Zug am Riemen und so weiter herumziehen zu müssen, setze ich nun ein Mittel ein, das für den Bergjäger der dritte Fuß ist: der Bergstock. Er ist für mich ein Ausrüstungs- und Ausbildungsgegenstand, den ich nie mehr missen möchte. Gerade bei dieser Ausbildung in diesem Stadium wird er wie folgt eingesetzt: Beim Pirschen wird der junge Hund immer nach vorne laufen wollen. Ein leichter Seitenschlag mit dem Bergstock, verbunden mit leichtem Zug am Riemen und dem Wort „Bei Fuß!", wird nach geraumer Zeit zum Erfolg führen. Auch ein gezielter, leichter Schlag auf die Pfoten, aber immer begleitet von dem Wort „Bei Fuß!" wird Wirkung zeigen.

Man sollte nicht ständig ein und dieselbe Übung wiederholen, sondern in den Reviergang all das bis jetzt Erlernte einbauen. So wird es für den Hund interessant, und er merkt gar nicht, daß er dabei lernt. Gleichzeitig wird ihm eine neue Übung untergeschoben, beispielsweise das Platzmachen am Schweißriemen in Verbindung mit dem Rucksack. Kein Hund wurde jemals unruhig – gerade das Gegenteil war der Fall – wenn ich den Rucksack herabgleiten ließ, an dem der aufgedockte Schweißriemen hing. Ich nehme und lehre ganz bewußt das Ablegen mit dem Schweißriemen früher, denn auch hier schon kann ich erkennen, ob ich es mit einem nervenstarken oder zum Führer hin orientierten Hund zu tun habe. Durch das Ablegen mit Riemen und Rucksack hat der junge Hund noch mehr Witterung von seinem Führer und wird ohne große Aufregung an seinem Platz bleiben.

Der Übungsabschnitt endet damit, daß der Hund mich auch durch gröbstes Zeug frei und ohne Riemen begleitet. Daß dies aber nur erreicht werden kann durch ständiges, überlegtes und ausgewogenes Arbeiten, sollte verständlich sein. Ein Hund, der diese Arbeit nicht beherrscht, ist für die Praxis unbrauchbar und wird zur Belastung für den Führer.

Mit dem Hund an der Leine in den Bestand.

Eine Steigerung im Abschnitt Leinenführigkeit ist es, mit dem angeleinten Hund im Bestand zu pirschen. Hierbei läuft der Hund an der linken Seite seines Führers, ohne dabei am straffen Riemen zu ziehen. Dann gehen Sie mit dem Hund an Ihrer Seite auf einen Baum zu und dann ganz dicht rechts vorbei. Ihr Hund wird automatisch den Baum an der linken Seite umgehen, und bleibt dann natürlich mit dem Riemen hängen. Sie ziehen dann den Riemen stramm, der Hund wird diesem Druck nachgeben und Ihnen um den Baum folgen. Mit einiger Übung wird Ihr Hund dann hinter Ihnen gehen und so richtig folgen, ohne am Baum hängenzubleiben.

Anhalsen

Das Kommando „Anhalsen!“ hat sich im praktischen Jagdbetrieb entwickelt. Der Hund kommt auf dieses Kommando herein und steckt seinen Kopf freiwillig in die Halsung. Hat der junge Hund das Hereinkommen auf Kommando begriffen, und wird er jedes Mal dabei abgeliebelt, fangen Sie an, den Hund an die Halsung zu nehmen. Immer wieder sieht man unschöne Bilder, wie Führer ihre Hunde halb vergewaltigen müssen, um sie an die Halsung zu nehmen, besonders, wenn es sich dabei um große und temperamentvolle Hunde handelt.

Erst Laut-, dann Sichtzeichen.

Ist der Hund auf Pfiff oder Ruf hereingekommen, lassen Sie ihn sich setzen. Dabei geben Sie ihm anfangs das Kommando „Sitz!“, später nur noch das Sichtzeichen mit dem erhobenen Zeigefinger. Streicheln Sie dem Hund einige Male über den Kopf und knien Sie sich vor den Hund. Mit der rechten Hand fassen Sie die passende Halsung. Diese Halsung haben Sie dem Hund schon vorher angepaßt, sie kann dem Hund ohne Schwierigkeiten über den Kopf gestreift werden.

Jetzt geben Sie das Kommando „Anhalsen!“. Bei den ersten Malen wird der Hund nicht wissen, was Sie von ihm wollen, daher müssen Sie es ihm zeigen. Dazu heben Sie mit der linken Hand den Kopf des Hundes am Unterkiefer hoch und streifen in diesem Moment mit der rechten Hand die Halsung über den Kopf des Hundes. Das geschieht alles ohne Hektik, so daß der sitzenden Hund nicht unruhig wird.

Diese Übung können Sie bei einem Spaziergang, bei dem der Hund sich ausläuft und immer wieder hereingerufen wird, gut üben. Loben Sie den Hund mit den Worten „So ist's brav, mein Hund!", und streicheln Sie ihn dabei. Sie werden feststellen, daß der Hund sehr schnell begreift, daß beim Hereinkommen und Anhalsen keine Strafe auf ihn wartet, sondern etwas Angenehmes: das Streicheln.

Das Hereinkommen ist für den Hund immer angenehm.

Bei fortschreitender Ausbildung verknüpfen Sie das Hereinkommen auf Ruf oder Pfiff mit dem Kommando „Anhalsen!". Sie rufen nur noch „Anhalsen!", und der Hund kommt herein und steckt seinen Kopf durch die bereitgehaltene Halsung.

Später genügt ein Kommando.

Ältere Hunde verknüpfen bei mir das Anhalsen mit Suchen oder Reviergängen, also etwas Spannendem. Deshalb stellen sich einige Hunde vor lauter Vorfreude auf die Hinterläufe, wenn sie das Kommando „Anhalsen!" bekommen. So durchgeführte Hunde machen Freude, aber auch hier ist konsequente Übung unerläßlich.

Sitz – Platz – Hereinkommen

Da ich ständig mit meinen Hunden zusammen bin, lernen die Hunde diese Übungen sehr leicht, vorausgesetzt die nötige Konsequenz fehlt nicht. Schwieriger ist es da schon, wenn der Hund auch für diese Übungen aus dem Zwinger geholt werden muß.

Lassen Sie den Hund bei jeder passenden Gelegenheit sitzen. Ein kleiner Druck auf die Kruppe von oben, und der Hund sitzt mit dem begleitenden Kommando. Hier habe ich immer wieder festgestellt, daß es auf die Aussprache ankommt. Wie das Kommando, so die Ausführung. Zum Kommando „Sitz!" heben Sie immer gleich noch den Zeigefinger der rechten Hand, so daß Laut- und Sichtzeichen zusammen für den Hund vorhanden sind.

„Sitz!"

Das „Platzmachen" üben Sie zuerst immer auf trockenem Untergrund, denn Nässe verleidet dem Hund, ruhig auf dem Platz liegen zu bleiben. Am besten geht das abends beim Fernsehen. Wenn der Hund in der Nähe des Führers sitzt, diese Übung ist ihm ja bekannt, nehmen Sie seine beiden Vorderläufe mit einer Hand und ziehen sie leicht nach vorne weg. Gleichzeitig drücken Sie mit der anderen Hand von oben auf den Hund. Das Kommando „Platz!" begleitet diesen Vorgang. Da dies in einer lockeren Atmosphäre vonstatten geht, bleibt der Hund bei der zweiten Übung auch schon liegen, meist zwar auf der Seite, aber das macht ja nichts.

Das Angenehme mit dem Nützlichen verbinden.

„Platz!"

Auch die Übung „Platz!" wird öfter wiederholt. Ich mache es immer zweckgebunden, damit erreiche ich, daß mein Hund sich bei genügender Übung selbständig entweder setzt oder Platz macht – je nach Gelegenheit. Viele Hundeführer meinen, ein Schweißhund bräuchte in der sogenannten Stubenabrichtung nicht so konsequent geführt zu werden. Aber genau das kann fatale Folgen bei der späteren Arbeit haben.

Das Ablegen übe ich mit dem Schweißriemen zuerst im umzäunten Garten, dadurch sind die Hunde immer unter Kontrolle. Da der Hund ja Sitz und Platz schon kennt – man sollte möglichst nacheinander aufbauen und in der Ausbildung einen Schritt vor den anderen setzen – kommt nun das Ablegen mit dem Schweißriemen, welches auch im Jagdbetrieb später immer vonnöten ist. Auf das Kommando „Platz!" legt sich der Hund nieder. Hierbei kann es sehr nützlich sein, daß er die Halsung schon ein paar Tage vorher kennengelernt hat. Also brauchen Sie jetzt nur noch den Schweißriemen zu befestigen und ihn neben den Platz machenden Hund zu legen. Bei all meinen Hunden hatte ich keinen, der jemals einen Schweißriemen abgeschnitten hätte. Seien Sie gerade in dieser Phase sehr aufmerksam. Schon beim ersten Versuch, den Riemen zu bekauen, verleiden Sie das Ihrem Hund durch ein donnerndes „Pfui!", das einzige Kommando, das bei mir von einem kräftigen Gertenhieb (Jagdhieb) begleitet ist.

Ablegen am Schweißriemen.

Zur Vervollständigung der Übung gehört nun auch noch, daß sich der Führer entfernt und den Hund ganz allein am Riemen liegen läßt. Der Hund bleibt ruhig liegen, wenn die Grundübungen richtig und oft genug geübt wurden, der Hund ruhig ist und Führer und Hund harmonieren. Diese Übung sollte sehr oft wiederholt werden, denn auch hier macht Übung den Meister.

Der Hund muß alleine abliegen.

In diesen Wochen lernt der Hund ganz spielerisch bei mir einen sehr wichtigen Abschnitt kennen, das „Hereinkommen“ oder das „Kommen auf Pfiff und Kommando“. Es ist immer nett anzusehen, wenn der junge Hund zu einem zurückkommt und ganz automatisch seine Streicheleinheiten abholt, die sehr wichtig sind. Er soll sich nämlich merken: Kommen zum Führer bedeutet immer Lob für ihn, und diesen Bogen haben gerade BGS sehr schnell raus. Niemals dürfen Sie einen Hund strafen, wenn er nach einer Missetat zu Ihnen zurückkommt. Er würde die Strafe mit dem Zurückkommen in Verbindung bringen und nicht mit dem Unfug, den er vorher getrieben hat. In der Folge wird er nicht mehr freudig zum Führer zurückkehren. Das Vertrauen, das wir ja gerade aufbauen, hätte seinen ersten Knacks weg. Ich habe BGS gesehen, die mit eingeklemmter Rute zu ihren Führern zurückkamen. Kein schöner Anblick. Jeder Hund bei mir kommt froh und frei zurück, und so sollte es auch sein. Sie müssen sich in solchen Situationen beherrschen können und nicht Wut und Frust am Hund auslassen. Die Angst, die hierbei beim Hund seinem Führer gegenüber entsteht, wird nie eine richtige Zusammenarbeit in der Praxis aufkommen lassen.

Hunde müssen freudig zurückkommen.

Führen Sie gleichzeitig noch einen älteren Hund, so ist das Hereinkommen noch spielerischer für den jungen Hund zu erlernen. Legen Sie die beiden Hunde frei ab und rufen Sie sie nach kurzer Zeit heran. Der ältere „Könner“ wird sofort kommen und der junge Hund folgt. Sind die Hunde bei Ihnen, werden sie abgeliebelt. Später nehmen Sie nur den jungen Hund alleine und wiederholen die Übung. Bei einem guten Verhältnis zwischen Führer und Hund gibt es dabei keine Schwierigkeiten, und der Hund kommt freudig herein, um sich seine Streicheleinheiten zu holen.

Ablegen am Rucksack

Das richtige Ablegen am Rucksack oder am erlegten Stück ist gerade für Jagdhunde eine Situation, die sie im Jagdbetrieb ständig erleben. Es ist sehr unschön, wenn ein „abgelegter" Hund mit Rucksack und Leine hinter sich ein Stück Wild hetzt. Um diese Situation gar nicht erst aufkommen zu lassen, werden unsere jungen Hunde schon von klein auf an den Rucksack gewöhnt.

Zehn Wochen alter Welpe im Büro abgelegt am Rucksack.

Kennt der Hund das Kommando „Platz!", lege ich grundsätzlich den Rucksack und den Wetterfleck neben den Hund. Sehr schnell hat der Hund verknüpft: Ablegen des Rucksackes bedeutet dazulegen und ruhig warten, bis der Führer zurückkommt.

Diese Übungen werden bei mir beispielsweise auf einem Pirschgang eingebaut. Legen Sie den jungen Hund ab und entfernen Sie sich. Verstekken Sie sich hinter einem Baum und beobachten Sie den Hund. Steht der Hund auf, dann treten Sie hinter dem Baum hervor und zwingen ihn mit einem harten Kommando „Platz!" wieder auf den Boden neben dem Rucksack. Bei mehrmaligem Üben und längerem Wegbleiben hat der Hund begriffen, daß er immer wieder von seinem Meuteführer Mensch an dieser Stelle abgeholt wird, und verhält sich daher ruhig.

Denken Sie an den Hund und legen Sie ihn trocken ab.

Ein Punkt, der immer wieder nicht beachtet wird, ist das Ablegen des Hundes auf nassem Untergrund. Jeder noch so gut durchgearbeitete Hund wird nach einer Weile aufstehen, weil es ihm zu kalt oder naß ist. Hier mit drakonischen Strafen zu arbeiten wäre falsch, richtig ist es, den Hund an einem trockenen Platz abzulegen.

Ablegen und Verteidigen am Rucksack und am Wild

In der heutigen Zeit, in der auch in den Revieren schon Hektik, Streß und überzogener Jagddruck eingezogen sind, wird es fragwürdig, einen Hund auf das Verteidigen am Rucksack und Stück auszubilden. Zu viele Beispiele könnte ich aus der Praxis anführen, um aufzuzeigen, daß ein aggressiver, sprich verteidigender Hund nicht mehr zeitgemäß ist. Die Zuchtordnung schreibt aber das Verteidigen vor, um gewährleisten zu können, daß nur gute und wesensfeste Hunde zur Zucht ausgewählt werden. Aus diesem Grund bilde und fordere ich die Veranlagung zum Verteidigen. Es ist erstaunlich, wie die kleinen Wichte, wenn Hund, Führer und Familie harmonieren, schon ganz allein ihre Meute und Heim gegenüber Fremden verteidigen. Gerade bei solchen Situationen ist der Beistand des Führers gefragt und wirkt wahre Wunder. Das aufmunternde Wort oder das behutsame Streicheln und Abliebeln des Hundes, wenn er gegenüber Fremden laut wird, bestärken und ermuntern ihn, da er ja Rückendeckung von seinem Meuteführer hat. Bei wesensfesten Hunden ergibt sich gar kein Problem, um das Verteidigen des Rucksacks zu erreichen. Voraussetzung ist, daß der Hund stufenweise ausgebildet ist.

Verteidigen ist Anlage, muß aber trotzdem ausgebildet werden.

Um ein hartes Verteidigen zu erarbeiten, lege ich meinen Hund am Rucksack ab und pirsche weiter. Der Hund wird mir im Sitzen nachäugen. Da er aber im Fach „Ablegen“ durchgearbeitet ist, wird er sich, sobald der Führer außer Sichtweite ist, ruhig auf den Rucksack legen. Nun lasse ich einen Fremden mit weitem Mantel oder Lodenkotze unter Wind in Richtung Hund laufen. In weitem Abstand wird die Person sich bemerkbar machen, beispielsweise durch Schlagen mit dem Stock auf den Boden oder durch Mitführen eines Hundes, mit dem er laut spricht. Der abgelegte Hund wird sofort aufmerksam zu dem Unbekannten schauen. Durch vorherige Abspra-

Scheinangriffe eines Fremden.

che ist gewährleistet, daß der Helfer genau weiß, was ich will und was ich zu erreichen beabsichtige. Zu diesem Zeitpunkt sollte der Helfer stehenbleiben und sich ruhig verhalten. Der abgelegte Hund wird versuchen, mit der Nase Wind zu bekommen um festzustellen, um wen es sich handelt. Da dies nicht geht, weil die Person unter Wind steht, wird er sich total versammeln oder hochgespannt aufstehen, meist mit hoch gehaltener Rute. Gerade in diesem Moment muß der Helfer einen Scheinangriff durchführen, beispielsweise durch einen oder mehrere Sprünge nach vorne oder zur Seite, entscheidend ist das Wackeln des Mantels oder Kotze. Durch dieses Zappeln und Wackeln wird fast jeder Hund sofort Laut geben. Diese Versuche sollten noch ein- oder zweimal durchgeführt werden. Dann kann sich der Fremde entfernen. Da ich aus einer Deckung heraus meinen Hund beobachtet habe, kann ich erkennen, ob der Hund ängstlich oder aggressiv wirkt. Nach diesen Beobachtungen werde ich nun meinen Ausbildungsplan für das Gebiet „Verteidigen“ festlegen.

Später dem Hund bei Scheinangriffen zusätzlich beistehen und ihn anrüden.

Bei charakterlich festen Hunden – und das waren meine Hunde bis auf einen alle – wird jetzt gezielt vorgegangen. Die Situation Ablegen am Rucksack wird wiederholt, und der Fremde kommt wieder, ebenfalls wird er dieselben Scheinangriffe durchführen und den Hund zum Lautgeben veranlassen. In diesem Moment komme ich von hinten, also mit Wind, an den Hund heran, gleichzeitig rüde ich den Hund mit Worten an. Für mich war es immer erstaunlich, wie die Hunde dann förmlich explodieren und den Unbekannten annehmen wollen. Durch Abliebeln und immer wieder Anrüden bekommt der Hund Sicherheit und wird bei späteren Übungen den Rucksack immer wieder gegenüber Fremden laut verteidigen. Bei all meinen Übungen genügt es mir, wenn der Hund laut wird und eine Drohhaltung gegenüber Fremden einnimmt. Auch ein leichtes, forsches Zugehen auf den Unbekannten wird von mir gefordert. Aber dabei belasse ich es, denn wahre Bestien kann und will ich im Jagdbetrieb nicht gebrauchen.

Beim Verteidigen nicht zuviel des Guten!

Hunde, die so ausgebildet sind, verteidigen ohne zu zögern auch jedes Stück Wild, an dem sie abgelegt sind, da sie es als ihre Beute betrachten.

Bei zu zögerlicher Verteidigung lassen Sie eine fremde Person mit Hund in einigem Abstand am abgelegten Hund vorbeigehen. Dabei ist wichtig, daß Sie Ihren Hund fest angeleint haben und er nicht aus der Halsung gleiten kann. Schon beim ersten oder zweiten Mal wird der Hund lautgeben. Gegebenenfalls kann der Fremde auch ein kurzes Stück auf den Hund zugehen und gleich wieder umkehren. Dieses Verhalten reizt den Hund noch mehr, das Stück lauthals zu verteidigen.

Ich möchte aber nochmals darauf hinweisen, daß zu scharfe Hunde, die unter Umständen sogar den eigenen Führer nicht mehr an das

Stück lassen, im Jagdbetrieb immer Schwierigkeiten verursachen. Es trübt die beste Arbeit des Hundes, wenn er den begleitenden Schützen, am Stück angekommen, in die Hose beißt.

Verhalten bei Schußabgabe, Schußruhe

Hat der Hund diese Übung „Verteidigen am Rucksack" durchgestanden, werde ich die Schußruhe überprüfen und nötigenfalls durcharbeiten. Jagdhunde, die in einem Jagdbetrieb aufwachsen, hören immer wieder die Abgabe von Schüssen. Wie bei all meinen Ausbildungsabschnitten, beobachte ich den Hund schon lange vor der eigentlichen Übung „Schußruhe". Ein leichtes Zusammenzucken des Hundes überspielt man mit beruhigenden Worten, und der Hund wird sofort ruhig weiterspielen oder weiterlaufen. Sollte er heftiger reagieren, werde ich mir das in meinem Ausbildungsbuch vermerken und ihn gerade auf diesen Punkt (eventuelle Wesensmängel) genau überprüfen.

Beginn der Ausbildung mit zehn Monaten.

Zu dem Zeitpunkt der bewußten Übung der Schußruhe ist mein Hund etwa zehn Monate alt, er hat mich auf vielen Pirschgängen begleitet und hat manchen Schuß gehört. Entscheidend ist, daß der Hund in keiner Weise Schuß und Beutemachen miteinander verbindet. Dann hätten wir nämlich bald einen Hund, der nach jedem Schuß sofort losstürmen würde, um Beute zu machen. Dieses Verhalten ist für unsere Hunde und den Jagdbetrieb nicht von Vorteil.

Im täglichen Jagdbetrieb wird der Hund immer wieder mit Schüssen und dem damit verbundenen Knall konfrontiert. Unbrauchbar ist ein Hund, der bei Schußabgabe die Rute einklemmen würde, um dann das Weite zu suchen.

Immer wieder muß ich hören, daß ein Hund schußscheu sei. Hinterfragt man die Aussage bei dem Führer, wird man schnell feststellen, daß einer der folgenden Fehler gemacht wurde:

- Der junge Hund wird schon sehr früh mit auf den Schießstand genommen, an einen Baum gebunden, und muß den ganzen Tag den permanenten Knall aller möglichen Kaliber über seine empfindlichen Ohren ergehen lassen.
- Der junge Hund zuckte einmal bei der Abgabe eines Schusses, der Führer vermutete eine Schußscheue und nahm den Hund dann mit auf den Schießstand. Dort wird er unter dem Anschußtisch angebunden, und muß sich dort an das Knallen „gewöhnen".
- Neben den jungen Hund wird ein scheppernder Blecheimer geworfen. Wenn der Hund zusammenzuckt, wird eine Schußscheue und eine Wesensschwäche diagnostiziert.
- Ebenfalls wird dem Hund auf Prüfungen eine Schußscheue bescheinigt, obwohl zu dicht an dem Hund geschossen wurde, und er deshalb zusammenzuckt.

Alle diese Methoden sind natürlich nicht geeignet, einen Hund schußfest zu machen. Einige der Methoden machen den Hund harthörig, wenn nicht gar taub.

Bei meiner alten Hündin habe ich festgestellt, daß sie bei einem Flintenschuß zusammenzuckte, beim Knall starker Büchsenkaliber aber keine Reaktion zeigte. Dieses Phänomen sah ich auch bei Welpen bestätigt, die bei einem Flintenschuß zusammenzuckten, beim Großkaliberschuß hingegen interessiert umherschauten. Daraus folgt, daß der Flintenschuß für Hunde unangenehm und daher für die Einarbeitung ungeeignet ist.

Hunden ist der Flintenschuß unangenehm.

In meinem Zwinger werden die Welpen beispielsweise zusammen mit der Hündin ins Auto verfrachtet, um dann in die Nähe eines Schießstandes zu fahren. Dann stelle ich das Auto mit geöffneten Fenstern ab, so daß der Knall bis ins Auto dringt. Dabei beobachte ich die Welpen. Nach einer Weile fahre ich näher an die Schießstand heran, um dann wieder etwas zu warten und die Hunde zu beobachten. Diese Übung ist weder für die Welpen noch die Hündin anstrengend, und ich dehne sie auch nicht über eine Stunde aus.

Ebenfalls kann ein Spaziergang mit dem jungen Hund an den Schießstand eine gute Übung sein. Haben Sie Ihren Hund so an den Knall gewöhnt, daß er ohne zu zucken ruhig am Rucksack abgelegt liegen bleibt, haben Sie einen Hund, der sich auch in der Praxis bewähren wird.

Sie können die Schußruhe auch bei einem Reviergang üben. Ich lege dazu meinen Hund am Rucksack ab und pirsche weiter, bis ich außer

Sichtweite bin. Nach einer gewissen Zeit wird sich der Hund, der mir nachäugt, beruhigen und hinlegen. Nach etwas Warten gebe ich nun mit der Waffe einen Schuß ab und beobachte meinen Hund. Ein Aufsetzen des Hundes toleriere ich gerade noch, aber mit einigen Übungen habe ich alle Hunde zum ruhigen Verhalten und Liegen am Platz gebracht. Auch kann am Anfang der Übung ein helfender Jäger von Nutzen sein, denn er gibt den Schuß ab, und ich beobachte den Hund genau, um das Verhalten und die Reaktion zu erkennen. Dieser Übung sollte man zwar nicht übermäßig viel Zeit widmen, aber sie sollte genau durchgeführt und sehr ernst genommen werden, zeigt sie doch deutlich das Wesen unseres Hundes.

Eine zweite Person kann hilfreich sein.

Bedenken wir, daß wir den Hund für den harten Einsatz und den Fangschuß vor dem stellenden Hund ausbilden, so ergibt sich ganz von allein, daß Hunde mit schwachen Nerven für uns nicht zu gebrauchen sind.

Merke:
Gehen Sie niemals gleich nach dem Schuß zu der Beute. Der Hund wird den Knall mit der Beute in Verbindung bringen und dann durch seine Passion unkontrollierbar. Dieses Verhalten nennt man Schußhitze. Hier hilft nur Ruhe und Konsequenz.

Gerade junge Schweißhunde, die schon sehr früh mit in den Einsatz kommen, leiden manchmal unter Schußhitze. Dieses können Sie nur mit konsequentem Ablegen beim Schuß trainieren.

Verteidigen am Stück – Wildschärfe

Mannschärfe, Wildschärfe und Verteidigen von Beute-Besitz.

Wir unterscheiden bei unseren Jagdhunden drei Arten vor Schärfe. Die ersten beiden Arten sind Mannschärfe und Wildschärfe. Die dritte Art ist das Verteidigen von Beute-Besitz gegenüber fremden Menschen und Hunden. Im Jagdbetrieb benötigen wir nur die Wildschärfe und die Schärfe beim Verteidigen der Beute oder des Rucksackes gegenüber Personen.

Bei der Ausbildung dürfen Sie als Führer nicht der Angreifer sein!

Jeder Hund hat von klein auf schon eine gewisse Schärfe. Das erleben wir, wenn wir dem Welpen einen Knochen wegnehmen: er wird knurren. Lassen Sie ihm seinen Willen dahingehend, daß Sie dieses Knurren tolerieren und es sogar noch fördern dadurch, daß Sie an dem Knochen ziehen, wird er heftiger knurren. Sie werden schnell feststellen, daß der kleine Kerl seine Beute schon gut verteidigen kann. Aber Vorsicht! Spielen Sie nicht immer selbst den Angreifer, der ihm die Beute streitig machen will. Ansonsten läßt der Hund, wenn er später körperlich ausgereift ist, Sie nicht oder nur unter großen Schwierigkeiten an das eigene Stück. Immer wieder erlebe ich solch verzogene Hunde, deren falsches Verhalten nur mit sehr viel Durchsetzungsvermögen wieder zu korrigieren ist.

Falls Sie auf das Verteidigen Wert legen, lassen Sie besser eine fremde Person an die Beute herantreten und unterstützen Sie den knurrenden Hund; der Erfolg ist Ihnen sicher.

Die Schärfe, die für einen Schweißhund wichtig ist, ist die Wildschärfe. Wildschärfe zeigt sich auf verschiedene Arten, beispielsweise durch Lautgeben beim Hetzen. Dieses dürfen Sie aber nicht verwechseln mit dem Lautgeben bei Hunden, die das Stück nur laut begleiten, wir sprechen vom „Hüten des Wildes“. Scharfes Lautgeben beim Hetzen hat immer den Erfolg, daß das Stück schnell zu Stande gehetzt ist und steht.

Wildschärfe.

Hier wird nun die Wildschärfe erst richtig benötigt. Der Hund muß nun zeigen, ob er die Ausdauer hat, um das Stück lange genug zu stellen und es an den Platz zu binden, so daß der Führer die Möglichkeit hat, heranzukommen und den Fangschuß anzutragen. Meine Hunde haben alle sehr gute Wildschärfe, diese erlernen und festigen Sie aber nur beim ständigen Einsatz am Wild. Es ist von großem Vorteil, wenn ein junger Hund zusammen mit einem erfahrenen Hund arbeiten kann. Dieses festigt sein Vertrauen in seinen Kraft und dadurch wird er in seiner Wildschärfe perfekter.

Wildschärfe heißt auch Ausdauer beim Stellen.

Immer wieder habe ich bei Hunden feststellen können, daß sie trotz schwerer Verletzungen – geschlagen vom Schwarzwild – am Wild blieben und so lange Laut gaben, bis ich an der Bail war.

Wildschärfe ist auch, wenn der Hund Raubwild und Raubzeug abwürgen kann.

Bei der Wildschärfe unterscheiden wir zwei Typen von Hunden. Die einen gehen blindlings

Keine blinde Schärfe.

an ein Stück Wild heran, ohne die Gefahr zu erkennen. Dies Hunde leben sehr gefährlich. Die zweite Art von Hunden, die etwas vorsichtigeren, sind mir wesentlich lieber, denn sie leben länger und sind nicht so oft verletzt. Auch ein angeschweißter Rehbock, den viele Hundeführer nicht als Gefahr ansehen, kann sehr gefährlich werden. Sie werden staunen, wie schnell ein zu wildscharfer Hund geforkelt ist. Gerade als Schweißhundeführer benötigen Sie einen überlegenden wildscharfen Hund.

Verhalten am Stück

Dieser Übungsteil ist sehr leicht zu trainieren, und trotzdem fallen bei Prüfungen immer wieder Hunde in diesem Fach durch, weil sie aufstehen, unruhig sind, anschneiden oder sogar das Stück verlassen, um ihren Führer zu suchen. Aus diesem Grunde gewöhne ich meine Hunde schon von frühester Jugend an an Wild.

Der Hund sieht in dem Stück seine Beute.

Haben Sie den Hund beim Ablegen am Rucksack firm, dann ist es kein allzu großer Schritt, den Hund auch am Wild abzulegen. Bei den ersten Übungen lege ich immer noch den Rucksack dazu. Später lasse ich den Rucksack weg und lege den Hund frei am Stück ab. Hunde lassen sich sehr gerne am Stück ablegen, da sie dieses als ihre Beute betrachten. Sie sollten aber bei Hunden, die gerne fressen, besonders aufpassen, denn sie neigen dann dazu, das Stück anzuschneiden. Bei sachgerechter Überwachung des abgelegten Hundes können Sie schnell eingreifen, falls sich der Hund am Stück gütlich tun will. Auch hier führt nur mehrfaches Üben zum Erfolg.

> *Praxistip:*
> *Legen Sie den Hund so vor dem Küchenfenster am Stück ab, daß Sie ihn beim Frühstück sehen können. Dann können Sie gegebenenfalls schnell eingreifen.*

Sauberes Verhalten des Hundes am Stück ist eine Auszeichnung für den Führer, es zeigt, daß er auch diesen Teil der Praxis beherrscht.

Pirschgang

Der Pirschgang stellt für uns als Berufsjäger einen Teil des täglichen Dienstes dar. Daher ist der junge Hund auch täglich mit seinem Führer im Revier, also im Jagdbetrieb. Ganz anders sieht es aus, wenn der Hund sich am Tage selbst überlassen bleibt, weil der Führer sich aus beruflichen Gründen nicht so intensiv um den Hund kümmern kann, wie das gerade in der Aufwuchsphase notwendig ist. Aus diesem Grund prüfen wir beim Klub für Bayerische Gebirgsschweißhunde in der Brauchbarkeitsprüfung auch den Pirschgang.

Der Pirschgang ist täglicher Dienst.

Beim Pirschgang unterscheiden wir zwei Arten
- den Pirschgang mit angeleintem Hund
- den Pirschgang mit freilaufendem Hund.

Es ist auch ein Unterschied, ob wir den Reviergang im Gebirge oder im Flachland durchführen.

Bei den ersten Pirschgängen sind Welpen und Hündin dabei.

Meine Hunde werden schon als Welpen für den Pirschgang vorbereitet, indem ich mit der Hündin und den Welpen ins Revier fahre und die ganze Meute auf einer Wildwiese laufen lasse. Nach einigem Durcheinander hat die Hündin die Mannschaft im Griff, und ich laufe kreuz und quer über die Wildwiese. Es ist immer wieder erstaunlich, daß dabei keiner verlorengeht. Hier sieht man auch schon bei dem einen oder anderen Welpen den Einsatz der Nase. Auch bei schlechtem Wetter oder Regen bin ich mit den Hunden draußen, so gewöhnen sie sich daran.

Besonders wichtig ist es, die jungen Hunde bei den ersten Pirschgängen vertraut zu machen mit den verschiedenen Bodenbedeckungen wie Brombeeren, Schlehen, Reisighaufen, Laub, Nadelstreu, Buchenverjüngungen und vor allem den Brennesseln. Hunde, die nicht von klein auf bei den Reviergängen mit Brennesseln, Brombeeren, Schlehen und Disteln vertraut gemacht wurden, verweigern später in der rauhen Nachsuchenpraxis manche Arbeit. Bei den Reviergängen hören die Hunde auch ab und an einen Schuß, den eine zweite Person in einiger Entfernung abgibt.

Ist der junge Hund in der zehnten Woche und bei seinem neuen Führer, sollte der Pirschgang zur täglichen Routine werden.

In den ersten Wochen führe ich den Hund ohne Leine im Revier. Bei diesen Gängen kann ich den Hund genau beobachten und sehe beispielsweise, wie weit er sich vom Führer entfernt, was er mit seiner Nase untersucht oder wie er sich beim Anblick von Wild verhält. Hier müssen Sie sich die Reaktionen bei den einzelnen Wildarten merken, denn Sie legen später die Übungsfährten mit der Wildart, bei der ihr Hund am negativsten – beispielsweise ängstlich – reagiert hat.

Kontakt zu Spaziergängern.

Beim Kontakt mit Waldbesuchern und Spaziergängern sollten Sie ebenfalls genau auf Ihren jungen Hund achten. Einige Führer bilden Ihre Hunde aus, beim Anblick von Spaziergängern die Zähne zu fletschen und Laut zu geben, bei mir bleiben die Hunde ruhig, wenn wir Personen begegnen. Die Hunde sollen später einmal angenehme Meutegenossen werden, dazu erlernen sie dann noch das Hereinkommen, „Sitz!" und „Platz!" sowie das Ablegen.

All diese verschiedene Kommandos lernt der Hund bei dem Reviergang, wenn es paßt. Beispielsweise das Ablegen, wenn ich eine Kanzel oder eine Falle kontrollieren muß; dann wird der Hund abgelegt und ich schaue ab und zu, ob der Hund sich auch ruhig verhält. So kann ich im Falle eines Falles schnell eingreifen und den Hund korrigieren. Wenn die Ausbildung so in das normale Tagesgeschäft des Revierganges eingebunden ist, spart es eine Menge Ausbildungszeit.

Bei den Teilen des Pirschganges, bei denen der Hund angeleint ist, sollten Sie darauf achten, daß der Hund ruhig neben Ihnen geht und bei

Bedarf hinter Ihnen, um nicht mit der Leine an einem Baum hängenzubleiben. Näheres zur Leinenführigkeit finden Sie in dem entsprechenden Kapitel. Die Hunde müssen sich grundsätzlich setzen, wenn Sie stehenbleiben, das Fernglas oder die Waffe hochnehmen.

Ich bin meist mit zwei oder drei Hunden unterwegs, und daher muß auch dieses trainiert werden. Bei einem solchen Pirschgang laufen meine Hunde frei bei Fuß und immer etwas vor mir, denn nur so kann ich erkennen, was mir der Hund zeigen will. Auch bemerke ich so, wenn ein Hund zurückbleibt und etwas zeigen will, das die anderen überlaufen haben.

Frei bei Fuß.

Meine Hunde laufen nur dann angeleint und äußert korrekt, wenn an Sonn- und Feiertagen viele Besucher mit Hunden im Wald Erholung suchen.

Suchen des Führers

Viele Ausbildungsstunden sind geeignet, die Hundenase zu trainieren und den Hund zu veranlassen, sich zu konzentrieren. Eine solches Thema ist auch das Suchen des Führers. Früh geübt, wird es sich im rauhen Nachsucheneinsatz bestens bewähren. Gerade dann, wenn der Hund überhetzt hat und in fremdem Gelände, bei schlechtem Wetter und stockdunkler Nacht fernab vom Führer alleine dasteht. Hier kann er nun zeigen, was er gelernt hat. Einige Hunde habe ich erlebt, die auf der Straße ihr Leben lassen mußten, nur weil sie versucht haben mit ihrem Führer Kontakt aufzunehmen. Bei einigem Hinterfragen der leidgeprüften Führer mußte ich immer wieder feststellen, daß dieser kleine und einfache Ausbildungsteil vergessen wurde.

Beginn der Ausbildung mit drei Monaten.

Mit dem Suchen des Führers fange ich schon in den ersten drei Monaten an. Bei einem Pirschgang, bei dem der Hund frei läuft, hänge ich langsam zurück, um in einem günstigen Augenblick hinter einem Baum Deckung zu suchen. Von hier aus beobachte ich den kleinen Kerl, wie er ruckartig stehenbleibt und zur Salzsäule erstarrt. Dann sieht man ihm an, wie er überlegt, um dann stürmisch in die Richtung zu laufen, aus der er kam. Steht bei einer solchen Übung der Wind schlecht, also vom Führer zum Hund, wird er in den Wind laufen und Sie einfach finden. Wenn der Hund bei Ihnen ist, wird er ausgiebig gelobt.

Suche mit tiefer Nase.

Steht bei dieser Übung der Wind vom Hund weg, wird er Ihr Versteck überlaufen. Nun kommt ein spannender Moment: manche Hunde laufen einige Male hin und her. Sie sollten aber trotzdem in Ihrem Versteck bleiben und weiter beobachten, denn jetzt wird es spannend. Nach einigem Hin- und Herlaufen mit hoher Nase setzen plötzlich der Denkprozeß und die Nase ein. Der junge Hund wird ruhiger, die Nase ist am Boden, und schon nach kurzer Zeit hat er Sie im Versteck gefunden. Ich habe festgestellt, daß ich ab diesem Zeitpunkt den kleinen Kerl so nicht mehr foppen konnte.

Um ihn aber noch besser zu trainieren, lasse ich ihn von einer ihm nicht allzu bekannten Person halten. Ich begebe mich dann in den Bestand und verstecke mich. Nach einer genau festgelegten Wartezeit wird der Hund auf meine Spur gebracht und geschnallt. Schon nach kürzester Zeit waren bisher alle meine Hunde bei mir und freuten sich.

Suche des Führers und selbständiges Ablegen am zurückgelassenen Rucksack.

Eine weitere Steigerung bei der Übung „Suche des Führers" ist es, dem Hund beizubringen, sich selbständig bei einem zurückgelassenen Rucksack oder Wetterfleck abzulegen und dort zu warten, bis er wieder abgeholt wird. Solche Situationen können vorkommen, wenn sich der Hund beispielsweise bei einem Reviergang oder bei einer Hetze sehr weit vom Führer entfernt. Bei hochpassionierten Hunden kann es sehr lange dauern, bis sie wieder Führerkontakt suchen. In solchen Fällen lege ich meinen Rucksack nebst Wetterfleck genau an der Stelle ab, an der der Hund verschwunden ist. Dann verlasse ich den Ort und kontrolliere ab und zu, ob sich der Hund wieder eingefunden hat. Da alle meine Hunde das Ablegen am Rucksack beherrschen, hatte ich bis jetzt noch keine Schwierigkeiten, meine Hunde dort wieder abzuholen.

Der größte Fehler, den Sie dabei machen können ist, den Hund, der sich selbst am Rucksack abgelegt hat, zu maßregeln oder gar zu schlagen (weil er weggelaufen ist). Gerade hier müssen Sie ihn abliebeln und loben, weil er wiedergekommen ist. Ansonsten würde er das Wiederkommen und Ablegen mit der Strafe verbinden und nicht das Weglaufen. In der Folge wird er nur ungern zurückkommen, weil er dann gestraft wird.

Interessant ist es, daß bei dieser Übung junge Hunde sich am Rucksack ablegen, wohingegen alte, erfahrene Hunde über den Rucksack hinweg die Führerfährte aufnehmen und plötzlich neben einem stehen. Zwei meiner Hunde folgten sogar der Fahrzeugspur, um mich wiederzufinden. Das ist zwar so nicht gewollt, aber aus Hundesicht durchaus nachzuvollziehen.

Nicht jeder Hund legt sich ab, einige suchen weiter.

Ablegen und Ansetzen am Anschuß

Bei der Ausbildung meiner Schweißhunde gehe ich immer schrittweise vor. Erst wenn ein Ausbildungsabschnitt richtig sitzt, fange ich den nächsten an. Und wenn ein Ausbildungsabschnitt zu komplex ist, dann wird er so lange in kleinere Teile geteilt, bis der Hund diesen Teil begreifen kann. Genau so ist das bei der Ausbildung am Anschuß. Das Ablegen und das Ansetzen am Anschuß wird anfangs getrennt, auch wenn es später ineinander übergeht.

Die Bezeichnung „Ablegen am Anschuß“ ist an sich irreführend, denn der Hund liegt nicht auf dem Anschuß, sondern einige Meter daneben. Von dort aus beobachtet er seinen Führer genau. Um dem Hund dieses Beobachten zu ermöglichen, befindet er sich bei hohem Bewuchs näher am Anschuß als bei niedriger Bodenbedeckung.

Die ersten Übungen in diesem Fach werden auf einer Wiese durchgeführt, auch im Hausgarten ist das möglich. Stecken Sie einen Bruch in den Boden, und Sie können beginnen.

Voraussetzungen.

Zu dieser Zeit sollte der Hund bereits ruhig an der Führerleine gehen können, das Kommando „Bei Fuß!" sitzt schon etwas, und das Ablegen am Rucksack beherrscht der Hund.

Beim Ablegen am Anschuß geben Sie keine harten Kommandos mehr, denn der Hund soll sich auf die bevorstehende Aufgabe konzentrieren.

Das weitere Vorgehen unterscheidet sich bei Gebrauchshunden und Schweißhunden. Der Gebrauchshund wird – so wollen das die Prüfungsordnungen mancher Hundezuchtvereine – mit der Führerleine an den Anschuß geführt. Dort wird dann erst der Schweißriemen abgedockt und der Hund angehalst. Unsere Spezialisten werden schon mit dem Arbeitsmaterial an den Anschuß geführt. Das hat den Vorteil, daß die Führerleine gleich im Auto bleiben kann.

Dem Hund nicht den Rücken zudrehen.

Der Hund wird in der Nähe des Anschusses abgelegt, und der Schweißriemen ausgeworfen. Beim Ablegen wäre die Downlage verkehrt, denn der Hund ist nicht entspannt genug, um sich auf seine spätere Aufgabe zu konzentrieren. Sie gehen dann zum Anschußbruch und knien sich nieder, dabei aber nicht mit dem Rücken zum Hund, sondern ihm zugewandt – mit Blickkontakt. Fühlen Sie mit der Hand im Gras, machen Sie so den Hund interessiert und motivieren Sie ihn, die Stelle zu untersuchen.

Knien Sie sich neben den Anschuß und untersuchen Sie ihn mit Blickkontakt zum Hund.

Diese Übung kann einige Male wiederholt werden, aber Sie brauchen das nicht zu übertreiben, denn der Hund soll das Ablegen nur kennenlernen, später kommt es bei jeder Arbeit auf der Fährte wieder. Denken Sie daran, das Ablegen bei jedem Wetter zu üben.

Jetzt folgt das Ansetzen an den Anschuß.

Haben Sie den Hund ruhig und interessiert in der Nähe des Anschusses abgelegt und selber in Ruhe den Anschuß untersucht, lassen Sie den Hund seine Arbeit beginnen.

Während bei der Übung „Ablegen am Anschuß" ein Bruch als simulierter Anschuß ausreicht, müssen Sie jetzt einen richtigen Anschuß vorbereiten. Dazu stecken Sie wieder einen Bruch in die Erde, und mit dem Fährtenschuh treten Sie ein Trittsiegel kräftig in den Boden. Gleichzeitig wird etwas Schweiß in den Schalenabdruck hineingespritzt und einige Rißhaare und Knochensplitter um den Anschuß verteilt. Nach dieser Vorbereitung kann die Übung beginnen.

Der Hund wird das Untersuchen des Anschusses beobachten und sich versammeln. Greifen Sie mit der Hand in den Schweiß und an die Rißhaare, damit Sie Witterung davon mit der Hand aufnehmen. Dann gehen Sie auf den Hund zu. Da er Sie schon die ganze Zeit beobachtet hat, wird er die ihm entgegengestreckte Hand interessiert bewinden, und so kann er sich schon auf die zu suchende Wildart einstellen.

Jetzt nehmen Sie den Schweißriemen auf; der Hund sitzt immer noch ruhig. Jetzt können Sie Ihren Hund noch in der Haltung korrigieren und zur Ruhe ermahnen, später bei einer richtigen Arbeit sind solche Zurechtweisungen fehl am Platz.

Der Hund verweist den Anschuß.

Auf das Kommando „Such vorhin und zeige mir!" geben Sie dem Hund den Riemen frei. Der Hund wird sofort auf die von mir so ausgiebig untersuchte Stelle zu suchen, teils mit hoher, teils aber auch schon mit tiefer Nase. Das wird besser mit der Zeit, wenn Sie es nur ausgiebig üben.

Der Hund verweist den Anschuß.

Am Anschuß wird der Hund verweisen. Hier lassen Sie dem Hund ausgiebig Zeit, die Witterung mit der Nase aufzunehmen. Dieses ruhige und lange Verweilen am Anschuß – also den Eingriffen und Ausrissen – gibt dem Hund die Zeit, sich mit der Witterung der Bodenverwundung und des Wildes auseinanderzusetzen und sie sich einzuprägen. Nur durch diese konzentrierte und ruhige Aufnahme der Witterung wird es dem Hund später gelingen, die Fährte auch durch schwierigste Verleitungen zu halten. Zusätzlich zeige ich dem Hund Knochensplitter und Haare um den Anschuß, um ihn zu animieren, das Gezeigte zu bewinden und auch diese Witterung aufzunehmen.

Der Hund sucht auf das Kommando „Such verwund!" vom Anschuß weg.

Haben Sie lange genug mit dem Hund am Anschuß verbracht, geben Sie ihm mit dem Kommando „Such verwund!“ mehr Riemen.

Nach einigen Schritten vom Anschuß weg ist Schluß.

Der temperamentvolle junge Hund wird sofort nach vorne stürmen. Da Sie darauf vorbereitet sind, halten Sie ihn langsam zurück, loben ihn und tragen ihn ab. Für den Hund ist der Übungsabschnitt zu Ende.

Nun wird sicherlich Kritik kommen, warum es nicht gleich weiter geht bis zum Stück, aber das wäre für einen jungen Hund zu viel auf einmal. Das habe ich schon vor Jahren erkannt, und der Erfolg gibt mir recht. Die Fährte ist sehr komplex, und für einen jungen Hund ist schon das Ablegen oder das Ansetzen an den Anschuß sehr fordernd. Sie dürfen nicht den zweiten Schritt vor dem ersten machen, und die einzelnen Schritte sehr klein. Andernfalls werden Sie Ihren Hund verunsichern, weil Sie etwas von ihm verlangen, das er nicht begriffen hat.

Merke:
Kleine Schritte und Übung machen den Meister!

Arbeiten auf der Fährte bis zum Stück, Halt in der Fährte

Für die konzentrierte Suche auf der Wundfährte ist der Schweißriemen das Verbindungsstück zwischen Führer und Hund. Gerade bei jungen

Hunden ist der Schweißriemen so etwas wie die Hand des Führers, die ihm Vertrauen einflößt, die aber auch gelinden Zwang ausübt, wenn eine Verleitung doch zu interessant wird und das Kommando „Zur Fährte!“ erfolgt. Ist der Hund wieder auf der Fährte und arbeitet weiter, loben Sie ihn mit den Worten „Der Hund hat recht!“ oder „So brav, mein Hund!“, und die Arbeit geht weiter.

Der Schweißriemen verbindet Hund und Führer.

Für manchen Betrachter (Besucher, Kursteilnehmer) ist es bei Schausuchen geradezu unverständlich, wie man einen Hund trotz einer starken Verleitung nur mit diesen zwei Worten „Zur Fährte!“ wieder an seine Arbeit bringt, ohne dabei aus der Haut zu fahren und mit Trillerpfiff und „Down!“ zu arbeiten.

In der Praxis, bei der ich ja nicht weiß, sind wir richtig oder falsch, da ich noch keine Zeichen gefunden habe, der Hund aber trotzdem im Riemen liegt, überprüfe ich ebenfalls mit den Worten „Zur Fährte!“ einige Male sein Verhalten.

Da ich das Verhalten jedes einzelnen Hundes auf und neben der Fährte kenne, weiß ich, wie er jetzt reagieren muß: ist er nicht mehr drauf, dann wird er versuchen, durch Bögeln die Fährte wiederzufinden, ansonsten arbeitet er ruhig weiter. Belustigend ist es immer, wenn ich meinem alten, erfahrenen Rüden ein solches Kommando gebe. Ganz langsam dreht sich der erfahrene Hund zu mir um und sieht mich mit seinen dunklen Augen, gleichzeitig die Stirn in Falten legend an, als wenn er sagen wollte: „Mach keine Mätzchen mit mir, ich bin richtig!"

Bei jungen Hunden ist die Reaktion auch immer individuell unterschiedlich, manche reißt es förmlich, andere drehen sich langsam um und arbeiten zur Fährte zurück. Aber zeichnen werden die Hunde immer, wenn sie falsch sind, und das wollen Sie ja in der Ausbildung erreichen und erkennen lernen.

Der Führer muß erkennen, ob der Hund auf der Fährte ist oder nicht.

Ebenfalls muß ich als Führer erkennen, ist mein Hund noch auf der Fährte oder ist er schon lange bei der Stöberarbeit. Je nachdem, ob der Hund „drauf oder runter" ist, zeichnet jeder Hund anders. Einige werden langsam, manche werden unruhig, viele bewegen die Rute stark, andere halten die Rute ganz starr. Dieses Bewegungsmuster des Hundes müssen Sie als Führer ganz genau kennenlernen, um im richtigen Augenblick zu reagieren und dem Hund durch Abtragen und neu Ansetzen oder durch das Kommando „Zur Fährte!" zu helfen.

Bei einer wie bisher aufgezeigten Ausbildung und mit dem nötigen Verständnis – dem Hundeverstand – wird es keine allzugroßen Schwierigkeiten geben. In der Praxis wird es gerade bei Schwarzwild ganz selten vorkommen, daß man durch alte, unten freie Buchenbestände arbeiten kann, in denen ein Hindernis schon auf lange Sicht vorausgesehen werden kann. Schwarzwild wird immer wieder bei Kranksein in schützende Dickungen einwechseln. In diesen kommt es ganz zwangsläufig vor, daß der Führer seinem arbeitenden Hund nicht so schnell folgen kann und ein Stop eingelegt werden muß, um wieder am Riemen vorgreifend zu seinem Hund zu gelangen. Wehe dem Führer, der hier einen hektischen oder nicht richtig durchgeführten Hund hat, er wird verzweifeln.

Halt in der Fährte.

Mit dem Kommando „Halt!" bleiben alle meine Hunde ruhig in der Fährte stehen, und ich kann den Riemen aus der Hand legen und zum Hund gehen, wo die Arbeit wieder aufgenommen wird. Dieses Halt und Stehenbleiben in der Fährte ist eine Übungsart, die ständig bei der Arbeit geübt werden muß. Gerade bei jungen, stürmischen Hunden sollte man sehr viel Zeit dafür verwenden.

Hier investierte Ausbildungszeit ist gut angelegt.

Den Ausspruch eines Gebrauchshundemannes anläßlich einer Richterbesprechung, der Hund brauche auf der Schweißfährte keinen Appell, konnte ich Wochen später widerlegen und beweisen, daß gerade auf der Fährte in ganz bestimmten Situationen der absolute Appell vorhanden sein muß. Er hat mich ganz erstaunt angesehen!

Die Arbeit am langen Riemen ist und bleibt die einzige gerechte Methode, um an das Stück zu kommen – Ausnahmen sind nicht die Regel – deshalb muß bei der Ausbildung am Riemen mit Sach- und Fachverstand gearbeitet werden.

Erkennen des Verweisens

In unserer Junghundeausbildung sollte das Verweisen von Dingen, die später für die Nachsuche wichtig sind – beispielsweise Pirschzeichen oder Fährten – eine große Rolle spielen. Gerade aus diesem Grunde ist das Verweisen in einem eigenen Kapitel ausführlich beschrieben.

Sie als Führer müssen das Verweisen erkennen können.

Vorab muß man aber das Verweisen des Hundes als solches erkennen. Dazu wird der junge Hund bei Reviergängen immer wieder mit seiner Nase Dinge zeigen, die wir Menschen gar nicht wahrgenommen hätten. Aus diesem Grunde laufen junge Hunde bei mir nicht direkt bei Fuß, sondern immer einige Schritte vor mir. Nur so kann ich sehen, wenn der Hund stehenbleibt und etwas bewindet. Dieses ist das Signal, an den Hund heranzutreten und ihn mit „Halt, laß sehen!" anzusprechen. Der Hund wird stehenbleiben und das Entdeckte weiter beschnuppern. Jetzt trete ich an den Hund heran und begutachte von oben herab das Gezeigte.

Ist es etwas, das mit Wild zu tun hat, wird der Hund gelobt: „So ist's recht, mein Hund!". Dann lasse ich ihn weiter laufen. Hat das Gezeigte nichts mit der Jagdausbildung zu tun, wird er nicht gelobt, manchmal ist sogar ein scharfes „Pfui!" angebracht. Hunde merken sehr schnell, was den Führer freut und was nicht.

Haben Sie mit Ihrem Hund ab dem sechsten Monat schon kurze Übungsfährten gearbeitet, legen Sie in diese Fährte einige Verweiserstücke. Diese Stücke stammen von der Wildart, die Sie gerade arbeiten. Dazu eignen sich beispielsweise ein Stück Decke, eine abgeschärfte Schale, etwas

Wildbret, Knochensplitter oder nur Schweiß. Diese ausgelegten Verweiserstücke müssen Sie in der Übungsfährte so deutlich markieren, daß Sie diese schon von Weitem deutlich erkennen können. Nur so können Sie sicherstellen, daß zwischen dem Zeigen des Hundes und dem Kommando „Halt, laß sehen!" keine lange Pause entsteht.

Sie müssen wissen, wo die Verweisestücke liegen.

Der Hund kommt an das Verweiserstück: gleich muß er verweisen.

Auf der Übungsfährte wird der Hund, wenn Sie mit ihm an das Verweiserstück kommen, dieses bewinden. Jetzt geben Sie ihm das Kommando: „Halt, laß sehen und zeige mir!". Gleichzeitig greifen Sie mit beiden Händen am Schweißriemen nach vorne zum Hund. Da Sie wissen, um was für ein Verweiserstück es sich handelt – Sie haben es ja selbst ausgelegt – loben Sie Ihren Hund frühzeitig mit den Worten: „So ist's recht mein Hund!". Wenn Sie den Hund dabei noch streicheln, freut er sich noch mehr.

Der Hund verweist und der Führer greift am Schweißriemen nach vorne.

Der Hund muß in der Ausbildung beim Verweisen das Verweisstück nochmals zeigen, wenn der Führer mit der Hand darauf zeigt.

Ich lasse mir bei der Ausbildung das Gefundene durch den Hund immer noch einmal zeigen. Dabei muß der Hund auf das Kommando „Zeige mir!“ mit seiner Nase das Gefundene nochmals zeigen.

Der Führer zeigt mit der Hand auf das Verweiserstück, und der Hund muß es nochmals verweisen.

Dieses Zeigenlassen kann in der weiteren Ausbildung des Hundes so weit perfektioniert werden, daß der Hund später in der Fährte nur auf den Zuruf „Zeige mir!“ das verweist, was zur Fährte gehört oder zur Nachsuche wichtig ist.

Der Hund soll Ihnen das Verweiserstück genau mit der Nase zeigen, denn nur durch diese Ausbildung mit dem deutlichen Zeigen werden Sie später bei einer Nachsuche auch den kleinsten Tropfen Schweiß finden.

Arbeiten von Schleppen

Das Arbeiten von Schleppen ist eine Möglichkeit, den Hunden Arbeit zu verschaffen und so ihre Konzentrationsfähigkeit und Nase zu trainieren. Ich arbeite mit jedem Hund Schleppen – vom Junghund angefangen bis zum alten Hund mit sehr viel Erfahrung. Man sollte die Schleppenarbeit keineswegs belächeln, denn es ist eine gute Möglichkeit, die Arbeit für unsere Hunde abwechslungsreich zu gestalten. Eine Schleppe kann so schwierig angelegt werden, daß auch ein erfahrener Schweißhund sich anstrengen muß, die Schleppe zu meistern.

Die Stehzeit.

Je nach Ausbildungsstand des Hundes lassen wir mehr oder weniger viel Zeit verstreichen, bis wir den Hund ansetzen. Bei jungen Hunden sollte die Stehzeit zwei bis sechs Stunden betragen, bei erfahrenen Hunden ist eine Stehzeit von bis zu 48 Stunden möglich.

Variieren Sie die Stehzeit.

Die Stehzeiten der Schleppen wechsele ich ständig, so daß der Hund mal eine frische und mal eine ältere Schleppe arbeiten muß.

Bei jeder Witterung.

Wie bei den anderen Ausbildungen auch, arbeite ich die Schleppen bei jeder Witterung. Zu oft habe ich gut veranlagte Hunde gesehen, die bei schlechtem Wetter die Arbeit aufgaben, weil sie mit dem Wetter nicht klargekommen sind.

Länge der Schleppe.

Die Länge der Schleppe ändere ich jedes mal, damit sich der Hund nicht geistig auf die Länge der Schleppe einstellen kann. Wenn eine Schleppe 100 Meter lang war, dann ist die nächste vielleicht 1000 Meter lang, um am nächsten Tag nur 50 Meter zu betragen. Versuche bei uns haben gezeigt, daß Hunde, die auf Schleppen von immer 500 Metern gearbeitet wurden, nach rund 500 Metern Schleppenarbeit stehenblieben und versuchten, das ausgelegte Stück zu finden.

Auch das Gelände sollte man bei der Schleppenarbeit mit in Betracht ziehen. Es ist ein Unterschied, ob die Schleppe auf einer brettebenen gemähten Wiese oder in steilem, felsigen Gelände gelegt wird.

Das Gelände.

Bei den Bodenbedeckungen sollen Sie Ihren Hunden alle möglichen Formen in der Ausbildung anbieten. Oftmals werden in der Ausbildung gerade die schwierigen oder unangenehmen Bodenbedeckungen ausgelassen, weil der Führer keine Lust hat, sich beispielsweise durch einen Fichtenläuterung oder ein Weizenfeld in der prallen Mittagssonne zu quälen. Die höchste Schwierigkeit ist meiner Erfahrung nach eine Schleppe – möglichst noch über Nacht – auf einer Wiese, auf der das gemähte Gras trocknet. Sand und felsigen Untergrund sollte der Hund ebenfalls kennenlernen.

Die Bodenbedeckung.

Der Hund soll in der Ausbildung möglichst jede Situation, in die er bei der Nachsuche kommen kann, schon einmal geübt haben. Dazu gehört auch das Training der Schleppen rund ums Jahr. Jede Jahreszeit stellt andere Anforderungen an Hund und Führer und hält spezielle Schwierigkeiten bereit, die vom Hund gemeistert werden müssen, um im rauhen Nachsucheneinsatz in der Praxis zu bestehen.

Die Jahreszeiten.

Vorab einige Worte zu dem Material für Schleppen. Für die Ausbildung von Schweißhunden wird kein Niederwild (außer Rehwild) verwendet. Die Hunde werden nur an Schalenwild aus-

Die einzelnen Schlepp-Methoden.

gebildet. Die einzige Ausnahme wird gemacht, wenn ein Hund nicht freudig auf der Schleppe laufen will; dann lege ich die erste Schleppe mit einem Kaninchen. Ansonsten schleppe ich nur Decken- oder Schwartenstreifen oder die Köpfe von Schalenwild. Ebenfalls eignen sich kleine Pansen- oder Lungenstückchen oder einige zusammengebundene Läufe, die dann eine interessante Bodenverwundung hinterlassen. Diese Teile werden an einer zwei Meter langen Schnur befestigt und vom Schleppenleger hinterhergezogen. Am Ende der Schleppe wird das Schleppstück abgelegt. Bei meiner Ausbildung kommt der Hund grundsätzlich am langen Riemen mit mir zusammen an das Schleppstück.

Die Futterschleppe. Die Futterschleppe biete ich den jungen Hunden ab der zehnten Woche an. Aber nur so lange, bis sie ihre Nase richtig einsetzen können oder das Kommando „Such!" mit der Arbeit mit der tiefen Nase verknüpfen. Bei der Futterschleppe steht am Ende der Schleppe immer das gefundene Futter. Diese Methode behalte ich nicht lange bei, damit die Hunde nicht meinen, sie bekämen am Ende einer Arbeit immer Futter. Noch schlimmer ist, wenn die Hunde lernen, sich am Ende selbst zu bedienen.

Schleppe an der Angel. Wenn der Schleppenleger vor dem Schleppgegenstand läuft, kann man nicht vermeiden, daß der Hund der Bodenverwundung der Fußspur des Schleppenlegers folgt. Dieser Spur folgt der Hund besonders gerne, wenn es sich dabei noch um sein eigenes Herrchen handelt. Daher lasse ich die Schleppe oft von einem anderen Menschen legen. Noch besser ist es, den Schleppgegenstand mit der Schnur an einen 2-3 Meter langen Stock zu binden und diesen zur Seite zu halten. So gelegt ist nur die reine Schleppe vorhanden, und der Hund muß sich auf die Wildwitterung konzentrieren.

Schleppe am Auto.

Um meinen Hunden lange Schleppen anbieten zu können, nehme ich das Auto zu Hilfe. Fahren Sie mit dem Fahrzeug an einen begrasten Weg. Dort binden Sie das Schleppstück an das Auto und legen eine Schleppe von 1000 bis 5000 Meter Länge. Ab und zu halten Sie an und legen einen Haken zu Fuß mit dem Schleppstück. Dieser Haken muß aber genau markiert werden. Mit dieser Richtungsänderung zwingen Sie den Hund, genau zu arbeiten. Er hat nämlich sehr schnell begriffen, daß es nur geradeaus geht, und dann ist er überrascht, wenn er den Haken überläuft und ein donnerndes „Zur Fährte!" vom Führer kommt. Der Vorteil solch langer Schleppen ist, daß sich der Hund lange konzentrieren muß. Am Ende wird er besonders ausgiebig abgeliebelt und genossen gemacht.

Schleppen von Niederwild.

Diese Methode ist von mir entwickelt worden und wird nur mit vollständig durchgearbeiteten Hunden und dann auch nur selten geübt. Mit dem Fährtenschuh trete ich eine einfache gerade Fährte mit ein paar Tropfen Schweiß auf einer Wiese. Über diese Fährte schleppe ich beispielsweise ein Kaninchen. Nach einigen Stunden Stehzeit setze ich den erfahrenen Hund an der

Kaninchenschleppe an. Das Ziel der Ausbildung soll sein, daß der Hund nur das arbeitet, was der Führer ihm zeigt. Der Hund wird die Schleppe arbeiten, und nur diese hat er nach vorne zu bringen. Interessant wird es, wenn der Hund die Schnittstelle von Fährte und Schleppe verweist. Mit dieser Übung erziehe ich den Hund dazu, nur der Arbeit nachzuhängen, die ihm aufgegeben wurde.

Gewöhnen an alles Wild, was später gesucht werden soll

Früh beginnen!

Diese Kapitel der Ausbildung – gerade bei unseren Schweißhunden – sollte schon in der fünften Woche begonnen werden, im Laufe des Jahres seinen Höhepunkt erreichen und abgeschlossen sein, wenn der Hund ein Jahr alt ist. Viele Hundeführer sind der Meinung, daß es genüge, wenn der Hund im Laufe der Nachsuchen an das Wild kommt. Zu diesem Zeitpunkt ist der Zug bereits abgefahren, denn: „Was Hänschen nicht lernt, lernt Hans nimmermehr!". Der Führer hat die Chance verpaßt, in aller Ruhe die Reaktionen seines Hundes auf die verschiedenen Wildarten kennenzulernen. Meine Hunde kommen so früh wie möglich an die verschiedenen Wildarten. Dabei gehe ich immer nach derselben Methode vor:

Der ganze Wurf nebst Mutter kommt ans Wild.

Hier kann man gut erkennen, wie interessiert die jungen Hunde sind, nach dem Frischling springen und versuchen ihn zu fassen. Diese Welpen merke ich mir besonders. Aber auch die nicht

Die Welpen versuchen nach dem Frischling zu fassen.

interessierten Welpen beobachte ich und notiere – damit nichts vergessen wird – deren Verhalten in einem kleinen Notizbuch. Deren Verhalten kann sich aber innerhalb kürzester Zeit noch ändern.

Der Wurf allein am gestreckten Hirsch.

Die Welpen kommen ohne Mutter gemeinsam ans Stück.

Wenn die Welpen etwas älter sind und gemeinsam, aber ohne Mutter an das gestreckte Stück kommen, kann man deren Verhalten sehr gut beobachten. Entsteht schon Beuteneid, oder wird diese Wildart eine von denen, die sie später einmal sehr gerne arbeiten werden?

Zwei junge BGS das erste Mal an einer Oryx-Antilope.

Die Junghunde kommen alleine oder zu zweit an das Stück.

Falls Sie zwei Welpen aus einem Wurf selber behalten wollen, sollten Sie diese beiden vorher einmal zusammen an Wild lassen. Hier zeigt sich schon früh, ob die beiden zusammen harmonieren, oder ob einer von beiden das Stück in Besitz nimmt und gegenüber dem Geschwister verteidigt. Die Erfahrung hat gezeigt, daß es hierbei zwischen Hündinnen und Rüden nie Probleme gegeben hat, dafür aber zwischen zwei Rüden sowie zwischen zwei Hündinnen gelegentlich Feindseligkeiten auftraten. Dieses sollten Sie genau beobachten, um für die spätere Arbeit daraus die Konsequenzen zu ziehen.

Hängen Sie das Stück hoch – hier ein Warzenschwein – und sie können die Reaktionen der Hunde besser erkennen.

Sie stärken das Zusammengehörigkeitsgefühl zwischen Hund und Führer, wenn Sie zusammen mit dem Hund ein Stück Wild in Besitz nehmen. Beim Zusammentreffen mit lebendem Wild – hier einem Steinbock – rüden Sie einen vorsichtigen Hund an und bremsen einen zu hitzigen Hund.

Der junge Hund kommt mit seinem späteren „Rudelführer" ans Stück.

Ein junger BGS mit seinem Führer an einem lebenden Steinbock.

Bringen Sie die Hunde auch mit Wild zusammen, auf das nicht typischerweise nachgesucht wird.

Der Hund sollte auch an Wildarten gewöhnt werden, mit denen er nur im Verlauf einer Hetze oder bei der Rücksuche zum Führer zusammenkommen kann. Ich bringe die Hunde immer mit Raubwild und Raubzeug zusammen, damit Sie dieses kennenlernen. In den afrikanischen Revieren habe ich die Hunde mit dem dort typischen Raubwild zusammengebracht.

Ein Wurf BGS am Raubwild in Afrika.

Diese Hündin hat die Mamba abgewürgt.

Die Hunde wissen aber manchmal auch instinktiv mit ihnen unbekannten Tieren umzugehen. Eine meiner Hündinnen im ersten Behang tötete eine starkes Mamba-Männchen, das nachts in Ihren Zwinger gelangt war.

Hunde wissen aber auch mit Raubwild umzugehen. Mein Rüde Poldi stellte in dem bulgarischen Revier Tscherni-Lom zwei Jungwölfe, nachdem ich ihn eine Woche vorher am Wolfszwinger an Wölfe gewöhnt hatte.

Poldi in seiner typisch ruhigen Art vor einem Wolfszwinger.

Da wir als Hundeführer alles über unsere Hunde und deren Verhalten wissen sollten, um sie später richtig und gezielt einsetzen zu können, sollten wir diesem Übungsabschnitt sehr viel Aufmerksamkeit widmen.

Verweisen und Totverbellen von Wild

Das Verweisen und das Totverbellen des gefundenen Stückes wird bei uns in der Prüfungsordnung verlangt, aus diesem Grunde ist es auch in den Ausbildungsplan meiner Hunde eingebaut. Wir unterscheiden folgende Arten, das Wild zu verweisen:

- Den Bringselverweiser
- Den Totverbeller
- Den Lautverweiser
- Den Stummverweiser

Grundsätzlich kommt kein Hund alleine ans Stück, außer bei einer Hetze, und dann lebt es meistens noch, so daß der Hund es stellt. Eine mögliche Ausnahme von diesem Grundsatz kann sein, daß wir den Hund in einer bürstendichten Schonung mehr hindern als vertretbar ist. Nur hier wird der Hund alleine ans Stück arbeiten und dem Führer verweisen, daß er das Stück gefunden hat.

Wann wird das Verweisen eingesetzt?

Kommen wir im Verlauf einer Nachsuche an eine Dickung, werden wir den Hund am Einwechsel abtragen, und die Dickung umschlagen. Kommen wir bei dieser Vorsuche wieder an den Einwechsel, dann steckt das Stück noch in der Dickung. Ob es noch lebt oder schon verendet ist, wird der Hund zeigen. Dazu schnalle ich nach einigem Anrüden den Hund, er wird der Fährte in die Dickung laut oder stumm folgen. Gelangt er an das noch lebende Stück, höre ich den bekannten Standlaut. Ist das Stück verendet, wird der Hund es mir verweisen. Der Totverbeller setzt sich neben das Stück und gibt Laut. Der Bringselverweiser nimmt das Bringsel – beispielsweise ein an der Halsung befestigter Lederstreifen – in den Fang und kommt damit, zum Zeichen daß er gefunden hat, zu mir zurück, um mich zum Stück zu führen. Der Lautverweiser wird kurz Laut geben und kommt dann lautgebend zu mir, um mich zum Stück zu führen. Der Stummverweiser wird zwar stumm, aber freudig erregt zu mir kommen, um mich zum Stück zu führen.

Da ich meinen Hund kenne, rufe ich ihn mit den Worten „Wo ist das Stück? Zeig's mir!" an. Sogleich wird er umdrehen, zum Stück eilen und es mir freudig zeigen. Sollte ich nicht so schnell folgen können, wird der Hund immer wieder Kontakt aufnehmen, bis ich am Stück bin.

Bringselverweiser und Totverbeller sind nur bedingt praxistauglich.

Wer als Nachsuchenführer solche Situationen schon miterlebt hat, der wird einsehen, daß Bringselverweiser oder Totverbeller in der Praxis eine untergeordnete Rolle spielen müssen. Sie sind eine nette Ausbildungsmethode. Kein Hund wird nach einer Rehbockhetze, bei der er den Bock niederzieht, „fröhlich hinter den Bock setzen und den Führer durch sein ständiges Geläut anlocken". Tatsächlich wird er sich erschöpft hinter den Bock werfen, um Luft zu holen. Dann wird er vermutlich Wasser suchen, denn ein Hund benötigt eine Menge Kraft und Ausdauer, um ein Stück Wild niederzuziehen.

In der Ausbildung meiner Hunde übe ich das Lautgeben am verendeten Stück nur dann, wenn der junge Hund schon von klein auf gerne Laut gibt.

Kathi mit sieben Monaten lautgebend an einem Stück Schwarzwild.

Habe ich einen solchen Hund, der gerne Laut gibt, gebe ich ihm bei der Ausbildung immer wieder die Möglichkeit, seine Veranlagung zu zeigen, und ich unterstütze ihn dabei mit Lob. Dazu lasse ich den Hund immer wieder an gestrecktes Wild kommen, um ihn dort lang anhaltend Laut geben zu lassen. Bevorzugt bei Wildarten, die er später einmal arbeiten soll. Nach jeder Übung gehört ausgiebiges Loben und eine kleine Belohnung (Stück vom Wild) dazu.

Da ein Totverbeller in der Praxis nur sehr selten einzusetzen ist, bilde ich diese Hunde zum Lautverweiser aus – eigentlich die höchste Stufe der Ausbildung.

Wie bilde ich aus?

Nehmen wir an, daß der Hund sechs Monate alt ist und eine innige Beziehung zwischen Hund und Führer besteht. Diesem jungen Hund legen Sie einen Schleppe mit einer Frischlingsschwarte und einer Stunde Stehzeit. Setzen Sie den Hund am simulierten Anschuß an, und der Hund folgt der Schleppe bis an einen Punkt, den Sie sich markiert haben. Dort liegen Borsten und etwas Schweiß, um den Hund passionierter zu machen. Jetzt schnallen Sie den Hund, und ab geht die Post laut oder stumm bis zum Stück. In der Zeit, in der Ihr Hund die Strecke (nicht länger als 20 bis 30 Meter) bis zur Schwarte zurücklegt, verstecken Sie sich hinter einem Baum und beobachten den Hund.

Der Hund bemerkt, daß der Führer fehlt.

Jeder junge Hund wird erst stutzen, dann an die Schwarte herangehen und sie in Besitz nehmen, daran zausen oder sie nur bewinden, laut geben oder stumm bleiben. Nach einer gewissen Zeit wird er sich nach seinem Führer umsehen und feststellen, daß dieser nicht mehr da ist. Man merkt den Kerlen richtig an, wie sie überlegen, und dann die Schleppe rückwärts arbeiten. Ist der Hund etwa 20 Meter frei zurückgekommen, treten Sie hinter dem Baum hervor. Der Hund

Aida als Lautverweiser beim nachgesuchten Stück.

wird stutzen, aber Sie rufen ihn an mit den Worten „Wo ist das Stück? Zeig's mir!". Sogleich wird der Hund umdrehen, freudig zum Stück laufen und dort warten. Eine kräftige Belohnung und ausgiebiges Abliebeln verfehlt auch hier seine Langzeitwirkung nicht.

Oft wiederholen.

Diese Übungsteile des Verweisens werden des öfteren wiederholt, um dann später in eine längere Übungsfährte eingebaut zu werden.

Merke:
Je früher Sie das Wildverweisen mit dem Hund üben, desto leichter ist es, weil Sie dabei die Kontaktsuche zum Führer ausnutzen können.

Training der Hunde für den Einsatz nach großen Jagden

Das Training unserer Hunde ist immer zielorientiert: wir wollen das kranke Stück Wild möglichst schnell und tierschutzgerecht zur Strecke bringen. Wollen wir mit unseren Hunden in der Praxis mit all ihren Unwägbarkeiten bestehen, müssen wir beim Training den Hunden alle denkbaren Situationen einer Nachsuche in ihrer schwierigsten Form anbieten.

In den letzten Jahren hat es sich eingebürgert, daß bei großen Jagden Schweißhundeführer vorab informiert werden und auf Abruf bereitstehen. Bei diesen Jagden habe ich oftmals erlebt, daß gute Gespanne scheiterten und nicht ans Stück kamen, weil die Hunde mit der extrem starken Witterung von Wild, Menschen, Hunden, Aufbrüchen und Fährten nicht zurecht kamen.

Verleitungen und Ablenkungen en masse.

Dieses zeigt deutlich, daß die Gespanne doch nicht auf alle Situationen vorbereitet waren. Daher kommen bei mir die Hunde schon von klein auf mit sehr viel lebendem und erlegtem Wild in Kontakt. Gleichzeitig werden sie nicht steril gehalten, sondern haben immer Kontakt mit Menschen, um sich so an die Witterung zu gewöhnen und sie später nicht als außergewöhnlich zu empfinden. Die Hunde interessieren sich für das Außergewöhnliche, und wenn Menschen oder Wildwitterung außergewöhnlich sind, dann interessieren Sie sich dafür und nicht für ihre Arbeit; die Konzentration auf die Arbeit ist weg.

Gewöhnen an Hunde.

Ich gewöhne die Hunde auch an andere Hunde, das geht aber nicht so weit, daß sie mit diesen herumtollen oder spielen müssen. Ich lasse den Hunden ihre eigene Persönlichkeit. Das ist besonders wichtig bei kapitalen Kopfhunden.

Im Laufe der Ausbildung, bei der der Hund seine Fährtenarbeit absolviert, biete ich ihm die angesprochenen Verleitungen an. Das sieht in der Praxis so aus, daß ich beispielsweise eine Menschengruppe über die Fährte laufen lasse, einen Aufbruch (eines anderen Stückes!) in die Fährte lege oder einige Hunde im Bereich der Fährte ablegen lasse.

Helfen Sie dem Hund bei Verleitungen.

Im Verlauf der Fährtenarbeit werden Sie auf die verschiedenen Verleitungen stoßen, und so lernen Sie die Reaktion Ihres Hundes kennen. Mit beruhigenden Worten sollten Sie versuchen, den Hund an der Verleitung vorbei zu bringen. Auch führt – je nach Wesen des Hundes – ein härteres Wort zum Erfolg und an das ausgelegte Stück.

Diese Methode ist in meiner Ausbildung fester Bestandteil und wird mit zunehmendem Alter des Hundes in der Schwierigkeit gesteigert. Es ist immer wieder faszinierend, wie die Hunde dank der richtigen Ausbildung die Fährte trotz schwierigster Verleitungen halten können und ans Wild kommen.

Merke:
Je früher Sie sich mit Ihrem Hund auf diese Einsätze vorbereiten, desto besser ist es für Führer und Hund.

Training der Hunde am Fahrzeug und der Bewegungsangel

Der Hund ist ein Lauftier, das seine Beute erjagen muß, um zu leben. Gerade dieses Laufen trifft ja bei unseren Hunden im hohen Maße beim Hetzen und Stellen des kranken Stückes zu. Deshalb bilde ich meine Hunde schon in frühester Jugend genau nach Plan aus und verschaffe ihnen soviel Bewegung wie nur möglich. Durch Pirschgänge kann man bei einem Hund, so meine Erfahrung mit den BGS, nur bis zum sechsten Monat eine Ermüdung der Muskulatur erreichen. Ab diesem Monat wird der Hund gezielt im Lauftraining gearbeitet. Da der Hund zu diesem Zeitpunkt noch nicht ausgewachsen ist, sollte man eine Überbelastung der noch nicht ausgereiften Knochen vermeiden, Schäden wären die Folge. Hier bietet sich in ganz besonderem Maß die Bewegungsangel für dieses Training an. Ich habe mir diese Methode von den Gebrauchshundeleuten abgeschaut und erkannt, daß man mit diesem Gerät auch unsere BGS sehr gut ausbilden kann.

Beginn des Lauftrainings mit sechs Monaten.

Ein Stock von 150 cm Länge, mit einer eben so langen Schnur und einem Deckenfetzen von Sau, Hirsch, Muffel stellen das ganze Ausbildungsgerät dar. Bei den ersten Versuchen – sprich Übungen – nehme man den Hund und begebe sich mit dem Hund am besten in den Garten, wegen der Einzäunung. Man lasse jetzt den Deckenfetzen über den Boden schleifen. Im Nu wird der Hund auf diesen Gegenstand aufmerksam und wird versuchen, die Decke zu fangen, indem er hinter der Decke, die ich jetzt etwas schneller ziehe, herläuft. Gerade hier ist der springende Punkt in der Anwendung der Bewegungsangel für unseren BGS. Würde ich die Decke weiterziehen und der junge Hund könnte sie nie erreichen, wird er abbrechen, weil er die Nutzlosigkeit erkennt, und sich anderen Dingen zuwenden. Um dieses zu vermeiden, stoppe ich die Bewegung und lasse dem jungen Hund seine Beute. Er wird sich auf diese erst zögernd, später immer heftiger werdend, stürzen

Der Hund darf das Hängsel fassen und so Beute machen.

und versuchen, sie in Sicherheit zu bringen. Da sie aber mit der Schnur verbunden ist, geht es halt nur ein kurzes Stück, und er wird gebremst. Durch leichten Gegenzug veranlasse ich den Hund, an dem Deckenfetzen kräftiger zu ziehen und erreiche dadurch eine Art statischer Muskelübungen im Bereich des Fanges sowie der gesamten Körpermuskulatur, das heißt, kurzes Anziehen der Schnur ergibt sogleich einen kräftigen Gegenzug des Hundes, der dadurch seine ganze ihm zur Verfügung stehende Kraft einsetzt.

Auch diese Situation sollte man nicht zu lange ausführen, um ein Ermüden und ein Überdrüssigwerden zu vermeiden. Als Meuteführer werde ich aber eine solche Gelegenheit nicht nutzlos verstreichen lassen, kann ich doch hier erstmals das miteinander Beute machen ideal verbinden.

Zusammen Beute machen.

Durch beruhigende Worte nehme ich ihm, manchmal auch mit etwas Druck auf die Oberlippe, den Deckenfetzen ab und lobe ihn ausgiebig. Ganz begierig wird er auf den Fetzen äugen und sogleich freudig wieder hinterherjagen, wird die Decke wieder vor ihm hergezogen.

Durch geschicktes Ziehen und etwas Mitlaufen im Kreis habe ich manchen Hund sogar schon zum intensiven Lautgeben veranlaßt, und diese Hunde wurden später alles Spurlautjäger, gerade für den BGS ein sehr wichtiger Aspekt, auf den ich noch kommen werde.

Habe ich meinen Hund soweit gebracht, daß er freudig, manchmal sogar schon lautgebend, umherspringt, wenn er nur der Bewegungsangel ansichtig wird, habe ich den Grundstein für das Lauftraining und Teile der späteren Arbeit gelegt. Jeden Tag arbeite ich nun mit dem Hund an der Bewegungsangel, am Anfang ca. 10 Minuten, dann später bis zu einer halben Stunde. Ein stupides Herum- und Hinterherlaufenlassen sollte man vermeiden. Kleine Einlagen, wie kurzes Abstoppen und kurz vor dem Greifen wieder anziehen oder etwas schnellere und weitere sowie engere Kreise gehen, verlangen und fordern vom Hund all seine Muskulatur und Ausdauer. Ebenfalls übe ich das Ausgeben der Beute auf das Kommando „Aus!", gleichfalls werden Gehorsamsübungen eingelegt, „Ablegen des Hundes!" und die Decke wird an ihm vorbeigezogen, und er muß gehorsam liegenbleiben. Auch das Ergreifen der angehobenen Decke kann erlernt werden. Dadurch steigere ich die Sprungkraft des Hundes, auch diese wird später von ihm beim Einsatz verlangt, und wehe dem Hund, der nicht durchgearbeitet und richtig trainiert ist.

Bieten Sie dem Hund Abwechslung.

Ein Annehmen des Wassers erreiche ich ebenfalls mit der Bewegungsangel, nur sollte man mit ganz seichtem Wasser anfangen, später kann es ruhig tiefer werden. Es ist immer erstaunlich bei diesen Übungen mit der Bewegungsangel, wie der Beutetrieb von Tag zu Tag gesteigert wird. Ebenfalls wird man merken, daß die Kondition des Hundes größer wird. Dadurch sollte man nun eine neue Übung in das Lauftraining einbauen. Hier bietet sich das gezielte Geländelaufen an, dieses erreiche ich wie folgt: Mein im Gehorsam fast firmer Hund wird am Fuße eines steilen Hanges, etwa 100 m, auf das Kommando

Laufen bergauf.

„Sitz!" abgesetzt. Nun ersteige ich den Hang, drehe mich oben um und hole den Hund auf Pfiff zu mir. Der Hund wird, so schnell er kann, versuchen zu mir zu kommen, hier wird er kräftig abgeliebelt, und die Übung ist beendet. Das gleiche kann nach unten geübt werden, und man wird staunen, daß dies einen Hund ebenfalls sehr belasten kann. Eine Verlängerung der Strecke am Hang ergibt sich nach der Steigerung der Kondition des Hundes von selber. Auch eine andere Bestockung und Bedeckung des Bodens kann gewählt werden, z. B. Gras, Einschlag von Holz, Geröll usw. Ebenfalls ist das Wetter als Trainingsfaktor sehr hoch anzusehen: Hitze, Regen, Schneefall. Bei jeder Witterungsart muß der Hund anders motiviert werden, und wir lernen immer mehr die Leistung unseres Hundes kennen. Leider verbietet sich ein Training am Auto in Deutschland, will man nicht ständig

Training am Fahrrad.

Ärger mit Leuten haben. Laufen am Fahrrad ist für einen Hund, der auf Durchstehvermögen trainiert wird, allenfalls ein Warmlaufen und nicht mehr, und deshalb nur bei jungen Hunden bis sechs Monaten zu empfehlen.

Mit meinen beiden erstgenannten Methoden erreichte ich bei meinen Hunden ein Höchstmaß an Kondition. Sogar alte Hunde – auch noch im 10. Behang – laufen voller Freude an der Bewegungsangel und sind dabei rüstig geblieben.

Hat man aber die Möglichkeit, in einem Revierteil ungestört den Hund am Auto zu trainieren, ist es für die Konditionssteigerung das Beste.

Meine jungen Hunde laufen bis zu einem Alter von einem Jahr an einer leichten Führerleine neben dem Auto, aus dem ich den Arm halte. So kann ich mit einem Blick auf den Tacho das Tempo genau festlegen. Bei jungen Hunden fange ich bei einem Alter von sechs Monaten an zu trainieren.

Training der Hunde am Fahrzeug in Afrika.

Steigern Sie bei dem Training langsam die Geschwindigkeit und die Länge der Strecke, arbeiten Sie aber Ihre Hunde bei jedem Wetter. Nach einem Jahr laufen alle meine Hunde frei vor dem Auto. Wichtig dabei ist, daß man seine Hunde immer im Auge behält.

Es ist herrlich mit anzusehen, wie sich die Muskulatur an Rücken, Brust und Keule entwickelt. Ebenso schön ist es, die Lauffreude zu erkennen, die die Hunde an den Tag legen, wenn es zum Training geht.

Gewöhnen der Hunde an Wasser und Schnee

Beim Lesen dieses Kapitels werden einige Leser schmunzeln und sagen, daß unseren Hunde doch so gut veranlagt wären, daß sie mit Wasser und Schnee alleine zurecht kämen – weit gefehlt! Ich habe Vorstehhunde gesehen, die jede Ente aus dem Wasser bringen, aber bei der Riemenarbeit, bei der die Fährte in einem Bach entlang führte, die Arbeit nur zögerlich weiterbrachten oder sogar ablehnten und verweigerten. Genauso habe ich aber auch BGS erlebt, die bei einer Hetze, bei der das flüchtige Stück eine große Wasserfläche durchrann, aufgeregt lautgebend am Ufer entlang liefen, ohne das Wasser anzunehmen.

Auch habe ich schon Hunde gesehen, die im Winter ins Eis einbrachen und dann sterbenskrank wurden und zum Tierarzt mußten.

Poldi und Teckel Himpelchen nach langer Suche und Hetze im Schnee am niedergezogenen Frischling.

Die Arbeit mit unseren Hunden fällt zu jeder Jahreszeit und bei jeder Witterung an – auch bei schlechtestem Wetter. Aus diesem Grunde müssen unsere Hunde von frühester Jugend an daran gewöhnt und abgehärtet werden. Dieses beginnt schon bei der Zwingerhaltung, durch sie bildet der Hund mehr Unterwolle und friert auch bei Einsätzen in großer Kälte nicht so leicht. Diese würde ihn bei der Konzentration auf seine Arbeit stören.

Die Hunde müssen bei jedem Wetter arbeiten.

In meiner langjährigen Praxis haben alle meine Hunde sich auch nach harten Einsätzen, bei denen sie nachher nicht gleich ins warme Auto steigen konnten, neben der Beute ein Lager gegraben und geschlafen, ohne am nächsten Tag gesundheitliche Schwierigkeiten zu haben.

Um die Hunde an Wasser zu gewöhnen, nutze ich anfangs die Bewegungsangel (siehe dort). Ebenso werden die Hunde bei Reviergängen immer wieder mit dem nassen Element in Kontakt gebracht. In den Sommermonaten ist es bei mir eine Selbstverständlichkeit, daß die Hund mit mir an einem Kiesteich ein Bad nehmen. Hierbei nutze ich die Bewegungsangel so, daß ich sie von einem Boot aus schleppe und die Hunde hinterherschwimmen. Dadurch bekommen sie volle Kondition.

Für die Wintermonate, in denen bei uns die meisten Nachsuchen anfallen, bereite ich die Hunde durch Laufen am Fahrzeug für die harte Arbeit vor. Es sind gravierenden Unterschiede, ob ein

Hund bei schönem Winterwetter und Pulverschnee sowie Temperaturen um den Gefrierpunkt herum am Fahrzeug laufen oder bei minus 15 Grad die Strecke bewältigen muß. Die Hunde müssen sich daran gewöhnen, mit offenem Fang die kalte Luft einzuatmen. Hierbei gehe ich schrittweise vor und fahre anfangs nur kurze Strecken, bis ich vom Fahrzeug aus sehe, daß der Hund mit offenem Fang schwer atmet. Das ist bei gut konditionierten Hunden etwa nach 1000 Metern – gefahren mit 35 km/h – der Fall. Hier breche ich die Übung ab und der Hund kommt ins warme Fahrzeug. Diese Übung wiederhole ich am gleichen Tag nochmals. In den folgenden Tagen wird die Strecke gesteigert, und mit der Zeit wird sich der Hund eine ruhige Atmung trotz der starken Belastung angewöhnen. Für die kurzzeitige Belastung der Hunde setze ich im Winter auch die Bewegungsangel ein.

Die kalte Luft macht dem Hund zu schaffen.

Merke:
Je früher und abwechslungsreicher unsere Hunde mit den Elementen Wasser und Schnee und den verschiedenen Witterungen vertraut gemacht werden, um so besser sind sie für den späteren Einsatz gerüstet.

Hunde, die es gewöhnt sind, im Freien zu leben, sind abgehärteter als andere, die nur das Sofa kennen. Das heißt aber nicht, daß unsere Hunde ausschließlich im Zwinger leben, auf die richtige Mischung von Haus und Zwinger kommt es an.

Nachsuche im Tiefschnee: hier müssen Hund und Führer gut konditioniert sein.

Das Verweisen

Ablauf der Ausbildung zum Verweisen

- *Junghund im Reviergang*
- *Verweiserbahn anlegen – Weg*
- *Fährte mit Verweiserstücken*
  - *– leicht*
  - *– schwer*
  - *– nur noch Schweiß*
- *Anschüsse finden lassen*
- *Fährten von Schalenwild zeigen lassen*
- *Tropfbett – Wundbett warm/kalt*
- *Totverbeller*
- *Bringselverweiser*
- *Totverweiser laut oder stumm*

Das Verweisen

Der BGS verweist Schweiß bei einer Übung.

Der BGS verweist Schweiß an einem Ast bei einer Nachsuche.

Verweisen ist mehr als das bloße Zeigen von Schweißspritzern. In der Ausbildung zum Verweisen wird nicht nur der Hund ausgebildet, sondern auch der Führer. Ein Hund kann bekanntermaßen nicht sprechen, trotzdem müssen Hund und Führer miteinander kommunizieren. Der Hund hat die Möglichkeit, durch Körpersprache seinem Führer etwas mitzuteilen, der Führer muß das aber auch erkennen können. Dazu ist die Verweiserbahn da. Der Hund lernt das Verweisen, der Führer lernt das Verweisen als solches zu erkennen.

Die „Sprache“ des Hundes.

Im Nachsucheneinsatz ist das Verweisen für den Führer wichtig, denn er kennt ja die Fährte nicht, und riechen kann er sie auch nicht. Dazu ist der Hund da. Der Mensch kann aber den Schweiß und andere Pirschzeichen sehen, der Hund muß sie ihm nur verweisen. Durch einen verwiesenen Schweißspritzer weiß der Führer, daß der Hund immer noch der richtigen Fährte folgt. Er wird bestätigt, kann sich den Schweiß verbrechen,

Der Hund zeigt den Schweiß, der Führer findet ihn dadurch.

und gegebenenfalls darauf zurückgreifen, wenn das Gespann mit der Suche nicht weiterkommt. Um diese Leistung einem Hund abzuverlangen, muß das Verweisen intensiv geübt werden. Auch hier gilt wieder der Grundsatz „vom Leichten zum Schweren, und vom Bekannten zum Unbekannten".

Ein altes Sprichwort unter Schweißhundeführern lautet:
„Ein Königreich für einen Tropfen Schweiß".
Der Hund muß den Tropfen aber auch zeigen!

Beginn mit vier Monaten.

Die Einarbeitung zum Verweisen beginnt ab dem vierten Monat, erst dann ist der Junghund in der Lage, seine Nase gezielt einzusetzen.

Um aber auch in diesem Lehrbuch mit dem Bekannten zu beginnen, folgen hier Schilderungen von Lehrgangsteilnehmern, wie sie ihren Hunden das Verweisen beizubringen versuchen. Einige verstecken kleine Käsewürfel unter dem Laub und arbeiten die Fährte. Der zur Fährte gelegte Hund verweist die Käsewürfel. In Wirklichkeit frißt er sie natürlich. In der Praxis bedeutet das, daß der Nachsuchenführer das verwiesene Stück nicht identifizieren kann: war es ein Stück Lunge, Niere oder Knochenmark vom Vorderlauf? Andere verstecken mit Schweiß bestrichene Bierdeckel unter Laub oder verlegen sie frei, wahrscheinlich, damit der Führer sie selber wiederfindet. Mit Höflichkeit angemerkt: wer heute so ausbildet, hat noch nie eine richtige

Nachsuche mitgemacht und weicht von der Praxis meilenweit ab.

Was heißt überhaupt Verweisen?

Der Hund zeigt mir nach einer richtigen Einarbeitung nur Teile von Schalenwild, das krankgeschossen ist, wie z. B. Schweiß, Haare, Schalenabdrücke, Organteile oder Deckenfetzen. Diese Stücke muß er mir mit seiner Nase zeigen (nicht fressen oder ablecken), und zwar auf das Kommando „Halt, laß sehn und zeige mir!".

Sind bisherige Prüfungsfährten praxisnah?

Wieder zurück zum Bekannten: Nehmen wir beispielsweise die Prüfungsfährte eines Zuchtvereines (1000 Meter Übernachtfährte). Am simulierten Anschuß liegt viel Blut oder ein Gemisch aus Haustierblut und Wildschweiß oder – selten – echter, reiner Wildschweiß. Verbrochen ist der Anschuß mit einer brauchtumsgerechten Holzart (Anschußbruch) mindestens armlang, falls Neuschnee das Wiederfinden erschweren sollte. Ab hier liegt jeden Meter ein Schweißtropfen oder -spritzer. Das macht bei 1000 Metern 1000 Tropfen. Das heißt aber auch, daß ein gut eingearbeiteter Hund 1000 mal verweisen müßte und Sie 1000 mal sagen müßten „Halt, laß sehn und zeige mir!". Schon nach dem fünften Mal werden Sie den Hund anrüden und ihn mit „Such verwund!" über alle weiteren Schweißtropfen treiben. Hiermit haben sie dem Hund grundsätzlich für alle Zeiten das Verweisen ausgetrieben.

Der seltene Schweißtropfen wird verwiesen und dient zur Bestätigung.

Würden Sie aber eine Fährte legen, bei der alle 50 bis 100 Meter ein Schweißtropfen liegt, wie es in der Praxis ständig vorkommt, wird Ihr Hund diesen Tropfen freudig verweisen. Sie wissen dann, daß Sie auf der richtigen Fährte sind.

Neben dem Verweisen von Fährten, Schweiß, Teilen des Wildkörpers, Wundbetten und Tropfbetten, kann Ihnen der Hund auch das verendete Stück verweisen. Das geht entweder – je nach Veranlagung des Hundes – als

- Totverbeller
- Bringelverweiser
- sowie Laut- oder Stummverweiser.

Nicht jede Verweisart ist in jedem Gelände gleich gut geeignet.

Totverbeller und Bringselverweiser haben für die Nachsuchenpraxis eine ganz untergeordnete Bedeutung, und sind nur Teilstücke einer Nachsuche. In manchen Geländeteilen können diese Verweiserarten nicht eingesetzt werden. In den Bergen oder weitläufigen Revieren würde man einen Totverbeller entweder nicht hören, oder das Echo macht es unmöglich, den Standort des Hundes zu lokalisieren. Hier ist der Laut- oder Stummverweiser, der zum Führer zurückkommt und ihn zum Stück führt, viel besser einzusetzen und auch praxisgerecht. Bringselverweiser sind selten unter den Schweißhunden, ebenso unter den Gebrauchshunden.

Das Verweisen in der Fährte

Nach jahrelangen Versuchen in der Praxis habe ich ein Modell entwickelt, das für jeden Hundeführer einleuchtend ist und jederzeit nachgearbeitet werden kann. Die Erfolge der Hunde, die wir nach dieser Methode gearbeitet haben, zeigen deutlich, daß wir auf dem richtigen Weg sind. Hier werden Hunde für die Nachsuchenpraxis ausgebildet, und nicht für Prüfungen. Dafür haben die so ausgebildeten Hunde eine reelle Chance, an das Wild zu kommen und nicht geschlagen zu werden. Das ist weidgerecht gegenüber dem Hund und dem Wild.

Hunde für die Praxis!

Nehmen wir an, Sie haben einen jungen Hund, und wollen ihn nach unserer Methode einarbeiten. Hier laufen nun zwei Arbeitsabschnitte gleichzeitig ab:

- die Fährtenarbeit
- die Verweiserarbeit

Beides wird nach kurzer Zeit der Trennung – damit der Hund nicht überfordert wird – wieder zusammengeführt und ergibt die Arbeit auf der Fährte, in der der Hund sein Verweisen zeigen muß.

Stufen des Verweiserarbeit nach der Methode des Jägerlehrhofes Springe

Die Stufen der Ausbildung lehnen sich an das Können des Hundes an. Wechseln Sie erst zur nächsten, schwierigeren Stufe, wenn der Hund die einfachen Dinge beherrscht.

Stufe 1

- freie Suche und Zeigen (Verweisen) des jungen Hundes.
- Hund sucht frei, damit der Führer erkennen kann, ob der junge Hund die Nase hat und freudig zeigen will.
- der junge Hund hängt einer Fährte frei nach.

Hund beim Reviergang.

Der junge Hund läuft bei einem Reviergang grundsätzlich vor dem Führer. Mit seiner Nase wird er ihm zeigen, für was er sich alles interessiert. Er zeigt, ob er Nase hat. Mit seiner Nase versucht er Gefundenes zu ergründen und zu begreifen, jedoch noch nicht zu finden!

Uns interessiert nur Schalenwild!

Da Sie den jungen Hund dahingehend erziehen wollen, daß er nur Teile, Substanzen und Abdrücke von Schalenwild zeigen soll, müssen Sie ihn langsam darauf vorbereiten.

Der Hund verweist das erste Mal einen Wechsel.

Bei einem Reviergang lassen Sie den jungen Hund frei vor sich herlaufen. Die Richtung ist so gewählt, daß er einen guten Wechsel von Schalenwild überqueren muß. Beobachten Sie Ihren Hund genau. Auf sein erstes Verhoffen in der Nähe des Wechsels mit tiefer Nase rufen Sie ihn ruhig mit langgezogenem Tonfall an: „Halt, laß sehn und zeige mir!“. Die meisten Hunde äugen kurz zum Führer zurück, um sich dann wieder der verlockenden Witterung zuzuwenden. In dieser kurzen Zeit müssen Sie auch schon beim Hund sein und ihn mit den Worten loben: „Laß sehn, so ist's recht, mein Hund!“. Der Hund, der durch die Witterung erregt ist, beruhigt sich, und

Sie werden sehen, wie er versucht, mit seiner Nase dieser Witterung nachzuhängen. Lassen Sie den jungen Hund bei dieser Übung ruhig auf dem Wechsel der Fährte folgen. Hier können Sie schon im Ansatz erkennen, ob Sie einen selbständigen Hund haben oder einen, der gerne am Führer klebt. Loben Sie Ihren Hund nach dem Zurückkommen.

Das erste mal darf der Hund folgen.

Mit der Zeit loben Sie ihren Hund nur noch, wenn er Schalenabdrücke verweist. Bei allem anderen bekommt er kein Lob, auch ein scharfes „Pfui!“ verfehlt seine Wirkung nicht, wenn der Hund andere Teile und Gegenstände zeigt, die nicht zu Schalenwild gehören. Sie werden feststellen, daß Hunde diese konsequente Ausbildung schnell beherzigen und Ihnen nur noch bestimmte Sachen zeigen. Ausgiebiges Loben nach richtigem Zeigen ist selbstverständlich.

Später soll der Hund nur noch Dinge vom Schalenwild zeigen.

Stufe 2

- Auslegen von Verweiserstücken (Deckenfetzen, Knochensplitter, Schweiß).
- Hund wird am Schweißriemen kurz geführt.

Um den Hund jetzt ganz gezielt auf das Verweisen von Schalenwild einzustellen, legen Sie eine Verweiserbahn an. Hierzu benötigen Sie nur Teile eines Wildkörpers, die der Hund nicht fressen kann, wie beispielsweise Deckenfetzen oder Knochensplitter. Auch Stücke von Läufen eignen sich besonders gut.

Verweiserbahn.

Teil eines Laufes als Verweiserstück.

Schnitthaar als Verweiserstück.

Diese Knochenteile legen Sie jetzt im Abstand von 20 bis 30 Metern entlang eines Weges, zur besseren Orientierung des Führers etwas erhöht auf einen Stein. Haben Sie diese Stücke ausgelegt, lassen Sie einige Stunden Stehzeit verstreichen, und begeben sich nun mit Ihrem jungen Hund, der am Schweißriemen kurz geführt wird, zu der ausgelegten Verweiserbahn.

Der Hund soll nun mittels Vorsuche das ausgelegte Verweiserstück suchen, finden und zeigen. Mit dem Kommando „Such vorhin und zeige mir!“ umkreisen Sie das ausgelegte Stück. Bei der Vorsuche müssen sich Hund und Führer ergänzen, der Führer gibt die Richtung an, der Hund zeigt mit seiner Nase Dinge, die der Führer nicht genau wahrnehmen kann. Nur so kommen beide zu einem Ergebnis (z. B. Fluchtrichtung o.ä.).

Vorsuche um das Verweiserstück.

Langsam umrunden Sie in einigem Abstand das Verweiserstück, dabei beobachten Sie den Hund genau. Nach einer gewissen Strecke kommen Sie in den Wind des Verweiserstückes. Ruckartig wird der Hund reagieren und anziehen. Hier muß nun das Kommando kommen: „Halt, laß seh'n und zeige mir!“. Der junge Hund wird sehr interessiert das Verweiserstück bewinden und sich freuen. Durch die lobenden Worte des Führers „So ist's recht, mein Hund!“ steigern Sie seine Freude. Ein paar Streicheleinheiten festigen das Ganze. Jetzt greifen Sie dem Hund unter den Brustkorb und drehen ihn vom Verweiserstück weg (Abtragen). Für den Hund ist nun dieser Teil der Vorsuche mit Verweisen zu Ende und ein neuer Teil der Vorsuche beginnt. Sehr schnell haben junge Hunde begriffen, was von ihnen verlangt wird, und sie werden freudig und mit tiefer Nase die Vorsuche zeigen.

Der Hund zeichnet, wenn er Wind vom Verweiserstück bekommt.

Abtragen und Abliebeln.

Anlegen einer Verweiserbahn an einem Weg:

Verweiserstücke liegen sichtig erhöht auf Steinen oder Holz

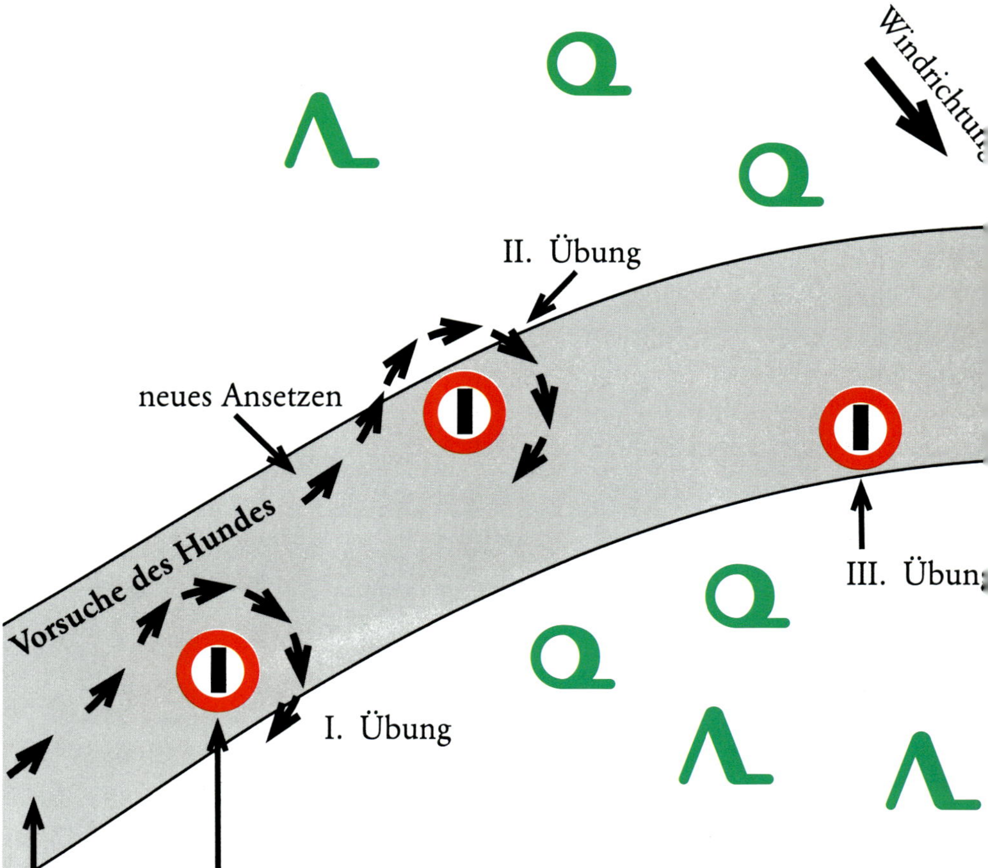

Der Hund zieht auf das Verweiserstück zu, auf das Kommando „Halt, laß seh'n und zeige mir“, wird der Hund am kurzen Riem gehalten; nach dem Loben „So ist's recht mein Hund“, wird der Hund abgetragen und neu zur Vorsuche angesetzt.

Vorsuchen mit dem Hund am kurzen Riemen

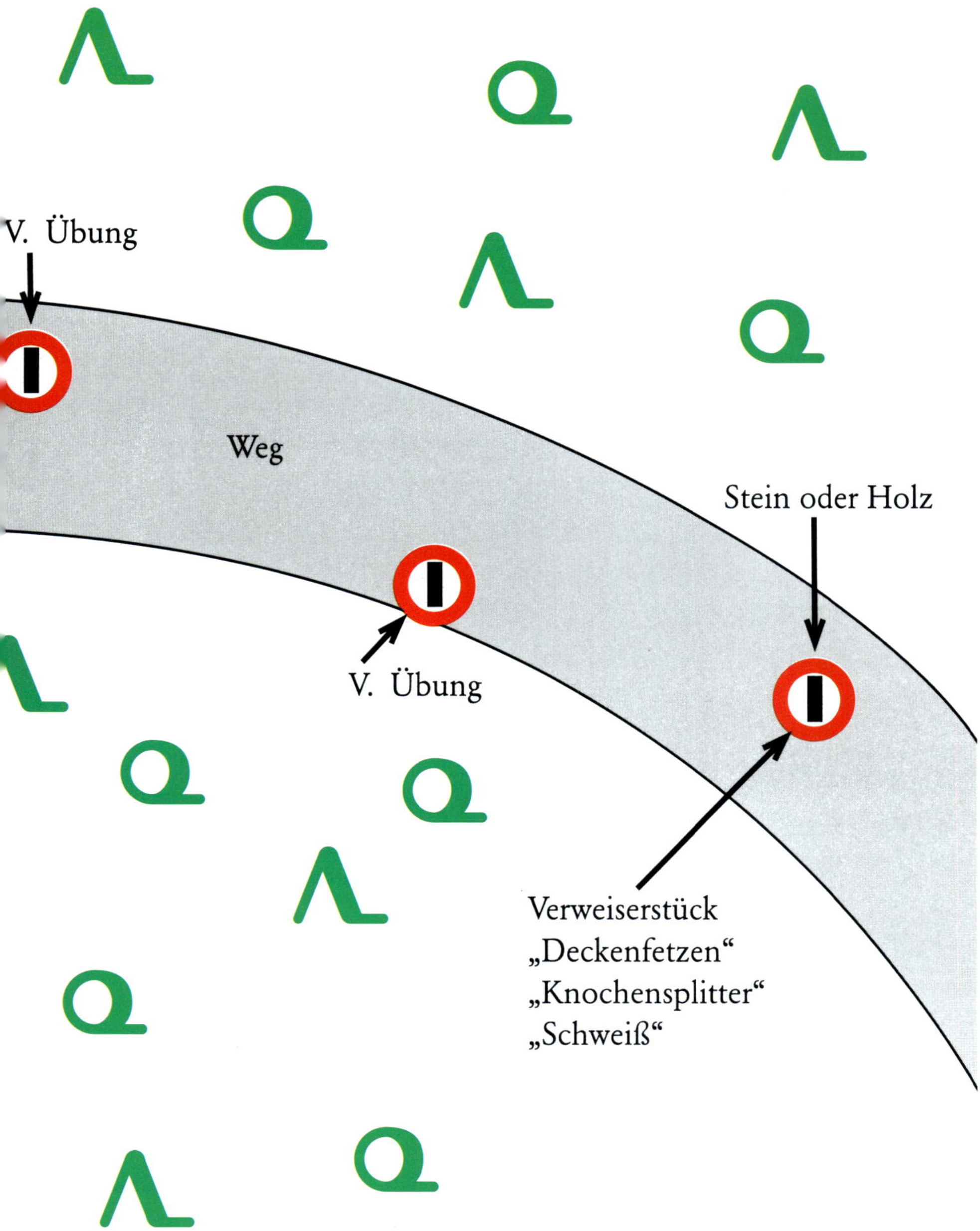
V. Übung
Weg
Stein oder Holz
V. Übung
Verweiserstück
„Deckenfetzen“
„Knochensplitter“
„Schweiß“

Stufe 3

- An einer an einem Weg angelegten Verweiserbahn wird der Hund zur Vorsuche unter Wind angesetzt.

Hat der Hund die Vorsuche begriffen, wird das Ganze mit ihm an einer Verweiserbahn geübt.

Stufe 4

- Verweiserstücke werden an einem Weg im Abstand von 20 Metern in die Randstreifen und ins Gelände am Weg gelegt.
- Der Hund sucht vor und wird die einzelnen Verweiserstücke zeigen.

Es wird schwieriger: Die Verweiserstücke sind nicht mehr sichtbar hingelegt.

Haben Sie in den vorherigen Stationen die Verweiserstücke noch sichtbar hingelegt, werden nun die Deckenfetzen oder Knochensplitter nicht sichtbar in die Randstreifen, die Wiese oder den Bestand gelegt. Entscheidend aber ist, daß der Führer sich den genauen Platz der Verweiserstücke merkt; eine kleine Skizze erleichtert das Auffinden.

Der Hund wird nun, wie schon vorher geübt, am kurzen Schweißriemen veranlaßt, eine Vorsuche durchzuführen.

Für Sie als Führer ist hier interessant festzustellen, wie der Hund je nach Bodenbedeckung und Wind früher oder später anzieht, um das Verweiserstück zu zeigen.

Als Erschwernis in dieser Station spritzen Sie einige Anschüsse nur mit Schweiß und lassen sie durch den Hund mittels Vorsuche finden (verweisen). Eine Arbeit, die in der Praxis immer wieder vorkommt, wenn der Schütze den Anschuß (Schalenabdruck) nicht finden kann.

Anschuß suchen und finden üben.

Ist der Hund in den einzelnen Stationen gut vorangekommen, sollten Sie das Gelernte in eine praxisnahe künstliche Fährte einbauen (Stufe 5). Auch hier gilt, wie bei der gesamten Ausbildung unserer Hunde, das Lernprogramm kontinuierlich und konsequent durchzusetzen.

Jetzt können Verweiserstücke in eine Fährte eingebaut werden.

Stufe 5

- Eine Fährte wird angelegt, in die sämtliche Situationen des Verweisens eingebaut werden. Der Hund muß im Verlauf seiner Arbeit (Übernachtfährte) alle Verweiserstücke aufzeigen.

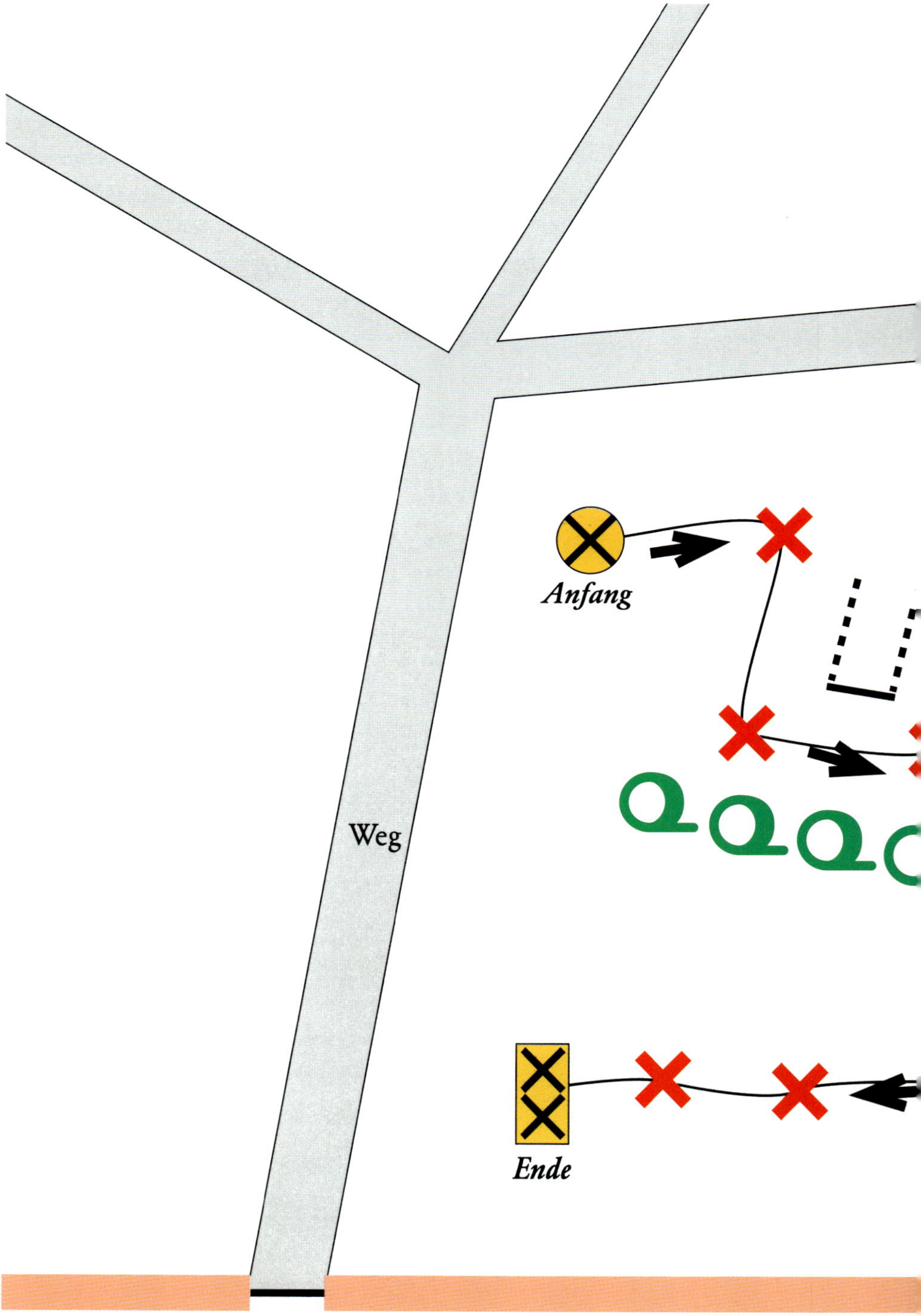
Anfang
Weg
Ende

Verweiserbahn, zusätzlich mit Fährtenschuh getreten

Anschuß = Anschußbruch, Schnitthaar, Fährtenschuhabdruck

Verweiserpunkte, armlanger Stock, weiße Bändchen, Verweiserstück

Ende der Verweiserbahn, Stock mit 2 roten Bändern

Kastanien

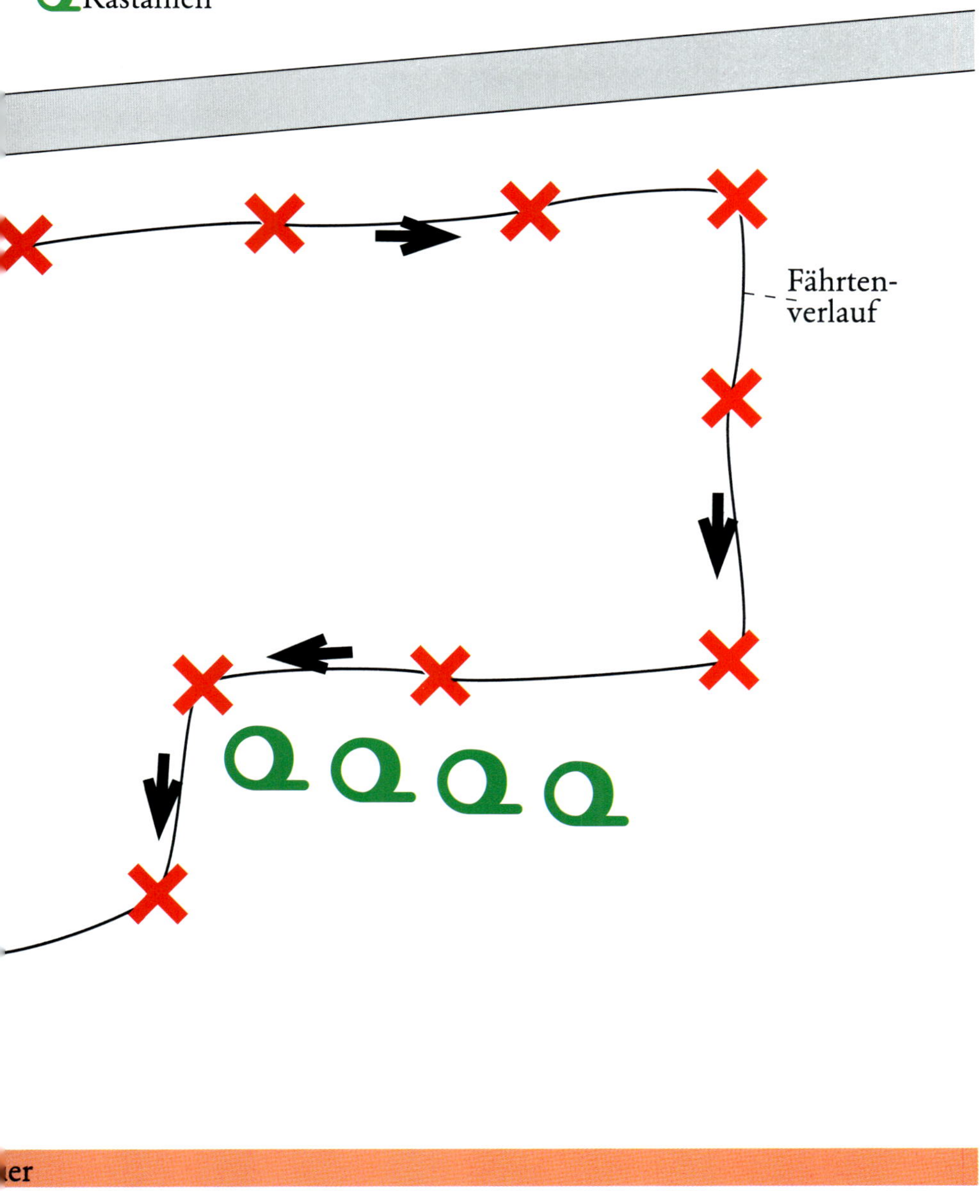

Für die theoretische Ausbildung der Hundeführer stehen am Jägerlehrhof Modelle zur Verfügung: Hier ein Modell der künstlichen Fährte für das Einarbeiten zum Verweisen.

Eine künstliche Fährte kann aus folgenden Teilen bestehen:

- *Anschuß (Schweiß, Schnitt- und Rißhaare), Schalenabdruck.*
- *Geschoßspuren, -splitter oder Durchschüsse von Ästen usw.*
- *Einschuß an Bäumen mit Rißhaaren.*
- *Knochensplitter im Verlauf der Fährte (z. B. Kantenschüsse).*
- *Einwechsel und Auswechsel an Bachläufen.*
- *Einwechsel und Auswechsel an Dickungen.*
- *Schweiß an Steinen, Holz, Astwerk oder Grashalmen.*
- *Wundbetten, Tropfbetten (alt und frisch).*
- *Abgestreifter Schweiß beim Überfallen von Stämmen, Läuterungsabfall usw.*
- *Warmes Wundbett.*
- *Stellen des Wildes.*

Die **naturnahe Fährte** sollte mit dem Fährtenschuh getreten und etwa 1000 bis 1500 Meter lang sein. Die Stehzeit beträgt mindestens 20 Stunden und wird in krupiertes Gelände mit Dickungen, Bachläufen, Wegen oder Straßen sowie Altholzbeständen gelegt. Verleitungen jeglicher Art sind erwünscht (Wechsel, Suhlen, Äsungsstreifen usw.).

In und um den **Anschuß** legen Sie Schnitt- und Rißhaare, ebenfalls wird Schweiß verspritzt. Der Schalenabdruck ist im Boden zu sehen. Durch Vorsuche lassen Sie sich vom Hund alles in Ruhe zeigen. Erst, wenn der Hund den Anschuß ausgiebig bewindet hat, wird er zur Arbeit gerüdet. Er muß nun die gelegte Fährte arbeiten.

Der Schalenabdruck mit Eingriffen und Ausrissen kennzeichnet den Anschuß.

Anschuß.

Durch Aufkratzen des Bodens simulieren Sie einen **Geschoßeinschlag**, hier werden einige Rißhaare hineingelegt, auch Geschoßfahnen können dazugelegt werden. Diese bestreichen Sie mit etwas Schweiß, um ihnen Witterung zu geben. Diese Stelle muß der Hund zeigen. Auch simulierte Durchschüsse an Ästen können hier liegen. Wichtig ist immer etwas Wildwitterung, die kennt der Hund und die wird er auch verweisen.

So lernt der Hund den Geschoßeinschlag zu verweisen.

In der Nähe des Anschusses schießen Sie mit einem Revolver (vorzugsweise starke Kaliber wie .357 Magnum) in den unteren Wurzelbereich beispielsweise durch eine Sauschwarte, um **Rißhaare in den Schußkanal** zu bekommen. Sie werden staunen, wie der Hund dies zeigt.

Knochen als Verweiserstück.

Im Verlauf der Fährte plazieren Sie auf einem Stein oder Baumstumpf einen längeren **Röhrenknochensplitter**.

Wechselt Wild in einen Bach, wird nicht im Wasser gesucht, sondern mittels Vorsuche Ein- und Auswechsel.

Die Fährte wird nun **in einen Bachlauf** gelegt – der Hund verweist Ihnen den Einwechsel in den Bach. Dieser wird verbrochen, und der Hund wird abgetragen. Mittels Vorsuche am Ufer links und rechts zeigt Ihnen der Hund den markierten Auswechsel. Loben Sie den Hund, bevor die Riemenarbeit weitergeht.

Umschlagen einer Dickung.

Legen Sie die **Fährte durch eine Dickung**. Man muß sich hierbei nicht unbedingt die größte und dichteste aussuchen, da sie nicht durchgearbeitet wird. Hierbei geht es um die Vorsuchentechnik. Wichtig ist den Dickungskomplex zu durchqueren, damit Ein- und Auswechsel vorhanden sind. Im Verlauf der Arbeit kommen Sie an die Dickung, der Hund will in der Dickung weiterarbeiten. Durch das Kommando „Halt!“

wird der Hund zum Stehen gebracht, gelobt und abgetragen. Der Einwechsel wird markiert, und mittels Vorsuche werden Sie den Auswechsel finden, den der Hund sicher zeigen muß. Beim Vorsuchen um den Dickungskomplex wird der junge Hund jeden Durchwechsel von Wild aufzeigen, da Sie aber wissen, wo die Fährte liegt, wird er bei solchem Verweisen von anderen Fährten nicht gelobt, sondern angerüdet, um weiter voranzukommen. Hat der Hund den Auswechsel gut gezeigt, wird er kräftig dafür gelobt. Je nach Wetter können Sie hier auch eine Pause einlegen, um dem Hund Wasser zu geben. Ein passionierter Hund muß lernen, daß diese Pausen keine Strafe für ihn sind, er muß sich trotzdem ruhig verhalten.

Einwechsel verbrechen und Hund abtragen.

Umschlagen und Auswechsel finden.

Sie sollten den **Schweiß nur recht sparsam ausbringen**, denn der Hund verweist nur das, was selten und somit interessant ist. Spritzen oder tupfen Sie den Schweiß an bestimmte Stellen wie beispielsweise Steine, Äste, Grashalme, Bäume, Stämme oder auf befestigte Wege, dann wird der Hund diese auch zeigen. Verweist der Hund den Schweiß, wird er besonders gelobt. Diese Schweißstellen sind bei einer echten Nachsuche später Ihre Rettungsanker. Kommen Sie auf der Fährte nicht mehr weiter, können Sie bis zum letzten verwiesenen Schweißtropfen zurückgreifen.

Schweiß ist bei einer Nachsuche selten, daher sparsam verteilen!

Unter Wurzeltellern beispielsweise sollten Sie etwas mehr Schweiß spritzen. Auch können Sie einige Schnitthaare dazulegen, um ein **kaltes**

Bei einem Tropfbett hat das Wild verhofft.

Wundbett zu imitieren. Der Hund wird diese Stelle mit großem Interesse buchstabieren und zeigen. Auch in den Verlauf der Fährte sollten Sie einmal ein Tropfbett anlegen, also etwas mehr Schweiß in die Fährte tropfen lassen. Auch hierbei ist es wichtig, daß diese Stelle genau wiedergefunden werden kann, und demzufolge deutlich markiert wird.

Abgestreifter Schweiß beim Überfallen von Stämmen.

Da die Fährte durch Bestände und Läuterungen gelegt wird, sollten Sie an **querliegenden Stämmen Schweiß ausbringen**. Auch mit einem Stück Schwarte können Sie an diesem imitierten Übersprung Witterung ausbringen und so den Hund zum Verweisen nötigen.

Lob beim richtigen Verweisen.

Überläuft er eine solche Stelle, tragen Sie ihn ohne Kommentar ab. Greifen Sie zurück und führen Sie den Hund so langsam am Riemen, daß er die Stelle zeigen muß. Verhält er sich richtig, sollen Sie mit Lob nicht sparen. Der Hund erinnert sich ganz genau daran, daß er im ersten Anlauf beim Überlaufen der Stelle kein Lob bekommen hat, jetzt aber durch sein Verweisen seinem Führer einen Grund für Lob geboten hat. Eine Belohnung in Form eines Leckerbissens halte ich hier nicht für richtig.

Kommen Sie an das Ende der gelegten Fährte, sollten Sie ein **frisches Wundbett** anlegen. Das ist schon etwas aufwendiger als eine einfache Übungsfährte, außerdem erfordert es einen zweiten Mann.

Etwas Grundsätzliches dazu: erklären Sie dieser Hilfsperson ganz genau, was Sie vorhaben, und vertrauen Sie nicht darauf, daß sie Ihre Gedanken lesen kann. Die Enttäuschung ist dann immer groß, wenn gerade bei solchen Übungen etwas schief läuft und der Hund dadurch etwas falsch verknüpft und irritiert wird. Es soll simuliert werden, daß das Wild vor dem Hund aus dem Wundbett wegbricht, der Hund zur Hetze geschnallt wird, und sich das Stück vor dem Hund stellt.

Präparation des warmen Wundbettes.

Gerade bei dieser Übung ist Planung sehr wichtig. In der Zeit, in der Sie mit dem Hund am Anschuß sind und die Arbeit beginnen, legt der zweite Mann das Wundbett genau an die Stelle, an der Sie am Vorabend aufgehört haben. Dazu müssen Sie die Stelle so genau markieren, daß die Hilfsperson die Stelle auch ohne Ihre Hilfe findet. Er schlägt mit dem Fuß (mit Fährtenschuh!) Boden auf und bringt Schweiß aus. Dann nimmt er den vernähten Frischling (natürlich nur, wenn die gesamte Fährte mit den Schalen von dem Frischling getreten wurde), reibt den Frischling auf dem Boden etwas hin und her und legt nun die Fährte mit dem Fährtenschuh weiter. Gleichzeitig bringt er immer wieder Schweiß aus. Zusätzlich muß der Wildkörper leicht auf dem Boden schleifen (aber keine Schleppe anlegen), um reichlich Schwarzwildwitterung zu hinterlassen. Nach etwa 150 Metern baut er den Frischling so auf, als würde er krank im Wundbett sitzen. Dann deckt er den Frischling mit einigen großen Fichtenreisern ab.

Gliederung einer Schweißarbeit

Techniken bei der Nachsuche

- ansetzen, anlegen
- vorgreifen
- zurückgreifen
- umschlagen
- vorsuchen
- abstellen
- verbrechen
- Halt in der Fährte
- Wiedergang arbeiten
- Schnallen des Hundes
- Hetze
- Angehen der Bail
- Fangschuß

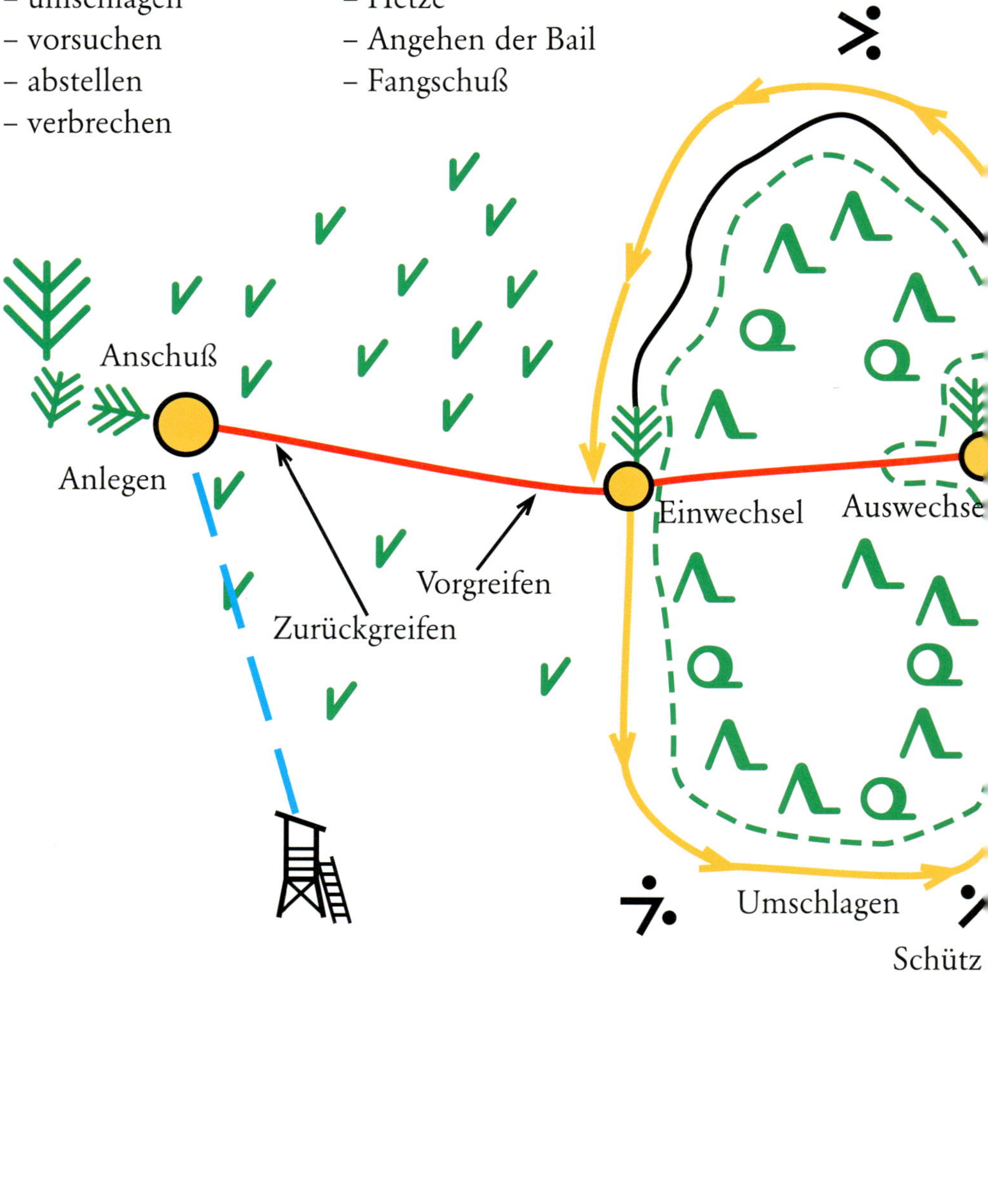

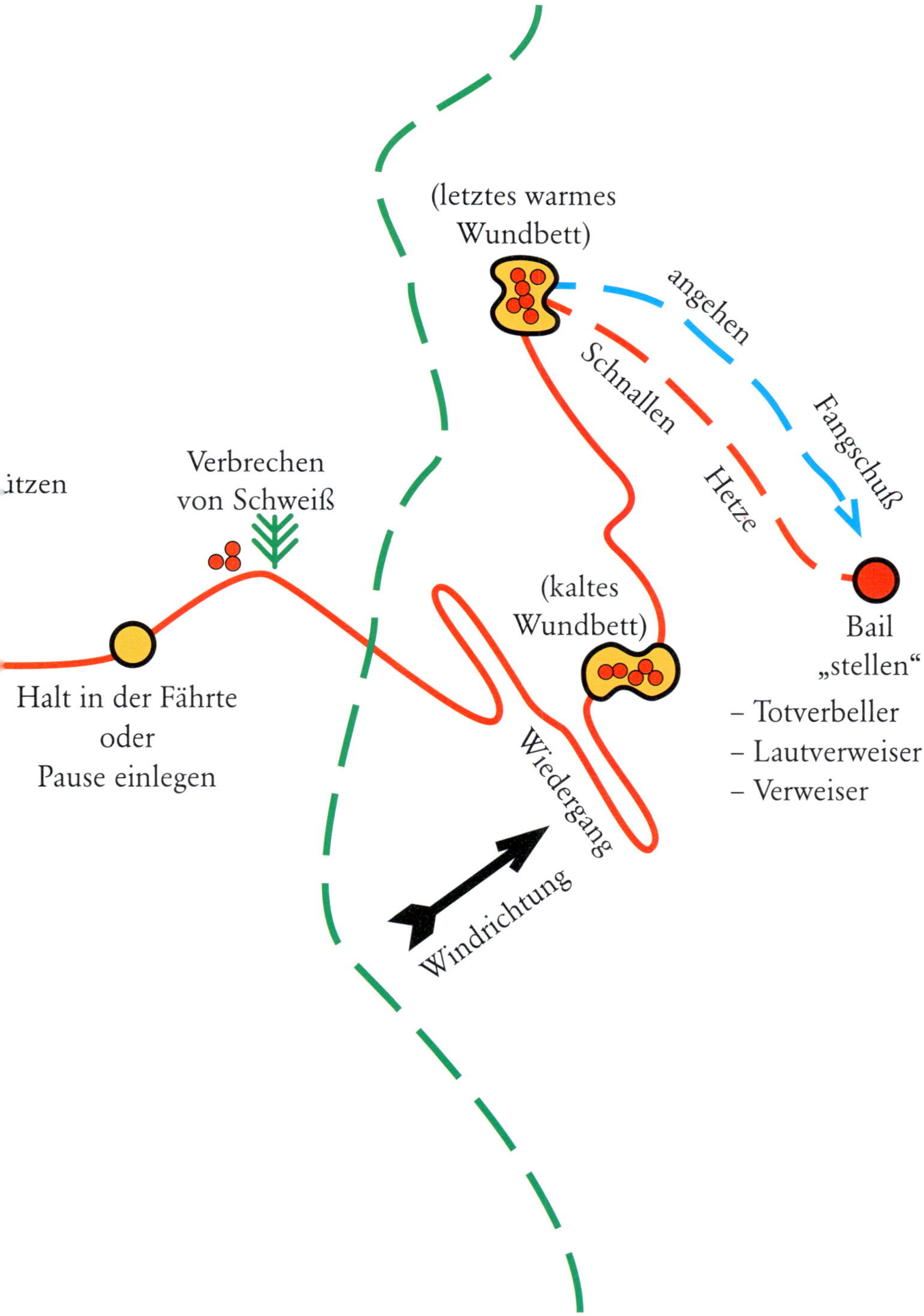

(letztes warmes Wundbett)
angehen
Schnallen
Fangschuß
Hetze
itzen
Verbrechen von Schweiß
(kaltes Wundbett)
Bail „stellen“
– Totverbeller
– Lautverweiser
– Verweiser
Halt in der Fährte oder Pause einlegen
Wiedergang
Windrichtung

Daran befestigt er Bindfäden, um sie bei Bedarf zu bewegen, und entfernt sich unter Wind auf einen nahegelegenen Hochsitz. Mit dem Bindfaden kann er jederzeit den Reisighaufen bewegen und so dem Frischling „Leben einhauchen".

Verhalten am warmen Wundbett.

Kommen Sie mit Ihrem jungen Hund an dieses frische Wundbett, wird der Hund es ganz aufgeregt bewinden und verweisen, durch Anrüden können Sie seine Passion noch steigern.

Dann wird der Hund geschnallt: Ziehen sie ihm dabei die locker angelegte Schweißhalsung über den Kopf und lassen Sie ihn mit dem Kommando „Such verwund!" und „Zeige mir!" der frischen Fährte folgen.

Der Frischling „stellt sich".

Um das **Verbellen und Stellen** beim Hund auslösen zu können, ist der richtige Einbau des Frischlings wichtig. Dabei legen Sie ihn immer in „Downlage" unter einen Reisighaufen, so daß er nur mit dem Haupt aus diesem herausschaut. An einigen Ästen wird eine Schnur festgebunden, die von einer Hilfsperson damit bewegt werden. Es ist immer köstlich zu sehen, wie der Hund erschreckt, sich dann aber sofort wieder sammelt und mit dem Verbellen beginnt. Will er verstummen, bewegt der zweite Mann wieder die Äste, und der Hund wird wieder Laut geben. Wichtig ist, daß die Hilfsperson außer Wind liegt (Kanzel).

Folgen Sie dem Hund, damit Sie schon dabei sind, wenn er das erste Mal Laut geben will, und greifen Sie in dem Moment ein, wenn er skeptisch wird. Nehmen Sie gemeinsam die Beute in Besitz. Lob ist der gerechte Ausgleich. Bei Hunden, die sehr lange Laut geben, sollten Sie das eine und andere Mal mit der Waffe den simulierten Fangschuß anbringen. Hat ein junger Hund eine solche Arbeit geleistet, sollten Sie sich nicht auf den Lorbeeren ausruhen, denn Übung macht den Meister.

Merke:
Nie den zweiten Schritt vor dem ersten.
Späteres Lernen fällt auch uns schwer, dies gilt ebenso für den Hund.

Das Verleitungskreuz

Eine der größten Schwierigkeiten bei der Nachsuche stellen die Verleitungen dar, sie sind mannigfaltig und können z. B. andere Wildfährten, Hundespuren, Hasenpässe, Rindertritte, Menschenspuren oder Geläufe von Federwild sein. Auch Raubwild und Raubzeug sind starke Verleitungen für die Hundenase. Viele Prüfungen und Nachsuchen werden nicht zu Ende gebracht, weil der Hundeführer nicht erkennt, ob sein Hund auf der Fährte ist oder ob er einer Verleitung folgt. Solange es nur eine Prüfung ist, soll das egal sein, bei einer Nachsuche wird immer das kranke Stück Wild die Rechnung zahlen müssen.

Verleitungen erschweren die Arbeit für Hund und Führer.

Bewegungsmuster kennenlernen.

Das Verhalten jedes einzelnen Hundes auf Verleitungen ist unterschiedlich. Leider kann man dieses nicht generalisieren. Jeder Führer muß daher mit seinem Hund die verschiedenen Verleitungen durchspielen, und sich das von seinem Hund gezeigte Bewegungsmuster einprägen. Wenn ein Hund bei einer Verleitung beginnt mit der Rute heftig zu wedeln, dann kann ein anderer Hund dabei das Nackenhaar sträuben. Wie der eigene Hund reagiert, muß jeder Führer selbst herausfinden. Dies kann man auf einfache – leider arbeitsintensive – Art lösen: indem man seinen Hund durch ständiges Üben kennenlernt.

Jeder Hund reagiert individuell und anders auf bestimmte Verleitungen, manche Verleitungen nimmt er gar nicht mit Interesse wahr, anderen wiederum folgt er mit stürmischer Passion. Der Hundeführer hat nun die Aufgabe, festzustellen, bei welcher Verleitung (fremde Duftspur) sein Hund heftig und auf welche er vielleicht mit Angst reagiert (z. B. starkes Schwarzwild). Haben Sie dieses festgestellt, beginnen Sie mit der Stationsausbildung (Verleitungskreuz).

Da der Hund bis zu diesem Zeitpunkt etwa sieben bis acht Monate alt ist und die Fährtenarbeit kennt (Ablegen, Schweißriemen auswerfen, Ansetzen an den Schalenabdruck) wird ihm diese Station keine Schwierigkeiten bereiten.

Station 1

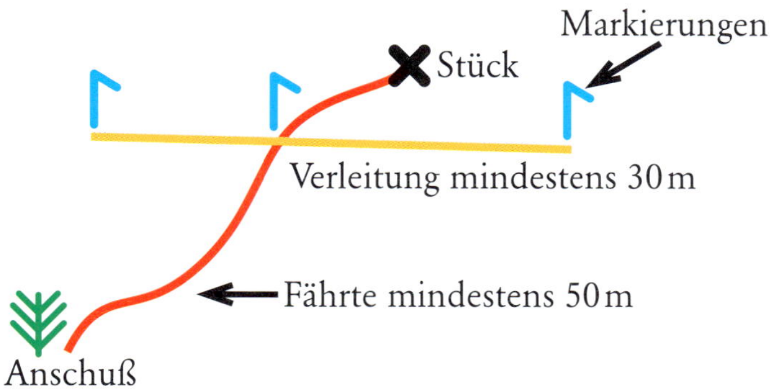

Auf einer kurz gemähten Wiese treten Sie geradlinig mit dem Fährtenschuh eine Fährte, gleichzeitig wird daneben Schweiß getupft oder noch besser gespritzt. Die Fährte sollte etwa 100 Meter lang sein und keine Schwierigkeiten aufweisen, Ziel ist die Verleitung für den Hund!

Fährte 100 Meter, eine Verleitung.

Haben Sie die Fährte gelegt (siehe Skizze, Station 1) wird nun die Verleitung eingebaut. Nehmen Sie z. B. ein Kaninchen als Schleppwild und ziehen Sie dieses über die Schweißfährte. Die Länge der Schleppe sollte beidseitig etwa 30 Meter betragen. Ablaufpunkt der Schleppe, Kreuzen der Fährte, sowie Ende der Schleppe werden genau markiert. Nach einer Stehzeit von zwei bis drei Stunden, je nach Ausbildungsstand des Hundes, wird der Hund zur Arbeit geholt. Das heißt bei unserem BGS: er wird mit dem Schweißriemen zur Arbeit geführt. Am Benehmen des Hundes erkennen Sie, ob er freudig arbeiten will oder nicht. Ein Hund ist keine

Kaninchenschleppe als Verleitung.

Maschine, dies sollten wir uns immer wieder vor Augen führen. Gerade bei einer solch wichtigen Ausbildung (Verleitung) muß der Hund unbedingt ausgeglichen und ruhig sein. Sind die Voraussetzungen geschaffen – Fährte, Verleitung, Hund in ruhiger Verfassung –, beginnen Sie mit der Arbeit.

Ansetzen des Hundes wie bisher ausgebildet.

Legen Sie den Hund in der Nähe der mit dem Fährtenschuh getretenen Fährte ab und untersuchen Sie den Anschuß. Durch Vorsuche (Kommando: „Such vorhin und zeige mir!") lassen Sie sich den Schalenabdruck sowie den Schweiß verweisen. Mit dem Anrüde-Kommando „Such verwund!" beginnt der Hund mit der Arbeit. Denken Sie schon von Anfang an daran: Schwerpunkt ist nur zu erkennen, wann der Hund auf die Verleitung kommt. Ruhig wird der Hund der frischen Fährte folgen und hier ein typisches Bewegungsmuster zeigen, das heißt, er wird z. B. die Rute ruhig tragen oder sie pendeln lassen. Da Sie ja genau die Fährte kennen und sich den Punkt der Kreuzung von Fährte und Verleitung markiert haben, warten Sie, was geschieht, wenn der Hund diesen Punkt erreicht.

Achten Sie auf das Bewegungsmuster des Hundes!

Bei dieser Stationsausbildung geben sie dem Hund außer „Such verwund!" kein anderes Kommando. Sie wollen ja sehen, wie Ihr Hund auf die Verleitung reagiert und wie er sich verhält. Genau dieses Bewegungsmuster müssen Sie erkennen. Manche Hunde reagieren heftig, manche wedeln stark mit der Rute usw. Jeder Hund reagiert anders und das müssen Sie erkennen.

Wieder zu unserer Stationsausbildung. Der Hund arbeitet die Fährte ruhig und kommt nun an die markierte Verleitung. Jeder Hund wird eine Reaktion zeigen. Die Verleitung bei dieser Übung sollte möglicht die Wildart sein, der er am liebsten folgt.

Wie verändert sich das Verhalten des Hundes, wenn er auf die Verleitung kommt?

Behalten Sie die Nerven und sagen Sie gar nichts zu Ihrem Hund. Lassen Sie ihn einfach weiter suchen, und beobachten Sie nur sein Bewegungsmuster. In der Regel gibt es drei Arten der Reaktion:

1. Der Hund kommt an die Verleitung, verweist sie und arbeitet ruhig weiter. Hier haben sie ein Juwel am Schweißriemen. Dies sollten Sie den Hund auch merken lassen, indem Sie ihn mit ruhiger Stimme loben und weiter arbeiten lassen.

Der Hund verweist die Verleitung und arbeitet weiter.

2. Dieses Verhalten ist häufiger: der Hund wird die Verleitung durch eine Reaktion verweisen und wird ihr folgen. Ohne ein Kommando folgen Sie dem Hund. Nach einer Strecke von ca. fünf Metern wird der Hund in der Fährte umdrehen, um die Ansatzfährte wieder aufzunehmen und weiter zu arbeiten. Das heißt, er hat sich selbständig, ohne Kommando, an seine Arbeit erinnert. Hier haben Sie einen Diamanten am Schweißriemen, den müssen Sie nur noch mit Fingerspitzengefühl und Arbeit schleifen, und Sie werden viel Freude daran haben.

Der Hund folgt der Verleitung und korrigiert sich selber.

3. Diese Variante ist sehr verbreitet bei den nachsuchenden Hunden: er folgt der Verleitung ohne Reaktion und hängt ihr nach. Da wir aber unsere Verleitung genau markiert haben, lassen wir den Hund ruhig etwa 10 – 20 Meter auf ihr arbeiten. Ich weiß wie schwer das für einen Hundeführer ist, aber das Ziel ist ja zu erkennen, korrigiert er sich selber oder muß ich nachhelfen.

Der Hund folgt der Verleitung ohne Reaktion.

Hat der Hund die Marke bei 20 Meter überschritten, und folgt immer noch heftig der Verleitung, wird er angehalten, kurz am Riemen genommen und ohne Kommando an den „Anschuß" zurückgebracht und abgelegt. Hunde, die ihren Führer kennen und auf ihn geprägt sind merken sofort, daß hier etwas nicht stimmt, und sind sehr aufmerksam.

Nach einer gewissen Zeit zur Beruhigung von Hund und Führer legen Sie den Hund wieder zur Fährte. Mit dem Kommando „Such verwund!" wird der Hund angerüdet, und ohne weiteres Kommando arbeitet der Hund wieder dem Verleitungspunkt zu.

Ihre ganze Aufmerksamkeit richtet sich jetzt genau auf den Moment, da der Hund an den Schnittpunkt von Fährte und Verleitung kommt. Viele Hunde, die eine Verbindung zu ihrem Führer haben, werden durch die Anspannung des Führers, die sie spüren, über die Verleitung hinweg arbeiten. Dann ist ein lobendes Wort angebracht, ohne aber die Arbeit zu unterbrechen.

Der Hund spürt das ganz genau, daß sein Verhalten Ihnen gefällt, und er wird ruhig weiterarbeiten.

Sollte aber der Hund wieder heftig auf die Verleitung reagieren und ihr folgen wollen, rufen Sie ihm mit einem scharfen und harten Kommando „Zur Fährte!" die Arbeit wieder ins Gedächtnis. Auch hier werden einige Hunde sofort der Fährte wieder folgen und an das ausgelegte Stück (gerade bei einer solchen Übung wichtig!) kommen, um dort abgeliebelt und genossengemacht zu werden.

„Zur Fährte!"

Station 2

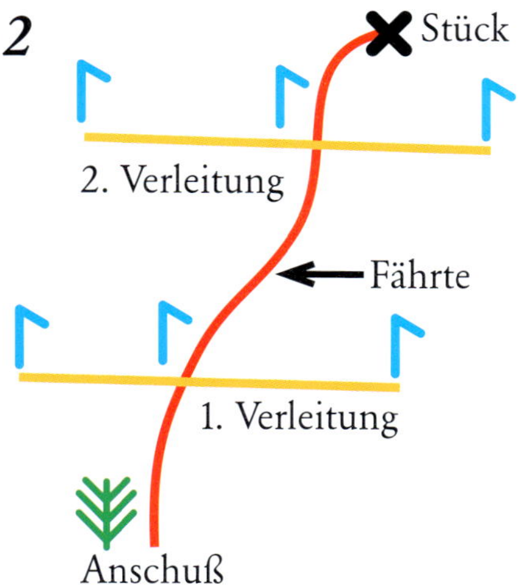

Um eine Steigerung und zusätzlich eine Gewähr dafür zu haben, daß der Hund richtig verknüpft hat „Fährte folgen – über die Verleitung hinweg – freut meinen Führer", legen wir ihm in der Stationsausbildung 2 noch eine Verleitung mehr über die getretene Übungsfährte. Bei dieser Station zeigt sich, ob die Lektion „scharfes Kommando: ‚Zur Fährte!'" gefruchtet hat oder nicht. Bei nicht zufriedenstellendem Ergebnis wird der Hund neu angesetzt und beim geringsten Anzeichen die Fährte verlassen zu wollen scharf zur Ordnung gerufen.

Station 3

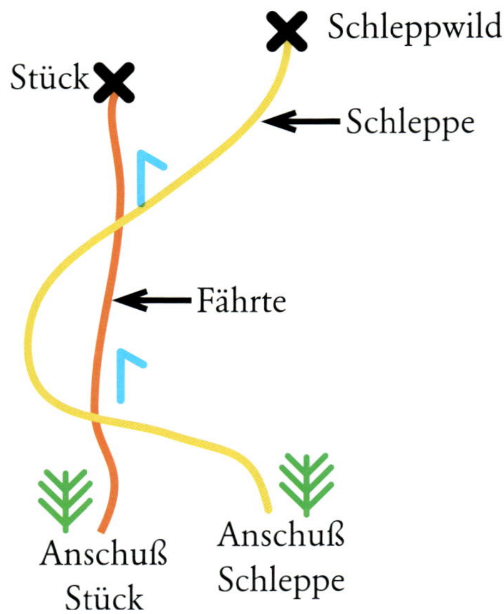

Bei dieser Stationsausbildung wird die Fährte ca. 100 Meter mit Fährtenschuh gelegt. Anschuß mit Schalenabdruck und Schweiß oder Riß- und Schnitthaare sind ausgelegt, und am Ende der Fährte liegt ein Stück Decke oder Schwarte der dazu gehörigen Wildart.

Merke:
Fährtenabdruck, Schweiß und Deckenstück oder Schwarte sollen immer von derselben Wildart, besser noch vom selben Stück sein.

Die Verleitungen werden stärker.

Über diese dem Gelände angepaßte Übungsfährte schleppen Sie beispielsweise ein an einer Schnur befestigtes Kaninchen. Kreuzen Sie die Fährte je nach Ausbildungsstand des Hundes mehrmals. Dies hat den Zweck, dem Hund eine noch stärkere Verleitung anzubieten.

- durch das Schleppen des Kaninchens
- durch Ihren Fußabdruck (Schuhabdruck).

Auch hier sind, wie bei den vorangegangenen Situationen, die Schnittpunkte (Fährte – Verleitung) genau markiert, um im richtigen Augenblick reagieren zu können.

Arbeitet der Hund auch diese Station einwandfrei, wird ihm eine lange Übungsfährte – mindestens 1000 Meter über Nacht mit gekennzeichneten Verleitungen – ins Revier gelegt. Hier gibt es zwei Methoden:

1. Die Verleitungen werden schon am Abend vorher über die Fährte gelegt.
2. Die Verleitungen werden kurz vor dem Arbeitsbeginn über die Fährte gelegt. Aus Erfahrung weiß ich, daß die zweite Art die bessere ist, da so eine stärkere Witterung und somit Verleitung vorhanden ist.

Beim Legen von Verleitungen über die Fährten sollten Sie grundsätzlich Wildarten nehmen, die der Hund sehr gerne arbeitet.

Haben Sie Ihren Hund so eingearbeitet, werden Sie draußen im Revier weniger Schwierigkeiten bei einer richtigen Nachsuche haben, da Sie und Ihr Hund gelernt haben, mit Verleitungen umzugehen.

Merke:
Es ist falsch, nur ein- oder zweimal im Monat oder der Woche mit seinem Hund zu arbeiten, denn nur durch ständiges Üben und Beobachten des Hundes erkennen Sie, ob der Hund auf der Fährte ist oder nicht.

Einarbeitung mit dem Fährtenschuh

Im Alter von sechs Monaten stelle ich meine jungen Hunde auf das Arbeiten der Fährten ein. Bis zu diesem Zeitpunkt hat der Hund schon einige Futterschleppen oder auch Schleppen mit einem Stück Decke oder Schwarte hinter sich, aber das ganze hat immer noch etwas Spielerisches an sich.

Die Fährtenschuhe, wie sie am Jägerlehrhof entwickelt wurden.

Der Hund sollte bis dahin „Sitz!“, „Platz!“ und „Ablegen am Rucksack“ beherrschen. Das problemlose Laufen an der Führerleine ist er gewohnt, das freie Herankommen und das Anhalsen sollte gefestigt sein. Die Schußruhe hat man zu diesem Zeitpunkt auch schon geübt.

Nur wenn diese Grundsteine gelegt sind, können Sie mit der Fährte beginnen. Ein nicht ruhig abzulegender Hund wird immer Probleme bereiten und ist durch das ständige Eingreifen des

Führers mit „Sitz!“ und „Platz!“ nicht konzentriert genug, um sich auf die kommenden neuen Eindrücke einzustellen. Er ist abgelenkt, wenn nicht gar frustriert. Man bildet den Hund immer nur in einem Fach aus, und wenn Fährtenarbeit dran ist, dann haben die Gehorsamsfächer Pause.

Nicht den Hund überfordern!

Gerade dieses Einstellen des jungen Hundes auf die Fährte verlangt vom Führer absolutes Fingerspitzengefühl und Können. Eine Bewegung des Hundes zuviel, ein zu scharfes Kommando oder eine nicht richtig erfaßte Situation können bei sensiblen Hunden dazu führen, daß er entweder nicht begreift, was sein Führer von ihm will, oder daß er die Situation falsch verknüpft.

Wie bei allen Übungen sollte der Führer nicht unter Zeitdruck stehen. Die Vorbereitung sollte geplant werden wie folgt:

Zuerst auf einer großen Wiese.

Man sucht als erstes ein Übungsgelände aus, am besten ist eine freie Wiese mit nicht zu hohen Grasbewuchs geeignet, denn hier kann man die Fährte selbst sehen und den Hund korrigieren und genau beobachten.

Ein Stück Wild muß speziell vorbereitet werden.

Als zweites benötigen wir ein frisches Stück Wild. Hier spielt es keine Rolle, welche Wildart es ist. Am besten ist immer ein kleines Stück, da man dieses selber verlegen kann, ansonsten braucht man einen Gehilfen dazu. Dieses Stück Wild sollte aufgebrochen sein, der Schnitt in der Bauchdecke und am Träger wird vernäht. Der Schweiß wird in einem Eimerchen gesammelt.

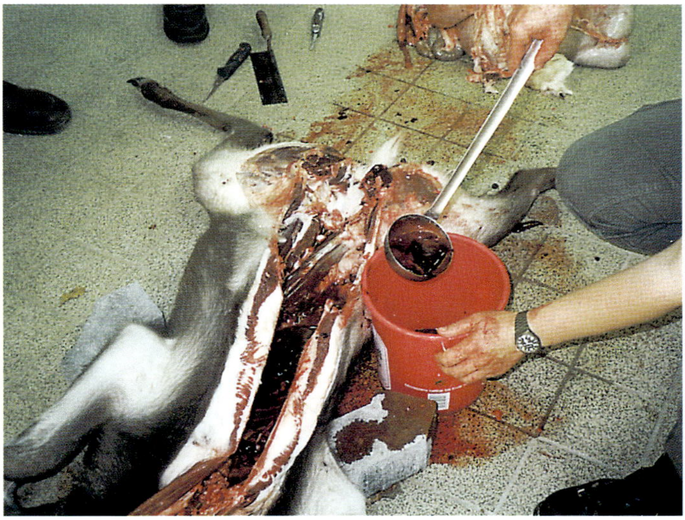

Der Schweiß wird nach dem Aufbrechen am einfachsten mit einer Kelle aus dem Stück geborgen.

Vom Stück werden nun die Vorder- oder Hinterläufe über dem Geäfter abgetrennt. Dieses Schalenpaar spannen Sie nun in den Fährtenschuh ein. Durch das frische Abschneiden haben wir gleich etwas Wundwitterung in der Fährte. Die Stümpfe am Stück werden mit Gras verbunden, damit der Hund nicht an frisches Wildbret gelangen kann.

Der Tupfstock wird am Ende gespalten, ein pflaumengroßes Stück Schaumstoff hineingeklemmt und mit Blumendraht gesichert.

Die Ausrüstung zum Fährtenlegen besteht somit aus dem Eimerchen mit Schweiß, dem Tupfstock, einigen Brüchen mit Trassierband als Verweiserstücke, Trassierband zum Markieren der Fährte, den Fährtenschuhen und einem Rucksack für die eigenen Schuhe, wenn man die Fährtenschuhe trägt.

Um eine Spritzflasche herzustellen, wird eine einfache Glasflasche mit einem eingekerbten Korken verschlossen.

Der Fährtenschuh Modell Jägerlehrhof Springe in der Seitenansicht.

Der Fährtenschuh Modell Jägerlehrhof Springe von unten gesehen. Die Schale wird über den Oberrücken eingespannt und mit dem Keil ausgerichtet. Die beiden Stifte (Pfeil) unter dem Ballen verhindern, daß man auf einer abschüssigen Wiese ausrutscht.

Es sind aber auch andere Fährtenschuhmodelle gebräuchlich. Hier ein altes Modell, welches keinen separaten Schuhteil besitzt und über den normalen Stiefel geschnürt wird.

Ein altes Modell des Fährtenschuhs. Eine Besonderheit ist die natürliche Stellung der Schalen.

Um dem jungen Hund die erste Fährte so interessant wie möglich zu machen, rupfen Sie aus der Schwarte oder Decke ein paar Borsten oder Haare, und legen sie in und um den Anschuß.

Christian Brendel mit den Fährtenschuhen der ehemaligen „DDR". Die Fährte wurde nur mit dem Fährtenschuh getreten, ganz ohne Schweiß!

Das Auszeichnen des genauen Fährtenverlaufes ist gerade beim ersten Arbeiten ganz besonders wichtig. Eine kleine Rolle Trassierband zum Markieren der Fährte oder des Anschusses vervollständigen daher die Ausrüstung. Als Ersatz für das Trassier- oder Kreppband kann man auch Brüche verwenden.

Legen Sie dem Hund die Fährte mit Rücken- oder Seitenwind.

Die Fährte sollte so in das Gelände gelegt werden, daß Sie grundsätzlich Seitenwind oder Nackenwind und keinerlei Störungen haben, die den jungen Hund veranlassen, seine Aufmerksamkeit statt der Fährte einem Fußgänger zu widmen. Seitenwind wird deswegen gewählt, damit der zur Fährte gelegte Hund nicht schon beim Untersuchen und Bewinden des Anschusses die Witterung des ausgelegten Stückes in die Nase bekommt und anfängt mit hoher Nase auf das Stück zuzuarbeiten. Die Erfahrung hat gezeigt, daß gerade Fehler in dieser Phase immer zur Folge haben, daß die Hunde später versuchen, mit hoher Nase vom Anschuß weg zu arbeiten, um zum Erfolg zu kommen.

Beginnen wir mit dem Legen und Arbeiten der ersten Fährte mit dem Fährtenschuh.

Die Schalen werden in den Fährtenschuh eingepaßt.

Die Schale wird über dem Oberrücken abgeschärft, hier auf diesem Bild haben wir ein Stück Knochen stehen lassen, um etwas mehr Wundwitterung in die Fährte zu bekommen. Mit dem

Der Anschuß wird hergestellt: links der Anschußbruch mit weißem Trassierband, Eingriffe und Ausrisse werden mit dem Fährtenschuh getreten, dann kommt Schweiß in die Trittsiegel.

Der Anschuß mit dem Schalenabdruck, Schweiß und Deckenfetzen, rechts davon der Anschußbruch.

Messer schärfen Sie von dem Lauf etwas Schwarte oder ein paar Borsten ab, um sie in oder um den Fährtenabdruck zu legen. Der junge Hund wird sie sehr interessiert bewinden und dadurch stark motiviert, dieser Witterung zu folgen.

Die Fährtenschuhe mit den Schalen werden angezogen. Eimer mit Schweiß und Tupf- oder Spritzstock sind bereit. Die eigenen Stiefel trägt man im Rucksack.

Lassen Sie bei einem jungen Hund reichlich Schweiß in den Anschuß tropfen!

Mit der Spitze des Fährtenschuhs reißt man die Grasnarbe soweit auf, daß der blanke Boden zu sehen ist. Darin ist der Schalenabdruck klar und deutlich zu sehen, er simuliert die Eingriffe und Ausrisse, genauer gesagt den Anschuß. Jetzt treten Sie mit dem Fährtenschuh kräftig in den freigemachten Boden, der Schalenabdruck wird sich deutlich abzeichnen. Das abgeschärfte Schwartenstück oder einige Borsten legen Sie dazu. Gleichzeitig stecken Sie einen Zweig mit Trassierband zur Markierung in den Boden; im richtigen Nachsucheneinsatz wäre das ein verbrochener Anschuß. Mit dem Tupfstock spritzen Sie einige Tropfen Schweiß in die Fährte, um damit gleichzeitig schon die Richtung anzugeben.

Ausgehen der Fährte.

Vom simulierten Anschuß gehen Sie nun in Richtung des ausgelegten Stückes. Hier bot sich gerade eine Fahrzeugspur an. Zum späteren Korrigieren und Beobachten des Hundes ist das eine große Hilfe. Mit dem Tupf- oder Spritzstock spritzen Sie beim Anschuß beginnend etwa alle drei Schritte etwas Schweiß auf den Boden. Dieser drei-Schritt-Abstand ist für den Hund sehr einfach und daher für die ersten Übungsfährten gedacht. Bei den weiteren Fährten – wenn der Hund schon gut arbeitet – vergrößert man den Abstand der Schweißspritzer.

Als Verweiserpunkt wird ein Stock in die Erde gesteckt und mit reichlich Schweiß bestrichen.

In den Verlauf der Fährte legen Sie ein bis drei Verweiserpunkte. Diese sind beispielsweise – wie hier gezeigt – ein Stock, der in den Boden

Eine andere Möglichkeit, einen Verweiserpunkt anzulegen ist, ein Grasbüschel quer in die Fährte zu legen und mit Schweiß zu bestreichen.

gesteckt und mit Schweiß bestrichen wird, ein mit Trassierband markierter Bruch oder eine Handvoll Gras, die quer zur Fährtenrichtung liegen, auch diese benetzt mit etwas Schweiß. Es ist immer wieder schön, wie eindrucksvoll die jungen Hunde diese Verweiserpunkte zeigen. Gleichzeitig markieren Sie sich so die Fährte und deren Verlauf.

An den Verweiserpunkt kommt reichlich Schweiß.

Die Länge der Fährte sollte beim Einstellen des jungen Hundes nicht mehr als höchstens 100 Meter sein. Gerade hier werden von den Führern die gravierenden Fehler gemacht, wenn sie die Fährte am Anfang viel zu schwierig und zu lang legen. In der Kürze liegt hier die Würze. Der Hund soll im ersten Schritt nicht lernen, eine lange Fährte zu halten. Er soll nur lernen, daß ihn nur das konsequente Folgen der Fährte zum Stück bringt und er nur so mit seinem Führer Beute machen kann. Dazu muß er schon beim ersten Mal zu einem Erfolg kommen. Erst wenn der Hund begriffen hat, daß am Ende der Fährte

Beute liegt, können Sie anfangen die Fährte schwieriger zu gestalten.

Eine frische Keilerschwarte, mit reichlich Schweiß bestrichen, ist der Endpunkt der Fährte.

Bei dieser Übung verwenden Sie eine starke, ganz frische Keilerschwarte. Die Schwarte wird ausgelegt und noch etwas mit Schweiß bespritzt. Denken Sie daran, daß Schwarte, Schalen und Schweiß vom selben Stück sein müssen. Stücke oder Schwarten müssen so ausgelegt werden, daß der Hund sie vom Anschuß aus weder sehen noch wittern kann.

Nach vier bis sechs Stunden Stehzeit begeben Sie sich mit Ihrem Hund in das Übungsgelände. In diesem Beispiel führen wir einen einjährigen BGS-Rüden, der uns zur Ausbildung übergeben wurde, um später in Bulgarien in einer Schweißhund-Station zu arbeiten.

Auswerfen des Schweißriemens.

Der Hund wird in der Nähe des Anschusses abgelegt, der Schweißriemen wird ausgeworfen, der Hund hat die Halsung um. Schon bei diesen Vorbereitungen wird der Hund neugierig.

Der Führer untersucht den Anschuß, und der Hund schaut interessiert zu.

Der Führer begibt sich nun langsam zum Anschuß und kniet nieder. Der Hund beobachtet den Führer interessiert. Bei Hunden, die desinteressiert und gelangweilt herumschauen, genügt schon ein langgezogenes „was hab ich denn da?“, um den Hund doch zu interessieren. Greifen Sie gleichzeitig etwas mit der Hand in den Anschuß, haben Sie den Hund auf Ihrer Seite. Nach einer gewissen Zeit, in der Sie aber den Hund ständig beobachten, ihm also das Gesicht zuwenden, stehen Sie auf und begeben sich zum Hund.

Das Untersuchen des Anschusses bringt Ruhe in die Suche.

Diese Phase dient dazu, Hund und Führer zu versammeln und auf die bevorstehende Arbeit vorzubereiten. Bei einer echten Nachsuche haben Sie eventuell schon einen längeren Anmarsch hinter sich oder kommen gehetzt aus dem Büro, und das überträgt sich auch auf den Hund. Weiterhin ist die Untersuchung des Anschusses wichtig, um Rückschlüsse auf den Sitz der Kugel zu bekommen. Schnitthaare vergleicht man in dieser Phase mit den Proben aus dem Schnitthaarbuch.

Auch wenn all diese Tätigkeiten bei einer Übungsfährte nicht notwendig wären, so deuten Sie diese trotzdem an, um den Hund daran zu gewöhnen und es zu einer Art Ritual werden zu lassen.

Dem Hund strecken Sie Ihre Hand, die ja vorher am Anschuß war, entgegen, wenn Sie auf ihn zugehen. Der Hund nimmt mit dem Nasenschwamm die Witterung auf und kann sich gleich auf die Wildart einstellen, die er suchen soll, und sein Beutetrieb wird geweckt.

Der Führer interessiert den Hund, indem er ihm die Hand mit der Witterung des Anschusses hinstreckt.

Bei der ersten Suche eine Wildart, die der Hund mag.

Für diese ersten Arbeiten nehme ich gerne eine Wildart, die der Hund liebt, jeder Hund hat seine eigenen Vorlieben. Ein paar gemurmelte Worte wie „Ei, was hab ich denn da?“ oder „jetzt gehn wir suchen!“ machen den Hund noch neugieriger, er will an die Stelle, die der Führer untersucht hat.

Bringen Sie jetzt schon Ruhe in den Hund.

Mit dem Kommando „Such vorhin und zeige mir!“ geben Sie am kurzen Riemen den Hund frei. Er wird versuchen nach vorne zu stürmen, dieses bremsen Sie ganz behutsam ab. Gierig interessiert wird er nun die Stelle bewinden. Leise reden Sie nun auf den Hund ein: „Laß sehn, mein Hund!“ und „Zeige mir!“. Gleichzeitig halten Sie ihn am Riemen knapp an der Halsung fest, um ihn am Herumtollen zu hindern. Hier wird der erste Meilenstein gesetzt: so ruhig, wie Sie ihn jetzt am Anschuß halten, um ihm lange Zeit zu geben, die Bodenverwundung aufzunehmen, so haben Sie ihren Hund ein ganzes Leben lang am Anschuß. Ein nur kurzes Bewinden und Davonstürmen von Anschuß weg zieht immer Unstimmigkeiten bei Hund und Führer nach sich.

Zeigt Ihnen der Hund ruhig die Bodenverwundung mit dem Fährtenabdruck, können Sie dies noch unterstützen, indem Sie mit dem Finger in die Fährte zeigen und ihn mit ruhigem Ton zu verstehen geben, daß Ihnen dies gefällt und zwar mit Worten „So ist's recht, mein Hund!“. Auch ein Streicheln ist immer vorteilhaft. Hier muß der junge Hund merken, daß es seinem Führer gefällt, wenn er ihm ruhig so etwas zeigt.

Nach dieser Phase kommt nun ein Moment, der ebenfalls immer wieder falsch gemacht wird: Wie bringe ich den Hund auf der Fährte zum Laufen? Da Sie den Hund nur am kurzen Riemen haben, geben Sie ihm mit dem Kommando „Such verwundt!“ und gleichzeitigem leichten Ziehen in der Fährtenrichtung zu verstehen, daß er dieser Witterung folgen soll. Die meisten

Am kurzen Riemen geht es vom Anschuß weg.

Hunde sind ja schon alle auf Futterschleppe oder Schleppen gearbeitet, und somit kennen sie das Kommando „Such!“ bereits. Der Hund wird so mit tiefer Nase dem Fährtenabdruck folgen.

Bei den ersten Metern wie auf dem Bild zu sehen, bleiben Sie noch kurz hinter dem Hund. Dieser Körperkontakt beruhigt den Hund ungemein. Langsam wird er mit seiner Nase jeden Schalenabdruck bewinden und langsam auf der Fährte vorankommen. Nach etwa zehn Metern geben Sie dem Hund, ebenfalls langsam, mehr Riemen, und damit eine gewisse Selbständigkeit, und er kann frei arbeiten. Dieses lange Riemengeben hat natürlich auch seine Grenzen: ist der Hund zu heftig, wird er am kurzen Riemen gehalten.

Geht der Hund ruhig in der Fährte, bekommt er mehr Riemen.

Kommen Sie nun in der Fährte in die Nähe des ersten Verweiserstückes, werden Sie als Führer wieder Ihre ganze Aufmerksamkeit dem Hund und dessen Verhalten widmen. Schon kurz vor dem Verweiserpunkt wird der Hund langsamer, nur selten überschießen Hunde solche Stellen. Ruhig greifen Sie am Riemen nach vorne, ohne den Hund dabei anzuhalten. Ist der Hund am Verweiserstück, heißt das Kommando „Halt, laß sehn und zeige mir!“. Dabei halten Sie den Hund ruhig über dem Verweiserstück an und liebeln ihn ab. Mit „So ist’s recht, mein Hund, such verwundt!“ wird er wieder zur Fährte freigegeben. Der Fehler, der hier immer gemacht wird, ist dieser: Der Hund zeigt das Verweiserstück, der Führer greift am Riemen vor, läßt dabei aber den

Konzentrieren Sie sich auf das Verhalten des Hundes am Verweiserstück.

Hund weiterarbeiten. Der Hund muß so gehalten werden, daß er über dem Verweiserstück steht. Der Hund muß lernen, daß der Führer jeden Verweiserpunkt selbst in Augenschein nehmen will, und daß das Halten in der Fährte für ihn keine Strafe bedeutet, weil er ja alles richtig gemacht hat. Auf der Übungsfährte weiß der Führer noch, ob der Hund richtig ist, weil er die Fährte ja selbst gelegt hat. Bei einer echten Nachsuche zeigt der Hund durch das Verweisen von Schweiß, daß er noch auf der richtigen Fährte ist. Der Führer hat dabei keine andere Kontrolle.

Halt in der Fährte über dem Verweiserstück ist keine Strafe für den Hund.

Der Hund kommt an das Stück.

Nach dem Arbeiten der Fährte und dem noch interessierten Verweisen kommt nun ein Punkt, der für Hund und Führer gleichermaßen wichtig ist: Sie kommen an das Stück, die Decke oder Schwarte. Wie auf unserem Bild zu sehen, ist der Hund hoch konzentriert und bewegt sich auf die starke Keilerschwarte zu. Wie an anderer Stelle im Buch schon beschrieben, können Hunde anhand der Witterung klar unterscheiden, ob es sich um eine Frischlingsschwarte oder um eine starke Keilerschwarte handelt. Ich glaube, das Bild sagt genügend aus. Hier hat nun der Führer wieder erstmalig die Möglichkeit das Führer-Hund-Verhältnis – die kleine Meute – zu vertiefen und zu festigen. Wenn Sie merken, daß Ihr Hund sich stark konzentriert auf das Stück zubewegt, müssen Sie ihn moralisch unterstützen, indem Sie ihn ansprechen: „So ist es recht, mein Hund!“ – „Brav, mein Hund!“ – „Ei, was haben wir denn da?“ Auf den Tonfall in der Stimme kommt es an: der Hund muß merken, daß sein Meutegenosse bei ihm ist und nichts passieren kann. Auch hilft es dem Hund, seine gesunde Scheu zu überwinden, wenn Sie ihm die Flanken streicheln.

Machen Sie dem Hund Mut!

Alsdann greifen Sie nach dem Stück und ziehen daran, der Hund wird mutiger und faßt schon kräftiger zu. Lassen Sie ihn ruhig etwas ziehen und zotteln, er wird dadurch freier und gelöster.

Der Hund wird am Stück abgeliebelt.

Liebeln Sie Ihren Hund ausgiebig ab, wenn er zum ersten Mal ein Stück in Besitz genommen und so mit Ihnen zusammen Beute gemacht hat. Ein Führer vergibt sich nichts, wenn er sich mit seinem Hund auf dem Boden wälzt. Wir müssen dem Hund den Schluß der Arbeit verschönen, damit er sich schon freut, wenn er nur den Schweißriemen sieht.

Der Hund wird von der gemeinsamen Beute genossengemacht.

Das Genossenmachen am Stück bindet Führer und Hund noch enger zusammen. Der Hund verknüpft Anschuß – Fährte – Beute – Abliebeln – Fressen. Bei einigen meiner Schweißhunde war ich mir nicht sicher, was ihnen lieber war: das Abliebeln oder das Fressen. Die Menge beim Genossenmachen ist nicht entscheidend, auch nicht die Qualität des Angebotenen. Sie können dem Hund über Herz, Niere, Pansen, Milz, Leber, Lunge alles geben. In Afrika habe ich nur Schweiß angeboten. Wichtig ist, daß er es auch aufnimmt und sich freut, mit seinem Führer Beute gemacht zu haben.

Zum Schluß darf der Hund mit der Schwarte herumtollen, das entspannt ihn.

Gerade bei dem ersten Einstellen des Hundes auf die Fährte und die Beute müssen Sie bis zuletzt versuchen, dem Hund das Erlebte nachhaltig so schön wie irgend möglich zu machen. Da Sie sich bei einer Übungsarbeit befinden, entspannen Sie Ihren Hund dadurch, daß Sie ihn nochmals an das Stück oder die Schwarte lassen, wie auf dem Bild zu sehen. Das Stück bewegen Sie etwas oder Sie schwenken mit der Schwarte, um den Hund anzuspornen. Viele Hunde werden richtig frei, knurren, zausen, geben sogar schon Laut oder verteidigen schon zaghaft, greifen fester zu usw. All dies entspannt den Hund, und er wird sich auf die neue Arbeit freuen.

Gestalten Sie die ersten Erlebnisse auf der Fährte für den Hund angenehm.

Vermeiden Sie am Ende der ersten Übungsfährte scharfe Kommandos, korrektes Ablegen usw. Die Priorität hat nur die Nasenleistung und der Wille, zur Beute zu kommen, alle anderen Fächer werden auf einen anderen Zeitpunkt verschoben.

Merke:
Entscheidend ist, daß der Hund verknüpft: Ablegen → Anschuß → Verweisen → Stück → Abliebeln → Genossenmachen. Dieses naturnahe Einarbeiten unseres jungen und alten Hundes werden wir nur über das Legen der Fährte mit dem Fährtenschuh erreichen.

Das bedingungslose Stellen

Den Hund sollten Sie besonders umsichtig zum Stellen einarbeiten.

Das bedingungslose Stellen des kranken Stückes ist der letzte Teil einer jeden Nachsuche mit Hetze. In dieser Situation muß der Hund noch einmal alle Kraft zusammennehmen, um das kranke und manchmal sehr wehrhafte Wild zu stellen und, was noch wichtiger ist, am Platz zu halten. Ich habe Hunde gesehen, gerade in Afrika, die soviel Flüssigkeit nach stundenlangem Stellen verloren hatten, daß sie aussahen, als wären sie unterernährt. Nur der Beutetrieb und das Wissen, der Meutegenosse (Führer) kommt, ließ diese Hunde am kranken Stück ausharren und Laut geben.

Junge Hunde werden bei mir immer zusammen mit erfahrenen Hunden in die Situation des Stellens eingearbeitet.

Nehmen wir einmal folgende Situation: Ein junger Hund hat eine Hetze zu Ende gebracht und der Überläufer mit tiefem Hinterlaufschuß stellt sich. In seiner Unerfahrenheit und großen Passion wird er den Fehler begehen und zu nahe an das Stück kommen oder sogar versuchen, es zu greifen. Auf solche Momente wartet das kranke Stück geradezu und greift den verdutzten Hund, der ja bis jetzt immer hinter dem Stück war, plötzlich heftig schlagend an. Ein Überrollen des jungen Hundes genügt schon, um ihn in den meisten Fällen umdrehen und zu seinem Führer zurücklaufen zu lassen.

Das falsche erste Stück und Sie verderben Ihren Hund.

Dieses vermeiden Sie in der Ausbildung, indem Sie beim ersten Lautgeben des jungen Hundes mit einem älteren Hund die Bail angehen. So können Sie meistens rechtzeitig eingreifen, indem Sie den erfahrenen Hund dazuschnallen, wenn der junge in Bedrängnis gerät. Einen Schwachpunkt hat aber diese Methode, und sie hat mir zwei schwer geschlagene Hunde eingebracht. In dem Moment, da der erfahrene Hund ankommt und das kranke Stück richtig stellt, will ihn der junge Hund freudig begrüßen. Genau dann sind die Hunde sich nicht einig und das Stück greift an.

Stellt der junge Hund, schnallen Sie den alten dazu.

Aus diesem Grund nehme ich für diese ersten Arbeiten immer Wild, das nicht so gefährlich für den Hund werden kann. Nach meinen Erfahrungen eignet sich Rehwild mit Laufschüssen am wenigsten, weil sich Rehwild nicht stellt. Eine Ausnahme sind dabei die kleinen Hunde wie Teckel. Diese scheint das Rehwild nicht ernst zu nehmen, und so stellt es sich. Wenn große Hunde vom Schlag eines Deutsch-Drahthaar Rehwild hetzen, dann flüchtet das Rehwild, bis

Rehwild stellt sich selten.

es nicht mehr weiter kann, oder der Hund es schon bei der Hetze niederzieht. Dabei lernt der Hund Wild niederzuziehen, was ihm beim Rehwild gelingt. Beim Rotwild ist es nicht nur nicht möglich, es ist auch höchst gefährlich für den Hund, der bei solchen Situationen leicht geschlagen oder geforkelt wird.

In Afrika konnte ich mit jungen Hunden das Stellen an Stachelschweinen üben.

BGS stellen ein Stachelschwein, so etwas kann für unerfahrene Hunde tödlich verlaufen!

Die Hunde stellten das gesunde Stück und hielten es durch Umkreisen fest auf. Auf dem Bild kann man die schärfere und die vorsichtigere Hündin sehr gut erkennen. Gerade bei wehrhaftem Wild sind mir die etwas vorsichtigeren Hunde lieber. Jeder Hund muß natürlich beim Stellen seine Erfahrungen machen, so auch diese rabiat scharfe Hündin am Stachelschwein, das den Hund regelrecht auflaufen ließ. Der Hund hatte anschließend in der Keule und Seite einige Stacheln sitzen, was ihn sofort vorsichtiger machte. Dies zeigt, wie schnell die Hunde lernen.

Schwarzwild ist meines Erachtens die Wildart, bei der die jungen Hunde am besten eingearbeitet werden können. Auch schwerkrank reagieren sie immer wieder, dies läßt den jungen Hund reichlich Erfahrungen sammeln.

Ein junger BGS stellt ein Stück Schwarzwild.

Dieses Bild zeigt einen 18 Monate alten BGS beim Stellen eines Stück Schwarzwildes. Beim Stellen von wehrhaftem Wild spielt die Erfahrungen des Hundes eine ausschlaggebende Rolle.

Gut durchgearbeitete Hunde stellen, je nach Gelände oder Bewuchs, teils dicht oder im weiten Abstand.

Für stellende Hunde sind Brombeerdickungen am schwierigsten, da sie darin einem Angriff nicht ausweichen können. Die Ranken der

Brombeeren wirken wie Seile, die der ausweichende Hund mit seinem Körper nicht durchreißen kann. Hunde sehen nach einer solchen Nachsuche mit Stellen in Brombeeren und wehrhaftem Wild aus, als hätte man lauter kleine Nadeln in ihr Fell gedrückt, gleichzeitig kommen noch Kratzer bis zu tiefen Schnittverletzungen vor.

Wild stellt sich auch im Wasser!

Auch Wasser spielt beim Stellen eine Rolle. Oft hat sich Wild in Wasserläufen, Suhlen und Teiche hineingerettet und der stellende Hund muß schwimmend an das Wild heran. Man muß einmal erlebt haben, wenn sich ein Hirsch bis zum Träger ins Wasser stellt und den Laut gebenden, schwimmenden Hund durch Aufstehen auf die Hinterläufe mit den Vorderläufen unter Wasser drückt. Oder wenn ein Keiler sich in der Mitte einer großen Suhle ins Wundbett geschoben hat und auf den folgenden Hund wartet, um ihn angreifen und schlagen zu können.

Bei Bachen oder Alttieren kann es manchmal für den stellenden Hund sehr eng werden, gerade dann, wenn sie ihren Nachwuchs, die Frischlinge oder Kälber verteidigen.

Fährtenarbeit im Schnee

Grundsätzlich muß der Hund bei jedem Wetter einzusetzen sein, vorausgesetzt, der Führer erkennt alle mit dem Wetter verbundenen Schwierigkeiten wie Schnee, Hitze, Regen, Frost, Tau und Trockenheit, um nur einige zu nennen. Durch den Witterungseinfluß verändern sich Schweiß und Fährte ganz enorm. Nehmen wir zum Beispiel Schnee. Für die meisten ist der Schnee weiß, naß oder trocken, wenig oder reichlich vorhanden.

Bei der Hundenase ist es anderes. Es ist entscheidend, ob der Hund etwas durch den Schnee riecht oder nicht. Hier kann der Hundeführer seinem Hund ungemein helfen. Durch seine Erfahrung und sein Können wird er auch mit solchen witterungsbedingten Schwierigkeiten fertig werden, wie Schnee sie darstellt. Ich möchte die gebräuchlichsten Schneearten aufzählen, mit denen eine Hundenase fertig werden soll:

Bei Schnee kann es unmöglich sein, der Fährte zu folgen.

- *Wildschnee und Flaumschnee*
- *Pulverschnee*
- *Pappschnee*
- *Preßschnee*
- *Packschnee*
- *Schwimmschnee*
- *Windharsch*
- *körniger Schnee*
- *Sulzschnee*
- *Schneeschlamm*

- *Schmelzharsch*
- *Oberflächenreif*
- *Raufrost (Anraumen)*

Etwas Spezialwissen zum Schnee: Es gibt beim Schnee die sogenannte Metamorphose, die Schneeumwandlung. Dabei kann der Schnee die aufbauende oder abbauende Schmelzumwandlung zeigen.

Aufbauende Schnee-umwandlung.

Bei der aufbauenden Schneeumwandlung ist der Boden noch wärmer als der Schnee. Fällt eine typischerweise sechsstrahlige Schneeflocke auf den Boden, dann kondensiert daran die Luftfeuchtigkeit und gefriert. Die Schneeflocke wird größer, und sieht mit dem ‚Rauhreif" aus wie ein Igel.

Abbauende Schnee-umwandlung.

Bei der abbauenden Schneeumwandlung (Schmelzumwandlung) schmilzt die Schneeflocke langsam zusammen und bildet zum Schluß nur noch einen kleinen Eisklumpen.

Diese beiden Arten sind für die Schweißarbeit von größter Wichtigkeit, können Sie doch eine Suche ganz gewaltig beeinflussen und den Erfolg verzögern, wenn nicht sogar zunichte machen. Dazu ein Beispiel:

Da meine Hunde bei jeder erdenklichen Schneelage arbeiten müssen, legte ich eine Fährte mit dem Fährtenschuh und spritzte gleichzeitig Schweiß in und neben die Fährte. Es handelte sich bei dem Schnee um eine aufbauende

Schneeumwandlung, demzufolge war die Außentemperatur 12 Grad minus, die Fährte war 1000 Meter lang und führte durch lichtes Buchen-Altholz. Nach einer Stehzeit von etwa sechs Stunden begab ich mich mit meinem im ersten Behang stehenden Rüden „Poldi" an den Anschuß. Dieser Hund wurde das erste Mal bei Schnee angesetzt. Ich staunte nicht schlecht, denn der Hund – der ansonsten sehr sauber arbeitete – kam nicht mal einige Meter vom Anschuß weg. Und das, obwohl Fährte und Schweiß im Schnee deutlich zu sehen waren. Alles neue Ansetzen und Anrüden half nichts, wir kamen keinen Meter weiter.

Die Fährte war im Schnee deutlich zu sehen, der Hund konnte sie aber nicht arbeiten.

Nach einiger Zeit dämmerte es mir: aufbauende Schneeumwandlung. Ich nahm eine Handvoll Schnee mit einem Schweißtropfen darauf und sah ihn mir genauer an. Meine Frau, die mich begleitete, sagte noch: „Der Schweißtropfen sieht ja aus wie ein kleiner Igel!" Um und an dem Schweißtropfen hatte sich aufgrund der großen Kälte kleine Eiskristalle gebildet. Diese hatten den Schweiß und seine Witterung eingeschlossen und so konserviert. Mit Daumen und Zeigefinger verrieb ich den „Igel". Der Schweißtropfen taute sofort auf und verteilte sich auf meinen Fingern. Der Hund neben mir stellte sich sofort auf die Läufe und verwies den Schweiß an meinen Fingern.

In der folgenden Nacht setzte Tauwetter ein, und es reizte mich, die Fährte des Vortages nochmals zu arbeiten. Ohne nennenswerte Schwierigkeiten arbeitete der Hund die Fährte, obwohl sie nun viel älter war. Durch die abbauende Schmelzumwandlung waren die eingeschlossenen Schweißtropfen von ihrem „Eispanzer“ befreit worden. So konnte der Hund sie wahrnehmen. Nur die Tatsache, daß beim ersten Mal Frost und beim zweiten Versuch Tauwetter herrschte, bestimmte die Arbeit und Leistung des Hundes. In gleicher Weise können andere Wetterlagen die Arbeit des Hundes beeinflussen. Man muß diese und deren Auswirkungen auf die Arbeit des Hundes als solche erkennen und schon einmal gearbeitet haben. Dann kommt man auf der Fährte auch weiter.

Hans-Joachim Borngräber

Video: Das Verweisen

Gerade bei der Schweißarbeit ist die Kommunikation zwischen Hund und Führer wichtig. Hat der Hund in der Wundfährte Schweiß oder Knochen gefunden, muß er das seinem Führer verweisen. Eine gute und richtige Ausbildung zum Verweisen bildet die Grundlage für die Kommunikation zwischen Hund und Führer. Und in der Folge können die beiden effektiv und vertrauensvoll zusammenarbeiten, weil sie jeweils die „Sprache" des anderen verstehen.

In vielen kleinen Schritten wird ausführlich gezeigt, wie man einem jungen Hund das Verweisen beibringt. Anschließend zeigt ein firmer Schweißhund, was gut ausgebildete Hunde zu leisten imstande sind. Der Ausbilder Hans-Joachim Borngräber zeigt wie das Verweisen zur Verständigung zwischen Hund und Führer in der Praxis funktioniert.

Video VHS ca. 45 Minuten Spieldauer, Stereo / Dolby Surround.

ISBN 3-932848-09-8,

Preis: 89,- DM.

:erei 15, 38108 Braunschweig, Tel.: 05 31 - 37 75 12, Fax: 05 31 - 37 75 38, e-Mail: venatus@t-online.de

Die Bewegungsangel

Die Bewegungsangel, auch Reizangel genannt, ist für die Ausbildung und zum Training der Hunde bis ins hohe Alter eines der besten Hilfsmittel. Dieses einfache und simple Gerät besteht aus einem 1,5 Meter langen Haselnußstecken. Daran ist eine feste Perlonschnur gebunden und am anderen Ende der Schur hängt ein frischer Deckenfetzen; abwechselnd von verschiedenen Wildarten. Hiermit können Sie schon feststellen, welche Wildarten vom Hund gerne gehetzt werden und welche nicht. Hängsel sollten Sie nach spätestens einer Woche austauschen, einen Vorrat können Sie bequem in der Kühltruhe aufbewahren.

Mit der Bewegungsangel können Sie den Hund spielerisch an verschiedene Wildarten heranführen.

Es obliegt nun Ihnen als Führer, dem Hund auch die anfangs nur widerwillig gehetzten Wildarten „schmackhaft" zu machen. Meistens hat der Hund vor dem Schwarzwild Respekt. Versuche haben bei uns gezeigt, daß die Hunde den Schwartenstreifen eines starken Keilers an der Bewegungsangel mit mehr Zurückhaltung jagen als den Pürzel eines Überläufers oder Frischlings.

Praxistip:
Schneiden Sie die Schwarte einer Sau oder Decke von Rot- oder Damwild in Streifen. Diese Streifen werden dann aufgerollt, so daß die Fleisch- auf die Fellseite zu liegen kommt. Diese Rollen umwickeln Sie mit Bindfaden, stecken sie in Gefrierbeutel und frieren sie ein.

Harte Gegenstände wie Läufe und Schalen eignen sich nicht gut für die Bewegungsangel. Ein junger Hund könnte diese mit starker Wucht auf den Fang oder auf die empfindlichen Lefzen bekommen und so schlagartig das Interesse verlieren. Noch schlimmer wäre es, wenn er den Schmerz mit der Wildart verknüpfen würde und diese Art dann in Zukunft meidet. Der Führer muß ein großes Maß an Feingefühl entwickeln, damit ein junger Hund eine solche Situation überwindet und wieder Freude an der Bewegungsangel hat.

Keine harten Hängsel.

Bei älteren Hunden können Sie mit Läufen arbeiten, denn hier ist eine gewisse Grundhärte schon vorhanden. Aber auch hier sollten Sie mit Augenmaß arbeiten, denn der halber Lauf eines Hirsches hat an der Bewegungsangel eine enorme Wucht und kann einem Hund bei Unachtsamkeit die Schneide- oder Fangzähne ausschlagen. Schleifen Sie daher Läufe lieber über den Boden.

Mit der Arbeit an der Bewegungsangel fangen Sie etwa mit einem Vierteljahr an. Das täglich Pensum beträgt fünf bis zehn Minuten. Sie werden erkennen, daß bei den jungen Hunden die Kondition schnell wächst und sich die Brust positiv verändert. Halten Sie die Übungen immer um die Mittagszeit ab, und geben Sie Ihrem Hund danach genügend zu trinken. Im Anschluß sollte er reichlich Ruhe haben. Wenn Sie erkennen, daß der Hund lustlos ist,

Das tägliche Training bringt Kondition.

sollten Sie ihn weiter beobachten. Es könnte eine organische Störung vorliegen.

Der Hund wird bei jedem Wetter trainiert, denn die späteren Nachsuchen und Hetzen sind nicht immer bei schönem Wetter. Gerade für Hundeführer, die wenig Zeit haben, um während des Tages ihrem Hund Auslauf und Bewegung zu verschaffen, ist die Bewegungsangel eine Möglichkeit, um dem Hund in kürzester Zeit und auf kleinstem Raum Leistung abzufordern.

Der Hund braucht Training, ansonsten steht er die Nachsuchen nicht durch.

Die Nachsuchenarbeit – gerade mit einer langen Hetze – ist eine körperliche Höchstleistung, die ein Hund nicht ohne Training durchzustehen vermag. Außerdem ist es unfair, von einem Hund eine Leistung zu verlangen, die er nicht bringen kann oder die ihm körperlichen Schaden zufügt, wenn er sie wegen seiner Passion trotzdem bringt.

Der Klarheit halber muß hier nochmals gesagt werden, daß die Bewegungsangel für einen Vorstehhund anders gebraucht wird als für einen Schweißhund. Der Gebrauchshund soll vor dem angebundenen Flügel, Kaninchenbalg etc. vorstehen. Der Schweißhund trainiert an der Bewegungsangel Kondition, Beweglichkeit und Schnelligkeit.

Nun einige Übungen mit der Bewegungsangel, aber auch hier sind Ihrer Phantasie keine Grenzen gesetzt. Entscheidend ist die freudige Arbeit des Hundes.

Einen Grundsatz, der aus dem Leistungssport kommt, sollten Sie auch hier beherzigen:

- Aufwärmen
- Leistung
- freudiges Entspannen und Loben

Loben ist sehr wichtig und schweißt Führer und Hund zusammen.

Wenn Sie dieses in den Lehrplan für Ihren Hund einbauen, werden Sie immer einen freudigen Hund bei der Übungsstunde haben.

Schnelles Laufen hinter dem im Kreis gezogenen Hängsel (Deckenfetzen). Hier können Sie das Tempo drosseln oder steigern. Achten Sie aber immer darauf, daß der junge Hund nicht sauer wird, und lassen Sie ihn beim geringsten Anzeichen von Lustlosigkeit sofort das Hängsel fassen. Zusätzlich können Sie ihn mit freudigen Worten motivieren, um dann erst mit der Arbeit fortzufahren. Steigern Sie die Anforderungen langsam und der Kondition des Hundes angepaßt, denn sein Körper ist noch nicht ausgewachsen und könnte leicht bleibende Schäden davontragen.

Schnelles Laufen hinter dem Hängsel, um die Kondition zu steigern.

Das **paarweise Laufen** eines jungen Hundes und eines älteren (im besten Fall die Mutter). Da Sie das Hängsel für den Althund schneller ziehen müssen, strengt sich der junge Hund sehr an, um zur Beute zu kommen. Führen Sie diese Übung nicht zu lange durch, sondern lassen Sie nach kurzer Zeit beide zum Erfolg kommen.

Paarweises Laufen schult das Team.

Vorsicht bei Richtungsänderungen: Der ältere Hund ist schneller und hat darum die Wende früher vollzogen als der junge Hund. Dann kann es zu einem harten Zusammenprall kommen, was den jungen Hund lustlos werden läßt.

Ziehen am Hängsel ist eine weitere Übung. Nach einigen kurzen, schnellen Sprints lassen Sie den jungen Hund zum Erfolg kommen: er darf Beute machen. Mit festem Griff wird er die Beute schütteln. In dem Moment, da der Hund die Beute schüttelt, ziehen Sie die Schur etwas an, bis das Schütteln aufhört und der Hund nur noch an der Beute zieht. Diese statische Übung trainiert viele Muskelpartien des Körpers. Nach dem Kommando „Aus!“ wird der Hund vor seinem Hängsel stehen und warten, bis sich dieses wieder bewegt. Diese Ruhepause braucht der Hund. Bei Hunden nach dem Zahnwechsel heben Sie das Hängsel etwas an, so daß der Hund mit den Vorderläufen in der Luft hängt. Auch dies dient zur Kräftigung.

Ziehen am Hängsel stärkt die Nackenmuskulatur.

Die Übung **„Springen nach dem Hängsel"** sollte knapp dosiert werden, gerade bei jungen Hunden. Lassen Sie die Hunde beim Angehen auf die Übungswiese nach dem Hängsel springen, eine Übung zur Stärkung der Hinterhand. Auch beim Kreisen und Hochziehen des Hängsels wird der Hund versuchen zu fassen. Geradezu akrobatische Sprünge können ältere Hunde vollführen, man sieht ihnen förmlich an, daß sie Spaß an der Arbeit oder dem Training haben. Grundsätzlich sollte der Hund immer wieder bei besonders guten Abschnitten – schnelles Laufen, schnelles Drehen, gutes, festes Fassen – gelobt werden.

Springen nach dem Hängsel.

Bei der Übung **„Sitz und Platz bei Bewegung des Hängsels"** sollte der Hund die Kommandos „Sitz!" und „Platz!" bereits beherrschen. Sie können nun deren Ausführung festigen, indem Sie den jungen Hund Platz machen lassen und zuerst in etwas Abstand auf dem Boden das Hängsel langsam am Hund vorbeiziehen. Der junge Hund wird sofort versuchen, nach dem Hängsel zu schnappen, aber ein scharfes „Platz!“ wird ihn auf die Stelle binden.

Dasselbe üben Sie mit der Situation „Sitz!“. Der Hund sitzt ruhig vor Ihnen und Sie pendeln das Hängsel an ihm hin und her. Auch hier wirkt ein scharfes „Sitz!“ Wunder. Bei beiden Situationen wird Übung den Meister machen. Hat der Hund das begriffen, so wird das Hängsel schneller und sogar auch über den platzmachenden Hund geschliffen – er muß ruhig liegen bleiben –, erst auf das Kommando „Faß!“ darf er dem Hängsel wieder folgen.

Der rechte Hund faßt das Hängsel auf Kommando.

Anregung zum Lautgeben.

Lautgeben und Verbellen des Hängsels erreicht man, indem man dem Hund durch den Zuruf „Gib Laut!“ motiviert oder man einen zweiten Hund mitlaufen läßt. Es ist überraschend, wie schnell junge Hunde mit lockerem Hals am sich schnell vor ihnen bewegenden Hängsel lautgeben. Dieses Lautgeben des Hundes ist für den

Schweißhundführer wichtig, damit er später den Standort des Hundes lokalisieren kann.

Hat der Hund das freudige Lautgeben hinter dem sich schnell bewegenden Hängsel begriffen, versuchen Sie es mit hoch gehaltenem Hängsel. Noch besser geht es, wenn Sie das Hängsel über eine Wäscheleine hängen, der Hund darunter steht oder sitzt und Sie das Hängsel mittels der Schnur in hüpfende Bewegungen bringen. Mit etwas Schwung in der Stimme und „Gib Laut!" werden die meisten Hunde lautgeben. Wichtig ist aber, diesen Übungsteil vor das Lauftraining zu legen, damit der Hund noch ruhig atmet und lautgeben kann. Ich gehe in der Übung soweit, daß der Hund das ruhig auf dem Boden liegende Hängsel verbellt.

Der Hund verbellt das Hängsel.

Ruckartige Richtungswechsel kommen gerade bei einer Hetze, bei der das Stück vor dem scharf hetzenden Hund flüchtet, immer wieder vor. Sei es, daß das Wild die Richtung wechselt, oder daß der Hund einem Hindernis ausweichen muß. Diese ruckartigen Bewegungen können bei nicht geübten Hunden schnell zu Verletzungen führen. Wir müssen also versuchen, unseren jungen Hund – so gut wir es verstehen – auf solche Fälle vorzubereiten. Hier ist die Bewegungsangel eine gute Sache, mit ihr können wir viele Varianten der Bewegung üben. Sie werden bei einigen Bewegungen ihres Hundes staunen, wie beweglich Hunde sind. Hüten Sie sich aber davor, die Übungen zu übertreiben, gerade dann, wenn sich der Hund noch im Wachstum befindet.

Ruckartige Richtungswechsel, etwas, das der junge Hund erst lernen muß.

Gruppenübungen sind mit der Bewegungsangel ebenfalls möglich. Wenn man immer mit mehreren Hunden arbeitet und meistens nur einen trainieren kann, müssen die anderen so lange abgelegt werden. Legen Sie dann Ihren Rucksack oder Lodenumhang auf die Erde, die nicht übenden Hund werden darauf abgelegt. Es ist eine sehr gute Übung, um die abgelegten Hunde daran zu gewöhnen, ruhig auf dem Platz zu liegen, während der andere Hund hinter dem Hängsel herjagt. Bei fortschreitender Übung können Sie das Hängsel über die anderen Hunde ein- bis zweimal vorsichtig herüberschleifen. Auch kann der junge Hund über die abgelegten Hunde springen, und diese müssen liegen bleiben. Lassen Sie aber niemals einen alten Hund über einen jungen Hund springen, dabei könnten Aggressionen auftreten. Diese Übung sollte nicht zu oft durchgeführt werden, aber als Disziplintraining ist sie sehr wirkungsvoll.

Der junge Hund springt über den alten Hund.

Die Wasserfreude wecken: Auch unsere Schweißhunde müssen immer wieder mal bei Suchen das Wasser annehmen, und das nicht immer bei warmen Temperaturen, sondern auch bei Eis und Schnee.

Um hier den Hund vorzubereiten, ist die Bewegungsangel sehr gut geeignet. Lassen Sie den jungen Hund in der Nähe einer Flachwasserzone auf dem Land hinter dem Hängsel hetzen.

Schwingen Sie das Hängsel immer näher an die Wasserfläche. In seiner Passion, Beute zu machen, merkt der junge Hund es nicht und jagt mit einem mal eine kurze Strecke im Wasser. Nach dem ersten Wasserkontakt sollten Sie den Hund sofort Beute machen lassen. Nach kurzem Beuteln des Hängsels arbeiten Sie gleich weiter, aber nicht überfordern. Es hängt natürlich auch immer vom Wetter ab, ob ein Hund freudig oder zögerlich ins Wasser geht. Denken sie daran, ob Sie Schweißhunde haben oder Gebrauchshunde, bei denen unter anderem auch auf Wasserfreude gezüchtet wird. In meiner Ausbildung in dieser Station gehe ich soweit, daß der hetzende Hund hinter dem Hängsel sogar herschwimmen muß. Er wird dieses willig tun, wenn er langsam aufgebaut wurde.

Haben Sie Ihren Hund ans Wasser gewöhnt, wird mit ihm bei jedem Wetter geübt. Die positiven Auswirkungen eines solchen Trainings werden Sie erst viel später erkennen können,

Zwei BGS mit der Bewegungsangel im Wasser.

wenn beispielsweise ein Hund ohne zu zögern bei schlechtestem Wetter eine Suhle quert oder einen breiten Bachlauf arbeitet, und nicht zögerlich am Ufer hin und her tippelt.

Gewöhnung an Schnee: Auf die gleiche Art wie beim Wasser können Sie den Hund auch an Schnee gewöhnen. Gerade bei den winterlichen Drückjagden fallen viele Nachsuchen an, und da darf der Hund nicht den Schnee meiden. Erst wird mit dem Hängsel auf einer schneefrei geräumten Fläche geübt, dann schwingen Sie das Hängsel über den Schnee, so daß der Hund folgen muß, um an die Beute zu kommen.

Mit der Bewegungsangel lassen sich die Hunde auch an Schnee gewöhnen.

Drittes Buch:

Das Nachsuchengespann

Führen und Einsatz des Bayerischen Gebirgsschweißhundes in der Praxis

Die folgenden Nachsuchen zeigen beispielhaft, welche unterschiedlichen Anforderungen an Hund und Führer in der rauhen Praxis gestellt werden. Solche Arbeiten sind nur möglich, wenn zu diesem Zeitpunkt der Hund sorgfältig durchgearbeitet ist und das Verhältnis zwischen Führer und Hund stimmt. Ich habe in meiner Praxis Hundeführer gesehen und erlebt, die schier verzweifelt sind, weil die Arbeit nicht weiter voranging und der Hund nicht mehr wußte, wo er zuerst suchen sollte. Besonders dann, wenn das kranke Stück noch in der Rotte stand. Nur hier in der härtesten Form der Nachsuche zeigt und bestätigt sich die stetige und beharrliche Einarbeitung des Hundes und das Zusammenspiel Hund und Führer. Wie herrlich ist es, wenn der Knoten gelöst ist nach schier endlosen Wiedergängen und Verleitungen in massiver Form, und man die erste Bestätigung in Form von Schweiß oder der Fährte hat und die Arbeit weitergehen kann. In diesen Momenten denke ich über die Ausbildung des Hundes nach, und ich erkenne Fehler, die ich gemacht habe und weiß, daß hier und da noch nachgearbeitet werden muß.

Auf der Nachsuche zählt das gute Verhältnis zwischen Hund und Führer.

Erste Arbeit

Keilernachsuche im Revier „Sieben Berge“ bei Herrn Helmut Wend.

Am 14.09.1985 wurde ich von Herrn Puchmüller benachrichtigt, eine Nachsuche zu übernehmen.

Gegen 14 Uhr kam ich im Revier des Herrn Wend an. Hier wurde ich den anwesenden Jägern vorgestellt. Der Schütze gab seinen Bericht über den Vorgang des Schusses. Daraus ergab sich folgendes Bild:

Ankunft im Revier.

Um 7.30 Uhr hatte er einen in den Bestand einwechselnden Keiler beschossen. Der Schütze hatte das Zeichnen nicht genau gesehen. Am Anschuß fand man wohl Eingriffe, aber keinen Schweiß. Wend hat sogleich mit seinem erfahrenen Wachtel nachgesucht. Bei dieser Nachsuche hat er einige Tropfen Schweiß gefunden. In einem jungen Buchenbestand hatte Wend dann die Suche abgebrochen.

Schuß auf einen starken Keiler.

Durch einen erfahrenen Jäger (Forstbeamten) ließ ich mir die näheren Dickungen sowie Reviergrenzen erklären und teilte danach die Schützen für das Abstellen ein. Die Besonderheit dieses Reviers ist, daß sich die bejagbare Fläche in zwei Teile gliedert, ähnlich einem Hausdach. So wurden die Schützen auf den Kamm gestellt und sollten dort solange ihre Stände behalten, bis von mir abgeblasen wird. Die Schützen sollten nur auf Wild schießen, wenn der Hund weiter als zehn Meter hinter dem Stück ist, ansonsten sollten sie die Hetze vorbeilassen, wenn es dazu kommen sollte.

Einteilen der Abstellschützen.

Vorbereitung zur Nachsuche.

An der Stelle, an der Wend aufgehört hatte, ließ ich meinen erfahrenen Rüden „Aparth v. Ruhrtal“ vorsuchen. Nach einigem Hin und Her fiel der Hund die Fährte an – bei ihm klar zu erkennen. Der Altrüde interessierte sich anfangs mehr für die Wachtelspur – eine Eigenheit, die mit zunehmendem Alter schlimmer wurde. Nach einigen Riemenlängen ging es in einen extrem dichten Brombeerverhau, in dem die Arbeit sehr schwer vorankam. Ich mußte den Hund ständig durch das Kommando „Halt!“ zum Warten zwingen, und konnte nur auf Händen und Knien folgen. Bisher hatte ich keinerlei Pirschzeichen einer kranken Sau sehen können, da in dieser schier undurchdringlichen Dickung sehr viele Schwarzwildfährten standen. Plötzlich wurde der Hund heftig und wollte geschnallt werden. „In diese Dickungen hat ein Haumeister rund 30 Sauen einwechseln sehen!“ hatte mir vor der Suche der mich begleitende Wend noch gesagt. Daher glaubte ich dem Hund nicht, da ich auch keinerlei Bestätigung hatte. Es sollte sich später als großer Fehler herausstellen.

Die Suche beginnt.

Der Hund will geschnallt werden.

Ich wollte ganz sicher gehen. Plötzlich blieb der Hund vor mir in den Brombeeren stehen, und durch sein Verhalten konnte ich feststellen, daß er irgend etwas ausgiebig mit der Nase untersuchte. Ich griff am Riemen vor und war an dem sprichwörtlich warmen Bett einer Sau. Der Hund zeigte nun wieder sehr stark, daß er geschnallt werden wollte.

Am warmen Wundbett.

Da ich aber immer noch keine Bestätigung hatte, ließ ich den Hund weiterarbeiten. Zügig ging die Suche hangabwärts weiter. Material, Hund und Führer sowie Begleitperson wurden durch die Brombeeren hart gefordert. Nach rund 800 Metern verwies der Rüde mir in den dichten Brombeeren und Buchen auf einem Buchenblatt einen großen Tropfen Schweiß, den ersten und letzten während der ganzen Suche. Ich war nun sicher, richtig zu sein! Der Schweiß war dunkelrot und an seinem Rand war er wäßrig, gleichfalls roch er stark nach Urin. Erst zu diesem Zeitpunkt konnte ich mir ein Bild von der Lage des Schusses machen (tiefer Schuß im Pinselbereich). Zügig wurde die Arbeit vorangebracht, und wir kamen auf einen Gestellweg, auf dem der Hund die Fährte einer Sau verwies, die sich auf drei Läufen vor uns fortbewegte, wobei der vierte Lauf nur ganz schwach zu erkennen war.

Der erste Tropfen Schweiß!

Bis hier hatten wir ständig Wind, der uns ins Gesicht stand. Die Sau wechselte nun so in einen dichten Bestand ein, daß wir den Wind plötzlich im Nacken hatten. Die Sau zog von uns weg, und der Wind im Rücken würde die

Sau nur zur schnelleren Flucht veranlassen. Der Hund wollte immer noch geschnallt werden, und so entschloß ich mich, den Rüden zu schnallen.

Der Hund wird geschnallt!

Nach einiger Zeit erklang plötzlich Hetzlaut, der sich hangaufwärts bewegte, und ziemlich schnell zum Standlaut überging: Der Hund steht am kranken Stück. Ein kurzes Beratschlagen und im Vertrauen darauf, daß alle Abstellschützen auf ihren Posten auf dem Kamm stehen, gingen wir die Bail an. Nach kurzer Zeit merkte ich, daß die Bail ging. Zwar langsam, aber stetig bewegten sich Hund und Sau dem Kamm entgegen. Wir liefen, was wir konnten, aber das Gelände, die Bodenverhältnisse und Hindernisse machten es unmöglich, schneller voranzukommen. Wir verloren den Anschluß, und von der Hetze oder Bail war nichts mehr zu hören. Der Ausspruch meines Begleiters: „da oben müßte doch ein Schütze stehen", machte mich nicht gerade munterer, sondern zeigte mir nur einmal mehr, wie manche Menschen eine Nachsuche einschätzen und was man von ihnen erwarten kann. Mittlerweile war es 19 Uhr, und es wurde recht schnell dunkel.

Der Hund stellt das Stück.

Da ich weiß, daß mein Hund bei Einbrechen der Dunkelheit wieder Anschluß zu mir sucht – eine Eigenheit, die ihn gerade in Afrika bei sehr hartem Wild vor größeren Schäden bewahrt hat – blies ich ab, und die Abstellschützen kamen einzeln zum verabredeten Sammelpunkt. Mittlerweile war es dunkel, und die Sorgen um den Hund, dem

Die Nachsuche wird vorerst abgeblasen.

man nicht helfen kann, wurden größer. Im Scheinwerferlicht eines Wagens besprachen wir die Begebenheiten, als plötzlich aus der Dunkelheit mein Hund auf mich zu kam und mich mit seinen dunklen Augen anäugte, daß es einem ganz anders wird. Ich verabredete für den darauffolgenden Tag gegen neun Uhr alle Schützen wieder an den Sammelplatz und fuhr nach Hause.

Der Hund kommt zurück.

In der Nacht gegen 24 Uhr fing es stark an zu regnen und mein Barometer, die Sau zur Strecke zu bringen, fiel gewaltig. Am 15.9.1985 um neun Uhr waren alle Jäger am vereinbarten Platz. Der Regen hatte nicht aufgehört, und die Stimmung und die Blicke waren für den Beginn der Arbeit nicht gerade motivierend. Der Hund wurde am Gestellweg angesetzt, in dem die inzwischen halb mit Wasser gefüllt Fährte stand. Die Suche kam nur ganz langsam in Gang, immer wieder mußte ich zurückgreifen oder den Hund anrüden. Dann ging es wieder hinein in die Brombeeren.

Am nächsten Morgen Dauerregen!

Nach kurzer Zeit waren Hund, Führer und Begleiter wie aus dem Wasser gezogen, aber die Suche ging weiter in Richtung auf ein Buchenaltholz in einem steilen Hang, dessen Ende oben der Kamm war. In vielen Serpentinen hatte die Sau den steilen Hang genommen und war gerade an der Stelle durchgewechselt, an der der Schütze hätte stehen sollen.

Die Sau war am Vortag am Schützen vorbei gewechselt!

Gleichmäßig regnete es weiter, und man kam an einen Punkt, an dem man sich fragt: „warum macht man dies alles?" Am ruhigen Arbeiten des Hundes konnte ich erkennen, daß er die Fähre des Vortages arbeitete. Ich hatte weder eine Bestätigung noch konnte ich etwas sehen, aber stetig arbeitete der Hund über den Kamm weiter. Ein dort abgestellter, mittlerweile auch schon sehr nasser Forstbeamter – ebenfalls Hundeführer – fragte mich: „Meinen Sie, es hat noch Zweck?" Wie er mir später bestätigte, hätte er keinen Pfennig mehr dafür gegeben.

Hat es noch Sinn?

Über den Kamm ging es im lichten Altholz nach unten. In einer Buchenverjüngung verwies der Hund ganz eindeutig die Fährte der Sau. Mittlerweile war es zwölf Uhr geworden, und wir waren schon wieder drei Stunden unterwegs – im Zeitlupentempo und mit jetzt noch stärkerem Regen. Langsam buchstabierte sich der Hund durch das knöcheltiefe, nasse Buchenlaub vorwärts. Auf einem durch Rückefahrzeuge geschädigten Weg, in dem das Wasser in wahren Teichen steht, verwies der Hund an einer erhöhten Stelle die Fährtenabdrücke der kranken Sau: dreimal kräftig und einmal schwach. Welch eine Leistung des Verweisens! Bedächtig arbeitete der Hund in dem zerfahrenen Weg weiter. Da ich meine Konzentration ganz auf den Hund gerichtet hatte, sahen wir die annehmende Sau erst im letzten Augenblick. Sie hatte sich in ein tiefes Wasserloch, das von einigen Fichtenwipfeln überdeckt war, eingeschoben und uns regelrecht auflaufen lassen. Ich hatte meine Waffe noch auf dem Rücken und ein schnelles Schießen war für mich daher nicht möglich. Ebenfalls wollte der

Immer noch auf der Fährte!

Der Keiler nimmt uns an!

Rüde im Riemen an die Sau. Ich rief Wend zu: „Schießen!“ Dieser hatte eine Waffe ohne Gewehrriemen und trug sie deshalb in der Hand. Kurz darauf, die Sau war etwa zwei Meter von uns entfernt, schoß Wend – bei der Bundeswehr Scharfschütze –, und der Keiler brach mit Kopfschuß aus der 7x64 zusammen. Es war 14.30 Uhr.

Endlich, Fangschuß in der letzten Sekunde.

Der Schuß lag etwas über dem Pinsel, Ein- und Ausschuß hatten sich mit Weiß verstopft, deswegen war keinerlei Schweiß auf der Fährte zu finden. Nach einer solchen Nachsuche ziehe ich, um daraus zu lernen, immer Resümee.

Resümee.

- die Riemenarbeit dauerte sieben Stunden
- die Strecke betrug 4.000 Meter
- ein Tropfen Schweiß in der gesamten Fährte
- fast 30 Stunden Stehzeit
- ständiger Regen

Hätte der Abstellschütze auf seinem Platz gestanden, wäre die Sau vermutlich schon am Vortage zur Strecke gekommen. Es war die Arbeit eines Hundes mit starkem Finderwillen.

Auch die Leistung des Führers nehme ich immer kritisch unter die Lupe: Hätte ich eher schnallen sollen, und warum habe ich es nicht getan? Darauf finde ich meist keine rechte Antwort.

Zuletzt denke ich immer noch: war es für die beteiligten Jäger eine Mahnung, beim nächsten Mal besser zu schießen oder besser den Finger gerade zu lassen, oder wagen sie noch riskantere Schüsse, weil der Schweißhundeführer die Sau trotzdem findet?

Überreichen des Bruchs nach der erfolgreichen Nachsuche.

Zweite Arbeit

Diese Arbeit mit Hetze beschreibt der Schütze selber, ebenfalls Hundeführer und langjähriger Jäger:

Sauen auf dem Acker.

Am Freitag, den 6. 11. 1987, saß ich abends im Revier Hörsum, am Rande des Sackwaldes gelegen, auf Sauen an. Vor mir lag ein Acker mit frisch gedrilltem Winterweizen. Die Lichtverhältnisse waren trotz Bewölkung bei Vollmond ausreichend. Gegen 20:30 Uhr hörte ich Schwarzwild anwechseln. Etwa zehn Minuten später traten die ersten Stücke aus. Es handelte sich um zwei stärkere Rotten von jeweils etwa 20 Stück, die in gebührendem Abstand von einander den Acker vor mir nach Mais- und Rübenresten umbrachen.

Aus der rechts von mir stehenden Rotte beschoß ich gegen 21 Uhr ein einzeln stehendes Stück (Kaliber 7x64; 11,2 g Teilmantel-Rundkopf) auf rund 90 Schritt. Danach flüchteten alle Stücke hangaufwärts. Nach zwei längeren „Zigarettenlängen" ging ich zum Anschuß, den ich wegen des frisch bearbeiteten Bodens zunächst nicht ausmachen konnte.

Schuß auf 90 Schritt!

Daraufhin holte ich meinen Kleinen Münsterländer-Rüden, den ich unter dem Sitz abgelegt hatte. Er verwies reichlich Schweiß und einige größere Fetzen Weißes. Ich verbrach den Anschuß und ließ den Hund weiter am langen Riemen bis zur Waldkante suchen. Immer wieder viel Schweiß auf beiden Seiten der Fluchtfährte, die nun, offensichtlich bei der Rotte, steil hangaufwärts stand. Die Sau muß gleich hier liegen, so war ich fest überzeugt. Trotzdem brach ich am Einwechsel in den Buchenhochwald die Suche vorerst ab, um das vermeintlich todkranke Stück nicht aufzumüden. Immerhin war nach dem Schuß schon (oder erst?) eine Dreiviertelstunde vergangen.

Suche mit kleinem Münsterländer: Schweiß und Weißes am Anschuß.

Ich wurde unsicher. Einerseits die eindeutigen Schußzeichen, andererseits hatte die Sau noch den Hang genommen. Also erst einmal weg vom Schauplatz des Geschehens und den Pächter benachrichtigen. Das klappte nicht, aber ein anderer Jagdgast, der an diesem Abend ebenfalls draußen war, lief mir über den Weg. So entwikkelte sich genau das, wovon man als relativ erfahrener Weidmann, der in 15 Jägerjahren schon oft in ähnlichen Situationen war, genau weiß, daß es falsch ist: man „funzelt“ mit der Taschenlampe. Sicher, oft genug hatte das Stück auch nicht weit vom Anschuß entfernt längst verendet gelegen. Die Gefahr des Verhitzens, eine unruhige Nacht voller Ungewißheit, nicht aufzuschiebende Termine am nächsten Morgen und viele andere Gründe, die wohl jeder Jäger hinlänglich kennt, wiegen dann oftmals schwerer als jagdliche Vernunft.

Obwohl es falsch ist: Nachsuche mit Taschenlampe.

So folgten wir beide, bewaffnet mit zwei starken Lampen, der deutlichen Schweißfährte in den Buchenbestand hinein, uns gegenseitig versichernd, daß das Stück gleich hinter dem nächstem Baum verendet liegen müsse. Es ging schräg hangaufwärts, und wir hatten keine Mühe, die Fährte zu halten. Nach etwa 300 Metern hatte die Sau mehrere Male verhofft, und etwa 500 Metern vom Anschuß entfernt fanden wir das erste Wundbett mit viel Schweiß. Kurz dahinter ein zweites. Hier brach ich die Suche ab, denn wir befanden uns an der Grenze zum Nachbarrevier. Außerdem verdichteten sich meine anfänglichen Zweifel zur Gewißheit: es würde eine schwierige Nachsuche am nächsten Morgen werden. Meinen Kleinen Münsterländer, der auf Sauen so gut wie keine Erfahrungen gesammelt hatte – abgesehen von zwei leichten und sicheren Totsuchen – hielt ich für ungeeignet.

Das erste Wundbett.

So kamen der Pächter und ich schnell überein, Hans-Joachim Borngräber vom Jägerlehrhof

Jagdschloß Springe mit seinem erfahrenen BGS-Hunden zu benachrichtigen. Borngräber hatte in diesem Revier schon einmal mit seinem Rüden eine schwierige und am Ende äußerst kuriose Nachsuche bravourös gemeistert. Der Hund hatte die Schweißfährte über Kilometer hinweg unbeirrbar gehalten, bis er schließlich den Führer an den frischen Aufbruch des Stükkes gebracht hatte. Das hatte vom Pächter des Nachbarreviers inzwischen den Fangschuß erhalten und war bereits im Keller verschwunden.

Der Spezialist muß her.

Doch nun zu dieser Suche. Um 9.30 Uhr morgens, also zwölf Stunden nach dem Schuß, waren wir am Anschuß. Wie auf der Schweißprüfung arbeitete der Hund entlang unserer nächtlich bereits markierten Wundfährte bis zum ersten Wundbett. Danach ging es rund einen Kilometer schräg hangaufwärts durch Buchen-Stangenholz hinein in ein weitläufiges Weißdorngestrüpp, weiter leicht hangaufwärts durch eine schier undurchdringliche Buchen-Dickung.

Nach zwölf Stunden war der BGS zur Stelle.

Allmählich fanden wir nur noch wenige Tropfen Schweiß, die der Rüde verwies. Danach ging es durch einige Urwald-Dickungen hindurch mit vielen frischen Saufährten auf rund drei Kilometern, und es gab gar keinen Hinweis mehr darauf, ob der Hund richtig war. Mein Gesicht wurde immer länger, die Zweifel, ob wir das kranke Stück bekommen, immer stärker. Schließlich – nachdem wir schon fast zwei Stunden vom Anschuß aus unterwegs waren – fanden wir in einer Eschen-Stangenwildnis wieder Schweiß

Der Schweiß wird weniger.

und etwas Weißes am Holz abgestreift. Der Rüde wirkte nun sichtlich erregt, trotz der anstrengenden Arbeit, die er bis hierher bereits geleistet hatte. Es schien ihm mit den langsamen Zweibeinern im Schlepptau nun offensichtlich zu bunt zu werden. Zu oft hatte er auf Halt des Führers geduldig verweilen müssen, weil die vor Anstrengung dampfenden Nachzügler in der Dickung nicht recht mithalten konnten.

Nach vielen Wiedergängen der richtige Abgang.

Einige deutliche Worte des Führers, und es ging weiter, zur Abwechslung diesmal durch eine Fichten-Dickung. Hier hatte die Sau offensichtlich zahllose Wiedergänge gemacht, doch bald war der richtige Abgang gefunden. In dem angrenzenden Buchenstangenholz nun wieder deutlich ganz frischer Schweiß. Das Stück zog offensichtlich unmittelbar vor uns her. Der Rüde wurde nun geschnallt. Fünf Minuten später Standlaut in einiger Entfernung. Beim Angehen kein Zweifel mehr, der Hund hatte die Sau gestellt und verbellte ausdauernd.

Schnallen und Standlaut kurz danach.

Fangschuß!

Während ich auf einem Waldweg wartete und „Rambo", den uns ständig begleitenden Jungteckel, auf dem Arm festhielt, verschwand der Hundeführer mit entsichertem Nachsuchenstutzen unter Gegenwind in der Dickung, um den Fangschuß anzubringen. Nach wenigen Minuten der erlösende Schuß. Sau tot. Wütend fährt der Rüde dem gestreckten Stück an die Schwarte, und auch „Rambo", von seinem großen Vorbild angestachelt, kühlt nun sein Mütchen an dem verhaßten Gegner.

Ich konnte nun endlich in Ruhe den Sitz der Kugel überprüfen, nachdem die Brüche gewechselt waren. Diese Frage beschäftigte mich während der Nachsuche ständig, weil es nach dem Schußzeichen „unmöglich“ erschienen war, daß die Sau noch so weit gehen kann. Der Schuß lag, etwas tief angesetzt, zwei Handbreit hinter dem Blatt. Das Geschoß hatte den Wildkörper, ohne auf nennenswerten Widerstand zu stoßen, zwischen Herz und Leber durchschlagen und das am Anschuß und in der Folge gefundene Weiße herausgerissen.

Schuß zwei Handbreit hinter dem Blatt.

Nach fast zweieinhalb Stunden und rund acht Kilometern Riemenarbeit hatte der Hund das schwerkranke und aufgemüdete Stück gestellt. Eine glänzende Leistung von Hund und Führer, ohne deren Einsatz das Stück irgendwo in der Dickung verludert wäre.

Fazit.

Nicht der Schuß allein hat eine so langwierige Nachsuche verursacht, auch nicht das vom Hundeführer während der Nachsuche verständlicherweise als zu klein verwünschte Kaliber 7x64. Die Sau wäre sicherlich am nächsten Morgen verendet, nicht weit vom Anschuß entfernt gefunden worden, hätte ich sie nicht aufgemüdet. Schuld ist für mich eindeutig das „Funzeln“.

Fazit für mich als Schützen:

Dritte Arbeit

Diese Arbeit, die ebenfalls von „Aparth v. Ruhrtal" gemeistert wurde, zeigt andere Schwierigkeiten.

Wieder Schwarzwild.

Nachsuche auf Schwarzwild am 12.12.1986 in der Forstgenossenschaft Lachem, Block III, Revier K./L.

Eine erfolgreiche Nachsuche (Totsuche) am 12.12.1986 auf eine ca. 60 kg starke Überläuferbache im v. g. Revier kann Ihnen wie folgt bestätigt werden:

1. Übernachtfährte, Alter 13½ Stunden.
2. Temperatur max./min. 3 Grad, während der Suche min. 0,5 Grad.
3. Dauer der Suche 25 Minuten vom Anschuß (ohne Schnee!).
4. Entfernung insgesamt 1.550 m, davon 450 m Dickung im Randzonenbereich, Rest Buchen-Oberhang mit teilweise wehendem Laub bei Ostwind mit mindestens zwei rechtwinkligen Haken.
5. Sau war verendet nach Tiefschuß durch .30–06, 11,7 g, ca. 30 Meter. Brustbein/Bauchdeckenfraktur mit teilweise austretendem Gescheide, tropfenweise, stark gehemmter Schweißaustritt, Intervalle von etwa 50 m kein Schweißaustritt.

Die Erfolgsnachsuche des von Herrn Borngräber geführten Bayerischen Gebirgsschweißhundes konnte bei 5 Weidgesellen durch Präzisionsarbeit mit Sicherheit, stark ausgeprägtem Finderwillen und Fährtentreue besonders eindrucksvoll überzeugen!

Die Nachsuche konnte gegen 10.25 Uhr nach Verblasen des Stückes und Überreichen der Brüche mit einem kräftigen „Weidmannsdank“ an Führer und Hund durch den Revierinhaber beendet werden.

Oryx-Bullen-Nachsuche

Gerade bei zwei Wildarten gab es immer wieder schwere und lange Nachsuchen: bei Oryx und bei Warzenschweinen. Diese sind unwahrscheinlich hart im Nehmen, bei uns in Afrika wurde daher nur die 9,3 x 64 TUG geschossen. Die meisten Nachsuchen wurden aber notwendig, weil die Schützen über größere Entfernungen allesamt nicht gut schossen.

Oryx und Warzenschwein.

Bei dieser Arbeit geht es um einen starken Oryxbullen, der von einem Jagdgast weidwund geschossen wurde. Im Nachschuß traf er ihn auf ca. 120 Gänge kurz vor dem Durchbrechen eines Zaunes nochmals auf den Träger. Die Wirkung des Geschosses war ungenügend, obwohl beide Schüsse Ausschuß hatten. Nach einer Stunde begaben wir uns an den Anschuß. Der Rüde „Aparth“ verwies ganz deutlich die Eingriffe, ebenso das Durchbrechen des Zaunes. Der mich begleitende Schwarze schüttelte immer wieder den Kopf und meinte: „Nicht gut, Mister, Oryx laufen!“ Wir waren nach Karte schon etwa 2000 Meter in den Busch gedrungen, hatten aber bisher nur wenige Schweißtropfen gefunden.

Schnallen zur Hetze.

In Deutschland weiß man, wo die nächste Dikkung ist und wo die Abstellschützen stehen, hier geht das nicht. Nach einigem Zögern schnallte ich den Rüden, der mir einige Male schon gezeigt hatte, daß er geschnallt werden wollte, und ab ging die Hetze. Nach kurzer Zeit wurde der Hetzlaut giftig, und der Standlaut war zu hören. Ein Aufatmen, schnell gingen wir die Bail an und konnten den Hund am kranken Stück verbellen sehen. Der Bulle hatte sich nach kurzer Hetze niedergetan und wehrte trotzdem den Hund noch heftig mit seinen Dolchspitzen-Schläuchen ab. Der Fangschuß beendete die Suche, und ich wurde wieder mal gewahr, wie hart gerade der Oryx ist.

Aus Erfahrung Nachsuchen nur mit drei Hunden.

Bei diesen ersten Suchen auf Oryx arbeitete ich zuerst nur mit einem Hund, später wurden nur noch drei Hunde für die Suche eingesetzt, und das mit besten Erfolgen. Es wurde jeden Tag eine andere Mannschaft eingesetzt, so daß immer zwei Tage bis zum nächsten Einsatz Ruhe war. Das brauchten die Hunde in dem harten Klima. Können in Deutschland Hetzen lang und schwer werden, hier waren sie im unbekannten Land barbarisch für die Hunde.

Die Schwierigkeit, gerade auf die Oryx-Gazelle, besteht für Hund und Führer darin, daß sie, ob gesund oder krank, dem stellenden Hund mit enormer Geschwindigkeit Attacken entgegenbringt, die geradezu atemberaubend wild und schnell sind. Im Vergleich dazu ist ein Büffel geradezu langsam.

Weiterhin konnte man nie zuvor festlegen, wo sich das Stück stellen wird. Jedesmal war der Platz ein anderer, und jedesmal mußte anders disponiert werden, um dem Hund zu helfen und letztlich den Fangschuß anzutragen.

Die Arbeit mit drei Hunden gestaltete sich meistens so, daß der erste Hund am langen Riemen die Fluchtfährte arbeitete, bis wir das Stück sehen konnten. Das Stück zog dabei vor uns her. Dann wurde der Hund geschnallt, und die Hetze begann. Wurde die Hetze laut hörbar, wußten wir, daß der Hund am kranken Stück war, und wir warteten, bis der Hetzlaut in Standlaut überging. Ab diesem Zeitpunkt erst wurde die Bail angegangen. Bei dieser Art der Suche schnallte ich später keinen Hund mehr dazu, da der Hund noch frisch war und die Bail mit dem wehrhaften Wild allein durchstehen konnte.

Der erste Hund arbeitet die Fährte, die beiden anderen werden nachgeführt.

Hörten wir den geschnallten Hund nicht mehr, wußte ich, daß die Hetze sehr lang werden würde. Hier hatte ich mir nun ebenfalls zwei Methoden ausgearbeitet:

Die erste Methode ist, mit einem der zwei begleitenden Hunde die Fährte weiter zu arbeiten und zwar so lange, bis wir die Bail erreichen und hören. Dies konnte oft Stunden dauern. Hier wurden nun beide Hunde gleichzeitig nochmals angerüdet und dann dazu geschnallt.

Bei großen Strecken hilft das Auto.

Die zweite Methode wird angewendet, wenn sehr große Strecken in unbekanntem Gelände zurückgelegt werden müssen. Dann fuhren wir mit den beiden Hunden auf dem Auto so lange, bis wir die Bail ausmachen konnten. Unter Wind wurde sie dann angegangen, und in der Nähe der Bail die beiden Hunde dazu geschnallt. Ich war immer wieder tief beeindruckt davon, mit welcher Passion diese Hunde über Stunden bei glühender Hitze das gefährliche Wild stellen und binden konnten.

Hier konnten wirklich nur noch die beiden frischen Hunde helfend eingreifen, denn nachdem die beiden anderen Hunde an der Bail waren, zog sich meistens der erste aus dem Geschehen etwas zurück und verbellte nur noch aus der zweiten Reihe.

Nach schwerer Arbeit.

Einen kleinen Nachteil hat aber die Arbeit mit drei Hunden doch. Beim Fangschuß muß man höllisch aufpassen, um keinen Hund zu treffen, da die Bail ja ständig in Bewegung ist. Um so entspannender für die Hunde, Begleiter und Führer war es dann, wenn das Stück auf dem Boden lag.

Vorsicht beim Fangschuß!

Bei solchen Arbeiten blieb es gar nicht aus, daß früher oder später der eine oder andere Hund geschlagen oder geforkelt wurde.

Meinen Alt-Rüden erwischte es einmal beim Stellen einer Oryx-Kuh. Lange hatten wir die Bail nicht hören können, sechs Stunden stand der stellende Hund am Stück, gerade über die Mittagszeit in glühender Sonne. Als wir endlich den Ort ausgemacht hatten, schnallte ich eine noch junge Hündin, die auch sogleich in die Richtung des Hundelautes abging. Nach kurzer Zeit hörten wir ihren eigenen dunklen Standlaut.

Aparth an einer Oryx-Kuh.

Da der erste Hund schon lange am Stück stand und er nur noch ab und zu einen Laut von sich gab, beeilte ich mich, an die Bail zu kommen, und trug der Oryx-Kuh den Fangschuß an. Beide Hunde fuhren dem gestreckten Stück an die Keulen, wobei mir auffiel, daß sich der sonst so scharfe Rüde etwas zurückhielt. Ich schaute genauer hin und erschrak: der gesamte Kopf war voller Schweiß, und über die rechte Seite des Kopfes zog sich vom rechten Licht bis in die Mitte des Kopfes eine klaffende Wunde. Ebenfalls war der Hund durch den Wasserverlust total ausgemergelt. Welche Leistung eines Hundes! Ganz sachte legte er mir seinen Kopf auf die Oberschenkel, ließ sich abliebeln und die Wunde reinigen. Später wurde sie mit zwölf Stichen vom Tierarzt genäht. Kleinere Verletzungen nähten meine Frau und ich später selber, da die Entfernungen zum nächsten Arzt immer sehr groß waren.

Aparth schwer geforkelt von einer Oryx-Kuh. Trotzdem stellte der Rüde, bis ich den Fangschuß antragen konnte.

Diese Beispiele zeigen, welchen unbändigen Willen unsere Hunde haben, und welches Vertrauen sie beseelt, am Stück zu bleiben, weil sie wissen: der Meutegenosse Mensch kommt und die Beute ist unser.

Die Ausrüstung des Schweißhundführers

Ein Teil der Ausrüstung für den Nachsucheneinsatz.

Checkliste

- *Hund*
- *Schweißriemen zehn Meter lang, Halsung, Warnhalsung*
- *Bewaffnung (Gewehr, Kurzwaffe, Kalte Waffe, Munition)*
- *Nachsuchen-Anzug*
- *Brille und Mütze*
- *feste Handschuhe*
- *richtiges Schuhwerk*
- *Lupe, Pinzette, kleines Messer, Papier-Taschentücher*
- *Schnitthaarbuch für die zu suchende Wildart*
- *Jagdhorn*
- *ggf. Telemetriesysteme*
- *Getränke für Hund und Führer, Traubenzucker*

Allgemeines

Die Kleidung und Ausrüstung des Nachsuchenführers besteht aus einem Teil Grundausstattung, der immer dabei ist (Hund, Leine, Waffen, Schnitthaarbuch etc.) und einem Teil, der variabel dem Gelände und der herrschenden Witterung angepaßt wird. Sucht man viel im Hochgebirge nach, wird die Kleidung und Ausrüstung neben den normalen Anforderungen auch noch dem Gebirge gerecht werden müssen.

Ausrüstung an Wetter und Gelände anpassen.

Im Sommer wird man unter dem dornenfesten Anzug nur weniger wärmende Kleidung tragen, als das im Winter der Fall ist. Wichtig bei der Ausrüstung ist, daß sie einem ermöglicht, ohne Angst vor Verletzungen durch Dornen dem Hund in Schlehen, Brombeeren, Brennesseln und Widernisse zu folgen, in denen sich bekanntlich das Wild gerne versteckt. Andernfalls ist man zu früh versucht, den Hund zu schnallen, um die Dickung nicht durchkriechen zu müssen. Aber der Hund ist nicht dazu da, Ausrüstungsmängel des Führers auszugleichen.

Ausgebildeter Hund

Daß zu einer Nachsuche der Hund gehört, dürfte jedem klar sein. Ob der Hund für diese anfallende Arbeit richtig ausgebildet ist, oder ob er noch zu jung ist, sollte der Führer entscheiden. Denken Sie aber bitte daran: eine falsche Entscheidung kann den Hund das Leben kosten und dem Wild viel Leid verursachen.

Schweißriemen

Früher führten alle den ledernen Schweißriemen oder im Gebirge das Hängeseil, und auch heute noch gibt es Führer sowie Richter auf Prüfungen, die dem Lederriemen aus Tradition den Vorzug geben. Die Erfahrung sowie die Erprobung von einigen Dutzend Fabrikaten und Eigenkonstruktionen haben gezeigt, daß ein roter Kunststoffriemen für diese Arbeit das Beste ist.

Ein sauber aufgedockter Schweißriemen aus Leder mit der dazu gehörenden Halsung.

Er ist pflegeleicht, handlich, reißfest, leicht zu sehen und läßt sich beim Üben mit dem Hund sowie beim harten Einsatz leicht führen. Für meine Hündinnen nehme ich den einfachen roten Riemen mit zehn Metern Länge. Für die starken Rüden wird dieser einfache Riemen doppelt genäht, um besser auf dem Boden zu gleiten. Ein Meter vor Ende des Schweißriemens wird ein Knoten geschlagen. Kommt man bei der Suche an das Ende des Riemens, merkt man spätestens, wenn einem der Knoten durch die Hand gleitet, daß der Riemen gleich zu Ende ist.

Der Riemen muß zum Hund passen.

Wichtig bei der Wahl des Riemens ist die Konstitution des Hundes. Der Riemen ist dazu da, den Hund zu führen und ihm zu helfen. Der Riemen wird lang ausgeworfen und schleift die ganze Zeit hinter dem Hund her. Ist der Riemen zu leicht, dann zieht der Hund zu schnell, und das freie Ende des Riemens „hüpft" über die Erde. Dabei kann es sich leicht verheddern, und der Hund wird schlagartig angehalten, der Führer muß zurück und den Hund befreien. Noch schlimmer ist es, wenn der Schweißriemen dem Führer aus der Hand gleitet oder reißt (bei mehrteiligen Lederriemen oft der Fall). Der Hund läuft dann auf und davon, bis sich der Riemen irgendwo verfängt und der Hund festhängt. Da Sie ihm in mühevoller Arbeit beigebracht haben, daß er den Riemen nicht durchbeißen kann und darf, wird Ihr Hund so sitzenbleiben, bis er abgeholt wird – wenn Sie ihn denn finden. Ansonsten fressen ihn die Sauen.

Roter Kunststoff ist leicht zu sehen.

Ein Vorteil der roten Kunststoffriemen ist, daß Sie den Riemen auf der Erde sehen und schneller fassen können, sollte er Ihnen einmal aus der Hand gefallen sein.

Den roten Kunststoffriemen kann man allerdings nicht aufdocken, weil der dazu viel zu steif ist. Sie müßten Ihren Hund dann an einer aufgedockten Schweißleine aus Leder führen, wenn

Im Einsatz haben sich rote Kunststoffriemen hervorragend bewährt. Sie werden nicht aufgedockt, sondern nur lose zusammengelegt.

Sie sich der Tradition so eng verpflichtet fühlen. Die Kunststoffriemen werden großzügig aufgeschossen und mit dem freien Ende verknotet. Wenn sie zum Einsatz kommen, werden sie mit der fest verbundenen Schweißhalsung dem Hund übergestreift.

Leder hat auch Vorteile.

Die Schweißriemen aus Leder haben zwei Vorteile: erstens lassen sie sich aufdocken, und zweitens laufen sie angenehmer durch die Hand. Bevor man jetzt anfängt, die Lederriemen allzu schlecht dastehen zu lassen, sollte man sich nochmals vor Augen führen, daß Lederriemen durchaus einige Jahrhunderte ihren Dienst erfüllt haben, und jetzt erst durch Kunststoffe verdrängt wurden. Man sollte aber auch die Nachteile der Lederriemen nicht verschweigen: Fällt einem der Riemen aus der Hand, kann man ihn auf dem dunklen Waldboden kaum erkennen und dementsprechend schlecht wieder aufnehmen. Leder ist ein natürliches Material und nimmt Feuchtigkeit auf, dadurch wird der Riemen schwerer, und nach dem Gebrauch benötigt er eine Menge Pflege und Lederfett, um wieder einsatzfähig zu werden.

Lederriemen werden entweder aus einem Stück geschnitten, wenn der Sattler weiß, wie das geht, und wenn er eine geeignete Haut dafür zur Verfügung hat. Diese Riemen aus einem Stück sind aber immer etwas gebogen, weil der Riemen als große Spirale von der Haut geschnitten wird. Außerdem ist der Zug im Leder einmal längs und einmal quer, weil „am Tier" einmal längs zum Rücken und einmal quer geschnitten wird. Die andere Methode ist, den Riemen aus einigen Stücken zusammenzusetzen. Dabei kommt es auf die qualitativ hochwertige Ausführung der Naht an: Hat ein Fachmann daran gearbeitet, hält die Naht so lange wie das Leder. Sind Konfektionsniete daran verarbeitet, hat der Hersteller keine Ahnung, denn Niete halten nicht so gut wie eine anständige Naht, und sie reißen bei nassem Leder aus.

Halsung

Die Halsung wird nur einmal angepaßt und bleibt geschlossen.

Zum Thema Halsung vorab einige Informationen: Wir führen am Jägerlehrhof die Hunde nur am aufgedockten Schweißriemen, die Halsung bleibt immer geschlossen und wird dem Hund einmal so angepaßt, daß sie leicht über den Kopf zu streifen ist. Halsungen müssen breit und aus festem Leder sein und dürfen sich nicht zusammendrücken lassen. Je stärker der Hund ist, desto breiter und steifer muß die Halsung sein. Nur so kann sich der Druck auf den Hals des suchenden Hundes verteilen, um ihm so nicht die Luft abzudrücken. Die Kanten der Halsung sollten mit einem hochwertigen weichen Leder umnäht sein, um nicht zu scheuern. Die Halsung wird mit einer starken Schließe geschlossen. Der Schweißriemen wird an einem Messingwirbel mit einer großen Öse befestigt, damit er sich nicht aufdreht.

Diese Halsung besitzt einen starken Wirbel, der dauerhaft befestigt ist.

Ein wichtiger Punkt beim Anbringen des Wirbels an der Halsung ist eine Lederscheibe, damit sich die Öse gleichmäßig dreht.

Weiterhin muß unter der Halsung eine Kupferplatte untergelegt werden, die dann von oben mit dem Wirbel vernietet wird. Ich sehe immer wieder, wahrscheinlich aus Kostengründen, daß die vier Nieten nur durch das Halsungsleder gestoßen werden, diese Variante hält aber nicht richtig. Bei schlecht verarbeiteter Halsung kann der Wirbel aus dem Leder reißen, der Hund geht dann unkontrolliert mit der Halsung ab.

Die Halsung sollte so locker eingestellt werden, daß der Hund sich nötigenfalls selbst befreien kann, sollte er mit der Halsung oder sogar dem Schweißriemen daran irgendwo festhängen.

Warnhalsung

Warnhalsung für Sicherheit.

Die Warnhalsung ist eine neuzeitliche Erfindung für mehr Sicherheit im Jagdbetrieb. Mit dem roten Halsband soll den Schützen das Ansprechen der Hunde erleichtert werden. Einen Vorteil haben die reflektierenden Bänder: Man findet die Hunde bei Dunkelheit leichter wieder, weil die Streifen im Scheinwerfer- oder Taschenlampenlicht aufleuchten.

Inzwischen konnte ich gute bis sehr schlechte Erfahrungen mit Warnhalsungen sammeln. Daher plädiere ich für einen leicht zu öffnenden Verschluß bei den Warnhalsungen. Beispiel: Ein schwerer Schweißhundrüde (36 kg) wurde von einer annehmenden Sau bedrängt und schwer geschlagen, weil er mit der Warnhalsung in sperrigen Fichtenwipfeln hängen geblieben war, und sich nicht befreien konnte.

Warnhalsungen mit Klettverschlüssen sind meiner Ansicht nach die besten, wenn der schließende Teil nicht länger als 1 bis 2 cm ist und eine Selbstbefreiung des Hundes gewährleistet. Auch auf die Gefahr hin, daß der Hund bei einer

Hetze sich die Halsung selbst wieder abreißt, und man so eine Menge Halsungen pro Jahr verliert.

Die Halsungen aus elastischem Gummimaterial sind meist so fest, daß ein Hund sie nicht einfach über den Kopf streifen kann.

Die Warnhalsung sollte mit so großen Buchstaben und der Telefonnummer beschriftet sein, daß man die Zahlen lesen kann, auch wenn sich der Hund nicht anfassen läßt, beispielsweise wenn er am Stück verteidigt.

Bewaffnung

Je nach der Erfahrung des Führers und der nachgesuchten Wildart (Rehbock oder starker Keiler) wird man der einen oder der anderen Waffe den Vorzug geben. Wichtig ist, mit der Waffe vertraut zu sein und den Schuß auch sicher ins Leben zu setzen.

Gewehr

Die Langwaffe sollte ein robustes und erprobtes Fabrikat sein. Luxuswaffen haben bei einer Suche im Dickbusch nichts zu suchen. Die Praxis zeigt, daß ein verkürzter Karabiner Modell 98 im Kaliber 8 x 57 IS eine ideale Waffe für die Nachsuche darstellt. Ich habe in fast 30 Jahren Nachsuchenarbeit mit zwei Waffen eines Fabrikates alle Arbeiten, auch in schwerstem Gelände und bei schlechtem Wetter, meistern können. Das Kaliber sollte jeder Nachsuchenführer selbst bestimmen, er muß sich im Ernstfall auf das Geschoß verlassen können. Ein ideales Geschoß auf alle Wildarten wird es wahrscheinlich nicht geben (mich hat man noch nicht überzeugen können), und deshalb bleibe ich bei dem Kaliber 8 x 57 IS mit einem Teilmantel-Rundkopf-Geschoß.

Vertrauen in die Waffe ist wichtiger als das Kaliber.

Ein kurzer Nachsuche-Stutzen aus einem Modell 98 mit gekürztem Lauf, grober Visierung und rotem Perlonriemen. Die Riemenbügel sind seitlich angebracht. Außerdem verfügt die Waffe über ein herausnehmbares Magazin, Reservepatronen verschwinden im Schaftmagazin.

Kurzwaffe

Die Kurzwaffe (ob Revolver oder Pistole) führe ich nur in wenigen Situationen. Beispielsweise, wenn eine Sau in einem Mais- oder Rapsschlag oder in Brombeeren, Schwarz- und Weißdorn steckt. Hier dient sie der Selbstverteidigung, wenn einen die Sau annimmt. Alle anderen Situationen kann man getrost mit der Langwaffe erledigen oder beenden. Beim Kaliber der Kurzwaffe sollte man das stärkste Kaliber wählen, das man noch problemlos beherrschen kann. Die Erfahrung zeigt, daß eine Waffe für die Nachsuche beim Kaliber .357 Magnum beginnt.

Man muß auch treffen!

Ein Hinweis für Jäger, die wenig mit der Kurzwaffe trainieren: Schießen mit der Kurzwaffe ist ungleich schwieriger als mit der Langwaffe, es muß daher ausreichend geübt werden. Ein weiterer Punkt ist, das Geschoß auch ins Ziel zu bringen. Eine .44 Magnum im Waldboden hält die Sau nicht so gut auf wie eine 9 Millimeter Luger im Hirn. Es kommt – wie immer bei der Jagd – nicht unbedingt auf die Leistung der Patrone, sondern auch auf die Leistung des Schützen an. Schießen Sie also mit dem Kaliber und der Waffe, mit der Sie sicher treffen, auch wenn das Kaliber etwas kleiner ist als wünschenswert.

Ein leistungsstarker Revolver für die Nachsuche sollte einen großen Griff und einen Lauf nicht unter 4 Zoll besitzen.

Kalte Waffen

Als „kalte“ oder „blanke“ Waffen gelten unter anderem Weidmesser, Hirschfänger, Weidblatt, Nicker und Saufeder. Der Nachsuchenführer benötigt ein feststehendes Messer mit scharfer, robuster Klinge, das seine Schärfe einige Zeit hält, und pflegeleicht ist. Es dient bei der Nachsuche in manchen Situationen dem Anzeichnen von Bäumen, Abschneiden von Ästen, Abfangen von Wild sowie dem Aufbrechen desselben – hier sind nur einige Aufgaben aufgeführt. Teuere Messer sollten bei der Nachsuche zu Hause bleiben. Es wird außen am Anzug getragen, um schnell darauf zurückgreifen zu können.

Nachsuchen-Anzug

Praktisch und dornenfest.

Der Nachsuchen-Anzug muß nicht der letzte modische Schrei sein. Er sollte funktionell beschaffen sein, robust sowie lange wasserabweisend. Vorteilhaft ist es, wenn der Anzug viele Taschen hat, die man mittels kräftiger Reißverschlüsse oder großer Knöpfe verschließen kann. Weite Hosenbeine geben Bewegungsfreiheit an den Knien. Im Schritt sowie am Gesäß hat sich aufgenähtes Leder bestens bewährt. Wer viel hinter Sauen nachsucht, wird schwere Wachsjacken aus England schätzen. Bei richtiger Pflege – einölen mit Wachs oder Spray – sind sie zwar schwer, aber in Dornenverhauen unentbehrlich, weil dornendicht und wasserabweisend. Nach einigen unerfreulichen Erlebnissen mit Abstellschützen, die einen als anwechselndes Stück

Schwarzwild ansprachen, habe ich mir auf die Ärmel sowie auf den Rücken breite rote Leuchtstreifen nähen lassen – mit bestem Erfolg.

Reflexstreifen und Warnfarbe auf der Wachsjacke bringen zusätzliche Sicherheit.

Mütze und Brille

Eine Kopfbedeckung sollte man unbedingt tragen, sie schützt vor Wetter sowie vor manchem Ast, dem man nicht ausweichen kann. Bei der Wahl des Fabrikates ist sich jeder selbst überlassen. Ich selbst trage eine Dienstmütze, um die ich noch eine Warnhalsung befestigt habe.

Zur Ausrüstung gehört eine Schutzbrille, wie sie in der Forstwirtschaft getragen wird. Brillengläser haben sich nicht bewährt. Diese Gläser beschlagen durch den schwitzenden Führer und beeinträchtigen sein Sehfeld. Ein feinmaschiges, stabiles Gitter ist besser. Schutzbrillen sollten leicht im Nachsuchenanzug zu verstauen sein.

Schutzbrille mit Gittereinsatz.

Handschuhe

Wer einmal ohne Handschuhe auch nur hinter einem Rehbock in Brombeeren unterwegs war, weiß Handschuhe zu schätzen. Hier gibt der Markt genügend Modelle an Arbeitshandschuhen her. Sie sollten fest und derb sein, nicht unbedingt nach dem Trocknen so hart werden, daß man nicht mehr hineinkommt; aber nach einigen Negativerfahrungen wird jeder den richtigen Handschuh finden. Sie sollten sich einen Vorrat anlegen, denn vom freudigen Verbeißen durch den jungen Hund bis zum Liegenlassen auf dem Autodach gibt es viele Möglichkeiten, den Vorrat zu verringern. Ich selber hatte es anfangs nicht geglaubt, daß man im Jahr bis zu zehn Paar verbrauchen kann.

Handschuhe sind Verbrauchsmaterial.

Schuhwerk

Die Wahl des Schuhwerk hängt in den meisten Fällen vom Gelände oder von der Erfahrung des Führers ab. Bei festem, felsigem und steilem Untergrund haben sich hohe, nicht zu flache, feste Bergstiefel bewährt. Gerade bei Schwarzwild/Rotwild-Nachsuchen, bei denen man fast immer in nasses, sumpfiges Gelände geraten kann, sind hohe Gummistiefel von Vorteil. Ich weiß selber, wie schwer einem manchmal die Entscheidung fällt, aber man muß mit beiden Arten an Beinbekleidung arbeiten können.

Bergstiefel oder Gummistiefel.

Lupe – Pinzette – kleines Messer – Papier-Taschentücher

Der Nachsuchenführer braucht immer wieder im Laufe seiner Suche verschiedene kleine Utensilien: Lupe, Pinzette, ein kleines Messer und Papier-Taschentücher, um nur einige zu nennen.

Eine **Lupe** benötigt man, um Rißhaare, Schnitthaare, Knochensplitter und Unterwolle richtig einordnen zu können. Es genügt ein kleines Modell, daß sich in eine Lederscheide einschieben läßt. Etwas umfangreichere Modelle gibt es beim Optiker, sie werden dort für Botaniker zum Bestimmen verkauft. Auch sind die sogenannten Fadenzähler gut für diesen Zweck geeignet.

Lupe.

Um die optimale Leistung aus einer Lupe herauszuholen, müssen Sie die Lupe ganz dicht vor das Auge halten und das zu betrachtende Objekt ganz dicht vor die Lupe.

Mit einer **Pinzette** kann man beispielsweise Haarbüschel auf einem Papier-Taschentuch zurechtrücken, aber auch den Hund oder sich selber von einem Dorn befreien.

Pinzette.

Mit einem **Papier-Taschentuch** kann man Schweiß gerade auf Nadelstreu sichtbar machen: Man tupft einfach über den Boden, das weiße Taschentuch färbt sich sofort rot. Ist der Schweiß schon angetrocknet, wird das Taschentuch angefeuchtet. Das feuchte Taschentuch löst den Schweiß erst auf, und färbt sich dann rot.

Taschentücher.

Kleines Messer für feine Arbeiten.

Ein **kleines Messer** gehört auch zu diesem kleinen Besteck, das in einem Plastikbeutel immer in der Innentasche des Nachsuchen-Anzuges getragen werden sollte.

Schnitthaarbuch

Schnitthaarbuch sollte immer dabei sein.

Ein Schnitthaarbuch ist gerade für den jungen Führer eines der wichtigsten Ausrüstungsgegenstände, die er dabei haben sollte. Daher ist der Anlage einer Schnitthaarsammlung in diesem Buch ein eigenes Kapitel gewidmet. Jeder Nachsuchenführer sollte sich Schnitthaarsammlungen von den verschiedensten Wildarten anlegen, auch wenn er meint, niemals auf diese Wildarten nachsuchen zu müssen. Wenn er es nicht benötigt, hat es zumindest weitergebildet.

In den vielen Taschen des Nachsuchen-Anzuges habe ich noch heute das kleine Schnitthaarbuch, und es hilft mir immer wieder zur schnelleren Diagnose am Anschuß. Schnitthaarbücher sollten klein, handlich, robust und klar in ihrem Aufbau sein. Am wichtigsten ist aber, daß sie der rauhen Behandlung bei schlechtem Wetter standhalten.

Jagdhorn

Wenn ich am Jägerlehrhof einen Schweißlehrgang leite, stelle ich jedes Mal mit Bestürzen fest, daß nur wenige der Nachsuchenführer Jagdhorn blasen können.

Neben der Traditionspflege hat bei der Nachsuche das Jagdhorn aber handfeste jagdpraktische Bedeutung. Es dient zur Verständigung zwischen Nachsuchenführer, Schützen und Hunden. Der Nachsuchenführer kann mit dem Horn das Stück verblasen, somit wissen die Abstellschützen, daß das Stück zur Strecke gekommen ist. Der Nachsuchenführer kann mit dem Jägernotruf Hilfe herbeiholen. Sind die Hunde an das Jagdhorn gewöhnt, kommen Sie beim Blasen zu ihrem Herrn zurück in der Hoffnung, er habe Beute gemacht.

Jeder Schweißhundeführer sollte Jagdhorn blasen.

Als handliches Jagdhorn, das in jede Tasche paßt, hat sich das Taschenhorn bewährt. Es ist zwar etwas schwerer zu blasen, aber bei etwas Übung klappt das allemal.

Telemetriesysteme

Die moderne Technik hat auch bei uns in dem Bereich der Nachsuche Einzug gehalten. Jeder Sender, der am Hals eines Hundes befestigt ist, kann für diesen genauso zur Gefahr werden wie eine festsitzende Warnhalsung. Wird die Halsung so gestaltet, daß der Hund sie abreißt, wenn er festhängt, muß der Führer die Halsung suchen. Unter Umständen geht der Nachsuchenführer während der Hetze den verlorenen Sender an, und der Hund steht weitab allein vor dem sich stellenden Stück.

Es ist immer eine gefährliche Sache, sich zu stark auf die Technik zu verlassen. Dabei wird sehr leicht die Ausbildung der Hunde vernachlässigt im Vertrauen darauf, den Hund mit dem Sender schon wiederzufinden.

Noch sind die Sender zu groß.

Meine Hunde werden erst mit Sendern ausgerüstet, wenn die Technik soweit fortgeschritten ist, daß wir den Sender z. B. im Nacken des Hundes implantieren können.

Getränke und Traubenzucker für Hund und Führer

Praktisch ist eine Wärmflasche am Koppel.

Viele Führer staunen, wenn man sie auf dieses Thema anspricht. Es ist auch verständlich, denn auf einer prüfungsrelevanten Fährte von nur 1000 Metern Länge wird man kaum durstig werden. Bei einer echten Nachsuche, die über viele Kilometer gehen kann, sollte immer Wasser mitgeführt werden (im Fahrzeug oder von der Person getragen). Sehr gut hat sich eine Gummiwärmflasche bewährt, diese wird nicht ganz gefüllt hinter das Koppel mit dem Messer geschoben. In Fünf-Liter-Kanistern kann es leicht vom zweiten Mann oder auch im Fahrzeug nachgeführt werden. Gerade nach Hetzen bei Hitze ist der Wasserverlust enorm und kann bei Hunden bis zum Tode führen. Die kleine Wasserportion in der Wärmflasche dient dazu, dem Hund bei trockener Witterung die Nase anzufeuchten, damit er die Nase wieder frei bekommt. Für den Nachsuchenführer sollte man etwas Traubenzucker mitführen. Dieser bringt schnell Energie zurück, wenn er mit einem Schluck Wasser genommen wird.

Verhalten nach dem Schuß auf Schalenwild

Im folgenden einige Stichpunkte, die sich ein Schütze nach dem Schuß auf Schalenwild durch den Kopf gehen lassen sollte, um die eventuell notwendige Nachsuche nicht unnötig zu erschweren. Sie können diese Stichpunkte auch fotokopieren!

Fotokopiervorlage!

Wenn das Wild nicht in Sichtweite verendet:

- Ruhe bewahren!
- Nachdenken: was war, wie hat das Stück gezeichnet?
- Standort des Schützen dauerhaft markieren (Kanzel, Ansitz, Erdsitz, Baum zum Anstreichen).
- Hilfsziel für den Anschuß einprägen.
- Anschuß erst nach angemessener Wartezeit aufsuchen.
- Nur eine Person geht an den Anschuß.
- Wetter beachten (Regen, Schnee).
- Schnallen des Hundes gleich nach dem Schuß?
- Die Suche nicht unter der Ausrede „Das Stück könnte verhitzen" schon mit der Taschenlampe beginnen.
- Tageszeit beachten: Morgen-/Abendansitz.
- Anschuß verbrechen: Wie? Wo?
- Auf den Wind achten.

Fotokopiervorlage!

Was finde ich am Anschuß?

- Eingriffe
- Ausrisse
- Schnitthaar
- Rißhaar
- Schweiß (Wo? Wie? Farbe?)
- Teile des Herzens
- Leber, Milz
- Teile des Nierenkörpers
- Pansen und Weidsack
- Wildbretteile
- Teile des Gescheides
- Teile der Tracht (beim Schuß mit Flintenlaufgeschoß)
- Knochensplitter
- Zahnteile
- Trophäenteile
- Geschoßteile

Merke:
Alle Pirschzeichen verbleiben am Anschuß!

Überlegungen, welcher Hund geholt wird:

Gebrauchshundeführer oder Spezialist für Nachsuchen?

Wichtig ist, welches Wild beschossen wurde.

- Steinwild
- Gamswild
- Rotwild
- Dammwild
- Muffelwild
- Schwarzwild
- Rehwild

- Abstellschützen benachrichtigen
- Ortskundiger Jäger bzw. Hundeführer
- Nur der Hundeführer ist Jagdleiter

Merke:
Den Fangschuß gibt der Hundeführer – Er allein!

Zeichnen des Wildes im und nach dem Schuß

Wild zeichnet im Schuß fast immer anders, als es in vielen Büchern beschrieben steht. Das Zeichnen läßt sich nicht generell und allgemeingültig festlegen, weil Tiere Individuen sind und daher auch individuell unterschiedlich reagieren. Es ist ein Unterschied, ob Wild in Ruhe, also stehend, oder flüchtig beschossen wird. Ob Hunde bei Drückjagden am Stück sind oder ob Hochbrunft herrscht. Ob Wild in sehr guter Kondition, also feist ist, oder krank und abgekommen. Unter dem Vorbehalt, daß die Stücke nicht immer gleich zeichnen, lassen sich doch einige Gesetzmäßigkeiten aufstellen, die relativ häufig auftreten und auf einen bestimmten Sitz der Kugel schließen lassen. Vorab aber einige Worte zum Kugelschlag. Es wird immer noch von einigen Autoren Wert auf den Kugelschlag gelegt, den sie zu hören vermeinen. Tatsächlich ist der Kugelschlag bei den modernen Laborierungen nur dann zu hören, wenn man etwas abseits der Waffe steht und Mündungsknall und Kugelschlag zeitlich getrennt hörbar sind. Dazu muß

Das Zeichnen läßt sich nicht verallgemeinern!

Kugelschlag – oftmals falsch gedeutet.

entweder das Geschoß sehr langsam sein oder die Schußentfernung sehr groß sein. Davon ganz abgesehen, aus dem Geräusch des Kugelschlages auf den Sitz des Schusses zu schließen, ist nicht möglich.

In vielen Büchern zieht sich durch jahrzehntelanges Abschreiben der Fehler durch, daß ein **Hochblattschuß** eine steil nach oben gerichtete Flucht nach sich ziehe. Genau das Gegenteil ist der Fall: Ein Schuß durch den oberen Teil der Kammer wird von den meisten Stücken mit einer tiefen Flucht quittiert.

Dem Hochblattschuß folgt eine tiefe Flucht.

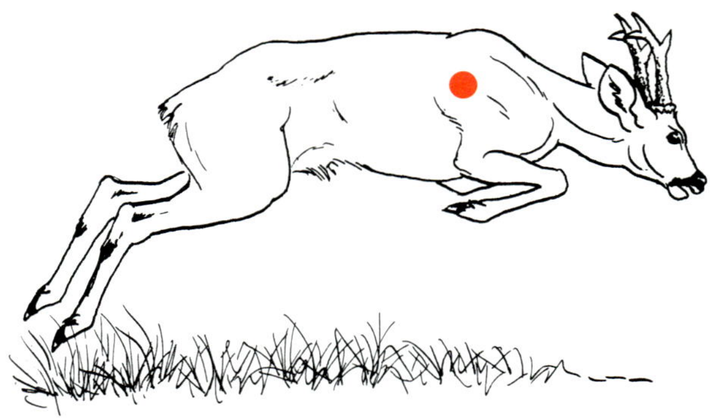

Unter Umständen schießt man dem Stück dabei die Wirbelsäule durch, und es bricht sofort zusammen.

Der zweite Fehler ist zu glauben, daß der **Tiefblattschuß** eine tiefe Flucht zur Folge habe. Richtig ist hingegen, daß ein Schuß durch den unteren Teil der Kammer das Herz trifft und das Stück mit einer Hochflucht zeichnet.

Dem Tiefblattschuß folgt eine Flucht steil nach oben.

Der Ausdruck **„Blattschuß"** sollte lieber in Kammerschuß umbenannt werden, denn ein Schuß durch die Kammer muß nicht unbedingt das Blatt (Schulterblatt) treffen.

Den Hohlschuß gibt es nicht.

Der ab und zu angeführte **Hohlschuß**, bei dem das Geschoß den Bereich der Kammer durchschlägt, ohne Organe zu beschädigen, ist unmöglich. Er kommt demzufolge auch nur im Jägerlatein und nicht in der Wirklichkeit vor. Durch den Unterdruck im Brustraum liegt die Lunge rundum satt an der Brustwand an. Es gibt im Körper keine hohlen Räume, auch bei ausgeatmeten Lungen nicht. Das einzige in der Hinsicht denkbar wäre, daß das Geschoß zwischen zwei Rippen eintritt und zwischen zwei Rippen auf der Ausschußseite wieder austritt, ohne dabei aufzupilzen.

Wie zeichnete das Stück im Schuß und wie verhielt es sich weiter?

Wenn man über **Zeichnen des Wildes** spricht, meint man in der Regel das Verhalten des Wildes im Schuß. Das ist aber nur die halbe Beschreibung der Situation. Für uns Schweißhundführer ist der andere Teil, das Verhalten des Wildes nach dem Schuß, ebenso wichtig, wenn nicht sogar wichtiger.

Sie dürfen dem Schützen nicht alles glauben!

Immer wieder habe ich feststellen müssen, daß die Beschreibung des Schützen, wie das Stück gezeichnet hat, sehr ungenau ist. Teilweise sind die Beschreibungen an den Haaren herbeigezogen, nur damit der Schütze etwas sagen kann. Teilweise äußern die Schützen auch, daß das Stück „gut gezeichnet" habe. Diese Aussage ist natürlich völlig wertlos.

Warum man in manchen Situationen das Zeichnen nicht sehen kann ...

... und wie man es trotzdem sehen kann.

Bedenken Sie auch, daß die meisten Schützen durch das Mündungsfeuer beim Schießen im Dunkeln geblendet werden. Der helle Lichtblitz zerstört den Sehpurpur der an die Dunkelheit angepaßten Augen kurzfristig, und man ist für einige Zeit blind. Abhilfe schafft nur die Übung: Das nichtzielende Auge zukneifen und gleich nach dem Schuß öffnen, um damit das Wild weiter zu beobachten. Zielfernrohre mit starker Vergrößerung und starken Kalibern schlagen im Rückstoß weit aus der Richtung und es ist schwierig, das Stück gleich nach dem Schuß im Zielfernrohr weiter zu beobachten. Auch hier sollte man das Wild mit dem unbewaffeneten Auge weiter beobachten. Denken Sie bei Gesprächen mit den Schützen immer daran, daß ihn das Jagdfieber vermutlich gebeutelt hat, und er einige

Dinge nicht sehr klar wahrgenommen haben könnte, beziehungsweise daß bei seinen Schilderungen der Wunsch Vater des Gedankens war.

Das Zeichnen des Wildes muß nicht nur auf einen direkten Treffer zurückzuführen sein, auch das bloße Erschrecken des Wildes kann als Zeichnen fehlgedeutet werden. Wenn der Schütze das Stück deutlich zu kurz beschießt, und das Geschoß schlägt vor dem Wild ein, können durchaus Erdklumpen bis an das Stück geschleudert werden. Daraufhin wird das Stück wie ein getroffenes zusammenrucken, das Verhalten nach dem Schuß ist dann aber ein anderes als bei einem tatsächlich getroffenen Stück.

Wild „zeichnet" auch bei einem Fehlschuß!

Hier ist das Verhalten nach dem Schuß wichtig.

Sie sollten sich bei den Befragungen vor der Nachsuche unbedingt schildern lassen, ob das beschossene Stück mit der Rotte/dem Rudel geflüchtet ist oder ob es sich von den Artgenossen getrennt hat. Auch wenn das nicht unbedingt Rückschlüsse auf den Sitz des Treffers zuläßt, so erhalten Sie doch wichtige Informationen, ob die Arbeit von Ihrem Hund zu leisten ist.

Ist das Stück mit den anderen abgesprungen oder hat es sich abgesondert?

Schwarzwild oder anderes **Schalenwild in hoher Flucht** zeichnet bei Körpertreffern, außer bei Knochentreffern des Bewegungsapparates, fast unmerklich, und es ist für den ungeübten Schützen selten zu erkennen. Bei solchen Situationen ist es auch schwer, die Eingriffe und Ausrisse und somit den Anschuß zu finden, da das Wild durch die Flucht schon starke Bodenverwundung hinterlassen hat.

Hochflüchtiges Wild zeichnet wenig.

Auch ein guter Körpertreffer, z.B. Kammerschuß bei hoher Flucht zeigt dem nicht erfahrenen Jäger meistens nicht an, ob er getroffen hat, oder ob das Geschoß über den Wildkörper ging. Deshalb sollte beschossenes Wild so lange wie möglich beobachtet werden, und gerade ungewöhnliche Bewegungen des Stückes sollte der Schütze registrieren, um sie später dem Nachsuchenführer zu melden.

Beobachten Sie das Stück so lange wie möglich.

In hoher Flucht beschossenes Wild verschließt meist den Ein- und Ausschuß durch die Bewegung der Decke/Schwarte sowie der Muskulatur, hier wird man selten viel Schweiß finden, außer bei einem großen Ausschuß. Und hier wiederum liegt es in der Erfahrung des Schützen zu erkennen, ob er getroffen hat, um später den Hundeführer richtig einzuweisen.

Bei Treffern und Zeichnen unterscheiden wir unter Körpertreffern (Organtreffern) und Verletzungen der Vorder- und Hinterläufe.

Zeichnen bei Laufschüssen.

Bei Treffern der Läufe brechen die beschossenen Stücke meistens kurz auf der Seite des getroffenen Laufes ein, um dann mit schlenkerndem Lauf zu flüchten. Je höher ein Lauf getroffen wurde, desto deutlicher ist das Schlenkern. Bei tiefen Laufschüssen über den Schalen wird erst die genaue Anschußkontrolle mit Gelenksplittern Auskunft darüber geben, ob und gegebenenfalls wo getroffen wurde.

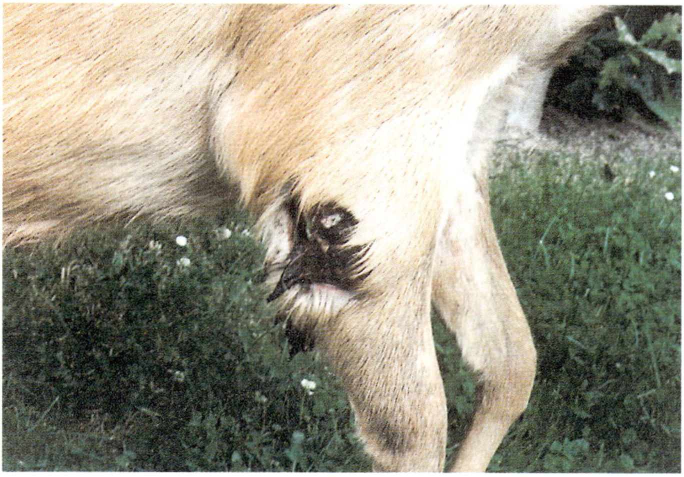

Hoher Vorderlaufschuß beim Rehwild mit nur geringer Knochenfraktur. Solche Stücke sind nur mit besten Hunden zu bekommen.

Das obere Bild zeigt die von unseren Schießausbildern vorprogrammierte Schußverletzung durch die Anweisung beim Schießen auf die DJV-Rehbockscheibe: „Am Vorderlauf hochgehen, und dann zwei Fingerbreit nach rechts." Ein Tiefschuß geht dabei nicht unter dem Stück durch, sondern in den Lauf, wenn der Schütze noch nicht nach rechts geschwenkt hat. Davon ganz abgesehen liegt die Zehn der Scheibe nicht dort, wo anatomisch das Herz zu suchen ist. Stücke mit Laufschuß sind nur mit allerbestem und vor allem schnellem Hundematerial zu bekommen. Meist nur durch Hetzen und Herunterziehen oder ganz scharfes Stellen des Kurzflüchters Rehwild.

Zwei tiefe Laufschüsse beim Schwarzwild.

Das obere Bild zeigt tiefe Laufschüsse zweier Überläufer. Beide Treffer konnten erst von erfahrenen Hunden bestätigt und dann zur Strecke gebracht werden.

Krellschuß: Stück bricht zusammen und kommt nach einer Weile wieder hoch.

Bei den Körpertreffern überwiegt bei Schwarzwild das Schußzeichen **Krellschuß** – blitzartiges Zusammenbrechen und Schlagen – verglichen mit anderen Wildarten. Dies liegt wahrscheinlich daran, daß dem Schützen die genauen anatomischen Kenntnisse fehlen, denn Schwarzwild wird in seiner Größe meistens überschätzt; durch das Aufstellen der Rückenborsten vergrößert es seine Größe beträchtlich. Auch hat Schwarzwild einen anderen Verlauf der Wirbelsäule verglichen mit anderen Wildarten. Besonders die langen Dornfortsätze im Bereich der Brustwirbelsäule sind bei keiner Wildart so vorzufinden. Die häufig betriebene Ansitzjagd in der Dunkelheit sorgt ebenfalls dafür, daß „Mitten drauf" gehalten wird, was unweigerlich bei einem geringen Hochschuß schon zu einem

Krellschuß führt. So ist beispielsweise auf der DJV-Scheibe „stehender Überläufer“ der tiefe Herzschuß die „Neun tief“.

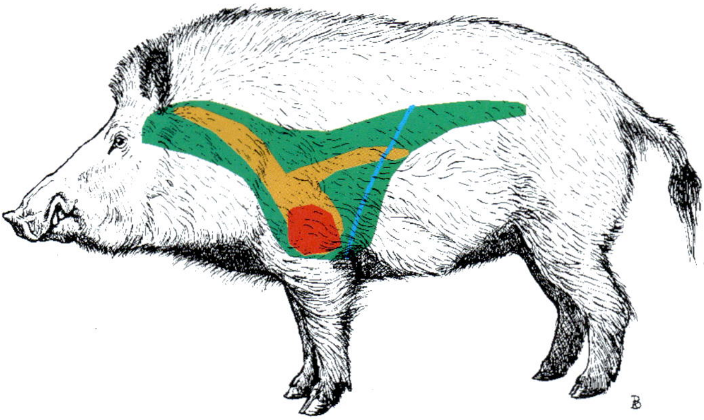

Tödliche Zonen und Verlauf der Wirbelsäule im Wildschweinkörper.

Herz
große Blutgefäßstämme, Rückenmark
weiteres schußwirksames Gebiet (Lunge, Leber, Hals, Brust und Lendenwirbelkörper)
vordere Zwerchfellkontur

Merke:
Bei blitzartigem Zusammenbrechen des Wildkörpers sollte wie immer sofort repetiert werden. Falls das Stück wieder hochkommt, wird sofort nachgeschossen, egal, ob das Stück breit steht oder einem den Spiegel oder die Keulen zeigt. Hier gilt: das Stück muß auf den Boden, und jeder Schuß, der das Stück kränker macht, ist weidgerecht.

Wild zeichnet bei Weidwundschüssen nur schlecht sichtbar.

Treffer im Bereich des großen und kleinen Gescheides – **Weidwundschüsse** – werden von den meisten nicht bemerkt. Nur bei stehendem Wild kann man ein Zeichen oder Ausschlagen mit den Hinterläufern beobachten.

Das gleiche gilt bei **Leber- und Milzschüssen**. Ein unmerkliches Zusammenrucken des Wildkörpers, das sich bei stehendem Wild stärker als bei flüchtigem Wild zeigt. Bei stehendem Wild wie z. B. Rehwild werden diese Stücke mit solchen Treffern nach kurzem Ziehen, Flüchten oder Stolpern ins Wundbett gehen.

Merke:
Leber und Milzschüsse in Ruhe lassen. Die Stücke gehen ins Wundbett und verenden oder werden so krank, daß sie nach einigen Stunden einfacher zur Strecke zu bringen sind.

Nierenschuß

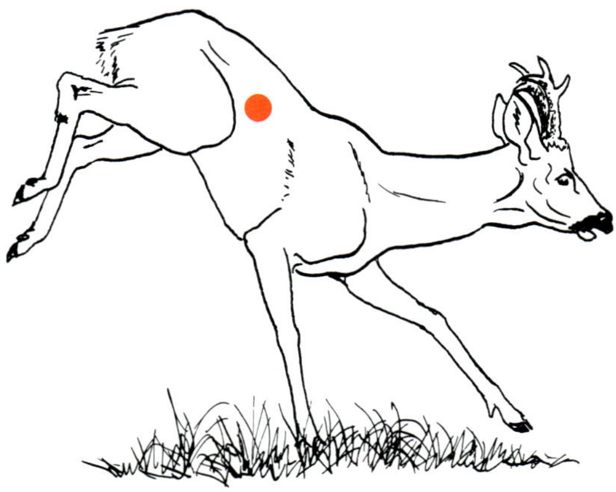

Der **Nierenschuß** zeigt bei den meisten Wildarten ein schlagartiges Zusammenbrechen und langanhaltendes Klagen, weil diese Schüsse starke Schmerzen verursachen. Schwarzwild und auch Rot- und Damwild ziehen mit zitterndem Pürzel/Wedel ab, auch Klagelaute sind in der Fluchtfährte zu hören. Schweiß ist meistens nur am Ausschuß zu finden, nach einigen Fluchten tritt kein Schweiß mehr nach außen, er läuft in die Bauchhöhle zwischen das Gescheide.

Treffer im Bereich **Gebrech und Äser** führen in den meisten Fällen zum schlagartigen Zusammenbrechen des Stückes. Sie liegen aber gegenüber einem Krellschuß wesentlich kürzer auf dem Boden. Die Stücke kommen mit schlenkerndem Kopf oder Haupt nach oben, sind kurz orientierungslos, und flüchten mit schlenkerndem Kopf. Schwarzwild hört man auch klagen, hier zeigt erst die Anschußkontrolle den vermeintlichen Treffer an Zahnteilen. Auch hier gilt wieder das beim Krellschuß bereits angeführte: sofort nachladen und schußbereit das Stück durchs Zielfernrohr beobachten. Wird es rege und versucht hochzukommen, wird sofort nachgeschossen.

Bei Gebrech- und Äserschüssen liegen die Stücke im Feuer, kommen aber schnell wieder hoch.

Wildbretschüsse sind sehr schwer zu erkennen, gerade bei Dunkelheit. Manchmal duckt sich das Stück bei einem Streifschuß im Rückenbereich (Kruppe, Hals, Ziemer), wogegen es bei einem Wildbretschuß im Bereich Bug, Bauchdecke oder Keule sogar mit einer Hochflucht reagieren kann.

Wildbretschüsse.

Das Gleiche gilt bei einem Schuß **in den Boden unterhalb des Stückes**. Durch aufspritzenden Boden zeigt das Stück das Schußzeichen „Hochflucht" eines tiefblatt getroffenen Stückes.

Ein häufiges Verhalten nach dem Schuß ist auch das Aufsuchen von Wasser. Hier gibt es drei Möglichkeiten:

1. Wild sucht Wasser auf, um die Schußverletzung zu kühlen. Gerade Schwarzwild verschließt sogar durch Suhlen die Schußverletzungen.

Krankes Wild sucht Wasser auf.

2. Wild sucht Wasser auf (Bachläufe, Wasserflächen), um die Fährte zu verwischen und um die Verfolgung zu erschweren.
3. Bisher nur bei Rotwild beobachtet: Wild stellt sich in tieferes Wasser, um so den anschwimmenden Hund oder Verfolger besser attackieren zu können.

Schwarzwild bricht manchmal bei Wiedergängen.

Auch das **Brechen in der Fährte** wird bei Schwarzwild des öfteren beobachtet, gerade, wenn es sich um Gebrechschüsse handelt. Gleich nach dem Schuß pflügen solche Stücke sehr stark den Boden. Ebenso habe ich des öfteren bemerkt, daß Schwarzwild auch kurz vor dem Wundbett im Wiedergang den Boden bricht, um sich dann unter Wind ins Wundbett zu legen. Wahrscheinlich mit dem Ziel, den nachsuchenden „Verfolger" an der gebrochenen Stelle verhoffen zu lassen, und dann gezielt angreifen zu können.

Auch bei nur schwach sichtbarem Zeichnen des Wildes muß nachgesucht werden!

Gleichwohl, wie beschossenes Wild im oder nach dem Schuß auch zeichnen mag, grundsätzlich gilt: immer, auch bei nur leichtem Rucken des Wildkörpers, werden erfahrene Hundeführer zur Kontrolle eingesetzt. Wir Jäger sind es dem uns anvertrauten Wild schuldig.

Wann setze ich den Hund nicht an?

Der Hund wird nicht oder erst später angesetzt:

- *bei Tau*
- *nicht gleich nach dem Schuß*
- *nicht bei der Vorsuche anderer Hunde*
- *nicht bei starker Ablenkung*
- *nicht bei ungenügender Ausbildung von Hund und Führer*
- *nicht bei Frost und Schnee*
- *bei Regen*

Zum Grundwissen eines Hundeführers, der seinen Hund auf Schweiß führen will, gehören die Kenntnisse, wann er seinen Hund einsetzen muß, oder solche, bei denen er besser nicht oder erst später die Arbeit der roten Fährte aufnehmen sollte.

Tau verstopft die Hundenase.

Bei **Tau** wird nach kurzer Suche die Hundenase von Tautröpfchen verstopft sein, und der Hund wird ständig den Kopf schütteln. Dadurch wird es dem Hund nicht möglich sein, die Fährte zu halten. Hier sollte man warten bis der Tau abgetrocknet ist. Ein späterer Zeitpunkt der Nachsuche ist ratsam.

Warten, bis die Individualwitterung verflogen ist.

Man sollte den Hund **nicht gleich nach dem Schuß** ansetzen, weil dann die Individualwitterung noch über der Fährtenwitterung steht. Auch ein erfahrener Hund wird davon irritiert. Nur bei der Hetze hat der Hund gleichzeitig

Bei frischer Witterung will der Hund hetzen.

Individualwitterung und frische Fährtenwitterung in der Nase. Geht man mit dem Hund gleich nach dem Schuß zum Anschuß, hat der Hund das Gefühl, hetzen zu müssen. Die Stehzeit sollte mindestens vier bis sechs Stunden betragen. Davon abgesehen ist es besser, das Wild krank werden zu lassen. Gleich nach dem Schuß aufgemüdet flüchtet es weiter als dann, wenn es erst einmal in einem Wundbett gesessen hat.

Besser dort beginnen, wo der andere Hund abgebrochen hat.

Bei einer Vorsuche durch andere Hunde ist besondere Vorsicht geboten. Nicht jeder Hund arbeitet dann noch konzentriert die Fährte. Besser ist es, am letzten verbrochenen Schweiß oder Fährtenabdruck zu beginnen. Haben Hunde schon frei verloren gesucht, kann es sehr schwierig für den Hundeführer werden. Hier ist eine genauere Beschreibung der vorausgegangenen Arbeiten sehr wichtig, um überhaupt weiter zu kommen.

Ist der Hund noch nicht richtig durchgearbeitet, z. B. auf dem Gebiet Ablenkung, Straßenverkehr etc., so muß man diesem Rechnung tragen. Auch das Überqueren einer Pferde- oder Viehweide kann unerfahrenen Hunden Schwierigkeiten bereiten.

Die Aufgabe muß zu bewältigen sein.

Hat das Gespann Hund und Führer **noch wenig Erfahrung**, muß man dieser Tatsache bei einer sich abzeichnenden schweren Arbeit Rechnung tragen. Nötigenfalls sollte man die Arbeit einstellen, um dem gerufenen Spezialisten einen einfachen Einstieg an dem letzten verbrochenen Schweiß zu ermöglichen.

Schnee und Frost sind für Hund und Führer immer wieder ein Hindernis. Obwohl viele Jäger meinen, bei Schnee wäre einen Nachsuche einfach – man sieht den Schweiß ja auf dem weißen Schnee – ist das genaue Gegenteil der Fall. Der Hund kann den Schweiß und den Fährtenabdruck nur schlecht riechen. Weil der Schnee bei der Ausbildung trotz seiner Wichtigkeit immer vernachlässigt wird, ist er in diesem Buch mit einem eigenen Kapitel vertreten. Spezialkurse zu diesem Thema bietet beispielsweise der Jägerlehrhof in Springe an.

Bei Schnee muß die Nachsuche nicht einfach sein!

Regen kann für den Einsatz des Hundes von Vorteil sein. Regnet es leicht, dann trocknet der Schweiß und die Fährte nicht so leicht ein, beziehungsweise der getrocknete Schweiß wird wieder gelöst und kann Witterung abgeben. Genauso nachteilig kann ein Wolkenbruch über einer Fährte sein, bei dem der Hund fast nichts mehr aufnehmen kann. Deshalb sollten Hunde auch bei schlechtem Wetter eingearbeitet werden.

Regen kann helfen.

Hat auf der Fährte schon eine **heiße Hündin** gearbeitet – aus welchen Gründen auch immer –, sind Rüden fast nicht mehr dazu zu bringen, der Fährte nachzuhängen. Mit Hündinnen hatte ich dagegen weniger Probleme. Ältere, erfahrene Rüden mit viel Passion haben schon weitergearbeitet, das ist aber die Ausnahme.

Hetze, Stellen und Fangschuß

Ein Spitzenhund stellt einen starken Oryx nach der Hetze.

Die Hetze ist ein Teil der Nachsuche. Ihr vorausgegangen ist die saubere Riemenarbeit, die über das kalte zum warmen Wundbett führt, in dem das Stück liegt oder lag. Nur an dieser Stelle wird der Hund zur Hetze geschnallt. Wir unterscheiden die laute Hetze und die stumme Hetze. Erstere ist uns lieber, da wir den Hetzverlauf besser verfolgen können und uns schon auf das uns Erwartende einrichten können. Werfen wir das kranke Stück aus dem Wundbett und der Hund sieht das Stück, wird er – wenn er passioniert ist – sehr heftig. Lassen Sie Ihren Hund nie gleich los, sondern warten Sie etwas, bis das Stück außer Sichtweite ist. Erst dann geben Sie den Hund frei, indem Sie ihm die Halsung über den Kopf streifen. Ein Anrüden erübrigt sich in den meisten Fällen. Anders ist es, wenn das Stück aus dem letzten Wundbett schon geflüchtet ist. Der verweisende Hund wird Ihnen meist diese Stelle

Das Wild muß außer Sichtweite sein, bevor Sie den Hund zur Hetze schnallen – auch wenn Sie es aus dem Wundbett werfen.

zeigen, vielleicht noch mit frischem Schweiß. Hier rüden Sie den Hund kräftig an, bevor Sie ihn schnallen. Der Wortlaut ist egal, denn die Anspannung des Führers überträgt sich auf den Hund und läßt diesen nur darauf warten, von Riemen und Halsung befreit zu werden, um dem kranken Stück zu folgen.

Ist der Hund wildscharf und hat er richtig gelernt zu hetzen, sind Hetzen selten über 500 Meter weit. Das liegt aber auch an der Wildart. Schwarzwild beispielsweise stellt sich eher als Rotwild, wenn es scharf bedrängt wird. Die Hetze verlangt vom Hund viel Kraft und Ausdauer, ebenso eine schnelle Reaktion beim Ausweichen von sperrigem Holz oder Ästen beispielsweise in einer trockenen Läuterung. In solch einem Verhau ist schon manche Hetze zu Ende gegangen, weil der Hund blind vor Passion in diese hineinhetzte. Schwerste Verletzungen können dabei die Folge sein.

Eine Hetze muß kurz und scharf sein!

Bei Hetzen über 500 Meter Länge liegen meistens schon Fehler im Vorfeld vor. Meistens sind solche Stücke schon ein paar Mal aufgemüdet worden und deshalb nur noch schwer zu bremsen. Bei solchen Einsätzen ist ein zweiter Hund von großem Vorteil, zwar wird in den meisten Fällen das Stück Wild kurzzeitig schneller werden, wenn der zweite Hund naht. Wenn das Gespann seine Aufgaben kennt und sich nicht im Verlauf der Hetze gegenseitig behindert, wird das Stück dann schnell langsamer und stellt sich alsbald den Hunden.

Schnallt man einen jungen und unerfahrenen Hund als zweiten zu einem älteren Hund, behindern sie sich öfter gegenseitig als umgekehrt. Im Vorfeld hat hier der Führer mit seiner Erfahrung es in der Hand, den jungen Hund dazuzuschnallen oder ihn am Riemen zu lassen.

Ein junger und ein erfahrener Hund beim richtigen Stellen eines starken Oryx-Bullen nach der Hetze.

So trainieren Sie Ihren Hund für Hetzeinsätze

Das körperliche Training beginnt gezielt ab dem vierten Monat an der Bewegungsangel. Schon hier können Sie erkennen, ob der Hund später laut bei der Hetze wird und ob er dem Wild in scharfer Manier folgt oder ob er nur lustlos dem Stück nachhängt. Das zeigt sich später darin, daß der Hund zwar dem kranken Stück folgt, sogar vereinzelt Laut gibt, es aber nicht zustande hetzt. Solche Hunde „hüten" das Wild. Diese „Hüte-Hetzen" werden natürlich sehr lang. Manche Hundeführer glauben sogar, das wäre richtig so, aber genau das Gegenteil ist der Fall: Kurz und scharf muß eine Hetze sein, gerade wenn Straßen und Ortschaften in der Nähe sind.

Vorübung auf einen gesunden Hirsch.

Mit etwa sechs Monaten lassen Sie den jungen Hund die frische Fährte eines Hirsches frei arbeiten. Der junge Hund wird dieser frischen Fährte schnell folgen, bei einigen Hunden werden Sie schon stückweise Fährtenlaut hören. Es ist spannend zu hören und zu sehen, wie der junge Hund sich vom Führer löst und lautgebend auf der Fährte arbeitet. Schon nach kurzer Zeit wird Hetzlaut zu hören sein. Ich konnte immer wieder beobachten, daß gerade ältere Hirsche sich um so einen jungen Hund gar nicht kümmern und im flotten Troll abgehen, gefolgt vom unerfahrenen lautgebenden Hund. Nach kurzer Zeit der freien Folge wird der junge Hund abbrechen und zum Führer zurücksuchen.

Mit dieser kleinen Übung erreichen Sie folgendes:
- das selbständige Arbeiten
- Lösen vom Führer
- Lautgeben auf der Fährte
- Lautgeben bei Sichtigwerden des Stückes
- Zurücksuchen zum Führer und diesen finden.

Ab diesem einmaligen Ausflug wartet nun der Hund auf einen richtigen Einsatz.

Da ich immer mehrere einsatzfähige Hunde habe, wird nun auf eine Nachsuche gewartet, bei der von Anfang an feststeht, daß es zu einer Hetze kommen wird. Ich nehme hier am liebsten Frischlinge, schwache Überläufer oder Hirschkälber. Der erfahrene Hund macht die Arbeit, der junge Hund wird nachgeführt. Erst wenn klar feststeht, daß das Stück so krank ist, daß es der junge Hund ohne Unterstützung hetzen kann, wird er zur ersten Hetze geschnallt. Ist die Situation so, daß das Stück noch sehr schnell ist, wird zuerst der alte und dann der junge Hund geschnallt.

Nach dem Einarbeiten einer jungen BGS-Hündin durch ihre Mutter am gehetzten und durch Fangschuß gestreckten Stück.

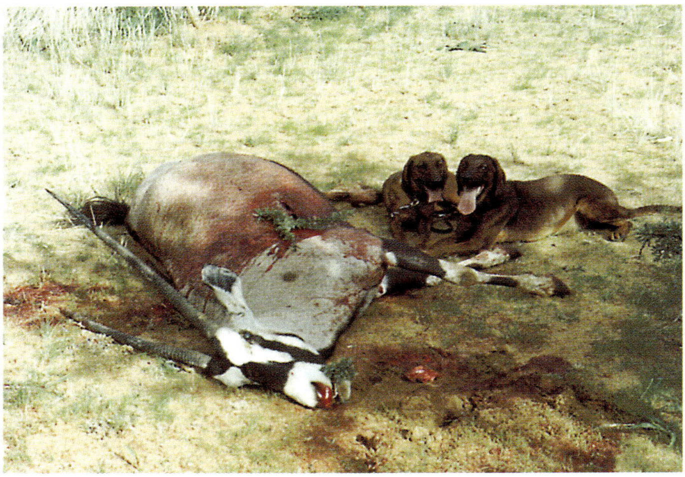

Der Hund muß die erste Hetze durchstehen und Erfolg haben.

Mit dieser Methode hat es bis jetzt immer geklappt. Sehr schnell begreift der Hund, daß er der Fährte folgen muß bis an das Stück heran. Der Einsatz zur ersten Hetze bei einer richtigen Nachsuche verlangt vom Führer ein hohes Maß an Erfahrung und Einfühlungsvermögen für seinen Hund. Sie müssen erkennen: ist der Hund körperlich und geistig schon in der Lage, eine Hetze durchzustehen, oder wird die angebotene Arbeit zu schwer für ihn. Dann kann es leicht passieren, daß er körperlich sauer wird, die Hetze abbricht und zum Führer zurückkommt.

Es wäre nicht gut für die Entwicklung des jungen Hundes, wenn er die Folge „anhetzen → abbrechen → zum Führer zurückkehren → Ende der Arbeit“ behalten würde. Gerade in einer solchen Situation ist es gut, einen älteren erfahrenen Hund dabei zu haben und ihn hetzen zu lassen.

Bei der ersten Hetze sollten Sie die Wildart mit Bedacht aussuchen. Starke Keiler, Bachen mit Frischlingen sowie Alttiere mit Kälbern eignen sich am schlechtesten für die erste Hetze. Statt Erfolg ist hier schon der Mißerfolg vorprogrammiert. Dabei hilft auch ein erfahrener Hund nichts mehr. Im Gegenteil, der junge Hund wird dem erfahrenen mehr schaden als nützen.

Merke:
Die erste Hetze muß immer zum Erfolg führen und muß ein Erlebnis für den jungen Hund darstellen.

Kurz vor dem Schnallen zur Hetze.

Der Hund ist zur Hetze geschnallt. Jetzt wartet man auf den Standlaut.

Immer wieder werden Sie feststellen können, daß das Wetter bei der Hetze eine große Rolle für die Leistung der Hunde spielt. Hoher Schnee, starker Regen, Kälte oder Hitze werden immer wieder eine Hetze beeinflussen. Gerade untrainierte Hunde, die die ganze Woche im Zwinger zubringen und nur am Wochenende eingesetzt werden, brechen Hetzen ab. Hier sollte sich der Führer statt der lakonischen Bemerkung „das Stück ist nicht zu bekommen" eingestehen, daß er den Fehler gemacht hat. Die meisten Fehler bei der Hetze werden von unerfahrenen Führern gemacht. Aber auch sehr erfahrene Führer sind vor Fehlentscheidungen nicht gefeit.

Am nächsten Tag eine Übungsfährte ohne Schweiß!

Nach jeder Hetze müssen meine Hunde am anderen Tag eine Übungsfährte mindestens 1000 Meter ohne Schweiß arbeiten. Nicht immer ist es machbar, wenn am nächsten Tag schon wieder Nachsuchen warten. Aber man sollte es versuchen, denn zu schnell hat sich ein gut veranlagter Hund zum notorischen Hetzer entwickelt, nur weil der Führer im siebten Himmel schwebte, da sein Hund so tolle Hetzen hintereinander leistet.

Der Fangschuß

Der Fangschuß beendet in den meisten Fällen (Nachsuchen mit Hetze und Stellen) die Suche – ansonsten wäre es eine Totsuche. Aber der Fangschuß ist nicht immer einfach anzubringen. Manchmal genügt schon das Knacken eines zertretenen Astes, damit die Bail auseinanderfliegt und die Hetze wieder von vorne beginnt.

Gehen Sie die Bail vorsichtig und leise an!

Bei all meinen Hunden konnte ich immer am Laut unterscheiden, wann es angeraten war, die Bail anzugehen oder noch zu warten. Sie sollten also mit dem Laut Ihres Hundes vertraut sein. An dem unterschiedlichen Laut des Hundes können Sie erkennen, ob sich das Stück noch am Platz hin und her bewegt, oder ob es langsam oder schnell flüchtet. Bei jeder dieser Bewegungen des Wildes hat der Hund einen anderen Laut. Zieht der Führer falsche Schlüsse, weil er den Laut des Hundes falsch gedeutet hat, kann er das Stellen des Hundes zunichte machen.

Wie schon beschrieben, arbeite ich beim Stellen gerne mit zwei Hunden. Das ist natürlich nicht jedem Hundeführer möglich, weil nicht jeder – aus Zeit- oder Geldmangel – mehrere Hunde halten und ausbilden kann. Der Vorteil bei zwei Hunden ist, daß das Stück ruhiger steht, wenn ein Hund von vorne und einer von hinten stellt.

Bei zwei Hunden stellt sich das Wild ruhiger.

Hören Sie am Laut Ihrer Hunde, daß sie das Stück fest haben, arbeiten Sie sich unter Wind heran. Es ist immer erstaunlich, wie schnell die Hunde – ein eingespieltes Team – es merken, daß sich jemand unter Wind nähert. Gehen Sie also vorsichtig an die Bail heran, denn auch das kranke Stück hat solche Ahnungen. Gerade Schwarzwild kann sehr schnell und überraschend angreifen oder weiterflüchten.

Schießen Sie, solange das Stück auf den Läufen ist, egal wo Sie es treffen.

Geben Sie den Fangschuß auf die Kammer ab, wenn das Stück breit steht und keine Hunde in der Schußlinie stehen. Nicht immer hat man das Glück, breit und offen stehendes Wild vor sich zu haben. In 80 % der Fälle, bei denen ich einen Fangschuß angetragen haben, stand das Stück schlecht. In solchen Situationen werden Sie sich fragen: „Schießen oder nicht schießen?" Die Erfahrung hat gezeigt, daß jeder Schuß auf das sich stellende Stück richtig ist, auch wenn es dadurch nicht gleich verendet. Wichtig ist es, das Stück an den Platz zu bannen. Jeder Schuß, der ein krankes Stück Wild kränker macht, ist richtig, weidgerecht und sollte abgegeben werden. Zu leicht kann sich das kranke Stück noch einmal zusammenreißen und den Hunden eine erneute Hetze bescheren. Zögern Sie also nicht mit dem Schuß, auch wenn Sie dadurch Wildbret entwerten. Geld darf in dieser Situation keine Rolle spielen.

Liegt das kranke Stück auf dem Boden, ist es für den erfahrenen Führer eine Kleinigkeit, es fachgerecht zu töten. Der Fangschuß erfolgt immer auf die Kammer, versuchen Sie dabei das Herz zu treffen, es liegt sehr tief und ist direkt in der Nähe des Schnabelbeines (Brustbein) festgewachsen. Nach dem Schuß müssen Sie dem Tier auch einige Zeit zum Sterben geben. Die meisten Jäger haben falsche Vorstellungen vom Verenden eines Tieres. Es dauert eine gewisse Zeit, nachdem das Herz aufgehört hat zu schlagen, bis der Sauerstoff im Hirn soweit verbraucht ist, daß auch das Gehirn seine Arbeit einstellt und der Hirntod eintritt. In dieser Zeit ist das Tier noch gefährlich. Schießen Sie also einen gut plazierten Schuß auf die Kammer, warten Sie die letzten Zuckungen ab und treten Sie von hinten – das ist ganz wichtig, um sich vor den Läufen zu schützen – an das Tier heran. Mit dem Finger berühren Sie den Augapfel, und wenn das Tier nicht mit den Lidern schlägt, ist es zumindest bewußtlos. Ein Blick in das Auge zeigt, ob es bereits „gebrochen", das Tier somit verendet ist.

Das Verenden nach dem Fangschuß dauert etwas, geben Sie dem Stück die Zeit dazu.

Blanke Waffen

Beim Abfangen mit der Blanken Waffe sollen Sie wissen, daß sich das Herz an der unteren Seite des Brustkorbes befindet. Das Messer wird so gehalten, daß es flach zwischen die Rippen gleiten kann. Treten Sie von hinten an das Stück heran, fassen Sie den Vorderlauf und drücken ihn nach vorne, um die Blattschaufel aus dem Weg zu bekommen. Stechen Sie mit dem Messer ziemlich hoch am Brustkorb ein und führen Sie den Klinge mit einer schneidenden Bewegung weit nach unten. So öffnen Sie einen großen Teil

Abfangen mit dem Messer müssen Sie beherrschen, ansonsten schießen Sie lieber.

des Brustkorbes, um die Lunge zusammenfallen zu lassen. Nur mit einem extrem scharfen Messer können Sie die Lunge zerschneiden, denn dieses Gewebe ist mit vielen Knorpelspangen durchsetzt. Beim Schnitt durch die Brustorgane treffen Sie häufig die großen Venen, die Arterien sind nur schwer zu zerschneiden, weil deren Wände wesentlich dicker als die der Venen sind. Bei einem richtig geführten Schnitt fühlen Sie in der Hand, wie die Spitze eines langen Messers auf der abgewandten Seite im Brustkorb auf den Rippen entlanggleitet. Über die notwendige Länge eines Messers zum Abfangen herrschen häufig falsche Vorstellungen. Selbst für Rotwild reichen zehn Zentimeter Klingenlänge völlig aus – wenn man sie einzusetzen weiß. Nur schwaches Wild (Rehwild) kann man beim Abfangen mit der Kalten Waffe am Boden halten. Sie sollten auf keinen Fall versuchen, das Stück festzuhalten. Nach dem Stich in die Seite ist meist wieder reichlich Leben im Stück, und Sie sollten es laufen lassen, um sich nicht selbst zu verletzen. Denken Sie daran, daß Sie immer noch das Messer in der Hand halten.

Das Messer muß nicht übertrieben lang sein.

Nachsuchenbüchse

Als Fangschußwaffe hat sich ein robuster 98er mit einem verkürzten Lauf und einer groben Fluchtvisierung sowie einem breiten Tragriemen aus rotem Perlon bewährt. Dieser Riemen hat gegenüber Lederriemen den Vorteil, daß er sich beim Anpirschen leichter in der Hand halten läßt als der starre Lederriemen. Die Laufmündung wird mit einem Streifen Klebeband verschlossen. Dieses Band braucht nicht entfernt zu werden, man kann es einfach durchschießen. Als Kaliber sollten Sie 9,3 x 62, 8 x 57 IS oder ähnliche Größenordnungen verwenden. Bei der Wahl des Geschosses haben Sie die Möglichkeit zwischen Vollmantel- und Teilmantelgeschossen. Die Vollmantelgeschossen haben den Vorteil, den Wildkörper ohne Splitterabgabe und große Richtungsänderung zu durchschlagen, daher werden die stellenden Hunde nicht gefährdet. Die Teilmantelgeschosse produzieren einen großen Ausschuß und wirken daher besser im Wildkörper, die Splitter fliegen aber unkontrolliert hinter dem Stück und könnten so die Hunde gefährden.

Wählen Sie Geschosse mit viel Masse.

Flinten

Eine gute Stoppwirkung haben Flintenlaufgeschosse. Leider sind die oft geführten Pump-Action-Flinten trotz der äußerlich robust erscheinenden Bauweise sehr anfällig gegen Verschmutzung. Der erste Schuß kann meist noch abgefeuert werden, ein Nachladen ist aber nicht mehr möglich, wenn Schnee, Eis oder Tannennadeln die Mechanik blockieren.

Faustfeuerwaffe

Eine Faustfeuerwaffe trage ich nur in dichten Brombeer- und Schlehen-Verhauen, in Mais- oder Rapsfeldern sowie in Fichten-Dickungen, wo eine Langwaffe nicht einzusetzen ist. Sie dient als letztes Mittel für den unmittelbaren „Nahkampf" mit dem Wild. Wenn das Schießen mit der Langwaffe schon gefährlich ist, dann ist es der Umgang mit einer Kurzwaffe erst recht. Durch den kurzen Lauf können Sie sehr schnell selbst vor die Mündung kommen. Auch werden Sie meist wenig Übersicht haben über die Situation und den Ort, wo sich die Hunde gerade aufhalten. Aber wenn Sie die Sau angenommen hat und vielleicht auch schon über Ihnen steht, werden Sie ein starkes Kaliber mit zuverlässiger Wirkung schätzen lernen.

Der Schwenkbereich einer Kurzwaffe ist extrem groß!

Das Kaliber der Fangschußwaffe kann gar nicht groß genug sein. Die 7,65 – auch wenn vom Gesetzgeber zugelassen – ist bei weitem nicht so wirksam, wie es notwendig ist. Das angreifende Stück muß nicht nur irgendwann verenden, es muß sofort und schlagartig gestoppt werden, bevor es dem Nachsuchenführer oder den Hunden körperlichen Schaden zufügt. Dabei ist das Kaliber .357 Magnum die unterste Grenze, besser ist .44 Magnum. Denken Sie aber daran, mit der Waffe ausreichend zu üben. Eine .44 Magnum aus mangelnder Übung am Stück vorbeigeschossen stoppt eben nicht so wie eine .38 Special sauber zwischen die Lichter gesetzt. Schießen Sie daher nur ein Kaliber, daß sie auch in Streßsituationen perfekt und blind beherrschen. Aus den eben genannten Gründen wird es sich bei der Kurzwaffe für den Fangschuß in den meisten Fällen um einen Revolver handeln: er ist einfacher zu bedienen und verschießt stärkere Patronen. Kann man mit einer Kurzwaffe

Wählen Sie die Waffe so stark, wie Sie sie sicher beherrschen.

einen aufgesetzten Schuß abgeben, sollte man einen Kopfschuß antragen.

Nach dem Schuß

Ist der Fangschuß gefallen und das Stück bricht zusammen, ist es meistens für Bruchteile von Sekunden totenstill. Die Hunde stehen erstarrt da, und bei Ihnen fällt mit einem Schlag die ganze Anspannung ab, vielleicht schüttelt Sie auch das Jagdfieber. Als erstes reagieren die Hunde, die ihre Beute durch Zupfen an der Decke oder Schwarte in Besitz nehmen. Lassen Sie Ihren Hunden hierfür einige Zeit, bis sie sich beruhigt haben. Erst dann werden sie abgelegt und genossengemacht. Einige Hunde brauchen nach dem Erfolg einige Streicheleinheiten, diese Hunde werden dann abgeliebelt.

Die Hunde nehmen das Stück in Besitz.

Nach dem Fangschuß nehmen die Hunde das Stück (Oryx) in Besitz.

Verletzungen

Wo Hunde im harten Einsatz geführt werden, wird es immer wieder zu Verletzungen kommen. Diese können teils leicht, schwer oder sogar tödlich sein. Wie schwer einem Führer ums Herz wird, wenn sein Gefährte schwer geschlagen oder sogar tot vor ihm liegt, kann nur der ermessen, der diese Situation selber durchlitten hat. Doch auch darauf sollte man vorbereitet sein, denn als Nachsuchenführer kommt man mit seinem Hund häufig in die Ausnahmesituation, daß man angeschweißtem, wehrhaften Wild gegenübersteht, welches den Tod vor Augen sich bis aufs Letzte verteidigt. Genau das ist ja das Stellen. Und in dieser Situation kämpfen Wild und Hund häufig miteinander. Dabei versucht das Wild, den Hund zu verletzen.

Schweißarbeit ist Arbeit in Extremsituationen.

Verletzungen bei Hunden haben aber noch andere Ursachen. Um Fehler bei Hund und Führer zu erkennen und sie nicht nochmals zu wiederholen, bereite ich jeden Einsatz nach. Hunde, die gesundheitlich nicht auf der Höhe sind oder zu jung und unerfahren an die Arbeit gebracht werden, verletzen sich leichter. Ein besonderer Punkt, der viel zu wenig Beachtung findet, ist das körperliche Training. Hunde, die eine ganze Woche im Zwinger und – noch viel schlechter – auf dem Sofa sitzen und zwangsläufig keine Kondition haben, werden bei einer schweren Nachsuche zum Risiko. Das Risiko muß aber nicht immer das Wild sein, auch der Einsatz an sich birgt jede Menge Gefahren. Wird der Hund

Durchtrainierte und bewegliche Hunde verletzen sich seltener.

beispielsweise zur Hetze geschnallt, hält nicht durch und läuft auf einer befahrenen Straße, um seinen Führer zu finden, kann er so desorientiert leicht ein Verkehrsopfer werden.

Wenn man Hunde für dieses härteste Fach in unserem Jagdbetrieb ausbildet, so sollte man sich schon frühzeitig den richtigen Tierarzt aussuchen. Nach meinen Erfahrungen sind das Tierärzte, die selber Jäger sind, aber auch hier muß man noch genau auswählen. Die Anschrift des Tierarztes sollte man immer bei sich führen, um im Notfall keine Zeit mit Suchen zu verlieren. Eine zweite Adresse von einem anderen Arzt ist auch noch sinnvoll, denn man weiß nie, ob der Haustierarzt gerade erreichbar ist.

Führen Sie die Anschrift des Tierarztes mit!

Verletzungen leichter und mittelschwerer Art kommen meistens ohne große Ankündigung vor und zu Zeitpunkten, an denen es uns Menschen am wenigsten paßt. Als Nachsuchenführer müssen Sie immer damit rechnen: schon das Einsteigen ins Auto kann der letzte Weg für Ihren Hund sein. Bei uns am Jägerlehrhof ist es kürzlich vorgekommen, daß ein überschneller Motorradfahrer einen Hund angefahren hat, der gerade ins Auto einsteigen wollte. Gerade dieser Vorfall hat mich dazu bewogen, unsere Hunde gegenüber Fahrzeugen anders auszubilden. Bis jetzt war jedes Fahrzeug für die Hunde der Führer, der sie aufnehmen will, also blieben sie vor dem Fahrzeug stehen. Dies wäre gerade meiner Hündin „Kora v. d. Heide“ auf der A 70 in Oberfranken zum Verhängnis geworden. Viele Verletzungen kann man durch umsichtiges Verhalten vermeiden.

Verletzungen bei jagdlichen Einsätzen – ob schwer oder leicht – beeinträchtigen immer den Hund in seiner freien Arbeit am Wild. Mit welchem Einsatz Hunde ihre Arbeit bis zur Selbstaufgabe durchführen, konnte ich in meiner Nachsuchenzeit selber erleben.

Nachsuche auf fünfjährigen Keiler.

Der Rüde „Poldi v. Forstenrieder Park" wurde geschnallt und hetzte einen fünfjährigen Keiler. Der Hetzlaut verschwand in der Ferne und war nicht mehr zu hören, da gerade zu diesem Zeitpunkt ein starkes Sturmtief über das Revier hinwegzog. Trotz sofortiger Weitersuche mit einem anderen, erfahrenen Hund konnten wir der Hetzfährte nur etwa zwei Kilometer folgen und mußten wegen der enormen Stärke des Sturmes den Wald verlassen, in dem die Bäume umknickten, als wären es Streichhölzer. Nach langem Rückweg erreichten wir unsere Autos und mußten nun abwarten, was weiter passiert. Der Sturm machte jedes Hören des Hundelautes unmöglich. Wer so etwas schon einmal mitgemacht hat, weiß wie die Nerven blank liegen.

Nach Stunden – es wurde schon dämmerig und die Sorge um den Hund stieg – steht der Rüde plötzlich am einige Meter entfernten Waldrand und äugt uns an. Wir sind so überrascht, daß mein Begleiter und ich gar nicht reagieren können, im Wald splittert es und kracht es nur so.

Am Benehmen merke ich, daß dem Hund etwas fehlt, schnell bin ich beim Rüden und nehme ihn in die Arme, um ihn abzuliebeln, meine Hand greift seitlich in eine klebrige Masse: es ist das Gescheide des Hundes. Mir wird fast schlecht, was muß dieser Hund durchgestanden haben, um uns wiederzufinden in dieser furchtbaren Situation? Vier Stunden hatte der Tierarzt zu operieren, bis diese Verletzung wieder in Ordnung war. Dem Rüden hat dieses Erlebnis nicht geschadet und sein Einsatzwille wurde dadurch nicht in Mitleidenschaft gezogen. Wie jede nicht gewollte Verletzung meiner Hunde hatte diese aber ein Happy-End, wie man es sich nur als Schweißhundführer für seine Hunde wünschen kann.

Schwer geschlagen, das Gescheide quillt aus der Seite des Hundes.

Der damalige Präsident der Landesjägerschaft, Detlev Frhr. von Stietencron, sowie der Hegeringleiter Holsten, erfuhren von der schweren Verletzung dieses Rüden und haben getrennt voneinander, ohne große Bürokratie, die gesamten Arztkosten übernommen. Hierfür möchte ich mich nochmals herzlich bedanken. Glauben sie mir, diese Geste ist eine der Sternstunden, wie man sie nur sehr selten im rauhen Nachsucheneinsatz erlebt.

Die Härte, mit der meine Hunde trotz Verletzungen am gestellten Wild bleiben, zeigt die Abbildung.

BGS-Hündin Kora von der Heide am 2. Weihnachtsfeiertag frisch genäht mit 32 Stichen.

Mit einer klaffenden Wunde verblieb der Hund am gestellten Keiler, bis wir in dessen Nähe kamen und ihn aufnehmen konnten. Der Keiler wurde später zur Strecke gelegt.

Pavian tötet Drahthaar-Rüden!

Nachsuchen können auch tödlich enden, wie diese mit dem Deutsch-Drahthaar-Rüden „Lord v. d. Sauwiese" in Afrika. Der hetzende Hund kreuzte hinter einem Kudubullen den Nahrungsweg einer Pavianherde. Der ranghöchste Bärenpavian zerdrückte den Hund regelrecht vor unseren Augen. Obwohl ich dem Pavian noch in den Kopf schoß, war der Hund nicht mehr zu retten.

Gerade diese Zeilen schreibe ich wohlüberlegt, ich möchte zeigen, daß gerade in diesem Bereich der Jagd, der Nachsuchenarbeit, immer und zu Zeitpunkten, an denen man es am wenigsten erwartet, etwas passieren kann, mit dem wir

Bei einer Kudu-Hetze tödlich verletzter DeutschDrahthaar-Rüde.

nicht gerechnet haben. Wehe dem Hundeführer, der sich hinterher eingestehen muß, er hat seinen Hund nicht ausreichend für diesen harten Nachsucheneinsatz vorbereitet, dessen Gewissensqualen möchte ich nicht tragen. Nachsuchenarbeit ist härtestes jagdliches Können, es verlangt von Hund und Führer den absoluten Einsatz.

Merke:
Jeder Hundeführer sollte einen Erste-Hilfe-Kurs besuchen und sich immer auf dem neuesten Stand halten. Dieses Wissen kann er problemlos auch bei seinem Hund einsetzen. Eine Erste-Hilfe-Ausrüstung für Mensch und Tier sollte in jedem Auto vorhanden sein. Jeder Tierarzt berät gerne.

Leistungsnachweise und Nachsuchenberichte

Um die Leistungen der Hunde jedes Jahr genau nachweisen zu können, erstelle ich sogenannte Nachsuchenberichte:

Ein für mich von mir entworfener Nachsuchenbericht.

NACHSUCHENBERICHT — — LEISTUNGSNACHWEIS

Name des Hundes Apart v. Rohrtal ZB Nr. 378/55/78

Eigentümer Borngräber Führer Borngräber

Lfd. Nr. 11

Tag der Nachsuche 140985 Uhrzeit Beginn 14^{00} am 1409 Ende 14^{30} am 1509

Witterung zuerst bedeckt, ab 24^{00} starker Regen

Jagdrevier Sieben Berge

Name der Zeugen (Wohnort) Herr Wendt sowie 2 Forstbeamte u. 4 Jäger

Wildart Keiler

Anschuß, Datum, Uhrzeit, Bemerkungen

7^{30}/140985 / kein Schweiß

Alter der Fährte 30½ Std

Länge der Riemenarbeit ca 4000 m

Wundbetten 1

Länge und Dauer der Hatz keine / Sau nahm an

Bei männl. Wild Trophäe 3jähriger Keiler

Wildbretgewicht des Stückes Kg. 80 kg

Geschoß Kaliber 7 × 64

Bemerkungen Abstell-Schützen waren nicht gut, „Platz verlassen"

Sitz der Kugel (X) 7 × 64 Teilm. Rundkopf

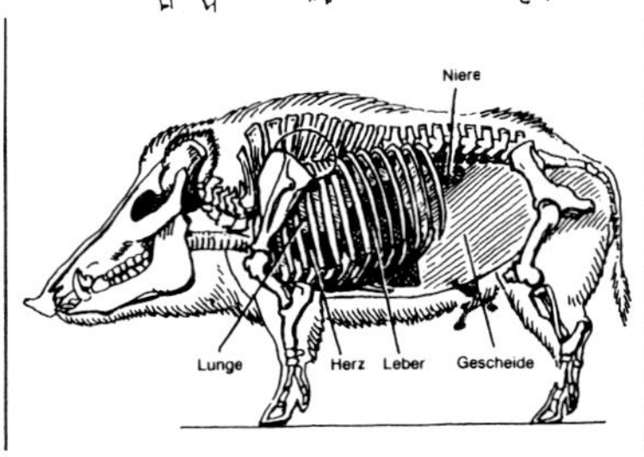

Diese Berichte sind knapp und straff gehalten, in ihnen sind die wichtigsten Daten enthalten. Für einen Außenstehenden zeigen sie lediglich, um welches Stück es sich handelt, zu welcher Zeit es beschossen wurde und wann es gefunden wurde. Nur dem vertrauten Nachsuchenführer zeigen diese kurzen Sätze und Daten, welche Dramatik und Leistung hinter jeder einzelnen Arbeit steckt, und welcher Wert an Wildbret vor dem Verludern bewahrt worden ist, ganz abgesehen von der „Kreatur", die nun nicht mehr zu leiden braucht.

Ein vom Verband für Bayerische Gebirgsschweißhunde entworfener Nachsuchenbericht.

Stand: 1/96

Name des Hundes: Kora v.d. Heide Zuchtb.-Nr.: 950/41/88

Eigentümer: H.-J. Borngräber Führer: H.-J. Borngräber

Leistungsnachweis für das Kalenderjahr 1 9 9 7 **(Einzelnachweis)**

Vorlage: **10. Januar** folgenden Jahres an den **Gruppenobmann** (für den Jahresbericht)

Lfd. Nr.	Tag der Nachs.	Jagdrevier	Wildart	Sitz der Kugel	Kaliber Geschoß	Alter d. Fährte Stunden	Länge d. Riemenarb. (m)	Länge/Dauer der Hatz m	Min	Wildbret-gewicht kg	*wenn Vorarb. and. Hd.	Verk.-unfall	Zeuge Name/Anschrift
						Std.	ca.	ca.					
	Januar												
1.	11.01.		Rehgeiß	waidw.	7 x 64	18	1.000	100	5	18	ja		
2.	12.01.		Schauffler	Äsersch.	3006	16	1.500	wurde v.einem Abstellschuß erlegt		92	ja		
3.	14.01.		Überl.	Hinterlauf	9,3x62	20	3.000	300	30	52	ja 2x		
4.	15.01.		Überl.	waidw.	8x57	21	1.500	200	15	48	ja		
5.	17.01.		Spießer	Vord.Lauf	3006	22	6.000	800	45	84	ja		
6.	18.01.		Keiler	Vord.Lauf	3006	21	2.500	500	35	105	ja		
7.	22.01.		Überl.	waidw.	8x57	18	1.000	300	15	50	ja		
8.	26.01.		Frischlg.	waidw.	7x64	6	500	./.	./.	34	./.		
9.	29.01.		Überl.	waidw.	8x57	16	2.000	300	20	48	./.		
10.	30.01.		Keiler	Hinterl.	9,3x64	22	3.500	500	45	110	ja		

Bitte **alle** Nachsuchen auf **Schalenwild** eintragen! Bemerkungen über Wetter, besondere Leistungen oder Vorkommnisse können auf 2. Zeile über die ganze Seite geschrieben werden.
„Kontroll- und Fehlsuchen" können auch summarisch auf letzter Zeile vorgetragen werden.

Stand: 1/96

Name des Hundes: Kora v.d. Heide Zuchtb.-Nr.: 950/41/88

Eigentümer: H.-J. Borngräber Führer: H.-J. Borngräber

Leistungsnachweis für das Kalenderjahr 1 9 9 7 (Einzelnachweis)

Vorlage: **10. Januar** folgenden Jahres an den **Gruppenobmann** (für den Jahresbericht)

Lfd. Nr.	Tag der Nachs.	Jagdrevier	Wildart	Sitz der Kugel	Kaliber Geschoß	Alter d. Fährte Stunden	Länge d. Riemen-arb. (m)	Länge/Dauer der Hatz m	Min	Wildbret-gewicht kg	*wenn Vorarb. and. Hd.	Verk.-unfall	Zeuge Name/Anschrift
	Mai					ca.	ca.						
11.	16.05.		Überl.	waidw.	8x68	23	1.000	200	20	62	ja 2x		
12.	16.05.		Bock	Vord.Lauf	3006	7	500	400	10	16	./.		
13.	17.05.		Überl.	Keule	7x64	20	1.000	300	15	38	ja		
14.	18.05.		Überl.	Vorderl.	3006	18	1.500	800	60	42	ja		
15.	19.05.		Bock	Vorderl.	7x64	10	1.000	300	10	18	./.		
16.	21.05.		Überl.	Hinterl.	3006	16	3.000	400	40	36	ja		
17.	31.05.		Überl.	starker Krellschuß	8x57	20	1.000	300	20	42	ja		
	Juni												
18.	02.06.		Schmalreh	waidw.	7x64	10	400	50	10	14	./.		
19.	18.06.		Keiler	waidw.	9,3x62	20	3.500	400	20	82	ja		
20.	21.06.		Überl.	Schalen-schuß	3006	18	6.000	1.000	50	49	ja		
					sehr schwierige Hetze, da viele Himbeeren-Unterwuchs								
21.	22.06.		Überl.	Keule	7x64	22	1.000	300	20	41	ja		

Bitte **alle** Nachsuchen auf **Schalenwild** eintragen! Bemerkungen über Wetter, besondere Leistungen oder Vorkommnisse können auf 2. Zeile über die ganze Seite geschrieben werden. „Kontroll- und Fehlsuchen" können auch summarisch auf letzter Zeile vorgetragen werden.

Stand: 1/96

Name des Hundes: Kora v.d. Heide Zuchtb.-Nr.: 950/41/88

Eigentümer: H.-J. Borngräber Führer: H.-J. Borngräber

Leistungsnachweis für das Kalenderjahr 1 9 9 7 (Einzelnachweis)

Vorlage: **10. Januar** folgenden Jahres an den **Gruppenobmann** (für den Jahresbericht)

Lfd. Nr.	Tag der Nachs.	Jagdrevier	Wildart	Sitz der Kugel	Kaliber Geschoß	Alter d. Fährte Stunden	Länge d. Riemen-arb. (m)	Länge/Dauer der Hatz m	Min	Wildbret-gewicht kg	*wenn Vorarb. and. Hd.	Verk.-unfall	Zeuge Name/Anschrift
	August					ca.		ca.					
22.	02.08.		Überl.	Keule	8x68	22	1.500	300	15	39	ja		
23.	05.08.		Überl.	Vorderl.	3006	18	2.000	400	20	41	ja		
24.	07.08.		Bock	Vorderl.	7x64	10	400	100	10	15	./.		
25.	08.08.		Bock	Hinterl.	8x57	12	500	200	20	16	ja		
26.	12.08.		Keiler	Krellsch.	9,3x62	18	3.000	1.000	45	82	ja 2x		
27.	13.08.		Bock	hoher Vorderl.	7x64	11	600	200	15	15	ja		
28.	14.08.		Überl.	Vorderl.	8x57	12	1.000	100	10	36	ja		
29.	15.08.		Überl.	waidw.	7x64	24	600	./.	./.	21	ja		
30.	20.08.		Keiler	Keule	8x68	23	1.500	400	20	126	ja 2x		
31.	22.08.		Keiler	Vorderl.	3006	18	3.000	400	20	82	ja		
32.	28.08.		Überl.	waidw.	7x64	20	1.000	200	10	42	ja		
	September												
33.	01.09.		Bock	Vorderl.	7x64	10	500	150	10	14	ja		
34.	17.09.		Überl.	Hinterl.	8x57	18	1.000	400	20	43	ja		
35.	27.09.		Überl.	waidw.	3006	20	1.000	100	10	41	ja 2x		
36.	28.09.		Überl.	waidw.	7x64	22	1.500	200	10	44	ja		

Bitte **alle** Nachsuchen auf **Schalenwild** eintragen! Bemerkungen über Wetter, besondere Leistungen oder Vorkommnisse können auf 2. Zeile über die ganze Seite geschrieben werden. „Kontroll- und Fehlsuchen" können auch summarisch auf letzter Zeile vorgetragen werden.

Stand: I/96

Name des Hundes: .ora v.d. Heide Zuchtb.-Nr.: 950/41/88

Eigentümer: H.-J. Borngräber Führer: H.-J. Borngräber

Leistungsnachweis für das Kalenderjahr 1 9 9 7 (Einzelnachweis)

Vorlage: **10. Januar** folgenden Jahres an den **Gruppenobmann** (für den Jahresbericht)

Lfd. Nr.	Tag der Nachs.	Jagdrevier	Wildart	Sitz der Kugel	Kaliber Geschoß	Alter d. Fährte Stunden	Länge d. Riemen-arb. (m)	Länge/Dauer der Hatz m	Min	Wildbret-gewicht kg	*wenn Vorarb. and. Hd.	Verk.-unfall	Zeuge Name/Anschrift
	Oktober					ca.		ca.					
37.	16.10.		Keiler	Keule	7x64	21	2.000	400	20	95	ja 2x		
38.	18.10.		Überl.	Hinterl.	8x57	19	1.500	300	10	42	ja		
39.	19.10.		Überl.	Vorderl.	3006	22	2.000	100	10	39	ja		
40.	29.10.		Rehgeiß	Vorderl.	7x64	8	500	100	10	14	./.		
41.	30.10.		Rehgeiß	waidw.	8x57	10	300	./.					
42.	31.10.		Keiler	Keule	3006	18	400	400	20	82	ja 2x		
	November												
43.	08.11.		Schauffler	Vorderl.	8x57	12	2.000	500	30	78	ja		
44.	09.11.		Überl.	waidw.	7x64	20	1.000	150	10	38	ja 2x		
45.	12.11.		Keiler	Vorderl.	3006	22	3.500	400	20	100	ja		
46.	14.11.		Keiler	waidw.	3006	21	2.000	800	40	102	./.		
47.	15.11.		Überl.	waidw.	7x64	18	1.000	100	10	38	ja		
48.	16.11.		Überl.	waidw.	8x68	20	1.500	200	10	32	./.		
49.	27.11.		Bache	waidw.	3006	6	1.000	200	10	88	Meute am Stück gewesen		
50.	28.11.		Keiler	Vorderl.	./.	12	2.000	300	20	92	"		
51.	29.11.		1 x Überl.	waidw.	./.	12	200	./.	./.	32	./.		
52.	29.11.		1 Überl.	waidw.	./.	12	150	./.	./.	31	./.		

Bitte **alle** Nachsuchen auf **Schalenwild** eintragen! Bemerkungen über Wetter, besondere Leistungen oder Vorkommnisse können auf 2. Zeile über die ganze Seite geschrieben werden.
„Kontroll- und Fehlsuchen" können auch summarisch auf letzter Zeile vorgetragen werden.

Stand: I/96

Name des Hundes: Kora v.d. Heide Zuchtb.-Nr.: 950/41/88

Eigentümer: H.-J. Borngräber Führer: H.-J. Borngräber

Leistungsnachweis für das Kalenderjahr 1 9 9 7 (Einzelnachweis)

Vorlage: **10. Januar** folgenden Jahres an den **Gruppenobmann** (für den Jahresbericht)

Lfd. Nr.	Tag der Nachs.	Jagdrevier	Wildart	Sitz der Kugel	Kaliber Geschoß	Alter d. Fährte Stunden	Länge d. Riemen-arb. (m)	Länge/Dauer der Hatz m	Min	Wildbret-gewicht kg	*wenn Vorarb. and. Hd.	Verk.-unfall	Zeuge Name/Anschrift
	Dezember												
53.	04.12.		Überl.	Keule	8x68	22	900	100	10	39	ja		
54.	05.12.		Überl.	Hinterl.	7x64	23	1.000	150	10	40	./.		
55.	06.12.		Keiler	Vorderl.	9,3x64	3	2.500	400	20	85	Meute war am Stück u. ließ wieder aus		
56.	08.12.		Überl.	waidw.	3006	16	800	200	10	40	./.		
57.	16.12.		Keiler	Vorderl.	8x57	22	1.500	300	20	78	ja		
58.	20.12.		Keiler	Keule	7x64	22	1.800	100	10	80	ja		
59.	21.12.		Überl.	waidw.	8x57	23	1.000	300	15	36	./.		
60.	27.12.		Bache	waidw./.	7x64	4	2.000	200	30	80	./.	Treib-jagd	
61.	28.12.		Überl.	Vorderl.	3006	24	3.000	100	10	36	ja		

Bitte **alle** Nachsuchen auf **Schalenwild** eintragen! Bemerkungen über Wetter, besondere Leistungen oder Vorkommnisse können auf 2. Zeile über die ganze Seite geschrieben werden.
„Kontroll- und Fehlsuchen" können auch summarisch auf letzter Zeile vorgetragen werden.

Klub für Bayerische Gebirgsschweißhunde 1912 E.V.

Leistungsnachweis 1997

(Zusammenstellung)

BGS: Kora v. d. Heide Zuchtb.-Nr. 950/41/88

Eigentümer/Führer: Hans-Joachim Borngräber, Springe

Leistungen	Rotwild	Schwarzwild	Rehwild	Gamswild	Damwild sonst. Schalenwild	Summen	Summe Erfolgssuchen	Wildbret kg
1. Erfolgssuchen über 300 m		46	10		3			
2. Erfolgssuchen bis 300 m		2						
3. Hatzeinsätze (aus 1. + 2.)		46	9		3			
4. Nach Vorsuche anderer Hunde						46		
5. Nach Verkehrsunfällen								
6. Kontroll- ~~und Fehl~~suchen (Sa.)							71	
7. Nachsucheneinsätze (Sa. aus 1. + 2. + 6.)							132	3.155

Datum/Unterschrift: 09.01.1998

Bitte nur die abgedruckten Formblätter (Leistungsnachweis und Zusammenstellung) verwenden.
In anderer Form vorgelegte Leistungsnachweise werden nicht mehr in den Jahresbericht aufgenommen!
Vorlage beim Gruppenobmann : 10. Januar

Voranstehend sind exemplarisch die Nachsuchenberichte des Jahres 1997 aufgeführt. Die Reviere und die Namen haben wir unkenntlich gemacht. Sie würden sich sicherlich auch nicht gern hier wiederfinden.

Erfolgreiche Nachsuchen im Jagdjahr 1993/94 des Gespannes Kora von der Heide und Poldi vom Forstenrieder Park

Dieser Nachsuchenbericht wurde dem Präsidium der Landesjägerschaft Niedersachsen offiziell gemeldet.

Schwarzwild	103 Stück	86 Hetzen u. Fangschüsse
Rehwild	17 Stück	4 Hetzen u. Fangschüsse
Damwild	8 Stück	5 Hetzen u. Fangschüsse
Rotwild	4 Stück	2 Hetzen u. Fangschüsse
=	132 Stück Schalenwild	

Die längste Arbeit von Kora von der Heide dauerte 2 Tage, und zwar über eine Strecke von 18 km auf einen laufkranken Brunfthirsch, der am Rudel gestellt wurde und den Fangschuß bekam.

Wildbretgewicht des nachgesuchten Wildes: 6.723 kg

Arbeiten in Bulgarien
6 Hirsche, 3 Keiler, 1 Rehbock

Alle Arbeiten waren mit hetzen und stellen.

Erfolgreiche Nachsuchen im Jagdjahr 1994/95 des Gespannes Kora von der Heide und Poldi vom Forstenrieder Park

Dieser Nachsuchenbericht wurde dem Präsidium der Landesjägerschaft Niedersachsen offiziell gemeldet.

Schwarzwild	123 Stück	108	Hetzen u. Fangschüsse
Rehwild	21 Stück	16	Hetzen u. Fangschüsse
Damwild	3 Stück	2	Hetzen u. Fangschüsse
Rotwild	1 Stück	–	
=	148 Stück	Schalenwild	

Unter den Schwarzwildnachsuchen waren 12 Gebrechschüsse.

Die längste Arbeit war von Poldi über eine Strecke von ca. 36 km in 3 Tagen auf einen laufkranken sechsjährigen Keiler.

Wildbretgewicht des nachgesuchten Wildes: 7.954 kg

Die Öffentlichkeitsarbeit des Schweißhundeführers in seinem Kreis

Schweißarbeit ist Vertrauenssache und setzt das Vertrauen der Revierinhaber den Schweißhundeführern gegenüber voraus. Immer wieder werde ich gefragt: „Wieso haben Sie so viele Einsätze im Jahr?“ Darauf antworte ich immer wieder: „Das Vertrauen der Jäger müssen Sie neben Ihren guten Hunden haben, dann werden Sie auch geholt.“

Ein guter Hund reicht nicht.

Viele Hundeführer machen sich die Sache viel zu einfach. Sie meinen, einen guten Hund zu haben und ihn schnell auf Schweiß auszubilden reiche aus, damit sich alle Reviere für ihn öffnen und er das schönste Nachsuchenleben genießen kann. Glücklicherweise läßt der Herrgott die Bäume aber nicht in den Himmel wachsen. Ich habe in meinen Laufbahn als Schweißhundeführer eigene Wege beschritten, um dem Wild und dem Schützen gerecht zu werden. Aber als Resümee ziehe ich heute, daß es jeder Hundeführer selbst in der Hand hat, wie er zur Nachsuche gerufen wird. Damit muß er sich erst einmal abfinden, und dann erst kann er versuchen, besser zu werden. Der Erfolg fällt nicht von selbst in den Schoß.

Als Leiter des Jägerlehrhofes in Springe habe ich vielleicht ein paar mehr Möglichkeiten als ein privater Hundeführer, aber der Weg bleibt immer der gleiche: Das Vertrauen muß da sein.

Neid kommt mit dem Erfolg.

Mit dem Erfolg zusammen stellt sich einen ganz andere Problematik von selbst ein: der Neid anderer Führer. Es ist geradezu beschämend, was einem von gestandenen Hundeführern so alles widerfährt. Aber auch das gehört dazu, und man muß sich darauf einstellen.

Aus diesen Gründen möchte ich einige Punkte ansprechen, die jeder in seinem Bereich als Öffentlichkeitsarbeit für unser Wild tun kann.

Der Hundeführer – wenn er die Rote Arbeit als seine Berufung ansieht – sollte sich bei seiner Jägerschaft bekannt machen. Das heißt sich bei dem Vorsitzenden, dem Kreisjägermeister, den Hegeringleitern und den Hundeobleuten vorstellen und sie über den gedachten Weg der Nachsuchenarbeit informieren. Auch sollte er sich auf Kreisgruppen- und Hegeringebene als Ausbilder zur Verfügung stellen und mithelfen, die Gebrauchshundeführer auszubilden. Gleichzeitig sollte er dort auch seinen Hund vorstellen und vielleicht eine Lehrvorführung bieten, damit die Revierinhaber das Nachsuchengespann und deren Leistung begutachten können. Auch bei der Jungjägerausbildung kann der Schweißhundeführer tätig werden, denn gerade diese Gruppe von Jägern wird später für die eine oder andere Nachsuche Anlaß geben.

Auf Veranstaltungen der Jägerschaft ist es für jeden Schweißhundeführer von morgen unerläßlich, präsent zu sein und dort Fragen zu beantworten und Kontakt mit Jägern zu finden.

Hundeschau auf der Ausstellung „Pferd und Jagd".

Eine der besten Methoden zur Öffentlichkeitsarbeit sind die richtig durchgeführten Hundeschauen. Hier kann der Schweißhundeführer seine Aufgabe und seine Hunde ins rechte Licht rücken – wer sonst könnte es besser als der Führer selbst. Durch solche Darbietungen haben auch Nichtjäger erfahren, was eigentlich Schweißhunde sind und welchen Wert sie darstellen. In meiner Laufbahn habe ich des öfteren erfahren können, daß wir Anrufe erhielten von besorgten Spaziergängern, die im Wald unsere Hunde gesehen haben wollten oder gesehen haben. Das eine oder andere Mal haben wir so ohne längeres Suchen unsere Hunde wiederbekommen. Später stellten wir im Gespräch fest, daß die Spaziergänger uns „irgendwo" schon einmal gesehen hatten.

Wir am Jägerlehrhof wollen dem uns anvertrauten Wild dadurch gerecht werden, daß wir mit den Gebrauchshundeleuten zusammen und uns als Spezialisten das leidende Wild so schnell wie möglich zur Strecke bringen.

Ein Weg, um dem Wild gerecht zu werden

Das große Problem bei der Jagd mit der Schußwaffe ist nicht die Waffe oder die Munition, sondern der Mensch, der hinter dieser Waffe steht. Und gerade bei der Jagd „menschelt“ es oft. Da werden Stücke im schlechtesten Licht beschossen, damit sie der Nachbar nicht erlegt.

Der Grundstein für eine schlechte Nachsuche wird meist vom Schützen gelegt!

Unerfahrene Jäger beutelt das Jagdfieber, so daß sie den Schuß verreißen. Bei der dann notwendigen Nachsuche wird weiter gestümpert. Mit der Taschenlampe und dem Revolver in der Hand werden die Dickungen durchleuchtet, und zu guter Letzt wird der ungeübte Hund in freier Suche nach vorn geschickt – er ist ja Totverbeller oder Bringselverweiser. Das ist aber weder weidgerecht noch sinnvoll. Bei der Auswahl der Waffen gehen Jäger meist keinerlei Kompromisse ein, warum dann bei der Nachsuche? Ein Spezialist findet das Stück, erlöst es nötigenfalls tierschutzgerecht, und es ist dann meist noch zu verwerten.

Aber um etwas zu verändern – gerade bei der Jagd – muß man das menschliche Wesen mit einkalkulieren, sonst wird die Veränderung nicht akzeptiert. Fassen wir zusammen: Es gibt einerseits normale Jäger, die nur wenig jagen können, wenig Erfahrung haben und bei gutem Licht und schönem Wetter brauchbar schießen. Sollte diesen Jägern ein schlechter Schuß unterlaufen, müssen Sie wissen, was sie zu tun und – noch wichtiger – zu lassen haben. Diese Jäger verbrechen den eigenen Standort, den Anschuß, sofern sie ihn finden können, und sie stehen dem Nachsuchenführer Rede und Antwort. Auf keinen Fall sollten sie auf dem Anschuß herumtrampeln und versuchen, mit immer größeren Kreisen das Stück zu finden.

Die Aufgabe des Schützen.

In jedem Revier muß gesetzeshalber ein brauchbarer Hund vorhanden sein. Dieser Hund wird mit seinem Führer als nächster an den Anschuß geführt. Vielleicht gibt es auch auf Hegering- oder Kreisgruppenebene einen Hundeführer, der sich auf einfache Nachsuchen spezialisiert hat. Dieses Gespann sucht den Anschuß, und der Führer untersucht den Anschuß. Findet er Anzeichen dafür, daß er die Arbeit mit seinem Hund nicht zu Ende bringen kann – beispielsweise Zahnteile eines starken Keilers am Anschuß, aber nur einen Teckel dabei –, ruft er sofort einen Schweißhundeführer. Steht zu erwarten, daß er die Arbeit zu Ende bringen kann, sucht er das Stück nach. Wichtig ist für den Hundeführer zu erkennen, ob er die Arbeit leisten kann oder nicht. Sieht er sich dazu nicht in der Lage, sollte er persönliche Größe zeigen und die Arbeit einem Spezialisten überlassen.

Die Aufgabe des Gebrauchshundeführers.

Ist die Aufgabe zu erledigen oder muß ein Spezialist her?

Kommt er während der Arbeit nicht mehr weiter, verbricht er den letzten Schweiß und ruft den Spezialisten. Die freie Suche ist keine Lösung, sondern ein Zeichen für die Ratlosigkeit des Führers. Das sollte nicht sein.

Ist der Spezialist zur Stelle, wird er vom Gebrauchshundeführer und vom Schützen eingewiesen. Dann nimmt er die Suche auf. Der Gebrauchshundeführer arbeitet die Fährte in einigem Abstand, die meisten Hunde stört das nicht.

Der Schweißhundeführer läßt den Gebrauchshund an das Stück!

Ist abzusehen, daß das Stück schon verendet ist, läßt der Schweißhundeführer dem Gebrauchshundeführer den Vortritt. Der Gebrauchshund kommt als erster an das Stück und hat so ein Erfolgserlebnis – vielleicht das einzige im Jahr!

Kommt es zu einer Hetze, wird nur der Schweißhundeführer seine Hunde schnallen. Sie haben meist mehr Erfahrung und werden nicht so leicht geschlagen wie ein in dieser Situation unerfahrener Gebrauchshund. Handelt es sich um eine Nachsuche auf Rehwild, kann der Schweißhundeführer auch den Gebrauchshund von der Größe eines Deutsch-Draht-, Kurz- oder Langhaar schnallen lassen. Diese Hunde sind schneller und können ein Stück Rehwild schneller herunterziehen und abtun. Voraussetzung ist dabei aber die richtige Ausbildung und notwendige Erfahrung.

Dieses Konzept verfolgt mehrere Ziele:

Der Schweißhundeführer wird entlastet, weil ein Großteil der Nachsuchen von den Gebrauchshundeführern zufriedenstellend geleistet werden kann. Der Schweißhundeführer hat nur noch die schwierigen Nachsuchen zu leisten, das entlastet sein Zeitbudget, und er hat für andere Arbeiten Zeit.

Der Gebrauchshundeführer lernt vom Spezialisten dadurch, daß er mit seinem Hund die Suche nacharbeitet. Er steht nicht herum und kommt sich überflüssig vor. Das verhindert auch Neid und Mißgunst. Besonders wichtig ist, daß der Gebrauchshund – wenn die Situation es ermöglicht – als erster an das Stück kommt. So verschafft man dem noch mehr auf Beute geprägten Hund ein Erfolgserlebnis, das er bedingt durch die wenigen Einsätze nicht so häufig hat wie der Schweißhund.

Ausbildung auch für den Gebrauchshund.

Wichtig ist das Verhalten des Schweißhundeführers. Er darf dem Gebrauchshundeführer nicht das Gefühl geben, er wäre mit seinem Hund zusammen „zu dumm", das Stück zu finden. Das hört keiner gerne. In der Folge wird der Schweißhundeführer nicht mehr gerufen. Das fragliche Stück ist dann einfach „überschossen worden", und der Schweißhundeführer bekommt weniger Einsätze, was letztlich auch seinem Ausbildungsstand abträglich ist. Besser ist, wenn der Spezialist dem Gebrauchshundeführer zeigt, warum er an welcher Stelle nicht weitergekommen ist und wie er beim nächsten Mal weiterkommt. Mit einem solchen vertrauensvollen Verhältnis wird man dem Wild gerecht, die Gebrauchshundeführer lernen in Situationen, die sie bewältigen können, und die Schweißhundeführer werden von den einfachen Totsuchen entlastet, die ein Gebrauchshund leisten kann.

Spezialfälle für Spezialisten, Alltagsarbeit für Gebrauchshunde.

Bei diesem Konzept müssen natürlich alle Beteiligten an einem Strang ziehen: Revierinhaber, Schützen, Hundeführer und natürlich die Funktionäre innerhalb der Jägerschaft und der Hundevereine.

Wenn sich alle einig sind, profitiert das Wild davon!

Der Weg, den wir entwickelt haben, ist einfach und in jedem Revier, Hegering und Kreisgruppe nachzuvollziehen, vorausgesetzt, daß sich Hundeführer, Revierinhaber und Funktionäre darüber einig sind, was sie wollen. Dieses Ziel kann nur heißen: unserem Wild unnötige Qualen zu ersparen.

Ein Weg, um dem Wild gerecht zu werden:

- *Ansuchen durch den Gebrauchshundeführer.*
- *Arbeiten, solange Schweiß vorhanden ist, danach verbrechen.*
- *Keine freie Suche!*
- *Schweißhundeführer holen.*
- *Mit dem Gebrauchshund als zweitem Hund im Abstand hinter dem Spezialisten arbeiten.*
- *Bei Totsuchen kommt der Gebrauchshund als erster an das Stück.*
- *Bei Hetzen wird nur der Spezialist geschnallt.*

Jagdliches Brauchtum des Schweißhundeführers

Mit Interesse habe ich vor einiger Zeit einen Juristen gehört, der die Persönlichkeitsmerkmale eines Schweißhundeführers aufführte. Mit Erstaunen mußte ich registrieren, daß von jagdlichem Brauchtum nicht viel dabei war. Gerade der Schweißhundeführer, der ja bei einer Nachsuche der Jagdleiter ist, muß nicht nur das Handwerk der Nachsuche beherrschen. Er muß auch Tradition und Brauchtum beherrschen und einsetzen können.

Tradition und Brauchtum gezielt einsetzen.

Wir sind es dem Wild schuldig, daß ihm nach erfolgreicher Nachsuche die letzte Ehre erwiesen wird, indem man es gerecht verbricht, zur Strecke legt und verbläst. Auch ein Erinnerungsfoto kann manchmal dazugehören, der Jagdgast und Schütze freut sich darüber.

Nach langen und schweren Arbeiten, bei denen jeder seine Kräfte lassen mußte – Jäger, Hund und Führer – ist es unschön und geradezu unfair, dem Schützen, der ohnehin in Gewissensnot ist, nicht ein Weidmannsheil zu wünschen. Ich halte es so, daß jedes Stück nach der erfolgreichen Suche zur Strecke gelegt und verbrochen wird, der Schütze erhält ein kräftiges „Weidmannsheil!" und seinen Schützenbruch und reicht einen Teil davon an den Hund weiter. Anschließend wird das Stück noch verblasen. Sie glauben gar nicht, wie entspannt die Schützen nach solchen Ritualen sind, manchen kommen sogar die Tränen. Das ist gut so, zeigt es doch, daß er auch ein Mensch mit Herz ist und diese kleine weidmännische Feier, die nur der Hundeführer und er als Schütze erleben, gehören zu den ergreifendsten und schönsten Momenten, die das jagdliche Brauchtum zu bieten hat. Solche Momente muß der Schweißhundeführer kennen und einzusetzen wissen, sind sie doch echtes, tiefverwurzeltes Weidwerk.

Ein Erinnerungsfoto nach der erfolgreichen Suche.

Auf der Fährte des Rechts

Gesetzliche Bestimmungen für den Schweißhundeführer bei der Nachsuche / Wildfolge auf Schalenwild.

§ 22a Abs. 1 Bundesjagdgesetz

(1) Um krankgeschossenes Wild vor vermeidbaren Schmerzen oder Leiden zu bewahren, ist dieses unverzüglich zu erlegen; das gleiche gilt für schwerkrankes Wild, es sei denn, daß es genügt und möglich ist, es zu fangen und zu versorgen.

In enger Anlehnung an die Grundsätze des Tierschutzrechts zeigt der für das Jagdrecht zuständige Bundesgesetzgeber eine Verpflichtung auf, die sich grundsätzlich an jeden zur befugten Jagdausübung berechtigten Jäger wendet, soweit seine Befugnis die dazu notwendige Erlegungshandlung beinhaltet.

Eine unverzügliche Erlegung krankgeschossenen oder schwerkranken Wildes ist bekanntermaßen ohne den Einsatz eines dafür besonders geeigneten Jagdhundes oftmals unmöglich und, sofern sich eine Nachsuche bei der Würdigung aller Umstände des Einzelfalles schon von Beginn an abzeichnet, gesetzlich nicht zulässig. Die die Rahmengesetzgebung des Bundes ausfüllenden Landesjagdgesetze gestatten die Nachsuche auf leidendes Wild nur unter Einsatz eines dazu brauchbaren Jagdhundes (z. B.: Artikel 3 Abs. 3 Nr. 3 LJagdG Nds.). Mit diesen in den einzelnen Bundesländern vorgegebenen gesetzlichen Bestimmungen wird deutlich, daß die unverzügliche Erlegung kranken Wildes im Rahmen einer Nachsuche nur mit einem dazu brauchbaren Hund zulässig ist. Kann ein Jagdhund bei der Beurteilung des Einzelfalles trotz nachgewiesener Brauchbarkeitsprüfung den anstehenden Anforderungen von vornherein nicht nachkommen, scheidet sein Einsatz sogleich aus. Die konsequente Verpflichtung des Gesetzgebers zur unverzüglichen Erlegung des Qualen und Schmerzen leidenden Wildes gestattet keine Experimente.

Die Nachsuche auf krankgeschossenes oder schwerkrankes Wild ist Jagdausübung unter erschwerten Bedingungen; sie unterliegt daher im besonderen Maße der in §1 Abs. 3 des Bundesjagdgesetzes manifestierten Grundsätzen deutscher Weidgerechtigkeit.

Nachsuchenarbeit bedeutet Schweißarbeit im wahrsten Sinne des Wortes für Hund und Führer. Wer sich dieser Aufgabe mit voller Hingabe widmet, bedarf dazu nicht nur des praktischen Könnens, sondern auch der Kenntnis über die wichtigsten gesetzlichen Bestimmungen, die seiner verantwortungsvollen Arbeit stets übergeordnet sind.

Die nachfolgenden Ausführungen zum Komplex der Nachsuche und insbesondere zur Wildfolge sollen daher Anhalt für jeden Schweißhundführer zu dem von ihm angestrebten rechtskonformen Verhalten sein. Seiner Aufgabe entsprechend beziehen sich die Erläuterungen nur auf die gesetzlichen Bestimmungen über die Nachsuche / Wildfolge auf Schalenwild.

Die Vorschriften des Bundesjagdgesetzes

§ 22a BJagdG Verhinderung von vermeidbaren Schmerzen oder Leiden des Wildes

(1) Um krankgeschossenes Wild vor vermeidbaren Schmerzen oder Leiden zu bewahren, ist dieses unverzüglich zu erlegen; das gleiche gilt für schwerkrankes Wild, es sei denn, daß es genügt und möglich ist, es zu fangen und zu versorgen.

(2) Krankgeschossenes oder schwerkrankes Wild, das in einen fremden Jagdbezirk wechselt, darf nur verfolgt werden (Wildfolge), wenn mit dem

Jagdausübungsberechtigten dieses Jagdbezirks eine schriftliche Vereinbarung über die Wildfolge abgeschlossen worden ist. Die Länder erlassen nähere Bestimmungen, insbesondere über die Verpflichtung der Jagdausübungsberechtigten benachbarter Jagdbezirke, Vereinbarungen über die Wildfolge zu treffen; sie können darüber hinaus die Vorschriften über die Wildfolge ergänzen oder erweitern.

§ 22a BJagdG beinhaltet folgende Gebote:

- *Unverzügliche Erlegung leidenden Wildes durch den dazu befugten Jäger,*
- *Beachtung der gesetzlichen Alternative des Fangens und Versorgens kranken Wildes,*
- *Nachsuche des außer Anblick geratenen kranken Wildes,*
- *Wildfolgemaßnahmen (Nachsuche im fremden Jagdbezirk) unter Berücksichtigung fremden Jagdausübungsrechts.*

Erlegung leidenden Wildes

Das Gebot der unverzüglichen (= ohne schuldhafte Verzögerung) Erlegung kranken Wildes richtet sich primär an den Jagdausübungsberechtigten. Handlungen, die zum gesetzlichen Tatbestand des Erlegens von Wild gehören, sind ihrem Wesensgehalt nach Bestandteil spezialgesetzlicher Regelung durch das Jagdrecht und stellen somit Jagdausübung dar. Eingriffe in fremdes Jagdrecht werden durch die Schutzbestimmungen anderer Gesetzesnormen, insbesondere des Strafrechts (§ 292 StGB: Jagdwilderei), abgewehrt. Nur insoweit wie der Jagdausübungsberechtigte an andere Jäger (Jagdgäste) Jagderlaubnisse erteilt hat, wirkt sich die Pflicht zur unverzüglichen Erlegung auch auf diese Personen aus.

Unabhängig vom geltenden Jagdausübungsrecht obliegt dem bestätigten Jagdaufseher die volle Verpflichtung des § 22a BJagdG im Hinblick auf die ihm nach § 23 BJagdG (Inhalt des Jagdschutzes) zugewiesene Sorge für die Einhaltung der zum Schutz des Wildes und der Jagd erlassenen Vorschriften als wesentlicher Teil des Jagdschutzes. § 22a BJagdG stellt eine derartige Schutzvorschrift für das Wild dar.

Soweit leidendes, vornehmlich verunfalltes Wild, am Ort gebannt ist, obliegt es auch den nach § 25 Abs. 1 BJagdG zuständigen öffentlichen Stellen für den Jagdschutz (Polizeibeamte) die erforderlichen Maßnahmen zur unverzüglichen Erlösung der leidenden Kreatur zu ergreifen. Darüber hinausgehende Handlungen, wie z. B. eine Nachsuche, stehen den öffentlichen Stellen jedoch nicht zu.

Mit der in § 22a Abs. 1 BJagdG enthaltenen Regelung räumt der Gesetzgeber dem Schutz des Jagdausübungsrechts Vorrang gegenüber den Aspekten des Tierschutzes ein. Dieses Manko wird jedoch durch weitergehende Rechtsvorschriften der Bundes- und Landesjagdgesetzgebung zum großen Teil ausgeglichen.

Leidendes Wild ist unverzüglich zu erlegen. Der Gesetzgeber stellt damit klar heraus, daß die Hilfe für die leidende Kreatur keinen vermeidbaren Aufschub zuläßt. Zugleich wird durch die Konsequenz dieser Bestimmung deutlich, daß anderweitige Rechtsvorschriften zurückzutreten haben. Hierzu gehören insbesondere gesetzliche Bestimmungen über den Abschußplan, Schonzeiten, sachliche Verbote, Ruhegebote nach den Feiertagsgesetzen der Länder usw.

Fangen und Versorgen kranken Wildes

Der unverzüglichen Erlegung unterliegt nur krankgeschossenes oder schwerkrankes Wild, das nach eingehender Prüfung des Jägers körperlich schwer geschädigt ist. Leichte Schußverletzungen (Geringfügiger Streifschuß) oder unbedeutende Krankheiten (z. B. Rachenbremsen) rechtfertigen kein Erlegen des Wildes außerhalb der Jagdzeit oder unter Umgehung sonstiger jagdrechtlicher Bestimmungen.

Alternativ führt der Gesetzgeber in § 22a Abs. 1 BJagdG nicht nur das Recht, sondern auch die Pflicht zum Fangen krankgeschossenen oder schwerkranken Wildes auf, sofern dies überhaupt möglich und der damit verbundenen Zielsetzung (Versorgen = Gesundpflege) dienlich ist. Die Jagdpraxis zeigt, daß eine derartige Möglichkeit nur im geringen Umfang (verletzte Rehkitze usw.) besteht.

Eine Verpflichtung zur Wiederaussetzung gefangenen und versorgten (= gesundgepflegten) Wildes besteht nicht.

Nachsuche des außer Anblick geratenen Wildes

Unter dem Begriff „Nachsuche" sind jagdrechtlich alle Maßnahmen zu verstehen, die zum Auffinden krankgeschossenen Wildes führen sollen. Der Bedeutung des Wortes entsprechend handelt es sich um Vorgänge, die zum Erlangen der Jagdbeute veranlaßt werden, also Jagdausübung auf nicht zur Strecke gekommenes Wild darstellen.

Wer Wild krankschießt und trotz seiner Verpflichtung zur Nachsuche und Erlösung der leidenden Kreatur hierzu nichts unternimmt, setzt sich der Gefahr strafrechtlicher Verfolgung wegen Tierquälerei (§ 17 Nr. 2b TierSchG) und der Einziehung des Jagdscheins aus.

Wildfolge

§ 22a Abs. 2 BJagdG regelt unter dem Gesichtspunkt des Schutzes fremden Jagdausübungsrechts die Nachsuche auf krankgeschossenes oder schwerkrankes Wild in einem fremden Jagdbezirk mit der Maßgabe, daß es hierzu einer schriftlichen Vereinbarung über die Wildfolge mit dem Jagdausübungsberechtigten des fremden Jagdbezirks bedarf. Eine weitere gesetzliche Ausformung, insbesondere zur Möglichkeit, die Vorschriften über die Wildfolge zu ergänzen oder zu erweitern, wurde den Ländern übertragen.

Erst mit der das Bundesjagdgesetz ausfüllenden Gesetzgebung der Länder wird das den Komplex der Wildfolge betreffende Jagdrecht in der Praxis, auch in bezug auf die parallel dazu stehende Gesetzesmaterie (Strafgesetzbuch, Waffengesetz, pp.), anwendbar.

Die Vorschriften der Landesjagdgesetze

In recht unterschiedlicher Weise haben die Länder die Bestimmungen zur Wildfolge gestaltet. Dabei fällt auf, daß die neuen Bundesländer zum Teil eine für die Praxis bessere Regelung gefunden haben. Beim Vergleich der Landesjagdgesetzgebung zeigt sich eine Fülle an unterschiedlichen Vorgaben zum Komplex der Wildfolge. Manche Vorschriften scheinen – vordergründig betrachtet – deckungsgleich zu sein; deshalb bedarf es hinsichtlich ihrer Verpflichtung einer Detailbetrachtung für ein rechtskonformes Handeln im praktischen Jagdbetrieb. Gerade für den Nachsuchenführer und den Gastjäger ist es wichtig, sich über die Rechtsmaterie des jeweiligen Bundeslandes eingehend Klarheit zu verschaffen. Wer sich hier nachlässig verhält, läuft Gefahr, sich in bestimmten Fällen auch strafrechtlich verantworten zu müssen. Besonders schwer wiegen dabei Verstöße gegen das Strafgesetzbuch (§ 292 StGB: Jagdwilderei) und das Waffengesetz (§ 35 Abs. 4 WaffG: Unerlaubtes Führen einer Schußwaffe).

Auf die einzelnen Elemente der gesetzlichen Bestimmungen über die Wildfolge im Vergleich der Landesjagdgesetze ist wie folgt hinzuweisen.

Wildfolgeregelung

Mehrheitlich wird in den Bundesländern die Vereinbarung einer schriftlichen Wildfolge nicht gefordert, sondern nur als ergänzende Möglichkeit den Jagdausübungsberechtigten eingeräumt. Es besteht eine gesetzliche Wildfolgeregelung, die im Kern durch eine Wildfolgevereinbarung der Jagdnachbarn nicht angetastet werden kann. Einige Bundesländer verpflichten innerhalb einer Fristsetzung auf der Grundlage gesetzlicher Mindestregelungen zur schriftlichen Wildfolgevereinbarung.

Aus tatsächlicher und rechtlicher Sicht sind alle Vorschriften in einzelnen Landesjagdgesetzen positiv zu bewerten, die es dem Führer eines Schweißhundes oder eines zur Nachsuche brauchbaren Jagdhundes gestatten, dem leidenden Wild sofort nachzusuchen. Hierzu sollten die einzelnen Länder (wie z. B. Rheinland-Pfalz, Sachsen-Anhalt) die Befugnisse bestätigter Schweißhundführer auch in ihre Gesetzgebung übernehmen.

Führen von Schußwaffen

Überwiegend ist das Führen von Schußwaffen im fremden Jagdbezirk geregelt, wobei den notwendigen Bedürfnissen zur Erlösung der leidenden Kreatur und auch dem Jagdausübenden zum persönlichen Schutz nicht immer Rechnung getragen wird. Als positiv für die Praxis sind die Regelungen anzusehen, die es dem Jäger erlauben, dem krankgeschossenen oder schwerkranken Wild über die Jagdbezirksgrenze hinweg den Fangschuß anzutragen (Baden-Württemberg, Bayern, Berlin, Brandenburg, u. a.) Als nicht mehr mit dem Tierschutzgedanken vereinbar anzusehen ist die Regelung u. a. im Landesjagdgesetz Niedersachsen, die es ohne schriftliche Wildfolgevereinbarung nicht gestattet, auch dem sich in unmittelbarer Nähe zur Jagdbezirksgrenze niedertuenden Wild den Fangschuß anzutragen. Nach dem aktuellen Stand der Landesjagdgesetzgebung sind nachfolgend die für die Wildfolge zu beachtenden Vorschriften der einzelnen Bundesländer tabellarisch aufgeführt. Die Aufstellung bezieht sich ausschließlich auf die Regelungen für Schalenwild, wobei in einigen Bundesländern, wie in Hessen, kein Unterschied zwischen Schalenwild und anderem Wild gemacht wird. Zu beachten ist, daß aufgrund von Gesetzesänderungen sich diese Aufstellung ändern kann und im Hinblick auf vorgetragene wünschenswerte Positionen hoffentlich ändern wird.

Die Wildfolgeregelung in den Bundesländern

Tabellarische Übersicht

Bundesland	Rechts-vorschrift	Wildfolgeregelung	Schweißhund Jagdhund	Befriedeter Bezirk
Baden-Württemberg	fehlt			
Bayern	§§ 15 LJagdG	Gesetzliche Wildfolge	§ 15 Abs. 4	§ 16 LJagdG
Berlin	§ 28 LJagdG	Gesetzliche Wildfolge	§ 28 Abs. 4 § 30 Abs. 2	§ 29 LJagdG
Brandenburg	§ 35 LJagdG	Gesetzliche Wildfolge	§ 35 Abs. 4	§ 36 LJagdG
Bremen	Art. 25 LJagdG			
Hamburg	§ 21 LJagdG	Gesetzliche Wildfolge; Wildfolgevereinbarung nicht zwingend.		
Hessen	§ 27 Abs. 4 LJagdG	Schriftliche Wildfolgevereinbarung innerhalb von 3 Monaten.	§ 28 Abs. 1	§ 27 Abs. 9
Mecklenburg-Vorpommern	§ 32, 33, 34 LJagdG	Schriftliche Wildfolgevereinbarung zwingend.		
Niedersachsen	Art. 33 Abs. 3 LJagdG	Schriftliche Wildfolgevereinbarung muß auf Verlangen des Jagdnachbarn eingeräumt werden.	Art. 3 Abs. 3 Nr. 3	Art. 2 Abs. 1 Nr. 1
Nordrhein-Westfalen	§ 29 Abs. 1 LJagdG, § 29 Abs. 1 Satz 3 LJagdG	Schriftliche Wildfolgevereinbarung innerhalb von 6 Monaten; Gesetzliche Wildfolge im Übergangszeitraum.	§ 29 Abs. 3 Satz 2; § 30 LJagdG	

Bundesland	Rechts-vorschrift	Wildfolgeregelung	Schweißhund Jagdhund	Befriedeter Bezirk
Rheinland-Pfalz	§ 22 Abs. 1 LJagdG	Schriftliche Wildfolgevereinbarung unverzüglich.		§ 22 Abs. 5 LJagdG
Saarland	§ 21 Abs. 2 und 3 LJagdG; § 21 Abs. 6 LJagdG	Gesetzliche Wildfolge; Schriftliche Wildfolgevereinbarung unter Berücksichtigung der Mindestforderungen der gesetzlichen Wildfolge möglich.		§ 22 LJagdG
Sachsen	§ 38 Abs. 3 LJagdG; § 38 Abs. 5 LJagdG	Gesetzliche Wildfolge; über gesetzliche Wildfolgeregelung hinausgehende Regelung bedarf der Schriftform.	§ 40 LJagdG	§ 39 LJagdG
Sachsen-Anhalt	§ 28 Abs. 1 und 2 LJagdG; § 28 Abs. 4 LJagdG	Gesetzliche Wildfolge, weitergehende schriftliche Wildfolgevereinbarung ist möglich.	§ 29 LJagdG Bestätigter Schweißhundführer genießt Sonderstatus.	§ 28 Abs. 6 LJagdG
Schleswig-Holstein	§ 30 Abs. 1 LJagdG § 30 Abs. 2 LJagdG § 22 LJagdG	Wildfolge nur bei schriftlicher Vereinbarung zulässig; Regelung von Zweifelsfällen beim Bestehen einer schriftlichen Wildfolgevereinbarung; Residenzpflicht für einen Jäger am Ort für Maßnahmen nach § 22a BJagdG.		
Thüringen	§ 37 Abs. 1 LJagdG § 37 Abs. 2 – 4 LJagdG;	Schriftliche Wildfolgevereinbarung innerhalb von 3 Monaten; Gesetzliche Wildfolgeregelung im Mindestumfang.	§ 39 Abs. 1 LJagdG	§ 38 LJagdG

Die Wildfolgeregelung in Baden-Württemberg

Landesjagdgesetz
Stand: 17. 06. 1997

Grundsatz: Durch schriftliche Wildfolgevereinbarungen nach § 22a BJagdG sollen die Voraussetzungen für leidendes Wild geschaffen werden, damit dieses auch dann vor vermeidbaren Schmerzen oder Leiden bewahrt werden kann, wenn es in einen fremden Jagdbezirk wechselt. — § 17 Abs. 1

Der Abschluß einer schriftlichen Wildfolgevereinbarung wird vom Gesetzgeber in Baden-Württemberg nicht gefordert. Deshalb gilt beim Fehlen einer solchen eine gesetzliche Vorgabe zur Durchführung der Wildfolge auf der Grundlage des Bundesjagdgesetzes. — zu § 22a Abs. 2 BJagdG

Wenn eine schriftliche Wildfolgevereinbarung nicht besteht, darf die Wildfolge nur nach folgenden Bestimmungen ausgeübt werden: — § 17 Abs. 2

Krankgeschossenes oder schwerkrankes Wild, das über die Grenze des Jagdbezirks wechselt und für einen sicheren Schuß erreichbar ist, ist von dem zur Jagdausübung Befugten von seinem Jagdbezirk aus zu erlegen. — § 17 Abs. 2 Nr. 1

Das erlegte Wild ist am Erlegungsort zu versorgen (Gesetzliche Pflicht). — § 17 Abs. 2 Nr. 1

Schalenwild muß nach dem Versorgen am Erlegungsort verbleiben. — § 17 Abs. 2 Nr. 2

Das Erlegen von Wild im benachbarten Revier ist dem dort Jagdausübungsberechtigten oder dessen Vertreter von dem Erleger unverzüglich zu melden. — § 17 Abs. 2 Nr. 3

Wechselt krankgeschossenes oder schwerkrankes Wild über die Grenze des Jagdbezirks und ist für einen sicheren Schuß nicht erreichbar, ist der Jagdausübungsberechtigte oder dessen Vertreter unverzüglich zu benachrichtigen.	§ 17 Abs. 2 Nr. 4
Ist nur durch sofortige Nachsuche mit einem brauchbaren Hund krankgeschossenes oder schwerkrankes Wild zu erlegen, darf der zur Jagdausübung Befugte auch ohne vorherige Benachrichtigung Nachbarreviere zwecks Nachsuche betreten.	§ 17 Abs. 2 Nr. 4 Satz 4
Nach Beendigung der Nachsuche sind die Jagdausübungsberechtigten des Nachbarjagdbezirks unverzüglich zu benachrichtigen.	§ 17 Abs. 2 Nr. 4 Satz 4

Führung von Schußwaffen

Eine Langwaffe darf der zur Jagdausübung Befugte im Falle notwendiger sofortiger Nachsuche mit einem brauchbaren Jagdhund im Nachbarrevier führen.	§ 17 Abs. 2 Nr. 4 Satz 4

Einsatz von Jagdhunden

Für Nachsuchen sind brauchbare Jagdhunde bereitzuhalten und einzusetzen, wenn es nach den Umständen erforderlich ist.	§ 21 Satz 2

Befriedeter Bezirk

Krankgeschossenes oder schwerkrankes Wild, das in Teile eines Jagdbezirks wechselt, in denen die Jagd ruht oder in denen nur eine beschränkte Jagdausübung gestattet ist, darf auch dort bejagt werden. Das gilt nicht für Gebäude, die zum Aufenthalt von Menschen dienen.	§ 18 Abs. 1

Die Wildfolgeregelung in Bayern

Landesjagdgesetz
Stand: 24. 5. 1996

Grundsatz: Durch schriftliche Wildfolgevereinbarungen nach § 22a BJagdG sollen die Voraussetzungen für leidendes Wild geschaffen werden, damit dieses auch dann vor vermeidbaren Schmerzen oder Leiden bewahrt werden kann, wenn es in einen fremden Jagdbezirk wechselt. — § 15 Abs. 1

Der Abschluß einer schriftlichen Wildfolgevereinbarung wird vom Gesetzgeber in Bayern nicht gefordert. Deshalb gilt beim Fehlen einer solchen eine gesetzliche Vorgabe zur Durchführung der Wildfolge auf der Grundlage des Bundesjagdgesetzes. — zu § 22a Abs. 2 BJagdG

Wenn eine schriftliche Wildfolgevereinbarung nicht besteht, darf die Wildfolge nur nach folgenden Bestimmungen ausgeübt werden: — § 15 Abs. 2

Krankgeschossenes oder schwerkrankes Wild, das über die Grenze des Jagdbezirks wechselt und für einen sicheren Schuß erreichbar ist, ist von dem zur Jagdausübung Befugten von seinem Jagdbezirk aus zu erlegen. — § 15 Abs. 2 Nr. 1

Das erlegte Wild ist am Erlegungsort zu versorgen (Gesetzliche Pflicht). — § 15 Abs. 2 Nr. 1

Schalenwild muß nach dem Versorgen am Erlegungsort verbleiben. — § 15 Abs. 2 Nr. 2

Das Erlegen von Wild im benachbarten Revier ist dem dort Jagdausübungsberechtigten oder dessen Vertreter von dem Erleger unverzüglich zu melden. — § 15 Abs. 2 Nr. 3

Wechselt krankgeschossenes oder schwerkrankes Wild über die Grenze des Jagdbezirks und ist für einen sicheren Schuß nicht erreichbar, ist der Jagdausübungsberechtigte oder dessen Vertreter unverzüglich zu benachrichtigen.	§ 15 Abs. 2 Nr. 4
Ist nur durch sofortige Nachsuche mit einem brauchbaren Hund krankgeschossenes oder schwerkrankes Wild zu erlegen, darf der zur Jagdausübung Befugte auch ohne vorherige Benachrichtigung Nachbarreviere zwecks Nachsuche betreten.	§ 15 Abs. 2 Nr. 4 Satz 4
Nach Beendigung der Nachsuche sind die Jagdausübungsberechtigten des Nachbarjagdbezirks unverzüglich zu benachrichtigen.	§ 15 Abs. 2 Nr. 4 Satz 5

Führung von Schußwaffen

Eine Langwaffe darf der zur Jagdausübung Befugte im Falle notwendiger sofortiger Nachsuche mit einem brauchbaren Jagdhund im Nachbarrevier führen.	§ 15 Abs. 2 Nr. 4 Satz 4

Einsatz von Jagdhunden

Für Nachsuchen sind brauchbare Jagdhunde bereitzuhalten und einzusetzen, wenn es nach den Umständen erforderlich ist.	§ 19 Satz 2

Befriedeter Bezirk

Krankgeschossenes oder schwerkrankes Wild, das in Teile eines Jagdbezirks wechselt, in denen die Jagd ruht oder in denen nur eine beschränkte Jagdausübung gestattet ist, darf auch dort bejagt werden. Das gilt nicht für Gebäude, die zum Aufenthalt von Menschen dienen.	§ 16 Abs. 1

Die Wildfolgeregelung in Berlin

Landesjagdgesetz
Stand: 3. 5. 1995

Schriftliche Wildfolgevereinbarung ist innerhalb von 6 Monaten durch die Jagdausübungsberechtigten nach Beginn der Jagdnachbarschaft vorgeschrieben. Bis zum Abschluß einer Vereinbarung gilt eine gesetzliche Wildfolgeregelung. Durch die schriftliche Wildfolgevereinbarung können bestimmte Mindestanforderungen der gesetzlichen Wildfolge nicht aufgehoben werden.

§ 28 Abs. 1

Krankgeschossenes Wild ist vom eigenen Jagdbezirk aus zu erlegen, wenn es sich in Sichtweite von der Grenze niedertut und für einen sicheren Schuß erreichbar ist.

§ 28 Abs. 2

Das Erlegen ist dem Jagdausübungsberechtigten/Vertreter des benachbarten Jagdbezirks unverzüglich anzuzeigen.

§ 28 Abs. 2 Satz 4

Pflicht zum Versorgen erlegten Wildes.

§ 28 Abs. 2 Satz 5

Kein Fortschaffen des erlegten Schalenwildes.

§ 28 Abs. 4 Satz 1

Wechselt krankgeschossenes Schalenwild oder schwerkrankes Wild in einen benachbarten Jagdbezirk, ohne sich in Sichtweite niederzutun und für einen sicheren Schuß erreichbar zu sein, sind die Jagdausübungsberechtigten/Vertreter der von der Nachsuche voraussichtlich betroffenen Jagdbezirke unverzüglich zu benachrichtigen.

§ 28 Abs. 2 Satz 4

Dem Führer eines brauchbaren Schweißhundes oder brauchbaren Jagdhundes ist nach dem Anzeigen das Betreten des fremden Jagdbezirks zur Nachsuche unverzüglich zu gestatten.	§ 28 Abs. 4 Satz 3

Führung von Schußwaffen

Geladene Schußwaffen dürfen nach dem Schuß über die Grenze nicht mitgeführt werden.	§ 28 Abs. 2 Satz 3
Zur Nachsuche darf der Führer eines brauchbaren Jagdhundes die Schußwaffe mitführen.	§ 28 Abs. 4 Satz 3

Einsatz von Jagdhunden

Die Jagdbehörde kann im Einzelfall anordnen, daß in Wildfolgevereinbarungen besondere Wildfolgebefugnisse für bestätigte Schweißhundführer getroffen werden.	§ 28 Abs. 1 Satz 3
Für die Nachsuche sind auf Brauchbarkeit geprüfte Jagdhunde in genügender Anzahl bereitzuhalten und zu verwenden.	§ 30 Abs. 1
Nachweis eines zur Nachsuche auf Schalenwild brauchbaren Jagdhundes kann dem Jagdausübungsberechtigten von der Jagdbehörde auferlegt werden.	§ 30 Abs. 2

Befriedeter Bezirk

Wildfolge ist in Gebiete zulässig, in denen die Jagd ruht oder nur eine beschränkte Jagdausübung zulässig ist. Das gilt nicht für Gebäude, Hofräume und Hausgärten im Sinne des § 5 Abs. 1 Nrn. 1–2 LJagdG.	§ 29

Die Wildfolgeregelung in Brandenburg

Landesjagdgesetz
Stand: 5. 11. 1997

Schriftliche Wildfolgevereinbarung innerhalb von 6 Monaten durch die Jagdausübungsberechtigten nach Beginn der Jagdnachbarschaft vorgeschrieben. Bis zum Abschluß einer Vereinbarung gilt gesetzliche Wildfolgeregelung. Durch die schriftliche Wildfolgevereinbarung können bestimmte Mindestanforderungen der gesetzlichen Wildfolge nicht aufgehoben werden.	§ 35 Abs. 2
Krankgeschossenes Wild ist vom eigenen Jagdbezirk aus zu erlegen, wenn es sich in Sichtweite von der Grenze niedertut und für einen sicheren Schuß erreichbar ist.	§ 35 Abs. 3
Das Erlegen von Wild ist dem benachbarten Jagdausübungsberechtigten/Vertreter unverzüglich anzuzeigen.	§ 35 Abs. 3 Satz 5
Pflicht zum Versorgen erlegten Wildes.	§ 35 Abs. 3 Satz 4
Kein Fortschaffen des erlegten Schalenwildes.	§ 35 Abs. 4 Satz 1
Wechselt krankgeschossenes Schalenwild oder schwerkrankes Wild in einen benachbarten Jagdbezirk, ohne sich in Sichtweite niederzutun und für einen sicheren Schuß erreichbar zu sein, sind die Jagdausübungsberechtigten/Vertreter der von der Nachsuche voraussichtlich betroffenen Jagdbezirke unverzüglich zu benachrichtigen.	

Dem Führer eines brauchbaren Schweißhundes oder brauchbaren Jagdhundes ist nach dem Anzeigen das Betreten des fremden Jagdbezirks zur Nachsuche unverzüglich zu gestatten. § 35 Abs. 4 Satz 2

Führung von Schußwaffen

Geladene Schußwaffen dürfen nach dem Schuß über die Grenze nicht mitgeführt werden. § 35 Abs. 3 Satz 3

Zur Nachsuche darf der Führer eines brauchbaren Schweißhundes/Jagdhundes die Schußwaffe im fremden Jagdbezirk führen. § 35 Abs. 4 Satz 3

Einsatz von Jagdhunden

Für die Nachsuche sind auf Brauchbarkeit geprüfte Jagdhunde in genügender Anzahl bereitzuhalten und zu verwenden. § 37 Abs. 1

Nachweis eines zur Nachsuche auf Schalenwild brauchbaren Jagdhundes kann dem Jagdausübungsberechtigten von der Jagdbehörde auferlegt werden. § 37 Abs. 2

Die unteren Jagdbehörden können im Einzelfall anordnen, daß in Wildfolgevereinbarungen besondere Wildfolgebefugnisse für bestätigte Schweißhundeführer getroffen werden. § 35 Abs. 2 Satz 4

Befriedeter Bezirk

Wildfolge ist in Gebieten zulässig, in denen die Jagd ruht oder nur eine beschränkte Jagdausübung gestattet ist. Das gilt nicht für Gebäude, Hofräume und Hausgärten im Sinne des § 5 Abs. 1 Nrn. 1 und 2 LJagdG. § 36

Die Wildfolgeregelung in Bremen

Landesjagdgesetz
Stand: 1992

Grundsatz: Krankgeschossenes Schalenwild darf in einem fremden Jagdbezirk nur verfolgt werden, wenn mit dem Jagdnachbarn schriftlich Wildfolge vereinbart ist. Der Revierinhaber ist verpflichtet, einem Jagdnachbarn auf dessen Verlangen Wildfolge für krankgeschossenes Schalenwild einzuräumen. — Art. 26 Abs. 1; Art. 26 Abs. 3

Ohne schriftliche Wildfolgevereinbarung ist eine Nachsuche auf krankgeschossenes Schalenwild oder eine sonstige zur Erlösung der leidenden Kreatur notwendige Maßnahme im Sinne der Vorschriften des § 22a Abs. 1 BJagdG nicht zulässig! — § 292 StGB (Jagdwilderei)

Ist Wildfolge vereinbart, so gilt im Zweifel folgendes: — Art. 26 Abs. 2

Wechselt krankgeschossenes Schalenwild über die Grenze und tut sich in Sichtweite nieder, darf es der Schütze weidgerecht töten, aufbrechen und versorgen. — Art. 26 Abs. 2 Nr. 1

Erlegtes Schalenwild darf nicht fortgeschafft werden. — Art.26 Abs.2 Nr.1

Der Schütze hat unverzüglich den Jagdnachbarn zu verständigen. — Art.26 Abs.2 Nr.1

Wechselt krankgeschossenes Schalenwild in den Nachbarbezirk und tut sich nicht in Sichtweite nieder, hat der Schütze unverzüglich den Jagdnachbarn zu verständigen und grundsätzlich für eine Nachsuche zur Verfügung zu stehen. — Art. 26 Abs. 2 Nr. 2 i. V. m. Art. 25 Abs. 1 und 2

Führung von Schußwaffen

Schußwaffen dürfen im fremden Jagdbezirk nur mitgeführt werden, wie es erforderlich ist, um das kranke Tier zu töten.

Art. 26 Abs. 2 Nr. 1 Satz 2

Verwendung von Jagdhunden

Es muß jeweils mindestens ein brauchbarer Jagdhund bei jeder Nachsuche eingesetzt werden.

Art. 3 Abs. 3 Nr. 3

Befriedeter Bezirk

Krankgeschossenes Wild darf im befriedeten Bezirk innerhalb des eigenen Jagdbezirks erlegt werden. Der Grundeigentümer oder der Nutzungsberechtigte ist nach Möglichkeit vorher zu informieren.

Art. 2 Abs. 1 Nr. 1

Sonstige Vorschriften

Gehört eine öffentliche Straße nicht zu einem Jagdbezirk, so haben die Revierinhaber der beiderseits angrenzenden Jagdbezirke das Recht, sich auf der Straße, jeweils bis zu deren Mitte, getötetes, krankes, verletztes und verendetes Wild anzueignen; gleiches gilt für Eisenbahnkörper und Wasserläufe.

Art. 6 Abs. 2

Hat ein Revierinhaber seinen Hauptwohnsitz nicht in der Gemeinde seines Jagdbezirks, und ist für den Bezirk kein bestätigter Jagdaufseher bestellt, so hat der Revierinhaber der Jagdbehörde einen Jagdscheininhaber zu benennen, um unaufschiebbare Maßnahmen des Jagdschutzes, insbesondere hinsichtlich kranken, verletzten und verendeten Wildes in Abwesenheit des Revierinhabers durchzuführen.

Art. 28 Abs. 5

Die Wildfolgeregelung in Hamburg

Landesjagdgesetz
Stand: 27. 8. 1997

Grundsatz: Die Jagdausübungsberechtigten unmittelbar angrenzender Jagdbezirke sollen Wildfolgevereinbarungen schriftlich treffen und der zuständigen Behörde anzeigen. — § 21 Abs. 1

Durch die schriftliche Wildfolgevereinbarung können bestimmte Mindestanforderungen der gesetzlichen Wildfolge nur aufgehoben werden, wenn dadurch das Erlegen des krankgeschossenen oder schwerkranken Wildes nicht verzögert wird. — § 21 Abs. 1 Satz 2

Kommt eine Vereinbarung nicht zustande, gilt gesetzliche Regelung des § 21 wie folgt: — § 21 Abs. 2

Krankgeschossenes oder schwerkrankes Wild, das über die Grenze wechselt und sich in Sichtweite niedertut, darf vom Schützen oder Jagdausübungsberechtigten weidgerecht erlegt werden. — § 21 Abs. 2 Satz 1

Erlegtes Wild darf aufgebrochen und versorgt werden. — § 21 Abs. 2 Satz 1

Erlegtes Schalenwild ist am Fundort zu belassen. — § 21 Abs. 2 Satz 3

Der Jagdausübungsberechtigte des Nachbarbezirks oder dessen Vertreter ist unverzüglich zu benachrichtigen. — § 21 Abs. 2 Satz 4

Führung von Schußwaffen

Zur Erlegung krankgeschossenen oder schwerkranken Wildes erforderliche Schußwaffen dürfen im Nachbarjagdbezirk geführt werden. § 21 Abs. 2 Satz 2

Einsatz von Jagdhunden

Für jeden Jagdbezirk ist von den Jagdausübungsberechtigten ein nachweislich jagdlich brauchbarer Hund zu halten und zu führen. § 26 Abs. 1

Die Wildfolgeregelung in Hessen

Landesjagdgesetz
Stand: 15. 7. 1997

Grundsatz: In fremden Jagdbezirken darf krankes Wild nur auf Grund schriftlicher Vereinbarung über die Wildfolge nach § 22a Abs. 2 BJagdG nachgesucht und erlegt werden. — § 27 Abs. 3 Satz 1

Schriftliche Wildfolgevereinbarung hat innerhalb von 3 Monaten durch die Jagdausübungsberechtigten nach Entstehung neuer Jagdbezirke, Neuverpachtung oder Pächterwechsel durch die Jagdausübungsberechtigten zu erfolgen, und ist der Jagdbehörde anzuzeigen. — § 27 Abs. 4 Satz 1

Die Jagdbehörde hat die Wildfolgevereinbarung zu beanstanden, wenn sie bestimmten Mindestanforderungen des Gesetzgebers nicht entspricht. Werden die Mängel innerhalb Fristsetzung nicht ausgeräumt, kann die Jagdbehörde die Wildfolge regeln. — § 27 Abs. 4 Satz 2

Die gesetzliche Wildfolgeregelung:

Krankgeschossenes und krankes Wild ist, sofern es in Sicht- oder Schußweite verbleibt, auch nach dem Überwechseln in einen benachbarten Jagdbezirk, unverzüglich nachzusuchen und zu erlegen. — § 27 Abs. 1

Jede ausgeübte Wildfolge ist dem Jagdnachbarn unverzüglich mitzuteilen. — § 27 Abs. 3 Satz 2

Das Überwechseln kranken Wildes, welches nicht in Sicht- oder Schußweite verendet oder verbleibt, ist unverzüglich dem Jagdausübungsberechtigten/Vertreter des Nachbarjagdbezirks mitzuteilen. Diese haben sofort die Nachsuche zu veranlassen und zu bestimmen, wer an ihr teilnimmt. — § 27 Abs. 6 Satz 2

Führung von Schußwaffen

Schußwaffen dürfen zum Erlegen des in Sicht- und Schußweite über die Grenze gewechselten und verbleibenden krankgeschossenen oder kranken Wildes geführt werden. — § 27 Abs. 1 (Indirekte Ermächtigungsnorm)

Die Befugnis hierzu ergibt sich indirekt aus der in § 27 Abs. 1 enthaltenen Pflicht zum Erlegen (Erlegen = auch Töten mittels Schußwaffe).

Einsatz von Jagdhunden

Bei jeder Nachsuche sind jeweils brauchbare Jagdhunde zu verwenden. — § 28 Abs. 1

Die Jagdbehörde kann Jagdausübungsberechtigte zur Haltung eines zur Nachsuche brauchbaren Hundes verpflichten, sofern sie nicht nachweisen, daß ihnen brauchbare Jagdhunde anderer Hundehalter regelmäßig zur Verfügung stehen. — § 28 Abs. 2

Befriedeter Bezirk

Wildfolge ist ohne Vereinbarung in Gebieten zulässig, in denen die Jagd ruht oder nur eine beschränkte Jagdausübung zulässig ist. Wildfolge auf eingefriedeten Grundstücken, in Gebäuden, Hofräumen oder Kleingartenanlagen ist nur mit Zustimmung des Eigentümers oder Nutzungsberechtigten zulässig. — § 27 Abs. 9

Sonstige Vorschriften

Wer ein Fahrzeug führt und damit Schalenwild verletzt oder getötet hat, ist zur unverzüglichen Anzeige beim Jagdausübungsberechtigten oder der nächsten Polizeidienststelle verpflichtet. — § 3 Abs. 2

Abwesenheitsvertreter des Jagdausübungsberechtigten ist der Jagdaufseher. — § 31 Abs. 1 Satz 3

Die Wildfolgeregelung in Mecklenburg-Vorpommern

Landesjagdgesetz
Stand: 5. 5. 1994

Grundsatz: Die Jagdausübungsberechtigten benachbarter Jagdbezirke sind verpflichtet, die Wildfolge schriftlich zu vereinbaren. In einer solchen müssen Mindestanforderungen der §§ 33 und 34 des Landesjagdgesetzes über die Wildfolge enthalten sein. — § 32 Abs. 1

Die gesetzliche Wildfolgeregelung:

Das Überwechseln krankgeschossenen oder schwerkranken Wildes ist dem Jagdausübungsberechtigten/ Vertreter des Nachbarbezirkes unverzüglich zu melden. — § 33 Abs. 1 Satz 1

Krankgeschossenes Schalenwild ist, solange es vom Jagdbezirk, in dem es beschossen wurde, noch sichtbar und in schußgerechter Entfernung ist, durch Fangschuß zu erlegen. — § 33 Abs. 2

Der Erleger ist berechtigt, das Wild an Ort und Stelle aufzubrechen und zu versorgen. — § 33 Abs. 2 Satz 2

Erlegtes Schalenwild darf nicht fortgeschafft werden. — § 33 Abs. 2 Satz 2

Führung von Schußwaffen

Geladene Schußwaffen dürfen nur unter Berücksichtigung der Pflicht zum Antragen eines Fangschusses bei krankgeschossenem Schalenwild im fremden Jagdbezirk geführt werden. — § 33 Abs. 2 Satz 1

Die Formulierung des Gesetzestextes in § 33 Abs. 2 Satz 1 ist hinsichtlich der Befugnis zur Abgabe eines Fangschusses und des Führens von Schußwaffen im fremden Jagdbezirk ungenau. In Bezug auf die Pflichten gegenüber dem „Nichtschalenwild“ (Waffentransport wie auf Jägernotweg; § 29 Abs. 2) ergibt sich eine andere Rechtsbefugnis beim Schalenwild. § 34 Abs. 1 Satz 3 i.V.m. § 29 Abs. 2

Einsatz von Jagdhunden

Bei jeder Nachsuche auf Wild sind brauchbare Jagdhunde in genügender Zahl mitzuführen. § 35 Abs. 1

Befriedeter Bezirk

Die Erlegung krankgeschossenen oder schwerkranken Wildes ist in befriedeten Bezirken innerhalb des Jagdbezirkes zulässig. § 5 Abs. 3–6

Sonstige Vorschriften

Hat ein Jagdausübungsberechtigter seinen Hauptwohnsitz nicht in der Gemeinde seines Jagdbezirks und ist für diesen kein dort wohnhafter bestätigter Jagdaufseher bestellt, so hat der Jagdausübungsberechtigte der Jagdbehörde einen Jagdscheininhaber zu benennen, der zur Verhinderung von Schmerzen und Leiden des Wildes unaufschiebbare Maßnahmen des Jagdschutzes im Jagdbezirk sowie in befriedeten Bezirken innerhalb des Jagdbezirkes in Abwesenheit des Jagdausübungsberechtigten treffen kann. § 24

Die Wildfolgeregelung in Niedersachsen

Landesjagdgesetz
Stand: Sept. 1997

Grundsatz: Krankgeschossenes Schalenwild darf in einem fremden Jagdbezirk nur verfolgt werden, wenn mit dem Jagdnachbarn schriftlich Wildfolge vereinbart ist.	Art. 33 Abs. 1
Der Revierinhaber ist verpflichtet, einem Jagdnachbarn auf dessen Verlangen Wildfolge für krankgeschossenes Schalenwild einzuräumen.	Art. 33 Abs. 3
Ohne schriftliche Wildfolgevereinbarung ist eine Nachsuche auf krankgeschossenes Schalenwild oder eine sonstige zur Erlösung der leidenden Kreatur notwendige Maßnahme im Sinne der Vorschriften des § 22a BJagdG nicht zulässig!	§ 292 StGB (Jagdwilderei)
Ist Wildfolge vereinbart, so gilt im Zweifel folgendes:	Art. 33 Abs. 1
In den Nachbarbezirk übergewechseltes krankgeschossenes Schalenwild darf weidgerecht getötet werden, wenn es sich in Sichtweite niedertut.	Art. 33 Abs. 2 Nr. 1
Der Schütze hat unverzüglich den Jagdnachbarn zu benachrichtigen.	Art. 33 Abs. 2 Nr. 1
Recht zum Aufbrechen und Versorgen.	
Kein Fortschaffen des erlegten Schalenwildes.	

Führung von Schußwaffen

Schußwaffen dürfen im fremden Jagdbezirk nur mitgeführt werden, wie es erforderlich ist, um das krankgeschossene Stück Schalenwild zu erlegen. Art. 33 Abs. 2 Nr. 1

Einsatz von Jagdhunden

Bei jeder Nachsuche muß mindestens ein brauchbarer Jagdhund eingesetzt werden. Art. 3 Abs. 3 Nr. 3

Befriedeter Bezirk

Krankgeschossenes Wild darf im befriedeten Bezirk erlegt werden. Nach Möglichkeit ist der Grundeigentümer oder der Nutzungsberechtigte vorher zu informieren. Das Aneignungsrecht steht dem befugten Jäger (Art. 1 Abs. 1) zu. Art. 2 Abs. 2

Sonstige Vorschriften

Wenn es nach den persönlichen Verhältnissen des Revierinhabers geboten erscheint, kann ihm die Jagdbehörde durch Verfügung aufgeben, ihr einen am Ort erreichbaren Jagdscheininhaber zu benennen, um unaufschiebbare Maßnahmen des Jagdschutzes, insbesondere hinsichtlich kranken, verletzten und verendeten Wildes, in Abwesenheit des Revierinhabers durchzuführen. Art. 35 Abs. 4

Gehört eine öffentliche Straße nicht zu einem Jagdbezirk, so haben die Revierinhaber der beiderseits angrenzenden Jagdbezirke das Recht, sich auf der Straße, jeweils bis zu deren Mitte, getötetes, krankes, verletztes und verendetes Wild anzueignen; gleiches gilt für Eisenbahnkörper und Wasserläufe. Art. 7 Abs. 2

Die Wildfolgeregelung in Nordrhein-Westfalen

Landesjagdgesetz
Stand: 19974

Schriftliche Wildfolgevereinbarung innerhalb von 6 Monaten ist für die Jagdausübungsberechtigten nach Beginn der Jagdnachbarschaft vorgeschrieben. Bis zum Abschluß einer Vereinbarung gilt gesetzliche Wildfolgeregelung. Durch die schriftliche Wildfolgevereinbarung können bestimmte Mindestanforderungen der gesetzlichen Wildfolge nicht aufgehoben werden. § 29 Abs. 1

Die gesetzliche Wildfolgeregelung:

Tut sich krankgeschossenes Schalenwild in Sichtweite von der Grenze im fremden Jagdbezirk nieder, ist es vom Jagdausübenden zu erlegen. § 29 Abs. 2

Das Erlegen ist dem Jagdnachbarn/Vertreter unverzüglich aufzuzeigen. § 29 Abs. 2

Pflicht zum Versorgen erlegten Wildes.

Kein Fortschaffen des erlegten Schalenwildes.

Wechselt krankgeschossenes Schalenwild oder schwerkrankes Wild in einen benachbarten Jagdbezirk, ohne sich in Sichtweite niederzutun, ist dem Jagdausübungsberechtigten/Vertreter das Überwechseln unverzüglich anzuzeigen. § 29 Abs. 3 Satz 1

Nach Benachrichtigung sind die Jagdausübungsberechtigten der voraussichtlich von der Nachsuche betroffenen Jagdbezirke verpflichtet, dem Führer eines brauchbaren Schweißhundes/Jagdhundes zur Nachsuche das Betreten ihrer Jagdbezirke zu gestatten.	§ 29 Abs. 3 Satz 2

Führung von Schußwaffen

Schußwaffen dürfen beim Überschreiten der Grenze und zur Abgabe des Fangschusses mitgeführt werden.	§ 29 Abs. 2 Satz 3
Zur Nachsuche darf der Führer eines brauchbaren Schweißhundes/Jagdhundes eine Schußwaffe mitführen.	§ 29 Abs. 3 Satz 2

Einsatz von Jagdhunden

Bei jeder Nachsuche auf Schalenwild sind brauchbare Jagdhunde zu verwenden.	§ 30

Sonstige Vorschriften

Die untere Jagdbehörde kann im Einzelfall den Abschuß von kümmerndem und krankem Wild über den Abschußplan hinaus oder während der Schonzeit genehmigen. Der Genehmigung bedarf es nicht, um im Einzelfall vermeidbare Schmerzen oder Leiden zu ersparen oder die Ausbreitung von Seuchen zu verhindern.	§ 24 Abs. 4

Die Wildfolgeregelung in Rheinland-Pfalz

Landesjagdgesetz
Stand: 5. 5. 1997

Grundsatz: Die Jagdausübungsberechtigten, ihre Beauftragten und Jagdgäste sind verpflichtet, dem Wild unnötige Schmerzen oder Leiden zu ersparen. § 21 Abs. 1

Die Jagdausübungsberechtigten aneinandergrenzender Jagdbezirke sollen weitergehende Wildfolgevereinbarungen treffen. § 22 Abs. 1 letzter Satz

In Rheinland-Pfalz gilt eine gesetzlich vorgeschriebene Wildfolge, so daß den Jagdausübungsberechtigten aneinandergrenzender Jagdbezirke nur empfohlen wird, über die vom Gesetzgeber bestimmten Regelungen hinaus weitergehende Vereinbarungen zu treffen.

Die gesetzliche Wildfolge:

Einem krankgeschossenen oder schwerkranken Stück Wild, das in einen anderen Jagdbezirk eingewechselt ist, darf von dem Jagdbezirk aus, den es verlassen hat, der Fangschuß angetragen werden. § 22 Abs. 1 Satz 1

Der Erleger oder ein von ihm Beauftragter hat das Stück unverzüglich am Ort des Verendens zu versorgen. § 22 Abs. 1 Satz 2

Der Jagdausübungsberechtigte/Beauftragter des Jagdbezirks, in dem das Stück Schalenwild verendet ist, ist unverzüglich zu unterrichten. § 22 Abs. 1 Satz 2

Anerkannte Schweißhundeführer dürfen bei einer Nachsuche von Schalenwild Jagdbezirksgrenzen ohne Zustimmung des Jagdausübungsberechtigten, in dessen Jagdbezirk das kranke Stück Schalenwild einwechselt, überschreiten. § 22 Abs. 2

Wechselt ein krankgeschossenes oder schwerkrankes Stück Wild über die Grenze, so hat der Schütze das Überwechseln dem Jagdausübungsberechtigten des Nachbarjagdbezirkes oder dessen Beauftragten unverzüglich mitzuteilen. § 21 Abs. 2 Satz 2

Durch Seuchenfall, Verletzung oder andere Ursachen kümmerndes Wild darf während der Schonzeit oder über den Abschußplan hinaus in der Regel nur mit vorheriger Erlaubnis der unteren Jagdbehörde erlegt werden. § 21 Abs. 4

Führung von Schußwaffen

Anerkannte Schweißhundführer dürfen bei einer Nachsuche ohne Zustimmung des Jagdausübungsberechtigten in dessen Jagdbezirk eine Schußwaffe zur Nachsuche führen. § 22 Abs. 2 Satz 1

Das Überschreiten der Jagdbezirksgrenze zur Versorgung des durch Fangschuß erlegten Wildes unter Mitnahme der Schußwaffen (sichere Verwahrung nach WaffG) ist mangels Verbot im Landesjagdgesetz zulässig.

Einsatz von Jagdhunden

Der Jagdausübungsberechtigte hat dafür zu sorgen, daß ihm für seinen Jagdbezirk ein brauchbarer Jagdhund zur Verfügung steht. Bei Suchjagden müssen brauchbare Jagdhunde in genügender Zahl mitgeführt und verwendet werden. § 25 Abs. 1

Befriedeter Bezirk

Die Wildfolge ist in Gebieten zulässig, in denen die Jagd ruht oder nur eine beschränkte Ausübung der Jagd gestattet ist. § 22 Abs. 4

Sonstige Vorschriften

Wer als Führer eines Fahrzeugs Schalenwild angefahren oder überfahren hat, ist verpflichtet, dies unverzüglich anzuzeigen. § 2 Abs. 2

Die Wildfolgeregelung im Saarland

Landesjagdgesetz
Stand: 27.11.1996

Grundsatz: Die Jagdausübenden sind verpflichtet, dem Wild unnötige Schmerzen oder Leiden zu ersparen. § 21 Abs. 1

Der Abschluß einer schriftlichen Wildfolgevereinbarung wird vom Gesetzgeber im Saarland nicht gefordert. Es gilt eine gesetzliche Wildfolge. Abweichende Vereinbarungen zwischen benachbarten Jagdausübungsberechtigten (Wildfolgevereinbarungen) bedürfen der Schriftform und dürfen inhaltlich nicht hinter bestimmten Regelungen (Mindestanforderungen) zurückbleiben. § 21 Abs. 6

Die gesetzliche Wildfolge:

Wechselt krankgeschossenes Schalenwild in einen benachbarten Jagdbezirk und tut sich in Sichtweite nieder, ist der Schütze ohne vorherige Benachrichtigung des Jagdnachbarn berechtigt, das Wild durch Fangschuß vom eigenen Jagdbezirk aus oder auf andere weidgerechte Art zu töten. § 21 Abs. 2

Der Schütze darf das Wild an Ort und Stelle aufbrechen und versorgen. § 21 Abs. 2

Schalenwild darf nicht fortgeschafft werden.

Die Benachrichtigung des am Fundort Jagdausübungsberechtigten oder dessen Vertreters hat unverzüglich zu erfolgen. § 21 Abs. 2 Satz 2

Wechselt krankgeschossenes oder schwerkrankes Schalenwild in einen benachbarten Jagdbezirk, ohne in Sichtweite zu verenden, hat der Jagdausübende das Überwechseln dem Jagdausübungsberechtigten/Vertreter des Nachbarbezirkes unverzüglich anzuzeigen. § 21 Abs. 3

Führung von Schußwaffen

Langwaffen dürfen beim Überschreiten der Grenze nur ungeladen mitgeführt werden. § 21 Abs. 5

Im Umkehrschluß ergibt sich daraus die Befugnis, Kurzwaffen, auch geladen, mitführen zu dürfen.

Einsatz von Jagdhunden

Zur Nachsuche darf nur ein brauchbarer Jagdhund verwandt werden. § 25 Abs. 1

Befriedeter Bezirk

Die Nachsuche auf krankgeschossenes oder schwerkrankes Wild in Gebieten, in denen die Jagd ruht oder nur eine beschränkte Jagdausübung gestattet ist, ist zulässig. Ausgenommen sind die befriedeten Bezirke nach § 5 Abs. 1 Nr. 1. (Gebäude, Hofräume, an eine Behausung anstoßende eingefriedete Hausgärten). § 22

Sonstige Vorschriften

Fahrer von Fahrzeugen, welche Schalenwild an- oder überfahren, sind zur Anzeige verpflichtet. Dies gilt nicht für befriedete Bezirke im Sinne des § 5 Abs. 1 Nr. 1. § 3 Abs. 2

Die Wildfolgeregelung in Sachsen

Landesjagdgesetz
Stand: 4.7.1994

Grundsatz: Auf krankgeschossenes Wild ist ordnungsgemäß nachzusuchen (Sachliche Gebote und Verbote). § 30 Abs. 1

Der Abschluß einer schriftlichen Wildfolgevereinbarung wird vom Gesetzgeber in Sachsen nicht gefordert. Es gilt eine gesetzliche Wildfolge. Abweichende Vereinbarungen zwischen benachbarten Jagdausübungsberechtigten (Wildfolgevereinbarungen) bedürfen der Schriftform und dürfen inhaltlich nicht hinter bestimmten Regelungen (Mindestanforderungen in den Absätzen 1, 3 und 4 des § 38) zurückbleiben. § 38 Abs. 5

Die gesetzliche Wildfolge:

Wechselt krankgeschossenes Wild über die Grenze und ist es für einen sicheren Schuß erreichbar, ist es vom Jagdausübenden zu erlegen. § 38 Abs. 3

Erlegtes Wild ist vom Jagdausübenden zu versorgen.

Schalenwild darf nicht fortgeschafft werden.

Das Erlegen ist dem Inhaber des benachbarten Jagdbezirks oder dessen Vertreter unverzüglich anzuzeigen.

Das Überwechseln krankgeschossenen Wildes ist vom Jagdausübenden dem Inhaber des Nachbarjagdbezirkes oder dessen Vertreter unverzüglich anzuzeigen. Gleiches gilt für schwerkrankes oder verletztes Wild. § 38 Abs. 1

Führung von Schußwaffen

Jagdwaffen dürfen beim Überschreiten der Grenze zum Zwecke der Versorgung des Wildes nur ungeladen mitgeführt werden.

§ 38 Abs. 3 Satz 3

Einsatz von Jagdhunden

Der zur Nachsuche verwendete Hund muß brauchbar sein.

§ 40 Abs. 1 Satz 2

Die Jagdbehörde kann dem Jagdbezirksinhaber die Verpflichtung zur Haltung eines zur Nachsuche brauchbaren Hundes auferlegen.

§ 40 Abs. 2

Befriedeter Bezirk

Die Verfolgung kranken oder krankgeschossenen Wildes ist im eigenen Jagdbezirk in Gebieten zulässig, in denen die Jagd ruht oder nur eine beschränkte Jagdausübung gestattet ist. Das gilt nicht für Gebäude, Hofräume und Hausgärten im Sinne von § 6 Abs. 1 Nr. 1 und 2.

§ 39

Sonstige Vorschriften

Mit Geldbuße kann der Führer eines Fahrzeugs belegt werden, wenn er Schalenwild durch An- oder Überfahren verletzt oder tötet und dies nicht unverzüglich dem Jagdbezirksinhaber oder der nächsterreichbaren Polizeidienststelle anzeigt.

§ 58 Abs. 2 Nr. 10b

Wenn der Jagdbezirksinhaber aus Gründen, die in seiner Person liegen, längere Zeit an der Ausübung des Jagdrechts und des Jagdschutzes verhindert ist, hat er der Jagdbehörde eine oder mehrere jagdpachtfähige Personen als Verantwortliche zu benennen.

§ 7 Abs. 3 i.V.m. Abs. 2

Die Wildfolgeregelung in Sachsen-Anhalt

Landesjagdgesetz
Stand: 21. 11. 1997

In Sachsen-Anhalt gilt eine gesetzliche Wildfolge. Weitergehende schriftliche Wildfolgevereinbarungen sind möglich, werden vom Gesetzgeber jedoch nicht gefordert.

Weitergehende schriftliche Wildfolgevereinbarungen bleiben unberührt. § 28 Abs. 4

Die gesetzliche Wildfolge:

Wechselt krankgeschossenes Schalenwild in den Nachbarbezirk und tut sich dort in Sichtweite nieder, darf es der Schütze auf weidgerechte Art erlegen. § 28 Abs. 1 Satz 1

Der Schütze darf erlegtes Schalenwild aufbrechen und versorgen. § 28 Abs. 1 Satz 1

Erlegtes Schalenwild darf aus dem fremden Jagdbezirk nicht fortgeschafft werden. § 28 Abs. 1 Satz 2

Der Schütze und der Revierinhaber haben unverzüglich den Jagdnachbarn zu verständigen. § 28 Abs. 1 letzter Satz

Wechselt krankgeschossenes Schalenwild in einen benachbarten Jagdbezirk und tut sich nicht in Sichtweite nieder, ist der Jagdnachbar unverzüglich zu benachrichtigen. § 28 Abs. 2 Satz 1

Ein vom Jagdausübungsberechtigten beauftragter bestätigter Schweißhundführer ist berechtigt, eine Nachsuche auf Schalenwild ohne Rücksicht auf Jagdbezirksgrenzen durchzuführen. § 29

Führung von Schußwaffen

Schußwaffen dürfen im fremden Jagdbezirk nur mitgeführt werden, soweit es erforderlich ist, um das krankgeschossene Stück Schalenwild zu erlegen. § 28 Abs. 1 Satz 2

Ein vom Jagdausübungsberechtigten zur Nachsuche auf Schalenwild beauftragter bestätigter Schweißhundführer darf in fremden Jagdbezirken ohne Genehmigung der dortigen Jagdausübungsberechtigten eine Schußwaffe führen. § 29

Einsatz von Jagdhunden

Bei jeder Nachsuche muß mindestens ein erfolgreich geprüfter brauchbarer Jagdhund eingesetzt werden. § 2 Abs. 3 Nr. 3

Befriedeter Bezirk

Krankgeschossenes Wild darf im befriedeten Bezirk erlegt werden. Nach Möglichkeit ist der Grundeigentümer oder der Nutzungsberechtigte vorher zu informieren. Das Aneignungsrecht steht dem befugten Jäger (§ 1 Abs. 1) zu. § 28 Abs. 6

Sonstige Vorschriften

Wildunfälle mit Schalenwild sind von den Unfallbeteiligten unverzüglich dem zuständigen Jagdausübungsberechtigten, Jagdaufseher oder einer Polizeibehörde anzuzeigen. § 30

Wenn es nach den persönlichen Verhältnissen des Jagdausübungsberechtigten geboten erscheint, kann die Jagdbehörde verfügen, daß er einen Jagdscheininhaber benennt, der unaufschiebbare Maßnahmen des Jagdschutzes , insbesondere hinsichtlich kranken, verletzten und verendeten Wildes, in Abwesenheit des Revierinhabers durchführen kann. § 32 Abs. 3

Die Wildfolgeregelung in Schleswig-Holstein

Landesjagdgesetz
Stand: 11. 8. 1994

Grundsatz: Die Verfolgung krankgeschossenen Schalenwildes auf fremdem Jagdbezirk (Wildfolge) ist nur auf Grund einer schriftlichen Wildfolgevereinbarung mit dem Jagdausübungsberechtigten dieses Bezirks zulässig.	§ 30 Abs. 1
Ohne schriftliche Wildfolgevereinbarung ist eine Nachsuche auf krankgeschossenes Schalenwild nicht zulässig. Die Nichtbeachtung dieser Vorschrift rechtfertigt grundsätzlich den Vorwurf der Jagdwilderei!	§ 292 StGB (Jagdwilderei)
Krankgeschossenes Schalenwild, das über die Grenze wechselt, ist, solange es vom Jagdbezirk, in dem es beschossen wurde, noch sichtbar und in schußgerechter Entfernung ist, durch Fangschuß zu erlegen.	§ 28 Abs. 2
Ist Wildfolge vereinbart, so gilt im Zweifel folgendes:	§ 30 Abs. 2
Wechselt krankgeschossenes Schalenwild in einen benachbarten Jagdbezirk, und verendet in Sichtweite, so ist der Schütze berechtigt, es aufzubrechen und zu versorgen.	§ 30 Abs. 2 Nr. 1
Verendetes Schalenwild darf nicht fortgeschafft werden.	§ 30 Abs. 2 Nr. 1
Die Jagdausübungsberechtigten oder deren Beauftragte sind unverzüglich zu benachrichtigen.	§ 30 Abs. 2 Nr. 1
Wechselt krankgeschossenes Schalenwild in einen benachbarten Jagdbezirk und verendet nicht in Sichtweite, ist das Überwechseln den Jagdausübungsberechtigten des Nachbarbezirks oder deren Vertretern unverzüglich zu melden.	§ 30 Abs. 2 Nr. 2 i.V.m. § 28 Abs. 1 Satz 2

Führung von Schußwaffen

Schußwaffen dürfen im fremden Jagdbezirk nicht geführt werden. Ausnahme: Anderslautende Regelung in einer schriftlichen Wildfolgevereinbarung.

§ 30 Abs. 2 Nr. 1 Satz 4 und § 29 Abs. 1 Satz 3

Einsatz von Jagdhunden

Bei jeder Nachsuche auf Schalenwild sind brauchbare Jagdhunde in genügender Zahl mitzuführen und zu verwenden.

§ 31 Abs. 1

Befriedeter Bezirk

Jagdausübungsberechtigte und Jagderlaubnisinhaber dürfen befriedete Bezirke innerhalb ihres Jagdbezirks zur Tötung schwerkranken und zur Aneignung verendeten Wildes betreten. Eigentümer/Nutzungsberechtigte des Grundstücks sind möglichst vorher zu benachrichtigen.

§ 3 Abs. 6

Sonstige Vorschriften

Haben Jagdausübungsberechtigte ihren Hauptwohnsitz nicht in der Gemeinde ihres Jagdbezirks, und sind keine dort wohnhaften bestätigten Jagdaufseher bestellt, haben die Jagdausübungsberechtigten der Jagdbehörde einen Jagdscheininhaber zu benennen, der im allgemeinen ohne Schwierigkeiten erreichbar ist, und unaufschiebbare Maßnahmen des Jagdschutzes, insbesondere hinsichtlich kranken, verletzten und verendeten Wildes, in Abwesenheit der Jagdausübungsberechtigten durchführen kann.

§ 22

Die Wildfolgeregelung in Thüringen

Landesjagdgesetz
Stand: 19.12.1995

Grundsätze: Die Jagdausübungsberechtigten benachbarter Jagdbezirke sind verpflichtet, innerhalb von drei Monaten nach der Entstehung neuer Jagdbezirke, nach Neuverpachtungen oder nach Wechsel der Pächter, Wildfolgevereinbarungen schriftlich abzuschließen. In der Vereinbarung sind zumindest die Regelungen nach § 37 Absätze 2–4 zu treffen. § 37 Abs. 1

Das Landesjagdgesetz Thüringen schreibt den Abschluß von Wildfolgevereinbarungen zwischen benachbarten Jagdausübungsberechtigten verpflichtend vor und legt zudem fest, daß bestimmte Regelungen als Mindestanforderungen in dieser enthalten sein müssen. Insoweit besteht auch eine gesetzliche Wildfolge.
Positiv: Der Landesgesetzgeber unterscheidet nicht zwischen Schalenwild und anderem Wild!

Die gesetzliche Wildfolge:

Wechselt ein krankgeschossenes Stück Wild über die Grenze und bleibt in Schuß- und Sichtweite, so ist der Jagdausübende berechtigt, ohne vorherige Benachrichtigung des benachbarten Jagdausübungsberechtigten über die Grenze hinweg dem Stück den Fangschuß anzutragen. § 37 Abs. 4 Satz 1

Durch Fangschuß erlegtes Wild darf versorgt, aber nicht fortgeschafft werden. § 37 Abs. 4 Satz 1

Der benachbarte Jagdausübungsberechtigte oder sein Vertreter ist anschließend unverzüglich zu benachrichtigen. § 37 Abs. 4 Satz 3

Wechselt krankgeschossenes oder auf Grund anderer Ursachen schwer erkranktes oder verletztes Wild in einen benachbarten Jagdbezirk, ist das Überwechseln dem Inhaber des Nachbarjagdbezirks oder dessen Vertreter unverzüglich anzuzeigen. § 37 Abs. 2

Führung von Schußwaffen

Schußwaffen dürfen im fremden Jagdbezirk bei der Versorgung des durch Fangschuß über die Grenze hinweg erlegten Wildes mitgeführt werden.

Das Landesjagdgesetz Thüringen verzichtet diesbezüglich auf ein Verbot, da es die sichere Verwahrung von Schußwaffen und Munition nach den Vorschriften des Waffengesetzes gewährleisten und außerdem sicherstellen will, daß der Jagdausübende nicht ungeschützt bleibt.

Einsatz von Jagdhunden

Bei Nachsuchen sind brauchbare Jagdhunde in genügender Zahl zu verwenden. § 39 Abs. 1

Befriedeter Bezirk

Die Verfolgung kranken oder krankgeschossenen Wildes ist in Gebieten zulässig, in denen die Jagd ruht oder nur eine beschränkte Jagdausübung gestattet ist; dies gilt nicht für Gebäude, Hofräume und Hausgärten im Sinne von § 6 Abs. 1 Nr. 1 und 2. § 38

Sonstige Vorschriften

Wildunfälle: Wer als Fahrzeugführer Schalenwild verletzt oder tötet, ist verpflichtet, dies dem Aneignungsberechtigten, dem Bürgermeister, der Gemeindeverwaltung oder der nächsten Polizei- oder Forstdienststelle unverzüglich anzuzeigen.	§ 24 Abs. 1
Der Jagdausübungsberechtigte hat für die Zeit seiner Abwesenheit eine Vertrauensperson (Jagdscheininhaber) zu bestellen, die unaufschiebbare Maßnahmen (insbesondere hinsichtlich kranken, verletzten und verendeten Wildes; Bergung von Unfallwild) sach- und fachgerecht erledigen kann.	Abschn. II der AVThJG

Entwicklung und Geschichte des Bayerischen Gebirgsschweißhundes

von Andreas Mayer

Ein traditionsreicher Rassehundezuchtverein stellt sich vor

Nachdem in der letzten Zeit immer wieder Defizite in der Öffentlichkeitsarbeit des nunmehr über 80jährigen Klub für Bayerische Gebirgsschweißhunde 1912 e.V. bemängelt worden sind, möchte ich die Gelegenheit nutzen, als 1. Vorsitzender hier einiges nachzuholen. Die Notwendigkeit ergibt sich um so mehr, als in der Presse im heurigen Jahr z.T. umfangreich von der Gründung eines weiteren „Vereins" in Oberbayern berichtet worden ist.

Über 80 Jahre alt!

Meine Veröffentlichung hat nichts mit Verbreitungspropaganda für unseren Bayerischen Gebirgsschweißhund zu tun, sie dient vielmehr dem Abbau von Vorurteilen und der Verhinderung von Mißverständnissen. Insbesondere möchte ich dazu beitragen, daß dem Klub keine guten Hundeführer verlorengehen oder diese nicht zu uns kommen. Solches könnte geschehen, weil sie die Notwendigkeit der Schweißarbeit mit einem Rassehund nicht erkennen, oder weil sie den Weg zu einem Welpen bzw. zum Erlangen der Klubmitgleidschaft nicht kennen. Zudem drängen immer mehr Leute in

Schweißarbeit mit Rassehunden.

das „Schweißhundelager“, ohne zu ahnen, wieviel Idealismus und persönlicher Schweiß für die Arbeit am langen Riemen notwendig ist, um erfolgreich für Jagd und Tierschutz tätig zu sein.

Nachsuche ist nicht Mode, sondern eine ganz entscheidende Tätigkeit des Jägers, um tierschutzrechtlich das Schießen auf lebende Kreaturen verantworten zu können. Der BGS ist deshalb kein Modehund, sondern er gehört in den Wald an die Hand eines versierten Führers, der gewillt ist, dem Wild Qualen zu ersparen. Als Begleithund ist er zu schade, ganz gleich, ob als drittes oder viertes Exemplar am gleichen Forstamt oder an der Uferpromenade des Tegernsees.

Der BGS ist kein Modehund.

Entwicklungsgeschichte des Bayerischen Gebirgsschweißhundes

Leithunde

Wenn man den Ursprung einer Hunderasse suchen will, so kommt man sehr schnell zu dem Schluß, daß man hier oft keine präzise Zeitangabe über die Erstzucht machen kann. Deshalb sind hier eher der Weg und verschiedene Abschnitte aufzuzeigen, welche zum heutigen Erscheinungsbild des Gebirgsschweißhundes geführt haben.

Sieht man einmal von der Zeit der ersten zahmen Wölfe und Schakale ab – ganz gleich zu welchen Zwecken unsere Vorfahren sie letztendlich gehalten haben – so überliefern doch etliche

Geschichtsschreiber erste Hinweise. Flavius Arrianus (von 131–136 römischer Statthalter in Gallien) beschreibt in seinem „Kynegeticus“ die alten Keltenbracken, welche die Römer wohl bei ihren Gegnern im Norden vorgefunden haben. Er erwähnt auch schon den Unterschied zwischen Spür- und Hetzhunden. Entwickelt haben sich aus den Spürhunden die Laufhunde und aus den Hetzhunden die Windhunde.

Keltenbracken

Die besten Laufhunde hatten die Hegusier, ein keltischer Stamm aus Gallien. In Abwandlung des Namens wurden daraus die „Segusier“ (canis segusius) oder „Segusi delle Alpi“. Diese Bezeichnung benutzte der italienische Kynologe A. v. Turin-Boer für die glatthaarigen, roten, hängeohrigen Bracken des Volksstammes, welcher am Gebiet der oberen Rhone im 5. Jahrhundert lebte.

Segusier

Die Geschichte des Schweißhundes ist unzweifelhaft mit der Benutzung nasenfester Hunde als Leithunde verknüpft. Auf den mittelalterlichen Jagden war der Erfolg der adeligen Jagdgesellschaft wesentlich von der Arbeit des Leithundführers abhängig. Erst die gute Nasenarbeit zusammen mit der Kunst des Fährten- und Pirschzeichenlesens durch den Führer brachte dann die Hetzhunde an das Wild.

Leithundarbeit vor der Hetze.

Was lag darum näher, als den für das Aufspüren geeigneten Hund auch für die Nachsuche auf verwundete Hirsche und Sauen zu verwenden, und so führte der Weg hin zum Schweißhund.

Schweißhunde waren „verdorbene" Leithunde.

Diese waren eigentlich „verdorbene" Leithunde, denn Sie waren nicht mehr zum Lancieren und Bestätigen von Hirschen geeignet. Hatten sie erst einmal die Schweißfährte kennengelernt, oder gar ein Tier zu Stande gehetzt, war es schon sehr schwer, den Hund wieder zur reinen Nasenarbeit auf der kalten Fährte zu bringen. Üble Blüten trieb dieser Zwang des Zurücks zur Fährte, indem man die Hunde „durch einen braunen Staub-Pultz blendete, damit sie sich mehr auf die Nase zu suchen, als mit den Augen zu gucken verlassen können. ..." (Flemming: Der vollkommene Teutsche Jäger, 1719).

Wert der Leit- und Schweißhunde.

Die Bedeutung der Leit- und Schweißhunde mag man an dem unterschiedlichen Strafmaß ablesen, welches seinerzeit für die Tötung eines Hundes galt:

In der Lex Alamannorum wird das Töten eines Treibhundes mit 3–6 Schillingen, das Töten eines Leithundes jedoch mit 12 Schillingen gebüßt; dazu mußte der Täter dem Geschädigten jeweils noch einen gleichwertigen Hund zur Verfügung stellen.

Im Sachsenspiegel steht: „Wer einen leythund stilt oder zu tod schlecht, der sol seinen Herrn des der Hund was einen als guten geben als das einer was und zol im 6 Schilling darzu geben."

Die hohen Herren wußten also sehr wohl über den Wert der von den Hunden geleisteten Arbeit Bescheid.

Waren die Hunde des Mittelalters auch noch nach heutigem Verständnis „rasselos“, so wurden die Zuchttiere schon nach den vorhandenen Leistungen und nach der passenden Form ausgewählt. Erste Formwerte und Zuchtgedanken finden sich bei dem Dominikaner Albertus Magnus aus dem Jahre 1250: „Under den Leydhunden ist der aller edelst, der diss nachgeschribn zeichen an jene hat. Die oren sint jm lang und hangent, das mule und die naslöcher sint im wit geslytzt, der oberleffts hanget jme auch herab und syn stimm ist hell. Auch der swantz ist nit zu lang, und ist etwas krompt uff die rechten syten und er treyt jne über sich. Das arssloch ist hinten wit. und wann man einen sölichen edeln leythund vindet, wil man dann denn edel hund desselben gebers da von haben, so sol man suchen under jme eyn hund und hüntin, die die ythgenanten zeichen des adels an jne haben und die ein ander an grösse, an gestalt, an farbe, an alter und an der sterck vast glich sint. Doch der farbe ist nit vil zu achten.“

Zucht vom Leithund zum Schweißhund.

Aussehen der Leithunde.

Schußwaffen und deren Verwendung auf der Jagd änderten den Ablauf des „jagdlichen Zeremoniells“: Waren die Parforcejagden an den Fürstenhöfen, das Bestätigen und Lancieren von bestimmten Hirschen, im Mittelalter zu hoher Blüte herangereift – und mit ihnen die Hundearbeit vor dem Schuß –, so wuchs mit Zunahme der durch unhandliche Büchsen verursachten Fehlschüsse die Bedeutung der Schweißhundearbeit.

Von der Parforcejagd zum Einsatz von Schußwaffen.

Als nach der Revolution von 1848 fast alle Großreviere zerschlagen wurden und die Zahl der Jäger stark anwuchs, lösten Pirsch und Ansitzjagd mit wesentlich verbesserten Feuerwaffen die ehemals praktizierten Jagdmethoden ab. Gleichlaufend änderte sich die Arbeitsweise verschiedener Jagdhunderassen. Ein „Hund nach dem Schuß", spezialisiert auf die sichere Riemenarbeit auf der „kalten Krankfährte" – mit und ohne Schweiß – wurde gebraucht (E. Garrelt: Informationen über die Schweißarbeit, 1991).

So wurden immer mehr Leithunde auf Schweiß gearbeitet. Die schwere Form der ruhigen und grobzelligen „verdorbenen Leithunde" wurden an den Jägerhöfen der europäischen Fürstenhäuser intensiv gezüchtet und auch benötigt. Schließlich war Wildbret ein Hauptbestandteil des damaligen Fleischkonsums.

Hannover und Celle: Hannoverscher Schweißhund.

Die Jägerhöfe in Hannover und Celle brachten es hier in der Hundezucht zu einer besonderen Bedeutung. Dort liegt die züchterische Grundlage für den Hannoverschen Schweißhund.

Der Bayerische Gebirgsschweißhund.

Entgegen der Parforcejagd in den Wäldern des Flachlandes und der laubholzreichen Mittelgebirge wurde die Jagd im Hochgebirge ohne Pferde und Hundemeute organisiert. In den bayerischen und österreichischen Hochgebirgsrevieren war bis Ende des vorigen Jahrhunderts folgende Form der Treibjagd auf Hirsch und Gams gebräuchlich. Angeschweißtes Wild wurde dabei auf „warmer Fährte" von Bracken zu

Stande gehetzt. Die roten und leichten Bracken waren in unterschiedlichen Formen und Farben von den bayerischen bis hinunter zu den italienischen Alpen verbreitet. Laute Hatz, sicheres Stellen, Schärfe und Durchhaltewillen in unwegsamen Bergrevieren waren Grundvoraussetzung für gute Hunde.

Die Zucht des Bayerischen Gebirgsschweißhundes.

Wie schon oben erwähnt, hatten die Fürstenhöfe im 17./18. Jahrhundert ihre Leithunde vermehrt zu Schweißhunden umerzogen bzw. diese oft in enger Verwandtschaft weitergezüchtet. So geschah dies auch am Fürstenhof Thurn und Taxis in Regensburg. Die Verbindungen mit dem bayerischen Königshaus brachten es mit sich, daß der im taxischen Revier Thiergarten gezogene, leichte Schweißhundeschlag für die königlichen Jagdreviere von Tegernsee bis nach Berchtesgaden als geeignet angesehen und dorthin abgegeben wurde.

Ein leichter Schweißhundeschlag für den Einsatz im Gebirge.

Verschiedene Förstergeschlechter, die Namen Hohenadl und Krembs seien hier speziell genannt, hielten die Zucht dieser leichten Schweißhunde aufrecht.

Aus den Zuchten der Familien Hohenadl und Krembs stammten auch die Hunde des Barons von Karg-Bebenburg aus Bad Reichenhall. Auf Anraten Otto Grashey's setzte Josef Freiherr von Karg-Bebenburg aus Bad Reichenhall auf seine rote Brackenhündin den schwarzroten, also gebrandelten Hannoveraner-Rüden „Bürschl-Reichenhall" und erzielte rote Gebirgsschweiß-

Baron von Karg-Bebenburg, Bad Reichenhall, – Zuchtvater des Bayerischen Gebirgsschweißhundes.

hunde, welche er weiter zur Zucht verwandte. Der Baron selber legte somit den Grundstein für die Zucht der Bayerischen Gebirgsschweißhunde. Er tat auch selbst eine Menge für deren anfängliche Verbreitung, indem er vielen Berufsjägern seine Welpen kostenlos weitergab (Inga und Ott Ruppert: Chronik des Klub für BGS, 1988).

Parallelentwicklung durch Peintinger.

Bemerkenswert ist, daß unabhängig davon ein weiterer Hochgebirgsjäger auf ähnlichem Wege ebenfalls zu einem hochgebirgstauglichen Schweißhund kommen wollte. Das war in der Steiermark der „Hammerherr" Peintiger in „Vorderberg unterm Erzberg". Er kreuzte seine Schweißhündin aus dem Solling, welche nicht laut jagte, mit einem Brandlbracken-Rüden. Damit war zwar auch ein roter, fährtenlauter „Gebirgsschweißhund" erreicht, doch wurden diese Nachkömmlinge zur Verbesserung des Haars mit rauhhaarigen Istrianerbracken gekreuzt, und so kam es zur „rauhhaarigen, steirischen Hochgebirgsbracke".

Zur Geschichte der Bayerischen Gebirgsschweißhunde sei nur aus der Ausgabe vom 1. Dezember 1899 des „Deutschen Jäger" zitiert:

Hundeausstellung 1883.

„Die Hundeausstellung des 'Verein zur Züchtung reiner Hunderassen in Deutschland' vom Jahr 1883 zeigte in der Klasse der Schweißhunde ein sehr buntes, nicht erfreuliches Bild. Alle möglichen Hunde, schwarz, rauhhaarig, gelb, Bastarde verschiedener Art, waren erscheinen. Wer einen x-beliebigen Hund auf Schweiß führte, nannte ihn 'Schweißhund'.

Doch waren unter dieser Klasse Hunde vorhanden, welche ähnlich den hannöverschen Schweißhunden, einige Ausgeglichenheiten zeigten – darunter ein paar Hunde des Freiherrn v. Karg-Bebenburg aus Reichenhall. Hier mußte vom Verein zur Züchtung reiner Hunderassen sofort eingegriffen werden.

Es lag nun nahe, die passenden Typen herauszusuchen, nach denselben Rassekennzeichen zu entwerfen, und die Zucht dieser Hunde in geregelte Bahnen zu leiten, um aus diesem Material konstante Stämme zu schaffen und deren reine Weiterzucht anzustreben. Es handelte sich nun auch darum, einige Mängel und Rückschläge aus dem Stamm herauszuzüchten und die Rasse in der den Rassekennzeichen entsprechenden Form, Farbe und Behaarung, welche auch den Anforderungen der Hochgebirgsjagd angepaßt sein mußte, herzustellen, und hierin leistete Baron v. Karg und auch die von mir geleitete Zucht des Vereins weitgehendste Dienste.

Erste Rassekennzeichen geschaffen.

Unter den von Karg'schen Hunden waren namentlich „Hirschmann I", sowohl nach seinem Exterieur, als nach seinen Leistungen ein passender, sich gut vererbender Zuchthund, ebenso die Hündin „Diana" des Vereins. Diese beiden Hunde sind Stammeltern unserer Bayerischen Gebirgsschweißhunde. Wir hatten Freude,

Hirschmann I. und Diana als Stammeltern.

schon nach wenigen Jahren Erfolge dieser Reinzucht zu sehen.

Im Jahr 1883 brachte ich namens des Vereins zur Züchtung reiner Hunderassen in Süddeutschland – den Antrag auf Anerkennung der Rasse ein und legte den Entwurf unserer Rassenkennzeichen vor, welcher auch nach wenigen Abänderungen – angenommen und der Rasse der Name „Bayerischer Gebirgsschweißhunde“ gegeben wurde.

Rasse wurde angenommen.

Auf der 2. Ausstellung unseres Vereins im Jahre 1886 konnten wir schon eine hübsche Kollektion ausgeglichener Hunde vorstellen, von welchen 4 Rüden und 7 Hündinnen prämiert wurden.

... Im Jahr 1886 zu Hannover verbrachte ich unter der Führung des v. Karg'schen Oberjägers Niederberger eine ausgewählte Kollektion von 10 Gebirgsschweißhunden nach dorten, welche da, im Lande der Schweißhunde, durch ihre Ausgeglichenheit und Schönheit allgemeines Aufsehen erregten.

Auf unser 3. Ausstellung in München hatte ich den glänzenden Erfolg 40 Stück ausgeglichene Gebirgsschweißhunde zu richten.

Soweit ganz kurz die Vorgeschichte unseres Bayerischen Gebirgsschweißhundes und deren Bildung, aus welcher ersichtlich ist, daß der Verein zur Züchtung reiner Hunderassen alles tat, was zur Schaffung und Verbreitung der Rasse möglich war.“ (Otto Grashey: Zur Geschichte des BGS, DDJäger 34/1899)

Schweißhundearbeit heute

„Der Bayerische Gebirgsschweißhund ist aufgrund seiner Abstammung jagdliches Kulturgut. Er ist ein durch straffe Leistungszucht und besondere Abführung ausschließlich auf die Nachsuche von Schalenwild spezialisierter Jagdhund, der mit anderen Jagdgebrauchshunderassen nicht zu vergleichen ist. Sein Erwerb und seine Führung erfordern einerseits ein optimales jagdliches Betätigungsfeld, und andererseits Fachwissen und großen persönlichen Einsatz, gepaart mit Idealismus und traditionsbewußtem Handeln. Der Bayerische Gebirgsschweißhund muß ein Spezialist auf der Wundfährte bleiben und darf keinesfalls als Modehund betrachtet oder erworben werden.“

Jagdliches Kulturgut.

Nachsuchen-spezialist.

Diese Grundsätze stehen in der Präambel der Satzung des Klub für Bayerische Gebirgsschweißhunde 1912 e.V., ich möchte sie in den nachfolgenden Ausführungen erläutern.

Nachsuchenarbeit ist aktiver Tierschutz

Wie so häufig ist die stille Arbeit, das aufopferungsvolle Pflichtbewußtsein, die ruhige Erfüllung der gestellten Aufgabe, oft in ihrem Wert der Öffentlichkeit gar nicht deutlich. Der sensationssüchtige Mensch von heute – schon recht nicht der trophähengeile Jagdkatalog-Jäger oder der abschußprozentrechnende Schießer – bemerkt am allerwenigsten den Wert und die

Notwendigkeit der vielen bescheidenen und stillen Schweißhundeführer.

Nur wenn einmal ein „Lebenshirsch" im Schußfieber angeschweißt ist, dann zittert man mit, ob der Schweißhund dann seinem Ruf und Namen nun Ehre macht. Erst da lernen viele den Wert eines guten Nachsuchgespannes wirklich kennen.

Dem Hundeführer geht es in erster Linie um die Gedanken, dem verletzten Tier die lange Schmerzenszeit zu verkürzen, es vor dem stellenden Hund rasch erlöst zu haben. Die wenigsten wollen mit ihrer Leistung prahlen.

Wert der Schweißarbeit.

Bescheidenheit ist eine gute Tugend, aber laufen nicht Schweißhundeführer Gefahr, ihr Licht zu sehr und zu häufig unter den Scheffel zu stellen? Wie oft werden heute schon Hundeführer zu Verkehrsunfällen gerufen, um an der Straßenböschung die Fährte eines verwundeten Keilers etc. aufzunehmen? Wer kennt diese Zahlen, und wo wird diese Tätigkeit honoriert? Stellen Tierschutzverbände hier nicht Gemeinsamkeiten mit den Hundeführern fest?

Der Wert einer Sache wird heute oftmals in der Häufigkeit der Nennung in Funk und Presse gesehen. Es ist darum meine Auffassung, daß – gerade weil die Schweißhundearbeit immer mehr an Bedeutung und Gewicht in der Hundearbeit einnimmt – diese Tätigkeit auch ihr gerechtes Maß an Öffentlichkeitsarbeit und

Anerkennung verdient. Wie sonst sollen gesetzgebende Mandatsträger dem Hundeführer und seinen getreuen Gefährten den nötigen gesetzlichen Schutz verschaffen? Gesetze früherer Zeit (s. oben) haben den Wert der Hunde anders geregelt! Wenn heute Schweißhundeführer nach aufgegebener Nachsuche durch andere Rassen noch Wild finden, oder wenn vom Straßenverkehr angefahrenes Wild nicht nur aus monetären Gründen nachzusuchen ist, dann müßte doch der Wert gerade dieser Tätigkeit durch objektive Darstellung klar dargestellt und begreiflich gemacht werden können.

Wildreduzierung entbindet nicht von der Ehrfurcht vor der Kreatur.

Schweißhundeführer haben ein ganz besonderes Verhältnis zum Wild. Wer einmal in das Weiße im Auge eines angeschweißten Hirschen oder Keilers gesehen hat, der weiß von der Urangst des Tieres vor dem Menschen, weiß von der Gefahr, in der er steht, und er weiß auch von der Verantwortung, die dem Schützen obliegt, diesem Tier jetzt den tödlichen und von Wundschmerzen erlösenden Schuß anzutragen. Auch wer einmal die brodelnde Masse lebender Maden in einer Tierwunde gesehen hat, der erkennt, daß sein Schuß der Kreatur nun unsägliche und tagelange Schmerzen erspart hat.

Nachsuche erspart dem Wild Leiden.

Gerade deshalb verlangt die Schweißarbeit beherzte Männer in jeder Gefühlsrichtung!

„Abschuß-Muß“.

Der Druck, den Abschuß zu erfüllen zu müssen, führt bereits zur Veränderung der Jagdmethoden. Daß hier heute einige staatliche Forstämter eine gewisse Vorreiterrolle zu übernehmen trachten, ist sicher nicht der aufgabengemäßen Vorbildfunktion der Jagd im Staatswald zuzuschreiben, sondern meist gewisser persönlicher Darstellungssucht.

Schweißhundeführer tun eine Menge für die Jagd – aber was tut der Gesetzgeber für die Schweißhundeführer?

Aber dieses ständige „Muß“ beim Abschuß führt zu einem „Abschuß-Muß“ mit all seinen negativen Auswüchsen für das Wild! Und eine dieser Auswirkungen ist, daß zwar zur Verbesserung der Abschußquote bei sogenannten „Wachteljagden“ immer mehr Stöberhunde eingesetzt werden, aber in manchen Forstämtern nicht ein einziger guter Schweißhund hernach für die Nachsuchen zur Verfügung steht. Eine andere Frage ist, wo werden Schweißhundeführer mit Funk ausgerüstet, um sich in der Not Hilfe herbeizurufen? Geschwiegen wird auch bei der Frage nach entsprechender dienstlicher Entlastung beispielsweise für die an Wochenenden zu opfernde Zeit!

Nachsuchearbeit erfordert also absoluten Idealismus und große Opferbereitschaft auch von der Familie!

Nachsuchearbeit ist keine Jagdjustiz.

Auch in den privaten Jagden wird der Druck zur Erfüllung des Abschusses immer größer. Konkurrenz an der Jagdgrenze ist nur eine der negativen Auswirkungen davon – und Fehlschüsse oder Wundschüsse sind die logische Folge.

Nach dem Motto „mir kann schon keiner den Fehlschuß nachweisen“ wird oft von „gefehlt“ gesprochen; verluderndes Wild wird in der

Natur rasch „verwertet“, vor allem in Sauenrevieren. Daß einem einmal ein Fehlschuß passiert, kommt immer mal vor, aber erst die Kontrolle mit einem Schweißhund sollte letztendlich zu der Feststellung eines Fehlschusses führen, nicht der Spruch „am Anschuß war nichts zu finden!“.

Wie steht es um Nachsuchen über die Jagdgrenzen hinweg? Wieviele Jagdpächter gibt es, welche heute in ihrem Hegering/Kreisjagdverband o. ä. sich einigen, für ein paar Schweißhundeführer die Genehmigung zur grenzüberschreitenden Nachsuche auszusprechen?

Der Schweißhundeführer muß verschwiegen sein!

Manchmal hängt das auch an den Schweißhundeführern. Wenn man als Hundeführer mit seinem Wissen am Stammtisch hausieren geht, dann braucht man sich nicht zu wundern, daß man nicht mehr geholt wird. Probleme mit der Weidgerechtigkeit und Jagdmoral kann man am besten unter vier Augen mit dem Betroffenen ausroden, das ist eine Frage des Stils und der Wortwahl.

Wesensstarke Schweißhundeführer.

Deshalb sollen Schweißhundeführer charakterlich gefestigte Menschen sein, und sich zutrauen auch einmal eine Sache für sich zu behalten. Nun dort, wo „Fehler“ offensichtlich mit Absicht gemacht werden, da kann man auch seine Dienste verweigern und das Kind beim Namen nennen.

Schutz der Nachsuchengespanne.

Es wird einer anderen, gründlichen Veröffentlichung vorbehalten bleiben, den gesetzlichen

Schutz der Nachsuchenhunde über die eigene Jagdgrenze hinaus darzustellen. Daß es hier länderweise erhebliche Unterschiede gibt, darauf sei aber hier jetzt schon hingewiesen.

Vorbildlich hat das Land Sachsen-Anhalt hier folgende Regelung geschaffen: nach § 29 LJagdG ist es bestimmen Schweißhundeführern gestattet, eine Nachsuche auf Schalenwild mit Hund und Schußwaffe ohne Rücksicht auf Jagdbezirksgrenzen durchzuführen. Die weitgehenden Rechte dieses Schweißhundeführers machen es erforderlich, daß er einer besonderen behördlichen Bestätigung bedarf, die an bestimmte Voraussetzungen gebunden ist. (Landesjagdgesetz Sachsen-Anhalt vom 23. 7. 1991).

Eine vorbildliche Regelung, zu deren Übernahme ich die anderen Länderregierungen als Vorsitzender des Klub für Bayerische Gebirgsschweißhunde hier öffentlich auffordern möchte.

Der Klub für Bayerische Gebirgsschweißhunde von 1912 e.V. und seine Vereinstätigkeit

Einer der „Altvorderen", seine bekannten Initialen „R. F." (Rudolf Frieß) stehen hinter vielen Artikeln, hat in einem Artikel in „Der Deutsche Jäger" im Jahr 1911 folgende Sätze geschrieben (DDJäger Nr. 10/1911):

Forderung nach der Zucht in einem Spezialklub.

„Es ist durch die Geschichte anderer Rassen so vielfach schlagend bewiesen, daß unter unseren deutschen Verhältnissen nur ein Spezialklub eine Rasse hochbringen kann, ... ; es ist nicht zu bezweifeln, daß dies auch für den Bayer. Gebirgsschweißhund der einzige Weg zur Herbeiführung wünschenswerter Zustände wäre. –

Verfasser fühlt sich nicht berufen, hierzu aufzufordern; ... wir haben in Bayern ... viele hochstehende Jagdherren, die an dieser Frage brennendste Interessen haben, daß diese ohne Zweifel ganz von selbst dieser Angelegenheit näher treten werden. Es ist nun lebhaft zu wünschen, daß dies möglichst bald und energisch geschehen möge, zum Heile des edlen Gebirgsschweißhundes, zur Ehre der hirschgerechten Jäger ..."

Man bedenke bei diesen Formulierungen, daß Rudolf Frieß als 30jähriger diese Sätze schrieb.

Gründung.

Seinem Aufruf wurde schon am 11. Mai 1912 Folge geleistet, als im Mathäserbräu in München die Gründung des Klubs für Bayerische Gebirgsschweißhunde erfolgte. Als 1. Vorsitzender wurde der königliche Förster Gustav Volkmar aus Nürnberg gewählt.

Satzung.

Paragraph 1 lautete damals: „Der Verein führt den Namen „Spezialklub für Bayerische Gebirgsschweißhunde" mit dem Sitz in München und hat den Zweck, die Reinzucht und die Verbreitung des Bayerischen Gebirgsschweißhundes zu heben, sowie die Heranbildung und Prüfung der Hunde auf jagdliche Gebrauchsfähigkeit zu fördern:

a) durch Führung eines Stammbuches,

b) durch Abhalten von Schweißsuchen und Ausstellungen,

c) durch Stiftung von Geld- und Ehrenpreisen."

Zwischen den Kriegen.

Leider brachte der 1. Weltkrieg die ersten Rückschläge in Zucht und Organisation. Aber in den Zwanziger Jahren entwickelten sich die Aktivitäten zu guten Zuchtergebnissen. Schon im Jahr 1930 entschloß man sich zu internationaler Zusammenarbeit, indem die Vereine aus Österreich, Ungarn und Deutschland (hier Verein BGS und Verein Hirschmann) den Internationalen Schweißhundverband gründeten.

Drittes Reich.

Das Dritte Reich machte aus dem „Spezialklub" die „Fachschaft BGS". Im Jahr 1939 wurde man mit der „Fachschaft HS" zur „Fachschaft Schweißhunde" vereinigt, diese währte bis zum Ende des Großdeutschen Reiches.

Neugründung.

Nach dem Zweiten Weltkrieg erfolgte die Neugründung des Klubs für Bayerische Gebirgsschweißhunde am 26. 6. 1948 wiederum in München. Seit dieser Zeit entwickelte sich der Klub bedächtig und solide zur heutigen Form und Ausdehnung.

Gebirgsschweißhunde jetzt auch im Flachland.

Dafür, daß es der Bayerische Gebirgsschweißhund in der Zwischenzeit vom Nachsuchenspezialisten im Gebirge zu einer Verbreitung in ganz Deutschland gebracht hat, gibt es sicher mehrere Gründe. Da spielt speziell sein geringeres Gewicht bei der Nachsuche auf Sauen ebenso eine Rolle wie die Abnahme der Vorstehhundearbeit in den Niederwildrevieren. Nicht zu vergessen ist die stetig steigende Zahl der Schalenwildabschüsse, insbesondere des Schwarzwildes in den Mittelgebirgen.

Aber dies soll nicht zu einer ideologischen Problemstellung und Diskussion über die Verbreitungsgebiete der beiden Schweißhunderassen führen, sondern nach dem folgenden Prinzip geregelt werden:

„Dem hohen Waidwerk wird er Förderer sein,
Er will der Hohen Jagd die Hunde züchten,
Die jeder Waidmann braucht, wenn nach dem Schuß
Sich seine Blicke auf die Fährte richten".

Dieser Ausspruch stammt aus dem Gründungsprotokoll des Internationalen Schweißhundeverbandes und aus der Feder seines ersten Schriftführers E. Decken; er hat für beide Schweißhunderassen absolute Gültigkeit. Die Entscheidung für die eine oder andere Rasse ist einzig und allein eine Frage des persönlichen Geschmacks und der eigenen Überlegungen.

Zucht nach Bedarf.

Die Zucht basiert auf den Säulen Leistung und Format. Die Auswertung von Vorprüfungs- und Hauptprüfungsnoten, der jährlichen Nachsuchenberichte und der Beurteilung von Formwert und Blutlinie lassen der Zuchtleitung den Spielraum, um eine jährliche Zuchtplanung zu erstellen. Dabei spielt der gemeldete Bedarf an

Welpen durch die Mitglieder und die der Neuerwerber die entscheidende Rolle.

Welpen werden nur an Jäger abgegeben, die genug Arbeit haben.

Die Prüfung des jagdlichen Bedarfs verhindert die Massenvermehrung. Nur ein genügend großes Betätigungsfeld ermöglicht dem Führer sowie seinem Hund, auf hohem Leistungsniveau zu bleiben. Gelegentliche Nachsuchen bieten keine Gewähr für einen guten Leistungsstandard. Das ist wie beim Schießen: nur die Übung macht den Meister.

Der Wurf wird nicht nach den Papieren der Eltern begutachtet, sondern nach der Leistung der Welpen!

Es ist erfreulich, daß noch immer die Mehrzahl der Züchter und Mitglieder diesen Grundsatz für sehr wichtig in der Zucht und Verbreitung des Bayerischen Gebirgsschweißhundes erachten. Gerade die Züchter legen immer wieder Wert darauf, daß sie von ihren Welpen „später etwas hören". Dies heißt, über das Ergebnis der Zucht entscheidet letzten Endes der künftige Führer und die Qualität seiner Arbeit mit dem jungen Hund.

Deshalb legen der Klub und die Züchter so großen Wert auf die Kenntnis der jagdlichen und nachsuchenmäßigen Möglichkeiten der künftigen Welpenbesitzer.

Führerausbildung.

Ebenso ist neben der gründlichen Zuchtplanung der Faktor Führerschulung von besonderer Bedeutung. Ein Schweißhund ist vom Welpenalter an auf seine Aufgabe einzustellen. Neben einer guten Dressur in den Gehorsamsfächern – nur ein gut abgerichteter Hund folgt bei der

Nachsuche, speziell beim Fangschuß, dem erfolgsentscheidenden Befehl – ist die Heranbildung zum Spezialisten das Ergebnis einer gründlichen Ausbildung in der Jugendphase.

Das Ergebnis soll nicht der einer warmen Fährte lockeren Halses folgende „Revierhund" sein. Das Ziel ist der Spezialist auf der kalten Krankfährte ohne den zur Bestätigung leicht zu folgendem Schweiß.

Hier scheiden sich erst die Geister bei der Schweißarbeit. Da spielt das Verhältnis zwischen Führer und Hund die entscheidende Rolle. Die Beantwortung der Frage „Ist er drauf?" ist der alles entscheidende Punkt. Nur der Führer, der seinen Hund hundertprozentig kennt, ihm auch ohne Bestätigung folgen kann, weil er das Verhalten des Hundes zu deuten weiß, kommt zum Erfolg.

Hund und Führer müssen sich verstehen.

Deshalb ist die Frage nach dem „Wie oft kann der Hund suchen?" so entscheidend, weil Hund und Führer im ständigen Training ihrer Fähigkeiten bleiben müssen. Der Schweißhund muß eine kalte Krankfährte halten können, der Führer muß erkennen, ob sein Hund „drauf" ist.

Übung macht den Meister.

Reinzucht.

Daß es dem Klub nicht gelingt, alle „Schwarzzuchten" in den Griff zu bekommen, ist bei dem Charakterspektrum des Menschen verständlich. Wenn aber in letzter Zeit immer häufiger Berufsjäger und Förster die Notwendigkeit eines reinrassig gezogenen Hundes nicht erkennen, dann ist das unverständlich. Die zweite oder dritte Generation dieser züchterischen Zufallsprodukte wird schon den Weg zurück ins vorige Jahrhundert aufzeigen mit ihrer größtenteils wertlosen Mischlingspopulation und nur wenigen zufälligen Spitzenhunden. Was dann, wenn nach mehreren Generationen wieder die Situation eintritt, welche sowohl nach dem Ersten wie auch nach dem Zweiten Weltkrieg schon auf „unnatürliche“ Weise entstanden war? Auch da hat man aus den Zufallsprodukten wilder Kreuzungen wieder angefangen aufzubauen, um dort zu sein, wo wir heute züchterisch sind. Ebensowenig brauchen wir „neue Hunderassen“, weil bei der Vielfalt der derzeitigen Hundezucht alle jagdlichen Belange erfüllt sind. Was wir vielmehr brauchen sind gute Hundeführer mit soliden Kenntnissen der Hundeabrichtung.

Bewahrt den geschaffenen Stand, dann ist schon viel erreicht!

Auch den staatlichen Forstverwaltungen möchte ich hier ins Gewissen reden. Erst der auf Leistung in der Nachsuche gezielt gezüchtete Hund erlaubt ein tierschutzgerechtes Jagen. Die Leistung der Zuchtvereine sollte auch in der Weise honoriert werden, daß in staatlichen Verwaltungsjagden nur solche Hunde gefördert werden. Die für die Verwaltung geleistete Arbeit der Zuchtvereine läßt eine Unterstützung in den vorbildlich zu führenden Staatsjagdrevieren erwarten.

Nur gute Hunde gewährleisten weidgerechte Jagd.

Die „Schwarzzüchter“ und „Experimentzüchter“ bauen tatsächlich doch immer wieder auf den Leistungen der „Reinzucht“ auf. Sie machen ihre Geschäfte mit Naiven, welche nicht erkennen, daß sie mit ihrem Kauf nur vordergründig sparen. Wenn diese unbedarften Käufer nämlich einen rassereinen Hund mit der gleichen Gründlichkeit zu einem „guten Hund" ausbilden, dann könnte sie damit auch rasserein weiterzüchten, ihre Mühe könnte sich also doppelt lohnen.

Der Spruch, es ginge diesen Züchtern nur um die Hunde, hat schon seine Richtigkeit, es geht ihnen um die Hunde, welche sie verkaufen können.

Ein nicht ganz so krasses Beispiel sind auch die „ungewollten Paarungen". Jeder Züchter hat mir bisher beigepflichtet, daß bei verantwortungsbewußter Haltung einer läufigen Hündin selbst bei einem Rüden im gleichen Hause eine solche Paarung nicht vorkommen muß. Wem dies passiert, der handelt leichtsinnig und stellt sich als Züchter ein äußerst schlechtes Zeugnis aus.

Organe im Klub für Bayerische Gebirgsschweißhunde

Aus den vorgenannten Ausführungen lassen sich schon gewisse Grundsätze des Klubs ableiten:

Mitgliederaufnahme.

Was wir bei der Aufnahme der Neumitglieder anstreben, ist die Prüfung und Feststellung der Führereigenschaften. Nur der absolute Idealist kann die Anforderungen an einen Nachsuchenführer erfüllen.

Über das ganze möchte ich folgenden Ausspruch stellen: „Schweißarbeit ist Fleißarbeit!"

Lassen Sie mich einige Punkte aufzählen, worauf es ankommt:

Ausbildung.

Da ist die Ausbildung des Welpen bis hin zur Vorprüfung: Die Durchfallquote auf der 24 Stundenfährte und 1000 m Länge ist immer noch sehr hoch, es bedarf also einer gründlichen Vorbereitung.

Jagdmöglichkeiten.

Reviergröße und Jagdmöglichkeit mit Nachweis der Nachsuchenhäufigkeit: Nicht anders als bei guten Schützen ist auch beim Nachsuchengespann die Häufigkeit der Praxis entscheidend für konstante, gute Leistungen. Nur in einem jagdlichen Bereich von der Größe eines Landkreises, Forstamtes etc. fallen genügend Nachsuchen nach dem Zufallsprinzip an, daß ständig gearbeitet werden kann. Das ist der entscheidende Faktor.

Zeit und Verfügbarkeit.

Verfügbare Zeit: Nachsuchen fallen zwar häufig an Wochenenden an, aber welche Familie akzeptiert die Anrufe zu jeder Tages- und Nachtzeit oder vor einem geplanten Familienereignis? Wenn Sie im Landkreis als Nachsuchenspezialist bekannt sind, müssen Sie schon manche Familienfeier platzen lassen, sonst ruft man Sie nicht mehr.

Rückhalt bei Kreisgruppen.

Unterstützung durch die Kreisgruppen, den Hegering: Immer mehr stellt sich heraus, daß Nachsuchen über die Reviergrenzen gehen. Mit

Hilfe der Kreisgruppe usw. können Sie Vereinbarungen mit dem Jagdpächter abschließen, die Ihnen ganz persönlich die Nachsuche bis zum Ende erlauben. Sie sollten Ihnen aber auch die Abgabe des Fangschusses im fremden Revier erlauben. Die Unterstützung durch die Kreisgruppe ist deshalb von großer Bedeutung.

Wer Hunde führt muß auch züchten wollen.

Züchterische Möglichkeiten: Die Ausnützung des genetischen Potentials für die Zucht muß gerade bei einer Rasse mit wenigen Individuen voll ausgeschöpft werden. Das heißt, vor allem die Besitzer von Hündinnen müssen die Möglichkeit zur Zucht haben. Wer nur eine Stadtwohnung ohne Auslauf hat, kann seine Welpen nicht im Korridor aufziehen. Wer sich um einen Welpen bewirbt, muß sich vorher diese Frage des Züchters gefallen lassen.

Mitarbeit im Klub.

Wille zur Klub-Mitarbeit: Die Frage des Willens zur Zusammenarbeit spiegelt sich in der Beteiligung an den Vorprüfungen, der Durchführung der HD-Untersuchung, Abnahme der Formbewertung usw. wieder. Nur wer auch hier gewillt ist, das Opfer für weite Anreisen zu bringen, ist letzten Endes ein „gutes Mitglied“. Die Ergebnisse aus diesen Prüfungen usw. geben der Zuchtleitung erst das Material um weiter planen zu können. Wer dies will, findet im Klub für Bayerische Gebirgsschweißhunde Gleichgesinnte und leistet seinen Beitrag zur Leistungszucht.

Welpenerwerb. Der Welpenerwerb ist eine Frage des Zusammenarbeitens und der Verständigung von Züchter, Zuchtleitung und künftigem Führer. Der Züchter will das optimale Einsatzfeld für seinen Welpen und entsprechende Resonanz, was aus seinem Wurf geworden ist. Dies braucht er zur Kontrolle des Ergebnisses seiner Zucht.

Zuchtleiter. Der Zuchtleiter ist ebenfalls an den Werten und Ergebnissen aus den Prüfungen und der Praxis interessiert. Seine Aufgabe ist zusätzlich, den bundesweiten Bedarf zu steuern. Dies ist abhängig von der aktuellen Zahl der Interessenten, der möglichen Wartezeit des Bewerbers und den Vorstellungen des Züchters – ein sehr schwieriges Amt.

Wünsche des Führers. Und dann kommen noch die Führer: sie haben Wünsche nach Geschlecht, Zeitpunkt des Erwerbs, Entfernung zum Züchter usw. Nun weiß jeder, daß die Natur oft nicht mitspielt, wenn der Mensch plant. Die Steuerung der Verteilung von Rüden und Hündinnen in einem Wurf ist noch niemanden gelungen; die Bestimmung der Welpenzahl ebensowenig.

Geduld ist daher oft schon beim Erwerb eines Welpen gefragt, später auf der Fährte dann ohnehin wieder. So springen hier also oft doch die „richtigen" Leute wieder ab.

All die Fragen der Mitgliederaufnahme, der Zucht und des Richterwesens werden von der Klubvorstandschaft und dem Beirat gelenkt. Der

Klub hat z. Z. zehn Vorstandsmitglieder und acht Beiräte; die Beiräte sind „Gruppenobmänner" aus den verschiedenen, z. T. zusammengefaßten Bundesländern. Ihre Aufgabe ist der örtliche Kontakt mit den Mitgliedern, die Ausbildung der Hundeführer, die Organisation von Prüfungen und die Förderung der Zusammenarbeit der Mitglieder untereinander. Sie sind die regionalen Ansprechpartner für die Mitglieder und Neuinteressenten.

In jährlichen Sitzungen mit den Vorstand werden dann örtliche Fragen und Vorstellungen, z. B. bedingt durch die unterschiedlichen Landesjagdgesetze, besprochen und beraten.

Vorstandschaft.

Vorsitzender, Schriftführer, Schatzmeister, Richterobmann und Zuchtleiter haben je einen Stellvertreter, damit wird das gesamte Aufgabenspektrum des Klubs bearbeitet. Jeder ist sozusagen Chef für seinen Bereich; wo Koordination zwischen mehreren Aufgabengebieten notwendig ist, ist kameradschaftliche Zusammenarbeit die Grundvoraussetzung für diese Tätigkeit. Viele Bereiche überschneiden sich und müssen gemeinsam entschieden werden.

Die Ämter sind Ehrenämter.

Alle leisten ihre Arbeit ehrenamtlich und opfern hier häufig eine Menge Freizeit. Dies zu erkennen fällt manchen Mitgliedern oft schwer, aber wer schon einmal ehrenamtlich tätig war, weiß davon ein Lied zu singen und wird auch für manche Panne mehr Verständnis haben.

Die Leitung eines Klubs für ganz Deutschland erfordert die Rücksicht auf unterschiedliche Ländergesetze und jagdliche Gegebenheiten. Länder mit guter gesetzlicher Verankerung des Nachsuchenwesens helfen den Schweißhundeführern in ihrer Aufgabe; manche Länder (u.a. das BGS-Ursprungsland Bayern) haben hier noch große Defizite!

Es werden mehr Hunde benötigt.

Heute haben Führer in Sauenrevieren oft wöchentlich zwei bis drei Nachsuchen zu absolvieren, das fordert Führer und Hund, so daß hier mancher ständig einen alten und einen jungen Schweißhund benötigt, um immer mit seinem Hund auf hohem Leistungsstand zu sein. Dies bedeutet mehr Zucht als bisher im Alpenraum praktiziert wurde, wo ein Hund oft 12–15 Jahre Begleiter war.

Auf all diese Dinge muß die Vorstandschaft mit seinen Vorgaben für das Richterwesen und die Zuchtplanung eingehen und vorausschauend handeln.

Abspaltung im Klub für BGS.

Bedauerlicher ist es darum, daß sich einige „Gebirgler“ mit ihren Hunden in ihre „Bergtäler zurückziehen“ wollen, um in ihrem eigenen, lokalen „Verein 1994“ in ihren Begleithund-Versionen züchten zu können. Verwunderlich ist, daß trotz der vorhergegangenen Bemängelung des nördlichen Mitgliederüberhanges im alten Klub jetzt wieder Werbung für den „Verein“ im Norden gemacht wird.

Tatsache ist, daß der Klub für Bayerische Gebirgsschweißhunde 1912 e.V. an den minimalen Leistungsnachweisen aus dem Gebirge nicht vorbeigehen kann, und daß der Schwerpunkt der Nachsuchen künftig in den Schwarzwildrevieren liegen wird. Das mag zum einen am Überhang an Schweißhunden in den Gebirgsforstämtern liegen, zum anderen aber auch in der Zunahme des Schwarzwildes im Mittelgebirge.

Schwarzwildnachsuchen werden mehr.

Dies alles wäre aber noch kein Grund zur Abspaltung gewesen, weil ja niemand an der traditionellen Herkunft des Bayerischen Gebirgsschweißhundes rütteln wollte und auch kann. Eine Eingrenzung der Verbreitung auf den Alpenraum aber hält auch ein kleiner „Verein" nicht auf.

Was am bedauerlichsten ist, ist die Tatsache, daß gute Hundeführer mit soliden Kenntnissen der Rasse und der Abführung sich auf so einen Weg zum Schaden für die gesamte Jagd begeben haben. Hier kann nur auf eine Einsicht gehofft werden, und auf den Wunsch von seiten des Klubs, sich doch wieder bald zu einigen.

Neue Klub-Vorstandschaft seit 1994.

Die Führung des Klub für Bayerische Gebirgsschweißhunde 1912 e.V., welche in Eberbach/ Neckar am 30. April 1994 einen eindeutigen Vertrauensbeweis seiner Mitglieder erhalten hatte, wird auch eine Abspaltung nicht von der alten Linie abbringen: der BGS gehört in die Hände engagierter Führer und in Reviere, wo er gebraucht wird. Zuchtgrundlage bildet die jährliche Leistung und das Abschneiden in den Prüfungen. Profitgierige Schwarzzüchter haben ebensowenig im Klub etwas verloren wie Leute, die den Hund nur zur Begleitung benötigen.

Ein Klub für Spezialisten, damit alle Jäger und das Wild davon profitieren.

Alle anderen Jäger aber, welche sich der Schweißhundearbeit verpflichtet fühlen, in ihrer Kreisgruppe etc. Unterstützung haben, können in den Klub kommen und werden auch einen Welpen erhalten. Wir haben uns der Schweißhundearbeit verschrieben, und nehmen alle, die dies wollen, ebenfalls ernst.

Hundeführer, welche aus Achtung vor der lebenden Kreatur diese Arbeit und Mühe auf sich nehmen wollen, werden immer in unseren Reihen Aufnahme und gleichgesinnte Kameraden finden.

Anschußseminar

Rippe.

Niere.

Herz.

Lunge.

Leber.

Zwerchfell.

Fluchtrichtung – Schweiß zur Spitze des Blattes.

Weißes.

Geflecht.

Weidsackinhalt und Stück vom Weidsack.

Dünndarm.

Gebrechschuß.

Vorderlaufschuß.

Geronnener Schweiß – Herzkammer.

Milz und Geflecht.

Zunge.

Schnitthaar.

Wildbret.

Pinsel.

Rißhaare.

Schale.

Wurf = Gebrechschuß.

Anschuß = Eingriffe und Ausrisse.

– Kopiervorlage –

Wildfolge-Vereinbarung

Dem Hundeführer ....

Anschrift: ....
wird erlaubt, im Zuge begonnener Nachsuchen auf krankgeschossenes Schalenwild ohne vorherige Benachrichtigung die Grenzen meines Revieres

....
in jagdlicher Ausrüstung
in Begleitung des nicht jagdlich ausgerüsteten Schützen
zu überschreiten. Er verpflichtet sich, gegebenenfalls das zur Strecke gebrachte Wild ordnungsgemäß zu versorgen und nach jeder erfolgten Nachsuche mich oder meinen Beauftragten zu informieren.

Name und Anschrift meines örtlich
zuständigen Beauftragten/Jagdaufsehers: ....

....

☏ (...........) ....

Ort: .... Datum: ....

☏ (...........) ....

....
Jagdausübungsberechtigter

– Kopiervorlage –

– Mustervertrag –

Wildfolgevereinbarung

zwischen den Jagdausübungsberechtigten der nachstehend aufgeführten aneinandergrenzenden Jagdbezirke

1. Bezeichnung des Jagdbezirks / Benennung des(r) Jagdausübungsberechtigten			
Lichtenhorster Moor	Hans Weidemann Jägerweg 37 12345 Nimrodshausen	und	Werner Merkel Sauerstraße 19 23456 Mauserberg

2. Bezeichnung des Jagdbezirks / Benennung des(r) Jagdausübungsberechtigten	
Suhlenholz I	Joachim Hegebusch Am Benjeskamp 2 34567 Loewewald

wird in Übereinstimmung mit Artikel 33 des Landesjagdgesetzes Niedersachsen in Verbindung mit § 22a Bundesjagdgesetz folgende Vereinbarung getroffen.

1. Grundlage dieser Vereinbarung sind die gesetzlichen Bestimmungen des Art. 33 LJagdG.
2. Abweichend von den Vorschriften des Artikels 33 LJagdG wird folgendes vereinbart:
   2.1 ...
   2.2 ...
   2.3 ... usw.
3. Außerdem wird vereinbart:

   . . . .
4. Vorstehende Vereinbarung kann von beiden Teilen
   ☐ fristlos
   ☐ mit einer Frist von ________ Tagen / Monaten schriftlich widerrufen werden.
5. Der Ausgang jeweils durchgeführter Wildfolge ist dem zuständigen Jagdausübungsberechtigten unter Mitteilung des Anlasses unverzüglich in geeigneter Weise mitzuteilen.

Loewewald, den . . . .

. . . .	. . . .
Unterschrift	Unterschrift

Einladung zur Jagd

auf . . . .

am . . . . in . . . .

Treffpunkt um . . . . Uhr in . . . .

. . . .

. . . .

als Schweißhundeführer!

. . . .

Register

Die einzige Schule, die Schweißhundeführer in mehrtägigen Lehrgängen praxisnah und von erfahrenen Profis ausbildet.

Jägerlehrhof
Jagdschloß Springe
31832 Springe
Tel.: 0 50 41 - 29 15
Fax: 0 50 41 - 6 27 52

Anschußseminare

Lehrgänge für Hundeführer, die ihre Gebrauchshunde auf Schweiß führen wollen.

Spezielle Kurse und Führungen für Hegeringe, Hundevereine etc. nach Vereinbarung möglich, bitte fragen Sie an!

Fangjagdseminare, Vorbereitungskurse für die Jäger- und Falknerprüfung, und vieles mehr!

Carsten Bothe

Schnitthaarsammlung

Dieses Schnitthaarbuch ist universell für alle Schalenwildarten einzusetzen, selbst die langen Federn vom Schwarzwild finden bequem Platz. Trotzdem ist es so klein, daß es in einer kleinen Hemdentasche mitgeführt werden kann.

In den acht Klarsichttaschen können Sie bis zu 16 Haarproben unterbringen. Auf den Karten sind schon die Umrisse vom Schwarzwild und dem übrigen Schalenwild aufgezeichnet. Der Jäger sammelt nur noch die Haarprobe, markiert die Stelle auf der Karte, und steckt die Haare zusammen mit der Karte in die Klarsichthüllen.

Das Buch bleibt dank der Spiralbindung aufgeschlagen liegen, und die wasserfesten Deckel schützen es vor Witterungseinflüssen und rauher Behandlung.

Spiralbindung, 10 Seiten Anleitung, 8 Klarsichthüllen, je 8 Karten für die Wildarten.
ISBN 3-932848-10-1 (einzeln), ISBN 3-932848-13-6 (5 Stück)